丛书主编 周江

海洋·极地·自然资源法研究丛书 国别海洋法系列

越南、马来西亚、文莱、缅甸海洋法律体系研究

全小莲 著

知识产权出版社
全国百佳图书出版单位
—北京—

图书在版编目（CIP）数据

越南、马来西亚、文莱、缅甸海洋法律体系研究 / 全小莲著. -- 北京：知识产权出版社，2020.6
（海洋·极地·自然资源法研究丛书 / 周江主编. 国别海洋法系列）
ISBN 978-7-5130-6790-4

Ⅰ. ①越… Ⅱ. ①全… Ⅲ. ①海洋法—研究 Ⅳ. ①D993.5

中国版本图书馆 CIP 数据核字（2020）第 032540 号

策划编辑：	庞从容	责任校对：	潘凤越
责任编辑：	薛迎春	责任印制：	刘译文
封面设计：	黄慧君		

越南、马来西亚、文莱、缅甸海洋法律体系研究

全小莲 ◎ 著

出版发行：	知识产权出版社 有限责任公司	网　址：	http://www.ipph.cn
社　　址：	北京市海淀区气象路 50 号院	邮　编：	100081
责编电话：	010-82000860 转 8724	责编邮箱：	471451342@qq.com
发行电话：	010-82000860 转 8101/8102	发行传真：	010-82000893/82005070/82000270
印　　刷：	三河市国英印务有限公司	经　销：	各大网上书店、新华书店及相关专业书店
开　　本：	710mm×1000mm　1/16	印　张：	21.5
版　　次：	2020 年 6 月第 1 版	印　次：	2020 年 6 月第 1 次印刷
字　　数：	374 千字	定　价：	78.00 元
ISBN 978-7-5130-6790-4			

出版权专有　侵权必究
如有印装质量问题，本社负责调换。

总　序

中国是陆海兼备的海洋大国，海洋开发历史悠久，曾创造了举世瞩目的海洋文明。"鱼盐之利，舟楫之便"是先人认识和利用海洋之精炼概括，仍不悖于当今海洋之时势。然数百年前，泰西诸国携坚船利炮由海而至，先祖眼中的天然屏障竟成列强鱼肉九州之通道。海洋强国兴衰，殷鉴不远。

吾辈身处百年未有之变局，加快建设海洋强国已成为中华民族伟大复兴的重要组成。扎实的海洋工业、尖端的海洋科技及强大的海军战力，无疑为海洋强国之必需。此外，完备的海洋治理体系和卓越的海洋治理能力等软实力亦不可或缺。海洋治理体系之完备，海洋治理能力之卓越，皆与海洋法治息息相关。经由法律的治理以造福生民，为古今中外人类实践之最佳路径。

海洋法治之达致，需赖全体国人之努力，应无沿海内陆之别。西南政法大学虽处内陆，一向以"心系天下"为精神导引。作为中国法学教育研究的重镇，西南政法大学独具光荣的历史传承、深厚的学术底蕴和完备的人才积累。她以党的基本理论、基本路线、基本方略和国家的重大战略需求为学术研究之出发点和归宿。

西南政法大学海洋与自然资源法研究所之成立，正是虑及吾辈应为建设海洋强国贡献绵薄。国际法学院、经济法学院（生态法学院）、国家安全学院相关研究团队，合众为一，齐心戮力，与中国海洋法学会合作共建而成。我所将持续系统地研究涉海法律问题，现以"海洋·极地·自然资源法研究丛书"之名，推出首批公开出版成果。

本丛书拟设四大系列：国别海洋法系列、海洋治理系列、极地治理系列及自然资源法系列。系列之间既各有侧重又相互呼应，其共同的目标在于助力中国海洋治理体系与治理能力的现代化。

本丛书推崇创作之包容性，对当下及今后各作者的学术观点，都将予以最大程度的尊重；本丛书亦秉持研究之开放性，诚挚欢迎同人惠赐契合丛书主题及各系列议题的佳作；本丛书更倡导学术的批判性，愿广纳学友对同一问题的补正、商榷甚或质疑。若经由上述努力与坚持，可将本丛书打造为学界交流与争鸣的平台，则是我们莫大的荣幸。

本丛书能由构想变为现实，离不开诸多前辈、同人及单位的关心、指导与支持，我相信，丛书的付梓是对他们玉成此事最好的感谢！

是为序！

2020 年 3 月 31 日

目 录

第 I 部分 越南海洋法律体系研究

一、越南海洋基本情况 / 003
（一）地理位置 / 003
（二）行政区划 / 003
（三）海洋资源 / 004
（四）统一历史 / 006

二、海洋事务主管部门及其职能 / 007
（一）立法机构 / 007
（二）中央政府执法机构 / 007

三、国内海洋立法 / 016
（一）划定管辖海域的法 / 016
（二）海洋和岛屿自然环境保护立法 / 021
（三）渔业相关立法 / 022
（四）港口、船舶与航运相关立法 / 024
（五）石油相关立法 / 024

四、缔结和加入的海洋法条约 / 026
（一）《联合国海洋法公约》/ 026
（二）缔结和加入的海事条约 / 027

五、海洋争端解决 / 028
（一）通过协议解决的海洋争端 / 028
（二）未决争端 / 033

六、国际海洋合作 / 046

（一）对争议区域的共同开发 / 046

（二）海洋防务合作 / 047

（三）海洋油气资源合作 / 059

（四）海洋研究合作 / 067

（五）渔业合作 / 069

（六）区域性国际合作 / 072

（七）在全球性国际组织框架下开展的国际合作 / 074

七、对中国海洋法主张的态度 / 076

（一）对中国南海政策的态度 / 076

（二）对菲律宾南海仲裁案的态度 / 078

（三）对《南海各方行为宣言》的态度 / 080

（四）在"一带一路"框架下与中国合作的态度 / 082

第Ⅱ部分　马来西亚海洋法律体系研究

一、马来西亚海洋基本情况 / 087

（一）地理位置 / 087

（二）行政区划 / 087

（三）海洋资源 / 089

二、海洋事务主管部门及其职能 / 091

（一）立法机构 / 091

（二）联邦政府 / 092

（三）州政府 / 096

（四）海上武装执法部门 / 098

三、国内海洋立法 / 102

（一）划定管辖海域的法律 / 102

（二）港口与航运相关立法 / 104

（三）石油相关立法 / 105

（四）渔业相关立法 / 106

（五）海上执法相关立法 / 106

（六）沙巴港口和码头局相关立法 / 106
　　（七）沙捞越海洋渔业局相关立法 / 107

四、缔结和加入的国际海洋法条约 / 108
　　（一）《联合国海洋法公约》/ 108
　　（二）港口航运相关条约 / 109

五、海洋争端解决 / 110
　　（一）通过协议解决的海洋争端 / 110
　　（二）通过国际司法机构解决的海洋争端 / 113
　　（三）未决争端 / 120

六、国际海洋合作 / 122
　　（一）对争议区域的共同开发 / 122
　　（二）海洋防务合作 / 125
　　（三）海洋研究合作 / 129
　　（四）基础设施建设合作 / 133
　　（五）区域性国际合作 / 135
　　（六）在全球性国际组织框架下开展的国际合作 / 142

七、对中国海洋法主张的态度 / 144
　　（一）对中国南海政策的态度 / 144
　　（二）对菲律宾南海仲裁案的态度 / 148
　　（三）其他海洋主张冲突 / 149
　　（四）在"一带一路"框架下与中国合作的态度 / 150

第Ⅲ部分　文莱海洋法律体系研究

一、文莱海洋基本情况 / 153
　　（一）文莱概况 / 153
　　（二）行政区划 / 153
　　（三）政治制度 / 154
　　（四）海洋资源 / 154

二、海洋事务主管部门及其职能 / 157
　　（一）议会 / 157

（二）外交与贸易部 / 157
  （三）交通部 / 158
  （四）文莱皇家海军 / 160
  （五）文莱皇家海洋警察 / 161

三、国内海洋立法 / 162
  （一）划定海洋区域的法律 / 162
  （二）船舶相关的立法 / 165
  （三）渔业相关立法 / 166
  （四）防止海洋污染相关立法 / 166
  （五）武装部队参与海洋事务的立法 / 167

四、缔结和加入的国际海洋法条约 / 168
  （一）《联合国海洋法公约》/ 168
  （二）缔结和加入的国际海事条约 / 168

五、海洋争端解决 / 171
  （一）通过协议解决的争端 / 171
  （二）未决争端 / 173

六、文莱国家海洋实践 / 175
  （一）区域和多边海洋合作 / 175
  （二）双边海洋合作 / 178

七、对中国海洋法主张的态度 / 194
  （一）对中国南海主张的态度 / 194
  （二）对菲律宾南海仲裁案的态度 / 194
  （三）在"一带一路"框架下与中国合作的态度 / 195

第Ⅳ部分 缅甸海洋法律体系研究

一、缅甸海洋基本情况 / 199
  （一）地理位置 / 199
  （二）动荡的国内政局 / 199
  （三）行政区划 / 200

二、海洋事务主管部门及其职能 / 203

 （一）联邦议会 / 203
 （二）行政执法机构 / 203

三、国内海洋立法 / 210

 （一）法律 / 210
 （二）部门规章 / 213

四、缔结和加入的国际海洋法条约 / 214

 （一）《联合国海洋法公约》/ 214
 （二）缔结和加入的国际海事条约 / 214
 （三）其他与海洋相关的条约 / 214

五、海洋争端解决 / 216

 （一）通过划界协议解决的海洋争端 / 216
 （二）通过司法方法解决的海洋争端 / 220

六、国际海洋合作 / 225

 （一）海洋研究合作 / 225
 （二）海上油气合作 / 226
 （三）渔业合作 / 230
 （四）经济特区深水港项目 / 231
 （五）替代性海洋合作项目 / 232
 （六）海上安全合作 / 234

七、对中国海洋法主张的态度 / 237

 （一）对中国南海主张的态度 / 237
 （二）对中国其他海洋主张的态度 / 237
 （三）在"一带一路"框架下与中国合作的态度 / 238

附　录 / 239

 附录1　越南各省基本信息表 / 239
 附录2　1971年南越大陆架声明坐标 / 242
 附录3　1977年《关于越南领海、毗连区、专属经济区和大陆架的声明》/ 243

附录4　1982年《关于越南领海基线的声明》/ 245
附录5　越南加入《联合国海洋法公约》时的声明 / 247
附录6　越南缔结和加入的国际条约 / 248
附录7　《越南—泰国泰国湾海上边界协定》C点、K点坐标 / 250
附录8　越南—印度尼西亚大陆架划界线界点坐标 / 251
附录9　中越北部湾划界界点坐标 / 252
附录10　中越北部湾共同渔区的范围 / 253
附录11　法国总督关于"布雷维线"的信函 / 254
附录12　柬埔寨1972年7月1日大陆架声明 / 256
附录13　《越南—柬埔寨历史性水域协定》/ 259
附录14　马来西亚海洋法历史性文件 / 262
附录15　马来西亚与联合国海洋法划分的海域有关的法案 / 263
附录16　马来西亚港口与航运相关法案 / 264
附录17　马来西亚渔业法律规范性文件 / 266
附录18　马来西亚海事执法机构法 / 269
附录19　沙巴港口和码头局相关条例 / 270
附录20　沙捞越海洋渔业局相关条例 / 272
附录21　马来西亚批准《联合国海洋法公约》的声明 / 273
附录22　马来西亚石油相关立法表 / 275
附录23　马来西亚批准加入的港口航运相关条约 / 276
附录24　1979年马来西亚地图的大陆架主张基点 / 281
附录25　文莱公布的海域坐标 / 282
附录26　文莱1984年《商船法案》及其附属条例 / 283
附录27　文莱2002年《商船法令》及其附属条例 / 285
附录28　文莱1984年《渔业法案》及其附属条例 / 288
附录29　文莱2005年《防止海洋污染法令》/ 290
附录30　1984年《文莱皇家武装部队法案》/ 291
附录31　文莱缔结和加入的国际海事组织公约和议定书清单 / 294
附录32　文莱海事局公布的在政府宪报中公示的法令和条例 / 298
附录33　"CA1""CA2"区块地理坐标 / 302
附录34　缅甸海事局其他法律文件 / 303
附录35　缅甸缔结加入的海洋法公约 / 312

参考文献 / 315

  一、中文文献 / 315

  二、外文文献 / 317

  三、数据库和网站 / 319

后 记 / 329

第 I 部分

越南海洋法律体系研究

一、越南海洋基本情况

（一）地理位置

越南位于中南半岛东部，北与广西、云南接壤，中越陆地边界线长1347公里；西与老挝、柬埔寨交界；东北临北部湾，东南濒临南中国海。陆地面积32.9万平方公里。越南地形狭长，呈S形。南北最长处约1640公里，东西最宽处约600公里，最窄处仅50公里。地势西北高、东南低，境内3/4为山地和高原。有红河三角洲（Red River Delta）和湄公河三角洲（Mekong Delta）两大平原，面积分别为2万平方公里和5万平方公里，是主要农业产区。北部和西北部为高山和高原，中部长山山脉纵贯南北。越南河流密布，其中长度在10公里以上的河流达2860条。越南海岸线长3260多公里[1]。

（二）行政区划

越南设有63个一级行政区，分别为5个直辖市和58个省，按地域划分为8个大区[2]：东北地区、西北地区、红河三角洲、中北沿海地区、中南沿海地区、西原地区、东南地区和湄公河（九龙江）三角洲。其5个直辖市为：首都河内[3]（Hanoi）、胡志明市[4]（Ho Chi Minh City）、海防（Hai Phong）、岘港（Da Nang）和芹苴（Can Tho），其中河内和胡志明市为特别城市[5]。

上述8个大区中濒临北部湾的有：红河三角洲、东北地区和中北沿海

---

[1] 此处的海岸线长度不包括岛屿，参见《越南国家概况》，载中国外交部官网，http://www.fmprc.gov.cn/web/gjhdq_676201/gj_676203/yz_676205/1206_677292/1206x0_677294/，最后访问日期：2019年11月5日。
[2] 各区包含的省市信息参见附录1。
[3] 首都河内，位于红河三角洲平原中部，面积3340平方公里，截至2016年人口达738万，是越南的政治、文化中心，全国面积最大和人口第二大城市。
[4] 胡志明市是越南最大的港口城市和经济中心，位于湄公河三角洲东北，西贡河右岸，距出海口60公里。城市面积2090平方公里。
[5] 越南称城市为"城庯"，又作"城铺"。现今越南共有74个城市，其中5个为中央直辖市，69个是省辖市。越南政府根据国内经济发展状况，又将城市（城庯）、市社和市镇划分为6类都市。等级最高的称为特别类，只包括首都河内和最大城市胡志明市。第1类都市共有19个城市，其中3个是中央直辖市，其余16个是省辖市；第2类都市共有23个省辖市；第3类都市共有30个省辖市，另有14个市社和1个市镇；第4类至第5类都市不含城市，只包括市社和市镇。

地区。越南基于这三个地区领海基线主张的海域与中国在北部湾的主张相冲突。2000年12月25日，中国与越南就北部湾签署一揽子划界协议，解决了两国在此区域的争议。越南濒临南中国海的大区有：中南沿海地区、东南地区和湄公河三角洲。越南在此与中国、马来西亚、印度尼西亚（以下简称"印尼"）都存在海洋划界争议。2003年，越南与印度尼西亚就大陆架签署划界协议，其中划定的大陆架有部分位于中国南海"断续线"内。越南在此争议海域侵占中国29个南海岛礁[1]，并于1982年在南海岛礁强设所谓的"长沙县"[2]和"黄沙县"[3]，分别"管辖"南沙群岛和西沙群岛[4]。

越南的湄公河三角洲是比较特殊的地区。它西北与柬埔寨接壤，西南临泰国湾，东南临南中国海，地理位置特殊。该地区是越南最富饶、人口最密集的地方，也是东南亚地区最大的平原。湄公河三角洲曾是柬埔寨的一部分，在18世纪成为越南的领土。在湄公河三角洲附近海域，越南和泰国、柬埔寨、马来西亚都存在海洋划界争议。其中，其与泰国的大陆架和专属经济区的划界争议已于1997年通过签署划界协议解决。

（三）海洋资源

越南矿产资源丰富，种类多样。越南已探明煤炭可采储量为38亿吨，可供开采95年。已探明铁矿13亿吨、铝土矿54亿吨、铜矿1000万吨、稀土2200万吨、铬矿2000万吨、钛矿2000万吨、锆矿450万吨、镍矿152万吨、高岭土2000万吨。越南还是一个农业大国，盛产大米、玉米、橡胶、椰子、胡椒、腰果、咖啡和水果等。2016年越南出口大米489万吨，产值21.2亿美元，森林面积约1000万公顷。

---

[1] 傅莹、吴士存：《南海局势及南沙群岛争议：历史回顾与现实思考》，载新华网，http://www.xinhuanet.com/world/2016-05/12/c_128977813.htm，最后访问日期：2018年5月5日。

[2] "长沙县"（Huyện Trường Sa）又称"长沙岛县"（Huyện đảo Trường Sa），"行政中心"在南威岛（越方称"长沙岛"）。"长沙县"当时属于同奈省"管辖"。同年12月28日，"划入"富庆省。1989年6月30日，富庆省被分为富安省和庆和省两个省，"长沙县""划归"庆和省（Khanh Hoa）。参见苏乐：《越南在中国南沙群岛强设所谓"长沙县"始末》，载《时代周报》2010年5月19日。

[3] "黄沙县"（Huyện Hoàng Sa），又称"黄沙岛县"（Huyện đảo Hoàng Sa），归岘港市"管辖"。其行政中心为"珊瑚岛"（越方称"黄沙岛"）。越南宣称对整个西沙群岛（越方称"黄沙群岛"）拥有"主权"，但西沙群岛全境于1974年西沙之战后便由中国海军完全占领，越南并未控制西沙群岛中的任何一个岛屿。参见北城百科，http://www.beichengjiu.com/geoscience/178409.html，最后访问日期：2018年5月5日。

[4] "The Peaceful Life on Truong Sa Island District"，News Vietnam，http://english.vietnamnet.vn/en/vietnam-in-photos/7092/peaceful-life-on-truong-sa-island-district.html，May 5，2018.

越南油气资源在陆上和海上均有分布，但主要是海洋油气。越南海上油气主要分布于宋红盆地[1]（Song Hong basin），岘港盆地（Phu Khanh basin）、九龙盆地[2]（Cuu Long basin）、南昆山盆地（Nam Con Son basin）、马来—托库盆地（Malay-ThoChu basin）、黄沙盆地（Hoang Sa basin）和中沙盆地[3]（Truong Sa basin）。根据2017年版《BP能源统计年鉴》，截至2016年年底，越南已探明天然气储量6000亿立方米，在东南亚各国中排名第三，仅次于印尼和马来西亚。2016年，越南生产天然气107亿立方米（960万吨油当量）。截至2016年年底，越南已探明石油储量44亿桶，在亚太地区排名第三。同年，越南平均日产石油33.3万桶，炼厂产能日均16.3万桶，但日均消耗石油高达43.1万桶，无论是原油产量还是精炼油产量都不能满足其发展需要。为此，越南新建炼油厂[4]，同时大量进口石油类产品。据越南工商部统计，2016年前5个月越南石油类产品进口量达541万吨，同比增长27.6%，原油出口量达306万吨，同比下降20.6%[5]。为获得更多油气资源，越南还不断勘探新油田，其根据油气盆地划分的部分开发区块已深入中国南海"断续线"内[6]。目前越南至少已经在南海海域开发了三个主要油田，分别为白虎[7]（Bach Ho）、大熊[8]（Dai Hung）和青龙[9]

---

[1] 宋红盆地位于越南东海岸和海南岛之间，由红河断裂带控制，形成了具有独特的走滑拉张构造特征的新生代盆地。
[2] 九龙盆地又称湄公盆地（MeKong Basin），位于越南东南部海域。
[3] 中沙盆地位于中沙群岛的中沙台阶和中沙大环礁及其周围。
[4] Nghi Son炼油和石油化工综合设施将投入运营，Dung Quat炼油厂的升级和扩建项目预计将于2021年完成。即使这两个项目如期投入运营，越南仍将在2022—2025年存在33%—42%的燃料短缺。参见《第三届越南国际炼油石化技术峰会》，载石油圈，http://www.oilsns.com/article/231698，最后访问日期：2018年5月5日。
[5] 《越南进口自东盟石油类产品猛增》，载越通社，https://zh.vietnamplus.vn/%E8%B6%8A%E5%8D%97%E8%BF%9B%E5%8F%A3%E8%87%AA%E4%B8%9C%E7%9B%9F%E7%9F%B3%E6%B2%B9%E7%B1%BB%E4%BA%A7%E5%93%81%E7%8C%9B%E5%A2%9E/51905.vnp，最后访问日期：2018年5月5日。
[6] 《大事记》，载中国南海网，http://www.thesouthchinasea.org.cn/events.html，最后访问日期：2018年5月5日。
[7] "白虎"油田位于头顿东南约120公里处的海域，20世纪70年代初由美国飞马石油公司发现并已做好开发前期工作。1975年4月底越战结束，美国败退，该油田开发计划被放弃。1984年苏联与越南组建越苏油气联营企业，由苏联提供资金、设备和技术开发白虎油田。1986年6月26日首次出油。
[8] Mobil Oil & Gas Co.在1974年首先发现了大熊油田，1987年苏越石油公司钻探大熊-1井，测试原油日产5800桶，天然气850000立方米。大熊油田位于万安盆地北部，水深110米，05-1区块，跨越中国南海"断续线"，北距昆仑岛480千米。
[9] 青龙油田与白虎油田相隔30公里。1994年12月，该企业在"龙"油田采出第一桶原油。

（Thanh Long）油田，年产量都在 500 万吨以上[1]。

越南海洋渔业资源丰富，沿海有 1200 种鱼、70 种虾，仅北部湾就有 900 种鱼，盛产红鱼、鲐鱼、鳖鱼等多种鱼类。中部沿海、东南地区沿海和泰国湾等海域，每年的海鱼产量都可达到数十万吨[2]。

（四）统一历史

越南的统一历史对其海洋法立法进程有一定的影响。1945 年 9 月 2 日，越南独立同盟会[3]领袖胡志明发表《独立宣言》，宣布成立越南民主共和国。此后，越南为争取独立陷入反法抗战[4]中，直到 1954 年法国战败被迫签署《日内瓦协议》[5]，战争结束。该协议将越南暂时分为南北两部分，以北纬 17 度线作为中界线[6]。越南北部在这一时期叫作越南民主共和国（以下简称北越），受劳动党的领导，定都河内。南部叫作越南共和国（以下简称南越），受驻西贡（胡志明市）的法国和美国政府的管治。1975 年，北越击败南越赢得内战。1976 年 7 月 2 日，南北越统一，组成新的越南社会主义共和国[7]。1976 年以前，越南因长期处于战争状态，没有海洋相关的立法活动。1976 年统一后，越南才开始进行相关海洋立法活动。

---

[1] 孙国祥：《南海之争的多元视角》，香港城市大学出版社 2017 年版，第 130 页。

[2] 商务部国际贸易经济合作研究院、中国驻马来西亚大使馆经济商务参赞处、商务部对外投资和经济合作司：《对外投资合作国别（地区）指南：越南》，商务部微信公众号，2017 年 12 月。

[3] 1941 年 5 月 10 日，印度支那共产党中央委员会第八次会议在高平省河广县北坡村召开，胡志明主持会议。会议决定发展游击战争，成立"越南独立同盟会"。该会的目的是要带领越南脱离法国的殖民统治，以及抵抗入侵日军。

[4] 反法抗战又称第一次印度支那战争。1945 年 9 月至 1954 年 7 月，越南独立同盟会为使越南独立与法国进行了一场战争，战争以越南独立同盟会胜利、法国被迫签订《日内瓦协定》告终。

[5] 1954 年 4 月 26 日，为谋求和平解决朝鲜问题和印支问题的日内瓦会议开幕。参加会议的有中、苏、美、英、法和朝鲜、越南、老挝、柬埔寨等 23 个国家。7 月 21 日，与会国签署了《越南停止敌对行动的协定》《老挝停止敌对行动的协定》《柬埔寨停止敌对行动的协定》，会议最后发表了《日内瓦会议最后宣言》。

[6] 北纬 17 度横穿越南中北沿海地区的广省。在中北沿海地区的其他省份中，清化省、乂安省、河静省、广平省位于北纬 17 度。

[7] 《越南历史简介》，越南中央政府官网，http://cn.news.chinhphu.vn/StaticPages/lichsu.html，最后访问日期：2018 年 5 月 5 日。

二、海洋事务主管部门及其职能

（一）立法机构

国会是越南最高立法机关，负责制定宪法和法律、决定国家基本政策和行使最高监督权。越南国会实行一院制，每五年选举一次。国会代表由全国普选产生[1]，代表任期5年。国会代表总人数不得超过500人，包括专职代表和非专职代表，前者人数不少于总人数的35%[2]。越南国会制定的与海洋相关的法律包括：《国家边界法》《越南海洋法》等。

（二）中央政府执法机构

越南中央政府是越南的最高行政机构，由政府总理[3]（Prime Miniser）领导。中央政府下设22个政府部门和8个政府直属机构[4]，其中与海洋事务有关的政府部门有：外交部（Ministry of Foreign Affairs）、国防部（Ministry of National Defense）、交通运输部（Ministry of Transport）、农业与农村发展部（Ministry of Agriculture and Rural Development）、资源与环境部（Ministry of Natural Resources and Environment）和科学技术部（Ministry of Science and Technology）等。此外，政府直属机构越南科学技术研究院（Vietnam Academy of Science and Technology）也负责部分海洋

---

[1] 钱镜：《越南国会何以否决"梦工程"》，载《南方周末》，http://www.infzm.com/content/48547，最后访问日期：2018年5月5日。

[2] 沈娟：《越南国会基本结构及运转特点》，载中国人大网，http://www.npc.gov.cn/npc/c16115/201602/41617b5aa4474af7813a506a5c554513.s.htm，最后访问日期：2018年5月5日。

[3] 越南总理（Thủ tướng Việt Nam）在越南的历史上有着不同的名称。在越南帝国时期称为"内阁总长"（Nội các Tổng trưởng）；在越南民主共和国第一届国会时，称"政府主席"（Chủ tịch Chính phủ）；第二届至第六届国会期间，称"政府总理"（Thủ tướng Chính phủ）；第七届至第八届国会期间称"部长会议主席"（Chủ tịch Hội đồng Bộ trưởng）；第九届国会起改回"政府总理"。

[4] 中央政府下设的22个政府部门包括：国防部，农业与农村发展部，公安部，计划投资部，外交部，内务部，司法部，卫生部，财政部，科学技术部，工商部，文化、体育与旅游部，社会伤兵劳动部，资源与环境部，交通运输部，政府监察部，建筑部，越南国家银行，通讯新闻部，国家民族委员会，教育培训部和政府办公厅。8个政府直属机构包括：胡志明主席陵墓管理委员会，越南社会保险委员会，越南通讯社，越南之声广播电台，越南电视台，胡志明国家政治行政学院，越南科技院和越南社会科学院等。

相关事务。

1. 外交部

外交部下设8个部门[1]，其中与海洋事务有关的有：总务部门、双边事务部门、多边事务部门和一般事务部门等[2]。总务部门下属的国家边界委员会（National Border Committee）成立于1976年，是越南国家边界管理的重要机构，曾参与边界开发和利用的重要事项。例如，1985年与柬埔寨解决了陆地划界争议，1997年与泰国解决了海洋划界争议，2003年与印尼解决了大陆架划界争议等。它还参与编写了向联合国大陆架界限委员会（Commission on the Limits of the Continental Shelf）提交的外大陆架划界案[3]。2018年3月15日，中越北部湾湾口外海域工作组第九轮磋商、海上共同开发磋商工作组第六轮磋商在越南岘港举行。越方工作组组长为越南外交部国家边界委员会副主任[4]。越南外交部的下属机构中与海洋事务有关的还包括：双边事务部门下属的东北亚司（North East Asia Department）和东南亚—南亚—南太平洋司（South East Asia - South Asia - South Pacific Department）、多边事务部门下属的国际组织司（International Organizations Department）、一般事务部门下设的法律和国际条约司（Law and International Treaties Department）及政策规划司（Policy Planning Department）等。

2. 交通运输部

交通运输部成立于1945年，负责管理全国的公路、铁路、内河航运、海运和空运[5]。交通运输部下属部门中负责海洋事务的有：海事管理局（Maritime Administration）、越南海事大学（Vietnam Maritime University）、北方海事安全公司（Northern Vietnam Maritime Safety Corporation）和南方

---

[1] "Organization Chart of the Ministry of Foreign Affairs of Vietnam"，载越南外交部官网，http://www.mofa.gov.vn/vi/bng_vietnam/nr070622153725/index_html/So_do_to_chuc_English_version_final.docx/download，最后访问日期：2018年5月5日。

[2] "Organization Structure of Ministry of Foreign Affairs"，载越南外交部官网，http://www.mofa.gov.vn/vi/bng_vietnam/nr070622153725/，最后访问日期：2018年5月5日。

[3] "National Border Committee Holds 35th Anniversary"，载越南之声官网，http://english.vov.vn/politics/national-border-committee-holds-35th-anniversary-224680.vov，最后访问日期：2018年5月5日。

[4]《中越北部湾湾口外海域工作组、海上共同开发磋商工作组新一轮磋商在越南举行》，载中国外交部官网，http://www.fmprc.gov.cn/web/wjdt_674879/sjxw_674887/t1543444.shtml，最后访问日期：2018年5月5日。

[5] "Development History of Vietnam Transport Sector"，载越南交通运输部官网，http://mt.gov.vn/en/Pages/developments.aspx，最后访问日期：2018年5月5日。

海事安全公司（Southern Vietnam Maritime Safety Corporation）等。

海事管理局负责协助交通运输部进行专门的海事和航行管理。其主要任务包括：在海事管理局职权范围内制订海洋发展计划；起草有关海运、海上安全管理、防止海洋污染等事项的法律文件；执行相关政策法规；制定海事相关国家标准；组织海事相关法律的宣传教育；管理港口和海事人员；制定核准海事国际合作方案以及提交签署或加入条约的提案等[1]。

越南海事大学成立于1956年。其任务是教育和培训海事专家和科学家，以促进国家海洋经济的发展。越南海事大学成立60多年来培育出40000多名毕业生，其中包括工作于海洋经济领域的35000名海事官员和海员[2]。

北方海事安全公司成立于1955年，主要负责管理灯塔，疏通航道，进行海上引航，提供水文调查信息，建设灯塔等海上基础设施等[3]。该公司负责的沿海省份范围北至东北地区的广宁省（Tỉnh Quảng Ninh），南至中南沿海地区的广南省（Tỉnh Quảng Nam）。这些省份大都邻近争端较少的北部湾，所以北方海事安全公司只负责日常航行，管辖事项较少。

南方海事安全公司成立于1975年，主要负责管理船舶航行导航系统，发布海事通知，制作和供应电子航海图，保障海港和航道的安全，疏浚航道，设计和建造海事工程，设计、制造和安装海洋信号装置，进行海上救援，保护海洋环境等[4]。南方海事安全公司的管辖范围覆盖从中南沿海地区的广义省到湄公河三角洲的坚江省的所有沿海省份以及南沙群岛，较多邻近争议海域。

3. 国防部

国防部成立于1945年7月27日，管辖越南人民军（Vietnam People's Army）。越南人民海军（Vietnam People's Navy）、边防部队（Border Guard）和越南海岸警卫队（Vietnam Coast Guard），是越南人民军的重要武装力量，负责与海洋有关的事务。

---

[1] "Introduction: History"，载越南交通运输部官网，http://mt.gov.vn/en/pages/OrganDetail.aspx?tochucId=73，最后访问日期：2018年5月5日。

[2] Pham Xuan Duong, "VMU President's Message", Vietnam Maritime University, http://eng.vimaru.edu.vn/about/vmu-presidents-message.vmu, May 5, 2018.

[3] "History"，载北方海事安全公司，http://vms-north.vn/services-295，最后访问日期：2018年5月5日。

[4] "TỔNG CÔNG TY BẢO ĐẢM AN TOÀN HÀNG HẢI MIỀN NAM"，载越南交通运输部官网，http://mt.gov.vn/vn/Pages/ChiTietToChuc.aspx?tochucID=2652，最后访问日期：2018年5月5日。

越南人民海军（Vietnam People's Navy）是维护越南海上主权的核心力量。海军负责管理和控制越南东部海域和岛屿，维护海上安全，抵制任何有损越南海上权益的行为，维护海上安全，参与搜救行动，为抵制来自海上的侵略做好准备。越南海军共有兵力35000人[1]，主要包括水面舰艇部队（surface ships）、沿海炮兵（coastal artillery）、陆海导弹部队（land-to-sea missiles）、海军陆战队（marine）、海军突击队（naval commando）和海岛防卫部队（island defence forces）[2]。迄今为止，越南已与各个存在海域重叠情况的国家签署了多项划界与合作协议，如1982年的《越南和柬埔寨关于历史性水域协议》，1992年的《越南和马来西亚关于两国在相重叠的大陆架共同开发协议》，1997年的《越南—泰国泰国湾海上边界协定》，2000年的《越中北部湾领海、专属经济区、大陆架划界协定》及《越中北部湾渔业合作协定》，2003年的《越南—印度尼西亚大陆架划界协定》。这是越南海军在重叠海域进行海上执法的重要法理依据[3]。越南海军负责执行海上巡逻[4]、海上搜救[5]等海上执法任务。

边防部队（Border Guard）成立于1959年3月3日。它履行维护国家主权和领土完整、保护陆上边界和海上边界安全的职能。边防部队主要负责控制和保护国家边界线和边界地标，执行与边界有关的法律、条例和协

---

[1]《越南国家概况》，载中国外交部官网，http://www.fmprc.gov.cn/web/gjhdq_676201/gj_676203/yz_676205/1206_677292/1206x0_677294/，最后访问日期：2018年5月5日。

[2] "QuânchủngHảiquân, QuânđộinhândânViệt Nam", Wikipedia, https://vi.wikipedia.org/wiki/Qu%C3%A2n_ch%E1%BB%A7ng_H%E1%BA%A3i_qu%C3%A2n,_Qu%C3%A2n_%C4%91%E1%BB%99i_nh%C3%A2n_d%C3%A2n_Vi%E1%BB%87t_Nam, May 5, 2018.

[3] 唯庆：《关于重叠海域上水方开发的规定》，载越南中央军委与国防部军政理论机关《全民国防杂志》，http://tapchiqptd.vn/zh/研究与交流/关于重叠海域上水产开发的规定/9215.html，最后访问日期：2018年5月5日。

[4] 2018年4月19日上午，由越南人民海军五区127旅264号舰和265号舰组成的军舰编队离开坚江省富国军港，开始与泰国皇家海军进行第37次联合巡逻。参见邓鸾：《越南海军与泰国海军进行联合巡逻》，载人民军队网，http://cn.qdnd.vn/cid-6126/7185/nid-549049.html，最后访问日期：2018年5月5日。

[5] 截至2015年，军中已调遣了近250次海船，数十个海上航班，共12620名干部、战士参加海上搜寻工作，成功救护了232艘遇难的船舶，救活2240个人（其中包括数十名外国人），向2300艘渔船发出通知，并组织把3124个人从危险地带迁移到安全地带。参见《全民国防杂志》，http://tapchiqptd.vn/zh/%E7%90%86%E8%AE%BA%E4%B8%8E%E5%AE%9E%E8%B7%B5/%E6%8F%90%E9%AB%98%E8%B6%8A%E5%8D%97%E6%B5%B7%E5%86%9B%E5%8A%9B%E9%87%8F%E5%9C%A8%E6%B5%B7%E4%B8%8A%E6%90%9C%E6%95%91%E5%B7%A5%E4%BD%9C%E7%9A%84%E6%95%88%E6%9E%9C/8154.html，最后访问日期：2018年5月5日。

定，打击一切非法活动和破坏活动，解决边界问题，营造和平友好的边界氛围。边防部队下属机构包括边防部队指挥部（Border Guard Command）、边防部队省（市）指挥部，边防警卫队海上旅和边防部队海上分队[1]。

为了更好地进行海洋执法，1998年8月28日，国防部设立隶属于越南海军的越南海岸警卫队（Cảnh sát biển Việt Nam，又称"海警"）。2002年，依据总理批准的第677/2002/QĐ-TTg号决定，国防部将海岸警卫队从海军独立出来，由国防部直接管辖[2]。海岸警卫队是越南人民军武装力量之一，其职责是进行越南海上执法，维护海上安全等。越南海岸警卫队隶属于越南国防部，所有活动由国防部直接组织、管理、协调[3]。后来，越南政府修改补充2009年10月19日颁布的有关越南海警力量的政府令于2013年10月12日生效。根据该修改后的政府令，越南"海警局"（Cục trưởng Cục Cảnh sát Biển）更名为"海警司令部"（Tư lệnh Cảnh sát biển），"海警局局长"改为"海警司令"。海警司令部总部设在越南首都河内，运作经费由国家财政预算支付。海岸警卫队司令、政委、副政委及副司令由政府总理根据国防部长建议任命。2013年海岸警卫的英文名称从"Vietnam Marine Police"改为"Vietnam Coast Guard"，但越南文名称并未改变，也不涉及人员、隶属和管辖权方面的变化。值得注意的是，越南公安部管辖的人民警察（Công an nhân dân）包括人民安全部队（lực lượng An ninh nhân dân）和人民警察部队（lực lượng Cảnh sát nhân dân），海岸警卫队不属于公安部下辖的人民警察部队[4]。

4. 资源与环境部

资源与环境部成立于2002年，负责管理与土地、水资源、矿产资源、地质、环境、水文气象、气候变化、测绘、岛屿和海洋等有关的事项。该部有10个下属管理部门，其中与海洋相关的有地质矿产总局（General

---

[1] "BộđộiBiênphòngViệt Nam", Wikipedia, https://vi.wikipedia.org/wiki/B%E1%BB%99_%C4%91%E1%BB%99i_Bi%C3%AAn_ph%C3%B2ng_Vi%E1%BB%87t_Nam, May 5, 2018.

[2] "CụcCảnhsátbiểnViệt Nam 15 nămxâydựngvàtrưởngthành"，载越南海岸警卫队官网，http://canhsatbien.vn/portal/truyen-thong/cuc-canh-sat-bien-viet-nam-15-nam-xay-dung-va-truong-thanh，最后访问日期：2018年5月5日。

[3] "The Vietnam Marine Police", Globalsecurity, https://www.globalsecurity.org/military/world/vietnam/marine-police.htm, May 5, 2018.

[4] "Vịtrí, chứcnăng, nhiệmvụvàhệthốngtổchứccủalựclượngCông an nhândân"，载越南公安部官网，http://www.mps.gov.vn/gioi-thieu/bai-viet-gioi-thieu/chuc-nang-nhiem-vu-va-he-thong-to-chuc-cua-luc-luong-cong-an-nhan-dan-30.html，最后访问日期：2018年5月5日。

Department of Geology and Minerals of Vietnam）、海洋和岛屿管理局（Vietnam Administration Of Sea and Island）、测绘局（Department of Survey and Map）。[1]

地质矿产总局下属的海洋地质和矿产资源联合会（Liên đoàn Địa chất và Khoáng sản biển）是一个非营利组织，负责基本地质调查，包括与海洋矿物开采有关的事务。海洋和岛屿管理局成立于2008年，负责就海洋、岛屿和大陆架的管理向资源与环境部部长提供咨询意见，对海洋和岛屿的自然资源进行综合管理。其主要职能包括：制订可持续开发和利用海洋和岛屿自然资源的计划；开展海洋和岛屿相关法律的普法工作；组织海洋和岛屿自然资源和环境的基本调查；管理并保护海洋和岛屿资源；建立海洋和岛屿数据库以及协助开展相关国际合作等[2]。测绘局是负责绘制地图的国家机构，负责为资源与环境部部长提供相关咨询服务，管理与陆地和海洋地图相关的事务[3]。在《越南—印度尼西亚大陆架划界协定》中，测绘局负责确定两国大陆架分界线及其界点在海上的实际位置。

5.农业和农村发展部

2007年7月31日，越南国会发布决议，将渔业部并入农业和农村发展部，成为其下属机构渔业总局[4]（Directorate of Fisheries）。渔业总局的职能当中与海洋相关的是：为农业和农村发展部部长提供咨询和协助；制订渔业发展计划；管理渔船；建立和管理渔业数据库；指导并检查渔船的建造、改装、维护和修理；组织自然灾害防治工作；防止和尽量减少渔船和渔民被外国逮捕；按照法律规定参与维护国家主权的活动等[5]。

---

[1] "Ministry of Natural Resources and Environment (Vietnam)", Wikipedia, https://en.wikipedia.org/wiki/Ministry_of_Natural_Resources_and_Environment_(Vietnam), May 5, 2018.

[2] "QUYẾT ĐỊNH Quyđịnhchứcnăng, nhiệmvụ, quyềnhạnvàcơcấutổchứccủaTổngcụcBiểnvàHảiđảoViệt Nam trựcthuộcBộTàinguyênvàMôitrường", 载越南司法部官网, http://vbpl.vn/TW/Pages/vbpq-van-ban-goc.aspx?ItemID=127792, 最后访问日期: 2018年5月5日。

[3] "Survey and Mapping Activities in Vietnam", United Nations, https://unstats.un.org/unsd/geoinfo/RCC/docs/rccap18/CRP/18th_UNRCCAP_econf.100_crp1.pdf, May 5, 2018.

[4] "Các đơn vị trực thuộc", 载越南广宁省农业和农村发展部官网, http://www.quangninh.gov.vn/So/sonongnghiepptnt/Trang/ChiTietTinTuc.aspx?nid=4459&Page=1, 最后访问日期: 2018年5月5日。

[5] "QUYẾT ĐỊNH QUY ĐỊNH CHỨC NĂNG, NHIỆM VỤ, QUYỀN HẠN VÀ CƠ CẤU TỔ CHỨC CỦA TỔNG CỤC THỦY SẢN TRỰC THUỘC BỘ NÔNG NGHIỆP VÀ PHÁT TRIỂN NÔNG THÔN", 载越南司法部官网, http://vbpl.vn/TW/Pages/vbpq-toanvan.aspx?ItemID=124738&Keyword=T%E1%BB%95ng%20c%E1%BB%A5c%20Th%E1%BB%A7y%20s%E1%BA%A3n, 最后访问日期: 2018年5月5日。

值得注意的是，渔业总局的下属部门渔业检查局[1]（Cục Kiểm ngư）成立于2013年1月。该局有权对在"越南海域"进行捕鱼作业的本国与非本国的个人和船只采取罚款或是禁止捕猎等措施。越南渔业检查局的重点任务是检查、巡逻、监控个人或公司在进行水产资源开发与保护工作时是否遵守越南法律规定。除了有权对非法作业者进行处理之外，这支特殊力量还被授权对在所谓越南200海里"专属经济区"内进行非法活动的外国船只登船检查[2]。据报道，越南政府于2014年11月签发命令，从9月15日起，越南渔业检查局管辖的所有船只都将配备武器。检查部队人员将配发手枪、冲锋枪和子弹，检查船只将配备轻机枪、机枪、14.5毫米口径机枪和子弹[3]。自成立以来，越南渔业检查局在海洋生产、海洋捕捞、提升捕捞业人员素质和捕捞生产效益等方面为渔民提供了有力的支持[4]。

6. 科学技术研究院

越南科学技术研究院[5]成立于1975年，有51个下属单位，其中与海洋有关的包括：海洋研究所（Institute of Oceanography）、海洋环境和资源研究所（Institute of Marine Environment and Resources）、海洋地质和地球物理学研究所（Institute of Marine Geology and Geophysics）、海洋生物化学研究所（Institute of Marine Biochemistry）等。

海洋研究所成立于1993年。其主要职能包括：进行环境、生物和非生物资源的基础研究；研究沿海水域和东海的水圈、大气层和岩石圈形成过程；调查海洋污染现状并解决污染问题；确保生态平衡和可持续发展；研究并预防自然灾害；研究海洋建设技术和水产养殖技术，开发海产品以

---

[1] "Tổchứcbộmáy: CụcKiểmngư"，载越南渔业总局官网，https://tongcucthuysan.gov.vn/gi%E1%BB%9Bi-thi%E1%BB%87u/-t%E1%BB%95-ch%E1%BB%A9c-b%E1%BB%99-m%C3%A1y/doc-tin/004165/2016-05-12/cuc-kiem-ngu，最后访问日期：2018年5月5日。

[2]《世界主要国家和地区渔业概况》编写组:《世界主要国家和地区渔业概况》，海洋出版社2012年版，第35页。

[3] 王盼盼:《越南渔政船将配重机枪，中方只有水炮越南心虚》，载环球网，http://mil.huanqiu.com/china/2014-08/5094598.html，最后访问日期：2018年5月5日。

[4] 刘文辉:《越南海检力量与渔民同行》，载《全民国防杂志》，http://tapchiqptd.vn/zh/%E7%90%86%E8%AE%BA%E4%B8%8E%E5%AE%9E%E8%B7%B5/%E8%B6%8A%E5%8D%97%E6%B8%94%E6%A3%80%E5%8A%9B%E9%87%8F%E4%B8%8E%E6%B8%94%E6%B0%91%E5%90%8C%E8%A1%8C/11449.html，最后访问日期：2018年5月5日。

[5] "Institutes: Established by the Government"，载越南科学技术研究院官网，http://www.vast.ac.vn/en/about-vast/organization-chart/institutes/institutes-established-by-the-government，最后访问日期：2018年5月5日。

及进行海洋科学和技术方面的教育活动等。

海洋环境和资源研究所成立于2008年，主要负责沿海、海洋和岛屿环境与资源领域的基础研究，并为海洋资源开发和环境保护提供建议。其主要任务包括：调查并研究海洋环境和资源领域的科学和技术问题；提供海洋科学和技术服务；在海洋资源和环境方面与国家机构和相关生产单位开展合作，开设关于海洋环境和资源的培训课程等。

海洋地质和地球物理学研究所成立于2005年，负责在地质学、海洋地球物理学、物理海洋学和其他领域开展基础研究和调查。其主要任务包括：开展海洋基础研究和调查活动，以维护海洋主权和发展海洋经济；研发海洋和岛屿项目的勘探、开发、建造应用技术；更新和收集关于越南东部海域的最新研究成果，为海洋和岛屿的研究和宣传提供资料等。2006年至2009年，该研究所与国家边界委员会等机构合作勘察越南外大陆架，为提交外大陆架划界案提供支撑证据。

海洋生物化学研究所成立于2010年，负责提供海洋生物化学领域的咨询服务。其主要任务包括：海洋生物化学，红树林和沿海地区等相关领域的基础研究以及寻找海洋微生物活性成分等。该研究所与法国、韩国、美国的合作伙伴开展了多个国家项目[1]。

7. 越南石油天然气集团

越南石油天然气集团（Vietnam Oil and Gas Group）是一家十分重要的国有企业，几经重组和改制，机构庞杂。1961年，地质总局（General Department of Geology）根据苏联专家的石油勘探报告建立了第36号石油勘探小组（Oil Exploration Expedition No.36，以下简称"36号"），进行石油和天然气研究和勘探。1975年，政府合并了36号和化工总局（Chemical General Department）的部分机构，成立了越南石油和天然气总局（Vietnam Oil and Gas General Department）。1977年9月9日，政府在石油和天然气总局下开设了越南石油和天然气公司（Vietnam Oil and Gas Company）。1990年，该公司随着石油和天然气总局并入重工业部（Ministry of Heavy Industry）。1992年，越南石油和天然气公司改由部长会议（Council of Ministers，即中央政府）直接管辖。2006年，总理决定重

---

[1] "Institute of Marine Biochemistry(IMBC)"，载越南科学技术研究院官网，http://www.vast.ac.vn/en/about-vast/organization-chart/institutes/institutes- established-by-the-government/1231-institute-of-marine-biochemistry-imbc，最后访问日期：2018年5月5日。

组越南石油和天然气公司[1]，成立了控股公司越南石油天然气集团（Holding Company-Vietnam Oil and Gas Group）。2010年6月18日，政府承认越南石油天然气集团为国有企业，国际交易名称为Petrovietnam，PVN[2]。

PVN的主要职能包括：开展石油相关活动，根据《石油法》（Petroleum Law）与企业和个人签订石油合同，管理和监督石油等碳氢化合物的勘探和生产活动，以及开展政府直接委托给PVN的其他活动[3]。这些签订的合同中，应当引起重视的是1981年6月19日其与苏联签署的成立越南控股公司"越俄油气联营公司"（Vietsovpetro Joint-Venture，Vietsovpetro）的协议。该公司的存续未受到苏联解体的影响。前述白虎和青龙油田正是其开发的油田[4]。PVN下设的越南石油研究所（Vietnam Petroleum Institute）成立于1978年5月22日，是在地质总局石油地质处的基础上成立的。自成立以来，石油研究所研发了勘探、评估、炼油和天然气加工等领域的众多关键技术。其科技成果促进了行业的发展，解决了越南有关石油安全、环境保护以及石油经济等方面的问题[5]。

---

[1] 1986年，越南开始实施国有企业改革，主要进行资产重组，国家不再直接管理企业。但由于缺乏有效措施，改革成效并不明显。1992年，越南开始推行股份制改革，多方吸纳资金和技术，着力提高国有企业效益。迄今，越南已完成3500家企业的改造，多数是中小企业。改革后，企业状况普遍好转，固定资产平均增长44%，营业额增长23.6%，利润增长139.8%，员工收入增长12%。2007—2010年是国企改革关键期，越南对隶属于70多家集团和总公司的1600多家国企进行改革。根据越南《投资法》《企业法》及政府相关政策规定，越南鼓励外资参与股份制改革，允许外商购买国企股份并成为企业管理者。目前，越南拟改革的领域较广泛，包括银行、航空、通信、造船、汽车、电力、水泥、交通等。见《越南企业发展有关情况》，载中国商务部官网，http://www.mofcom.gov.cn/aarticle/i/dxfw/cj/200703/20070304437572.html，最后访问日期：2018年5月5日。

[2] "Lịchsử"，载越南石油天然气集团官网，http://english.pvn.vn/?portal=news&page=detail&category_id=7&id=1057，最后访问日期：2018年5月5日。

[3] "Lịchsử"，载越南石油天然气集团官网，http://english.pvn.vn/?portal=news&page=detail&category_id=8&id=1056，最后访问日期：2018年5月5日。

[4] 《2018年越俄油气联营公司努力实现冷凝油产量达400万吨》，载越通社，https://zh.vietnamplus.vn/2018/E5%B9%B4%E8%B6%8A%E4%BF%84%E6%B2%B9%E6%B0%94%E8%81%94%E8%90%A5%E5%85%AC%E5%8F%B8%E5%8A%AA%E5%8A%9B%E5%AE%9E%E7%8E%B0%E5%86%B7%E5%87%9D%E6%B2%B9%E4%BA%A7%E9%87%8F%E8%BE%BE400%E4%B8%87%E5%90%A8/74808.vnp，最后访问日期：2018年5月5日。

[5] "Vietnam Petroleum Institute"，Wikipedia，https://en.wikipedia.org/wiki/Vietnam_Petroleum_Institute，May 5, 2018.

三、国内海洋立法

越南拥有漫长的海岸线,且与中国、泰国、印度尼西亚等国存在重叠海域。在越南实现统一前,南越政府宣称对中国的西沙群岛和南沙群岛拥有主权,但北越政府则承认中国对上述区域拥有主权。北越统一南越后,背信弃义,其海洋法主张和立场发生重大转变,宣称西沙群岛和南沙群岛是越南领土。越南在实现南北统一后即开始进行海洋、岛屿领域的相关立法活动。目前管制越南海洋相关事务最重要的法律是 2012 年颁布的《越南海洋法》[1](Law of the Sea of Vietnam)。

(一)划定管辖海域的法

越南划定管辖海域的法目前有 4 部。分别为:1977 年 5 月 12 日发布的《关于越南领海、毗连区、专属经济区和大陆架的声明》(Statement on the Territorial Sea, the Contiguous Zone, the Exclusive Economic Zone and the Continental Shelf of 12 May 1977,以下简称《1977 年声明》,参见附录 3),1982 年 11 月 12 日发表的《关于越南领海基线的声明》(Statement of 12 November 1982 by the Government of the Socialist Republic of Viet Nam on the Territorial Sea Baseline of Viet Nam,以下简称《1982 年声明》,参见附录 4),2003 年 6 月 17 日颁布的《国家边界法》[2](Law on the National Border)以及 2012 年 6 月 11 日颁布的《越南海洋法》(The Law of the Sea of Vietnam)。

1. 领海

越南于 1977 年 5 月 12 日发布了《1977 年声明》,宣布越南领海宽度为 12 海里。为了执行上述《声明》,越南政府于 1982 年 11 月 12 日发表了关于领海基线的《1982 年声明》。主要内容有:第一,确定越南采用直线基线,并公布了其领海基线的 11 个基点坐标(第 I 部分 表 1)。第二,规定在越南和柬埔寨历史水域的西南分界线上的 O 点为越南领海基线起点,该点也是越南和柬埔寨两国领海基线的交汇点,该领海基线划定

---

[1] The XIIIth National Assembly of the Socialist Republic of Vietnam at its 3rd Session, "Law of the Sea of Vietnam", Vietnamlaw, http://vietnamlawmagazine.vn/law-of-the-sea-of-vietnam-4895.html, June 5, 2018.

[2] 该法于 2004 年 1 月 1 日起实施。

以 Con Co 岛（坐标 A11，17°10.0'N，107°20.6'E）为终点。第三，北部湾（The Gulf of Bac Bo，又称"Tonkin Gulf"）的海上边界线由《1887年中法界约》[1]规定，并宣称将为西沙群岛（Paracel Islands，越南称"黄沙群岛"）、南沙群岛（Spratly Islands，越南称"长沙群岛"）划定领海基线。

2003年《国家边界法》对越南领海基线和领海的无害通过制度进行了解释[2]，并规定了领海的宽度以及无害通过的要求。该法的第9条规定了越南的领海宽度为自基线量起12海里，越南的领海包括陆地领海、岛屿领海和群岛领海。该法第18条以及第21条对无害通过制度作出了具体的规定。依据第18条规定，外国船只在越南领海实施无害通过权时，应遵守越南法律和签署或加入的国际条约的规定；潜艇和其他水下交通工具通过时应浮出水面并悬挂船舶国旗帜。第21条规定，如出于国防、安全和其他特殊原因或根据有关国家建议，越方可限制或暂停人员、交通工具和货物出入国家边界，其中包括无害通过越南领海。该法对领海宽度的规定与《1977年声明》和《1982年声明》相一致，但是该法首次对无害通过制度作出规定。2012年6月11日越南国会颁布了《越南海洋法》，其中第11条规定了越南领海宽度为12海里，与《1977年声明》以及《1982年声明》对领海宽度的规定一致。第12条规定了领海的法律地位以及无害通过制度，规定越南对其领海享有绝对的主权，外国军舰在越南领海实施无害通过时，必须事先通知越南主管机关。

第 I 部分 表 1　越南领海基线的 11 个基点坐标[3]

基点	地理位置描述	纬度（北）	经度（东）
O	在越南和柬埔寨历史水域的西南分界线上		
A1	坚江省，纳哈岛（Island of Nhan），土珠群岛（Tho Chu Archipelago）	09°15'0″	103°27'0″

---

[1] "Limits in the Seas No.99 Straight Baseline: Vietnam", United Sates Department of Satate, https://www.state.gov/documents/organization/58573.pdf, June 5, 2018.

[2] 2003年《国家边界法》第4条规定："基线是指连接在越南政府确定和公布的沿岸低潮线上和近岸各岛上选取的各点之间的曲线；领海的无害通过是指外国船舶在越南领海内行驶，但根据越南法律和《1982年联合国海洋法公约》不得损害越南社会主义共和国的和平、安全、秩序和生态环境。"

[3] "Statement of 12 November 1982 by the Government of the Socialist Republic of VietNam on the Territorial Sea Baseline of Viet Nam", UN, http://www.un.org/depts/los/LEGISLATIONANDTREATIES/PDFFILES/VNM_1982_Statement.pdf, June 5, 2018.

续表

基点	地理位置描述	纬度（北）	经度（东）
A2	明海省（Minh Hai Province），Hon Khoai 岛，Da Le 岛	08°22′8″	104°52′4″
A3	在达朗岛（Tai Lon Islet），昆岛（Con Dao Islands），昆岛头顿行政区（Con Dao Vung Tau）	08°37′8″	106°37′5″
A4	Bong Lai 岛，昆岛	08°38′9″	106°40′3″
A5	Bay Canh 岛，昆岛	08°39′7″	106°42′1″
A6	Hon Hai 岛(Phu Qui 群岛)，Thuan Hai 省	09°58′0″	109°05′0″
A7	Hon Doi 岛，Thuan Hai 省	12°39′0″	109°28′0″
A8	Dai Lanht，Phu Khanh 省	12°53′8″	109°27′2″
A9	Ong Can 岛，Phu Khanh 省	13°54′0″	109°21′0″
A10	Ly Son 岛，Nghia Binh 省	15°23′1″	109°09′0″
A11	Con Co 岛，Binh Tri Thien 省	17°10′0″	107°20′6″

值得注意的是，该法的第23条至26条对无害通过制度作出了比之前立法更为详细的规定。该法第23条规定，外国船只在越南领水实施无害通过时必须连续不停地通过，不可抗力或船只、船员遇险除外；无害的通过不得损害越南和平与安全。无害通过的船舶不得实施或者以武力威胁实施危害越南独立和领土完整的行为，或者实施危害其他国家独立和主权的行为。该法第24条规定了无害通过船只应遵守越南相关的法律和条例[1]。为了保证航行安全，该法第25条规定了在领海范围内实行海道和交通分离的分航制度，外国船只在越南领海实施无害通行时，对于运输放射性、有毒或危险物质的外国油轮、核动力船舶或船只，有可能需要根据具体情况使用规定的海道。该法第26条规定了暂停或限制无害通过的情形。该条规定为了维护主权、国防、安全和利益、确保航行安全、保护海洋资源和海洋生态、防治污染、处理海上事故或海洋环境灾害、防止流行病蔓延等目的，越南政府可以暂停或限制在越南领海的指定地区实施无害通过。若越南决定对外国船只实施暂停或限制无害通

---

[1] 参见2012年《越南海洋法》第24条。

过，将根据国际海事惯例，在实施暂停或限制前至少15天以海事通知（Maritime Notice）的方式进行国际通报，如果是在紧急情况下采取此种措施则应立即通报。

2. 毗连区和专属经济区

《1977年声明》第2条规定，越南的毗连区是位于领海外缘宽度为12海里海水带，即毗连区的宽度为从领海基线量起24海里。政府有权在毗连区行使海关、财政、卫生和移民等4类事项的管辖权。此后，2003年《国家边界法》第4条第2款和2012年《越南海洋法》中关于毗连区的规定与《1977年声明》一致。

《1977年声明》中规定越南的专属经济区宽度为200海里，同时声称对专属经济区内的所有自然资源包括生物和非生物性自然资源拥有主权。值得注意的是该声明提到的主权范围包括了海床[1]，这与《联合国海洋法公约》的规定相差较大。2003年《国家边界法》第4条第3款规定，专属经济区是指邻接领海外缘并与领海合成一个自基线量起宽200海里的海域，除非越南社会主义共和国与有关国家签署的国际条约另有规定。该法第5条第4款规定，越南的海域底土界限是从根据《联合国海洋法公约》和越南社会主义共和国与各有关国家之间签署的各国际条约确定越南社会主义共和国的主权权益和管辖权的专属经济区和大陆架的外缘界线延伸至底土的垂直面。2012年《越南海洋法》第15条和第16条对专属经济区作出了规定，改成了与《联合国海洋法公约》一致的表述。

3. 大陆架

由于越南和马来西亚在泰国湾大陆架的主张存在重叠区域，为了解决该问题，南越政府于1971年6月6日单方面公布了划定越南大陆架的33个坐标点[2]。《1977年声明》规定，大陆架为越南陆地领土在海水下的自然延伸，如果"自然延伸"不足200海里，则可以继续扩展至200海里。2012年《越南海洋法》中关于200海里大陆架的规定与《1977年声明》中200海里大陆架规定相一致，而上述三部法均没有提到外大陆架的规定。

2003年越南颁布的《国家边界法》第4条第4款规定："大陆架是指

---

[1] 参见《1977年声明》第3条第2款："The Socialist Republic of Vietnam has sovereign rights for the purpose of exploring, exploiting, conserving and managing all natural resources, whether living or non-living, of the waters, the bed and subsoil of the exclusive economic zone of Vietnam..."

[2] 参见附录2。

陆地依其自然延伸扩展至领海以外直至越南作为沿海国根据《1982年联合国海洋法公约》拥有主权和管辖权的大陆边外缘的海床和底土，除非越南社会主义共和国与有关国家签署的国际条约另有规定。"随后，越南于2012年颁布了《越南海洋法》，首次明确把外大陆架概念纳入国内海洋立法中，该法第17条规定，如果"自然延伸"到大陆边缘超过200海里，则最多可扩展到领海基线量起350海里，或2500米等深线向外100海里。

4. 岛屿与群岛

越南历来重视岛屿和群岛。越南外交部于1979年9月28日公布了一份题为《越南对于"黄沙"和"长沙"两群岛的主权》的白皮书[1]，以政府文件形式正式对外公开宣示"主权"。该白皮书宣称，西沙群岛、南沙群岛"很久以来就是越南的领土"。中国和越南早在1956年就对这两个群岛主权存在争议[2]。中国外交部于1980年1月30日发表题为《中国对西沙群岛和南沙群岛的主权无可争辩》的文件，以大量史料、文件、地图和文物证明西沙群岛、南沙群岛与东沙群岛、中沙群岛一样，自古以来就是中国的领土，并通过历史记载、地理方位、地形、地貌等证明越南所讲的"黄沙群岛"和"长沙群岛"根本不是中国的西沙群岛、南沙群岛，而只能是越南中部沿海的一些岛屿、沙洲。

越南曾在《1982年声明》中提到将为西沙群岛、南沙群岛规定领海基线。换言之，在该声明中越南再次将西沙群岛、南沙群岛划入越南"主权范围"。该《声明》规定越南主权范围内的岛屿和群岛在领海之外，但拥有其自己的领海、毗连区、专属经济区以及大陆架。对此，中国外交部发言人声明："越南政府宣称的所谓北部湾边界线是非法的、无效的，西沙和南沙群岛是中国神圣领土不可分割的一部分。"2003年越南《国家边界法》中对岛屿的规定内容较少，仅在第5条第3款规定了岛屿外缘界限可构成海上边界，以及在第9条规定了岛屿拥有领海。

《2012年越南海洋法》的第1条、第4条、第5条、第16条、第19条、第20条以及第21条等条款在之前立法基础上对岛屿和群岛作出了更为详细的规定。根据上述条款，越南与岛屿、群岛相关的法律制度包括：

---

[1] "Vietnam's Sovereignty over the Hoang Sa and Truong Sa Archipelagoe", CIA, https://www.cia.gov/library/readingroom/docs/CIA-RDP08C01297R000300180007-5.pdf, June 5, 2018.
[2] 越南对南沙群岛的侵占始于1956年8月末，当时的南越政权派了一支海军部队在南威岛登陆；西沙群岛方面，1956年南越一支海军部队取代了岛上的法国军队并在岛上设立了一个气象台。而中国一直主张西沙群岛和南沙群岛为中国领土。

第一，明确该法的适用范围包括越南主张的各种管辖海域、各岛屿，重点强调了越南对"黄沙群岛"和"长沙群岛"及其他群岛享有"主权"[1]，并强调应"发挥越南全民族的力量，采取各种必要措施"保卫越南在海域、岛屿和群岛的主权和管辖权；第二，阐述了岛屿和群岛的定义，确认了岛屿和群岛是越南领土的组成部分，主张适合人类居住和维持经济生活的岛拥有领海、毗连区、专属经济区和大陆架的完整的划界效力。无法维持人类居住或本身经济生活的岩礁不应有专属经济区或大陆架[2]。

2012年6月21日，即越南国会通过《越南海洋法》的当天，中国外交部就该法将西沙群岛和南沙群岛纳入其主权管辖范围的做法发表了声明。声明指出，该法将中国的西沙群岛和南沙群岛包含在所谓越南"主权"和"管辖"范围内，中国政府重申西沙群岛和南沙群岛是中国领土。中国对上述群岛及其附近海域拥有无可争辩的主权。任何国家对西沙群岛和南沙群岛提出领土主权要求，并依此采取的任何行动，都是非法的、无效的[3]。

（二）海洋和岛屿自然环境保护立法

越南拥有长达3260公里的海岸线，拥有比其国土面积大三倍的专属经济区，拥有丰富海洋资源。过去几年来，海洋和岛屿资源的管理、开发和利用大大促进了越南的社会经济发展。但是，海洋和岛屿资源的管理仍然主要依靠部门立法，规范性文件层级较低，部门利益凌驾于国家整体利益和长远利益之上，导致利益分配不协调，造成了资源特别是可再生资源的退化、环境污染和生物资源枯竭等问题。越南政府充分认识到这些问

---

[1] 参见《2012年越南海洋法》第1条："Article 1. Scope of regulation This Law provides for the baseline, the internal waters, the territorial sea, the contiguous zone, the exclusive economic zone, the continental shelf, islands, the Paracel and Spratly archipelagos and other archipelagos under the sovereignty, sovereign rights and jurisdiction of Vietnam; operations in Vietnam's maritime zones; maritime economic development; the management and protection of the sea and islands"。

[2] 参见《2012年越南海洋法》第20条："Article 20. The internal waters, territorial seas, contiguous zones, exclusive economic zones and continental shelves of islands and archipelagos 1. Islands which can sustain human habitation or economic life of their own have internal waters, territorial seas, contiguous zones, exclusive economic zones and continental shelves. 2. Rocks which can not sustain human habitation or economic life of their own have no exclusive economic zone or continental shelf"。

[3]《中国外交部就越南国会通过〈越南海洋法〉发表声明》，载中国外交部官网，http://www.mfa.gov.cn/nanhai/chn/zcfg/t947616.htm，最后访问日期：2018年6月5日。

题,并于 2009 年 3 月 6 日颁布了《关于综合管理海洋和岛屿的自然资源和环境保护的法令》[1]。但是经过六年的执行,这一法令暴露了其局限性。因为该法令过分专注于环境保护,不能指导和协调资源管理、开发和利用活动。为了继续建立和改进海洋法律制度并提高综合管理的效率,有必要制定一项关于海洋和岛屿资源与环境的法律。

2015 年 6 月 25 日,越南国会颁布了《海洋和岛屿自然环境保护法》(Law on Natural Resources and Environment of Sea and Island),于 2017 年 7 月 1 日生效。该法共 10 章,主要包括海洋和岛屿自然资源和环境的科学研究、资源的管理、防止污染、国际海洋和岛屿自然资源与环境合作以及具体的实施条款等问题。其中,与防治环境污染相关的最重要内容包括以下三个方面:第一,控制海洋和岛屿环境污染分区分级制度。该法规定了海洋和岛屿环境污染控制的原则和内容。为了有效控制污染,将海洋和岛屿环境污染风险分为不同层次,易发生污染风险的地区分为低、中、高等几个风险地区。第二,对海上石油和有毒化学品泄漏的处理。海上石油和有毒化学品泄漏被视为环境污染事件。该法第 52 条第 8 款规定:"海上石油和有毒化学品泄漏的预防和补救必须遵守环境保护法和其他相关法律。"此处的"环境保护法和其他相关法律"指的是 2014 年越南颁布的《环境保护法》[2](Law on Environmental Protection)。其中有单独的涉及环境事件预防、回应和补救的规定。第三,海上倾倒相关事项。该法规定了海上倾倒必须经过国家主管部门签发许可证;不得在越南领水内倾倒污染物质;倾倒区域必须符合沿海地区海洋利用、开发总体规划和自然资源的可持续利用;海上倾倒不得影响人类健康和越南经济发展;尽量减少对环境和生态系统的不利影响[3]。海上倾倒是一个新问题,该法对其作出规定符合相关国际条约的现实要求。

(三)渔业相关立法

渔业在越南的经济发展上,占相当重要的比例。越南人民在日常饮

---

[1] "VỀ QUẢN LÝ TỔNG HỢP TÀI NGUYÊN VÀ BẢO VỆ MÔI TRƯỜNG BIỂN, HẢI ĐẢO", THƯ VIỆN PHÁP LUẬT, https://thuvienphapluat.vn/van-ban/Tai-nguyen-Moi-truong/Nghi-dinh-25-2009-ND-CP-quan-ly-tong-hop-tai-nguyen-bao-ve-moi-truong-bien-hai-dao-86049.aspx, June 5, 2018.
[2] 越南国会于 2014 年 6 月 23 日颁布该法。
[3] 参见越南《海洋和岛屿自然环境保护法》第 57 条。

食对动物性蛋白质的摄取上，鱼类占到 30%—40%[1]。越南于 2003 年颁布了《渔业法》[2]（Law on Fisheries）。此后，渔业部颁布了一系列条例配合该法实施。其中比较重要的有 2005 年颁布的《防止在海岸线和沿岸地区进行垂钓和非法捕鱼活动》[3]（Về việc ngăn chặn nghề cào bay và các hoạt động khai thác thuỷ sản trái phép tại tuyến bờ, tuyến lộng）以及 2006 年《关于管理越南组织和个人在海域开采水产资源的决议》[4]（Về quản lý hoạt động khai thác thuỷ sản của tổ chức, cá nhân Việt Nam trên các vùng biển）等。2011 年 3 月 3 日，为了实现工业化、现代化、高效率、高竞争力和可持续的发展，越南制定了《2020 年发展水产养殖业计划》[5]（Approving the Scheme on Development of Aquaculture Through 2020）。

2017 年，为了顺应一体化的行政改革趋势，越南对 2003 年《渔业法》进行了修改。此次修改的目的在于简化行政程序以及为生产经营活动创造有利条件。修改后的《渔业法》共有 9 章 105 条。该法规定了国家出台对建设渔港、避风锚地和水产养殖企业、鱼种生产企业的投资政策[6]；鼓励渔民到专属经济区外捕鱼，在发生环境事故、自然灾害和疫病时恢复渔业产量，在禁止捕捞时给予渔民帮助以减少沿海商业捕鱼；鼓励投资水产品市场的建设、贸易和管理等事项[7]。该法也是落实《2020 年发展水产养殖业计划》的重要举措。

---

[1]《越南水产养殖概况》，载百度文库，https://wenku.baidu.com/view/e48c0cdfad51f01dc281f1f4.html，最后访问日期：2018 年 6 月 5 日。

[2] 越南国会于 2003 年 11 月 26 日颁布该法。

[3] BỘ THUỶ SẢN, "Về việc ngăn chặn nghề cào bay và các hoạt động khai thác thuỷ sản trái phép tại tuyến bờ, tuyến lộng", http://vbpl.vn/TW/Pages/vbpq-toanvan.aspx?ItemID=17051&Keyword=10/2005/CT-BTS, June 5, 2018.

[4] CHÍNH PHỦ, "Về quản lý hoạt động khai thác thuỷ sản của tổ chức, cá nhân Việt Nam trên các vùng biển", http://vbpl.vn/TW/Pages/vbpq-toanvan.aspx?ItemID=15046&Keyword=123/2006/ND-CP, June 5, 2018.

[5] "Decision No. 332/QD-TTg Approving the Scheme on Development of Aquaculture Through 2020", InforMEA, https://www.informea.org/en/legislation/decision-no-332qd-ttg-approving-scheme-development-aquaculture-through-2020, June 5, 2018.

[6] 参见 2003 年《渔业法》第 6.1.b 条："b) Building class-1 and class-2 fishing ports, sheltering anchorages, necessary infrastructure of MPAs, infrastructure of concentrated aquaculture areas and concentrated areas for producing aquatic breeds".

[7] 参见 2003 年《渔业法》第 6.2.g 条："g) Building a national brand name, trade promotion and developing consumer market of aquatic products." 第 6.2.b 条："b) Investing in advanced technologies applied in processing of aquatic products to improve value added of these products and reduce post-harvesting loss; building wholesale markets of aquatic products and promote brand names of aquatic products".

（四）港口、船舶与航运相关立法

越南有 31 个海港、245 个安全港、402 个泊位，泊位长度达 594 千米[1]。目前调整海上运输和船舶法律关系的规范性文件为 2005 年《海商法》（Vietnam Maritime Code）以及该法 2015 年修正案。2015 年修正案新增了国家优先发展海上基础设施，通过港口规划和招商引资，建设和经营海上基础设施。修正案还提供优惠税率和贷款，用于投资越南船队的发展和航运活动。该修正案优先重视为满足国内和国际需求而进行的海事活动，开发人力资源以及鼓励一切组织和个人发展船舶、海港、航运业，参与提供海事服务，依法开展其他海事活动。

此外，交通运输部制定了一系列法令规制港口、船舶以及航运事项。其中包括 2006 年《关于管理海港和航道的法令》（Về quản lý cảng biển và luồng hàng hải），《规定除海运集装箱运输服务价格和海港服务费用外的价格和附加费》（Quy định việc niêm yết giá, phụ thu ngoài giá dịch vụ vận chuyển hàng hóa công-te-nơ bằng đường biển, giá dịch vụ tại cảng biển），2008 年《关于船员的专业标准、专业船员证书以及越南船舶的最低安全系数公告》（Về tiêu chuẩn chuyên môn, chứng chỉ chuyên môn của thuyền viên và định biên an toàn tối thiểu của tàu biển Việt Nam）以及《关于建造、改装和修理船舶的规定》（Quy định điều kiện kinh doanh dịch vụ đóng mới, hoán cải, sửa chữa tàu biển）等。为了维护海港边境安全，越南于 2008 年颁布了《关于港口边境安全与秩序的管理与保护决定》[2]（Về quản lý, bảo vệ an ninh, trật tự tại cửa khẩu cảng biển）。

（五）石油相关立法

为了对石油开采和交易等活动进行规制，越南制定了 1993 年《越南石油法》（Law on Petroleum），后续又通过了 2000 年修正案、2008 年修正案。越南还颁布了一系列与石油相关的法令，如 2000 年颁布的《石油

---

[1] "Master Plan of Seaports Through 2020, Orientation Towards 2030", United Nations Escap, http://www.unescap.org/sites/default/files/%28Session%203%29%20Viet%20Nam_cang%20bien%20Viet%20Nam-2016%20%28Hoi%20thao%20tai%20Thailand%20-%20ban%20Tieng%20Anh%29.pdf, June 5, 2018.

[2] "VỀ QUẢN LÝ, BẢO VỆ AN NINH, TRẬT TỰ TẠI CỬA KHẨU CẢNG BIỂN", Thukyluat, https://thukyluat.vn/vb/nghi-dinh-50-2008-nd-cp-quan-ly-bao-ve-an-ninh-trat-tu-tai-cua-khau-cang-bien-fea8.html, June 5, 2018.

勘探和开采招标条例》、2009 年颁布的《液化石油气交易法令》(Về kinh doanh khí dầu mỏ hóa lỏng)、《关于汽油和石油交易法令》(Nghị định kinh doanh khí dầu mỏ hóa lỏng) 和《对 2000 年〈石油勘探和开采招标条例〉的修改和补充若干条款的法令》(Về sửa đổi, bổ sung một số điều của Nghị định số 48/2000/NĐ-CP quy định chi tiết thi hành Luật Dầu khí và Quy chế đấu thầu dự án tìm kiếm thăm dò và khai thác dầu khí ban hành kèm theo Nghị định số 34/2001/NĐ-CP)，以及 2015 年《关于明确〈1993 年石油法〉部分条款含义的法令》(Quy định chi tiết một số điều của Luật Dầu khí)，等等[1]。其中，《对 2000 年〈石油勘探和开采招标条例〉的修改和补充若干条款的法令》的出台与越南于 2009 年向大陆架界限委员会提交的外大陆架划界案有关。

---

[1] ThủtướngChính, "Nghịđịnhsố 95/2015/NĐ: Quyđịnh chi tiếtmộtsốđiềucủaLuậtDầukhí", https://moj.gov.vn/qt/tintuc/Pages/van-ban-chinh-sach-moi.aspx?ItemID=2026，June 5, 2018.

四、缔结和加入的海洋法条约

（一）《联合国海洋法公约》

如前所述，由于内战等原因，越南没有参加第一届联合国海洋法会议，但于1982年12月10日签署了《联合国海洋法公约》[1]。和其他国家一样，越南并没有在当时完成全部的批准和登记程序。1990年，联合国秘书长发起了一个非正式协商进程，以促进各国批准《联合国海洋法公约》。此后四年间，各国在秘书长的主持下举行了15次会议，对有关问题进行协商。1994年7月28日第48/263号决议通过了《关于执行1982年12月10日〈联合国海洋法公约〉第十一部分的协定》（Agreement Relating to the Implementation of Part XI of the United Nations Convention on the Law of the Sea of 10 December 1982），该协定共有10条内容以及9个附件[2]。在上述两个文件生效后，越南分别于1994年11月16日和2006年4月27日进行了批准和加入。

越南批准《联合国海洋法公约》时发布了一份声明[3]，重申了越南对其内水、领海、毗连区、专属经济区和大陆架享有主权，并呼吁其他国家尊重越南的上述权利。声明中还重点提到越南对"黄沙群岛"和"长沙群岛"的主权。越南表示愿意根据《联合国海洋法公约》相关规定，与各方通过和平谈判的方法解决与领土以及"东海"（中国称"南海"）的争端[4]。

---

[1] "the Law of the Sea Conventions", United Nations Treaty Collection, https://treaties.un.org/Pages/ViewDetails.aspx?src=TREATY&mtdsg_no=XXI-4&chapter=21&clang=_en, June 5, 2018.

[2] "Agreement relating to the Implementation of Part XI of the United Nations Convention on the Law of the Sea of 10 December 1982", United Nations Treaty Collection, https://www.un.org/ruleoflaw/blog/document/agreement-relating-to-the-implementation-of-part-xi-of-the-united-nations-convention-on-the-law-of-the-sea-of-10-december-1982-with-annex/, June 5, 2018.

[3] 声明全文参见附录5。

[4] 青章：《恪守1982年〈联合国海洋法公约〉——目前海上活动的急迫要求》，载越南人民报，https://cn.nhandan.com.vn/documentation/item/52201-%E6%81%AA%E5%AE%881982%E5%B9%B4%E3%80%8A%E8%81%94%E5%90%88%E5%9B%BD%E6%B5%B7%E6%B4%8B%E6%B3%95%E5%85%AC%E7%BA%A6%E3%80%8B%E2%80%94%E2%80%94%E7%9B%AE%E5%89%8D%E6%B5%B7%E4%B8%8A%E6%B4%BB%E5%8A%A8%E7%9A%84%E6%80%A5E8%BF%AB%E8%A6%81%E6%B1%82.html，最后访问日期：2018年6月5日。

值得注意的是，此前菲律宾曾经主张"卡拉延（Kalaysan）群岛"由菲律宾实际控制，其对该群岛享有主权。随后，中国在写给联合国秘书长的信函中指出，菲律宾所称的"卡拉延群岛"自古以来就是中国南沙群岛的一部分。而越南在批准《联合国海洋法公约》时声称，其在1987年以前就曾指出中国所称的"南沙群岛"抑或菲律宾所称的"卡拉延群岛"其实指的是"长沙群岛"，而长沙群岛是越南领土的一部分，其对长沙群岛拥有无可争辩的"主权"。

（二）缔结和加入的海事条约

越南于1984年加入国际海事组织（International Maritime Organization，IMO）。在国际海事组织框架下越南加入了众多国际海事条约。这些条约主要可以分为船舶管理、防治海洋污染、海上航行安全、海员管理等几类。其中，与船舶管理有关的条约有：1966年《国际载重线公约》（The International Convention on Load Lines, 1966），1969年《国际船舶吨位丈量公约》（International Convention on Tonnage Measurement of Ships, 1969）等。与防治海洋污染有关的条约有：1969年《国际油污损害民事责任公约》（International Convention on Civil Liability for Oil Pollution Damage, 1969），2001年《控制船舶有害防污底系统国际公约》（International Convention on the Control of Harmful Anti-Fouling Systems On Ships, 2001）等。与海上航行安全有关的条约有：1974年《国际海上人命安全公约》（International Convention for the Safety of Life at Sea, 1974），1972年《国际海上避碰规则》（Convention on the International Regulations for Preventing Collisions at Sea, 1972, COLREG）和1976年《国际海事卫星组织公约》（Convention on the International Maritime Satellite Organization, 1976）等。与海员管理有关的条约主要是1978年《海员培训、发证和值班标准国际公约》（International Convention on Standards of Training, Certification and Watchkeeping for Seafarers, 1978）[1]。

---

[1] 参见附录6。

五、海洋争端解决

（一）通过协议解决的海洋争端

为解决与周边国家的领海、专属经济区和大陆架划界争端，越南与泰国、印尼和中国等国家签署了多项划界协定[1]。这些协议的签署使得越南与周边国家的关系得到了极大的改善，有利于越南与周边国家开展国际海洋合作。

1.《越南—泰国泰国湾海上边界协定》

泰国湾（Gulf of Thailand）是一个长而窄，平均宽度为385公里（215海里），面积约30万平方公里的半封闭海域。泰国在泰国湾有1560公里的海岸，越南有230公里的海岸。1971年6月9日，南越公布了大陆架外部界限。1973年5月18日，泰国也发布《在泰国湾建立泰国大陆架的皇家宣言》（Royal Proclamation Establishing the Continental Shelf of the Kingdom of Thailand in the Gulf of Thailand），宣布了自己的大陆架界限[2]。两国大陆架形成了约6500平方公里的重叠区域[3]。争议产生后，两国积极寻求协商谈判，以解决两国争端。根据1978年1月12日发表的《越泰联合公报》，双方同意就海洋边界问题进行谈判。两国于1997年8月9日签署了《越南—泰国泰国湾海上边界协定》，该协定于1998年2月28日被批准生效[4]。

《越南—泰国泰国湾海上边界协定》主要包括以下内容：第一，越南与泰国在泰国湾大陆架重叠区域的划界线是C点和K点之间的直线连线，并给出了这两个点的具体经纬度（见附录7）。第二，C点是1979年2月21日《泰国与马来西亚关于为开发泰国湾两国大陆架划定区域海床资源而

---

[1] 参见联合国官网介绍，http://www.un.org/depts/los/LEGISLATIONANDTREATIES/STATEFILES/VNM.htm，最后访问日期：2018年6月9日。

[2] Ngugen Hong Thao, "Joint Development in the Gulf of Thailand", *IBRU Boundary and Security Bulletin*, Autumn, 1999, pp.79-88.

[3] Ngugen Hong Thao, "Vietnam's First Maritime Boundary Agreement", *IBRU Boundary and Security Bulletin*, Vol.5, 1997, p.77.

[4] "Viet Nam", UN, http://www.un.org/depts/los/LEGISLATIONANDTREATIES/STATEFILES/VNM.htm, Jun 9, 2018.

建立联合管理局的谅解备忘录》所确定的联合开发区最北端的点。这与马来西亚1979年大陆架主张中给出的界点43相一致。第三，K点位于越南与柬埔寨之间的海上边界上，越南与柬埔寨的海上边界为土珠群岛［Poulo Panjang (Thu Chu) Groups of Islands］和威岛（Poulo Wai Group）距离O点（09°35′00″.4159N，105°10′15″.9805E）的等距离中间线。第四，两国之间的专属经济区界限与大陆架界限一致。第五，C点、K点以及连接两点的直线连线的实际距离应在任一政府的请求下，由两国政府为此授权的水文专家共同商议决定[1]。第六，两国应与马来西亚就1979年2月21日泰国—马来西亚联合开发区内三国大陆架主张重叠区域进行谈判[2]。第七，如果任何石油、天然气单一地质构造、油气田或其他矿藏跨越分界线，双方应通过友好协商就该构造、油气田或矿藏的最有效开发以及公平分享开发收益达成协议[3]。第八，双方因解释或执行本协定而产生的任何争端，应通过协商或谈判方式和平解决[4]。

值得注意的是，柬埔寨与越南对于该协定中K点位置的描述存在争议。越南根据协议认为，基于等距离中间线、越柬横向海上边界线以及"历史性水域"界限，O点的位置已经确定无疑。因此，基于O点的边界线至少应当作为"工作安排"线（"working arrangement" line）。柬埔寨对此强烈不满。因为K点事实上与三个国家距离最近的基点[5]并不是严格等距的[6]。柬埔寨于1998年2月就《越南—泰国泰国湾海上边界协定》正式发出抗议，声称其"从未同意"这种"侵犯柬埔寨主权的界限"[7]。

《越南—泰国泰国湾海上边界协定》是越南与邻国缔结的第一个海上边界协定，它结束了越南与泰国间存在的超过26年的争端，促进了两国关系的发展，也开启了划定泰国湾海洋边界的新篇章。这是第一个全面解决泰国湾海洋争端的协议，给越南、缅甸、柬埔寨、马来西亚等国在泰国湾的海洋争端的解决提供了新思路。这也是《联合国海洋法公约》生效以

---

[1]《越南—泰国泰国湾海上边界协定》第1条。
[2]《越南—泰国泰国湾海上边界协定》第2条。
[3]《越南—泰国泰国湾海上边界协定》第4条。
[4]《越南—泰国泰国湾海上边界协定》第5条。
[5] 柬埔寨的威岛、泰国的猫岛（Ko Kra island）和越南的土珠群岛。
[6] J.R.V.Prescott, C.H.Schofield, "Undelimited Maritime Boundaries of the Asian Rim in the Pacific Ocean", *Ibru*, 2001, p.19.
[7] C.H.Schofield, *Maritime Boundary Delimitation in the Gulf of Thailand*, Durham University, 1999, Available at Durham E-Theses Online, http://etheses.dur.ac.uk/4351/.

来在东南亚地区达成的第一份海洋划界协定，首次同时解决了专属经济区划界和大陆架划界问题。

2.《越南—印度尼西亚大陆架划界协定》

越南和印尼早在1971年就开始进行海洋划界的谈判，但并未能达成协议[1]。后来，越南在《1977年声明》中提出大陆架应遵循"自然延伸原则"。印尼对此不置可否。由于两国间存在友好的双边关系，双方同意先逐步缩小争端的范围，对于经谈判仍然无法达成一致的区域，双方各占50%。1978年6月，双方继续就大陆架划界问题进行谈判。双方关于应使用"岛—岛中间线"还是"海岸—海岸中间线"进行划界有较大分歧，谈判停滞不前。1995年，为了打破谈判僵局，双方同意恢复"1992年原则"[2]，最终于2003年6月26日签署了《越南—印度尼西亚大陆架划界协定》[3]。

该协定的主要内容包括：第一，越南与印尼之间大陆架划界线是依次连接界点P20、H、H1、A4和X1（见附录8）的直线连线。随后从界点X1直线向前，连接到界点P25。两国大陆架划界线是大地线，《中越北部湾划界协定》中也使用了大地线。需要指出的是，界点P20是1969年《印度尼西亚—马来西亚划界协议》规定的南海西段划界线的终点，界点P25是印尼与马来西亚在南海东段划界线的终点[4]。第二，本协定中界点和大陆架划界线在海上的实际位置应由双方主管当局，即越南资源环境部下属测绘局和印尼海军下属的水文海洋局（Hydro-oceanographic Agency of the Indonesian Navy）共同商议确定[5]。第三，本协定不应影响双方将来的专属经济区划界[6]。第四，双方应协调两国的政策以符合保护海洋环境的国

---

[1] 印尼认为两国海洋边界线应为印尼北纳土纳岛（North Natuna Island）和越南昆岛（Con Dao Island）之间的中间线（island-to-island median line）。南越政府则要求两国海洋边界线为越南的海岸和印尼婆罗洲岛（加里曼丹岛）的海岸之间的中间线（coast-to-coast median line）。双方没有达成任何协议。

[2] 具体内容为：(1) 会谈将基于双方之前取得的成果；(2) 谈判不会集中在理论讨论上，而是交换拟议的方案以逐步缩小争议区域；(3) 其余区域将平分，以确保双方达成公平和可接受的解决方案。

[3] R.Amer, Zou keyuan, *Conflict Management and Dispute Settlement in East Asia: A Multi-Disciplinary Approach*, Routledge, 2016, pp.17-28.

[4] 廖雪霞：《南海周边国家海洋划界协议研究》，载《国际法研究》2015年第6期，第34—49页。

[5] 《越南—印度尼西亚大陆架划界协定》第1条。

[6] 《越南—印度尼西亚大陆架划界协定》第2条。

际法的要求[1]。第五，如果任何石油、天然气单一地质构造或其他矿藏跨越分界线，双方应通过友好协商就该构造或矿藏的最有效开发以及公平分享开发收益达成协议[2]。第六，双方因解释或执行本协定而产生的任何争端，应通过协商或谈判和平解决[3]。

《越南—印度尼西亚大陆架划界协定》是基于双方加强和进一步发展友好关系的意愿而缔结的。这份协定是运用《联合国海洋法公约》规定的公平原则的一个成功示范。从最终结果来看，划界线就是等距离中间线，但在某些区域进行了调整[4]。这份协定不仅解决了两国在南海的大陆架争议，促进了两国海洋领域的合作，加速了两国关系的发展，还丰富了《联合国海洋法公约》的实践，为其他国家解决类似海洋争端提供了借鉴经验。值得注意的是，这一协定所涉部分海域位于中国"断续线"内，侵入中国管辖海域约 35000 平方公里[5]，损害了中国的利益。

3.《中国和越南关于两国在北部湾领海、专属经济区和大陆架的划界协定》

北部湾（Beibu Gulf，旧称"东京湾"）是中越两国陆地和中国海南岛环抱的一个半闭海，宽度约在 110—180 海里之间，面积约 12.8 万平方公里[6]。中越两国在北部湾既相邻又相向。20 世纪 60 年代以前，中越双方只按各自宣布的领海宽度管辖，湾内的资源共用共享。中越两国有关部门分别在 1957 年、1961 年和 1963 年三次签订了有关渔业的协议，对各自近海（6 至 12 海里）的捕鱼问题作出安排。但由于没有一条明确的北部湾分界线，两国间经常发生纠纷，影响了两国关系。20 世纪 70 年代以来，随着现代海洋法制度的发展，中越两国在划分北部湾领海、专属经济区和大陆架的问题上矛盾愈发激烈。1991 年两国关系正常化以后，双方均寻求以谈判的方式和平解决争端[7]。

---

[1]《越南—印度尼西亚大陆架划界协定》第 3 条。
[2]《越南—印度尼西亚大陆架划界协定》第 4 条。
[3]《越南—印度尼西亚大陆架划界协定》第 5 条。
[4] R.Amer, Zou keyuan, *Conflict Management and Dispute Settlement in East Asia: A Multi-Disciplinary Approach*, Routledge, 2016, p.17-28.
[5]《大事记 2000—2009》，载中国南海网，http://subsites.chinadaily.com.cn/SouthChinaSea/2016-07/22/c_53608.htm，最后访问日期：2018 年 6 月 9 日。
[6] 维基百科及其他部分网站认为北部湾的面积是 12.93 万平方公里。
[7] 萧建国:《中越北部湾划界双方海域面积相当 协定达成双赢》，载国际在线，http://news.cri.cn/gb/3821/2004/08/03/148@253018.htm，最后访问日期：2018 年 6 月 9 日。

经过27年的谈判[1]之后，2000年12月25日，中国和越南在北京签署《中国和越南关于两国在北部湾领海、专属经济区和大陆架的划界协定》（以下简称《中越北部湾划界协定》）及《中国政府和越南政府北部湾渔业合作协定》（以下简称《中越北部湾渔业协定》）。2004年6月30日，中越两国互换了《中越北部湾划界协定》的批准书。与此同时，两国外交部门也就《中越北部湾渔业协定》生效互换了照会。至此，两协定于当日同时生效。中越根据1982年《联合国海洋法公约》、公认的国际法各项原则和国际实践，在充分考虑北部湾所有有关情况的基础上，按照公平原则，通过友好协商，确定了两国在北部湾的领海、专属经济区和大陆架的分界线[2]。按照越南外长阮颐年提供的材料，最终中越各得北部湾面积的46.77%和53.23%[3]，双方所得面积大致相当。

《中越北部湾划界协定》的最主要内容是确定了领海、大陆架和专属经济区分界线。协定中两国在北部湾的领海、专属经济区和大陆架的分界线共由21个界点（见附录9）以直线相续连接而成，北自中越界河北仑河的入海口，南至北部湾的南口，全长约500公里。第1界点至第9界点的分界线是两国在北部湾的领海分界线。两国领海分界线沿垂直方向划分两国领海的上空、海床和底土。第9界点至第21界点的分界线是两国在北部湾的专属经济区和大陆架的分界线。如果任何石油天然气单一地质构造或其他矿藏跨越协定第2条所规定的分界线，缔约双方应通过友好协商就该构造或矿藏的最有效开发以及公平分享开发收益达成协议[4]。

《中越北部湾划界协定》还设立了共同渔区制度。北部湾划界对北部湾渔业资源的利用和两国渔民有重大影响。《中越北部湾划界协定》只在原则上规定双方应就北部湾的渔业资源的养护、管理和利用等事宜进行合

---

[1] 第一次谈判在1974年，第二次是1977年至1978年，第三次是1992年至2000年。前两次谈判由于双方立场相差甚远，无果而终。1991年两国关系正常化以后，双方都认为有必要尽早解决包括北部湾在内的边界领土问题，成立了包括外交、国防、渔业、测绘、地方政府等部门组成的政府边界谈判代表团，启动北部湾第三次划界谈判。1992年到2000年历时9年，双方共举行了7轮政府级谈判、3次政府代表团团长会晤、18轮联合工作组会谈及多轮专家组会谈，平均每年举行5轮各种谈判或会谈。
[2]《中华人民共和国和越南社会主义共和国关于两国在北部湾领海、专属经济区和大陆架的划界协定》第1条第1款。
[3] 胡贲:《中越划界18年：陆上尘埃落定，海上还会更难》，载《南方周末》，http://www.infzm.com/content/38281，最后访问日期：2018年6月9日。
[4]《中华人民共和国和越南社会主义共和国关于两国在北部湾领海、专属经济区和大陆架的划界协定》第7条。

作[1]，具体的渔业合作则由《中越北部湾渔业协定》来调整。双方同意在北部湾封口线以北、北纬20度以南、距《北部湾划界协定》所确定的分界线（以下简称"分界线"）各自30.5海里的两国各自专属经济区设立共同渔区，共同渔区的范围见附录10。该共同渔区的有效期为12年，其后自动顺延3年。顺延期满以后，继续合作事宜由双方通过协商确定。根据《中越北部湾渔业协定》，双方在共同渔区以北（自北纬20度起算）划定了为期4年的跨界过渡性安排水域，允许两国渔船进入作业。过渡性安排结束后，缔约各方应在相同条件下优先准许缔约另一方在本国专属经济区入渔。同时，双方同意设立北部湾渔业联合委员会具体落实有关合作事宜[2]。

《中越北部湾划界协定》是双方适应新的海洋法秩序、公平解决海洋划界的成功实践，也显示了双方完全有能力、有智慧，通过友好协商解决好两国关系中长期存在的海洋争端[3]。中越作出的渔业安排，建立了双方在北部湾合作管理渔业资源的机制，有助于理顺双方的渔业关系，建立两国渔民在北部湾良好的作业秩序，最终有助于湾内渔业资源的可持续利用和湾内生态环境的保护，符合两国长远的渔业利益[4]。这为两国共同开发北部湾自然资源、开展海洋合作扫清了障碍，也促进了两国关系的良好发展。

（二）未决争端

越南在践行其海洋强国战略过程中异常积极、坚定。虽然通过与邻国的划界协议解决了少数争端，但由于海洋争端的复杂性、敏感性，越南尚未能解决在上述区域中所有与邻国的海洋争端。未决争端主要集中在南海区域和泰国湾区域。在南海区域，未决争端涉及的国家主要有中国、柬埔寨和马来西亚等，争端事项主要是外大陆架划界、侵占岛礁[5]和非法开采

---

[1]《中华人民共和国和越南社会主义共和国关于两国在北部湾领海、专属经济区和大陆架的划界协定》第8条。
[2]《中华人民共和国政府和越南社会主义共和国政府北部湾渔业合作协定》第1条至第13条。
[3] 信莲：《王毅谈中越北部湾划界协定和渔业合作协定生效》，载新浪网，http://news.sina.com.cn/w/2004-07-01/00172953085s.shtml，最后访问日期：2018年6月9日。
[4] 中国外交部：《中越北部湾划界谈判涉面积、渔业和油气三大问题》，载中国新闻网，http://www.mfa.gov.cn/chn//gxh/zlb/tyfg/t145558.htm，最后访问日期：2018年6月9日。
[5] 越南对南沙群岛提出主权要求的论据主要有三个：一是1933年和1975年，对法国殖民当局和南越西贡政权南沙群岛主权的"国家继承"，特别是南越西贡政权于1958年3月20日发布的76/BNV/HC9ND号和1959年1月27日发布的第34/NV号关于把南沙群岛划归福绥省"管辖"的法令。二是《旧金山和约》对南沙群岛的处置条款，即提出"日本放弃对台湾、澎湖列岛、南沙及西沙群岛的一切权利和要求"，但只字未提这些领土的归属问题。三是一些越南"古籍资料"。可是，越南关于这些岛屿的最早历史记录是1802年才开始的。

海上油气资源。在泰国湾，未决争端主要发生在两个区域。一是越南和柬埔寨接壤区域，该区域内主要是两国关于领海、大陆架、专属经济区以及历史性水域等海上边界的划界问题。另一个区域是越南、泰国和马来西亚接壤区域，该区域内杂糅了越南与马来西亚划界问题和三国重叠区域内资源的合作开发问题。

1.南海外大陆架划界案

在1982年《联合国海洋法公约》生效以后，各国更加关注外大陆架，并陆续向联合国大陆架界限委员会（Commission on the Limits of the Continental Shelf，CLCS）提交外大陆架划界案。越南也向联合国大陆架界限委员会提交了两个外大陆架划界案。[1]第一个是2009年5月6日越南与马来西亚联合向联合国大陆架界限委员会提交了关于南海南部区域的外大陆架划界案。越马双方均承认该划界案所涉区域存在争议，表示尽可能保证划界案不损害有关国家的海洋权益，仅针对有争议的区域通过协商解决。而实质上，两国提交该划界案的真正目的是对中国"断续线"内区域进行瓜分。

第二个外大陆架划界案是2009年5月7日，越南单独向大陆架界限委员会提交的关于南海北的外大陆架划界案。越南声称自己拥有3260公里长的海岸线，并对中国的西沙群岛和南沙群岛享有"主权"，还提交了2007年至2008年的专门调查资料，以及包括海洋的水深测量、电磁力、万有引力和地震数据等在内的资料。越南详细勾画了自己主张的大陆架外部延伸，包括：北部地区（VN-N）的应用均为1%的沉积厚度公式（Gardiner公式）和大陆架跛脚线+60海里公式（赫德伯格公式），已经完成的45个固定基点构成越南外大陆架的外部界限。越南声称对西沙群岛拥有"主权"，将南海北部几乎都划为越南的"大陆架"及"外大陆架"。

中国对这两个划界案持反对态度。中国于2009年5月7日照会联合国秘书长（编号CML/17/2009），表达了如下立场："中国对南海诸岛及其附近海域拥有无可争辩的主权，并对相关海域及其海床和底土享有主权权利和管辖权。中国政府的这一一贯立场为国际社会所周知。上述马来西亚和越南联合划界案所涉200海里以外大陆架区块，严重侵害了中国在南海

---

[1] "Joint Submission to the Commission on the Limits of the Continental Shelf Pursuant to Article 76, Paragraph 8 of the United Nations Convention on the Law of the Sea 1982 in respect of the Southern Part of the South China Sea", UN, http://www.un.org/depts/los/clcs_new/submissions_files/mysvnm33_09/mys_vnm2009excutivesummary.pdf, June 9, 2018.

的主权、主权权利和管辖权。"在文件的附图中，中国以国界线的方式划出了南海"断续线"。中国政府按照《联合国海洋法公约》和《大陆架界限委员会议事规则》（Rules of Procedure of the Commission，以下简称《议事规则》）的相关规定[1]，郑重要求大陆架界限委员会按相关规定不审议上述"划界案"[2]。2009年5月7日，中国再次照会联合国秘书长（编号CML/18/2009）[3]，对越南单独提交的200海里以外大陆架划界案表达了与上述信件中相同的立场，要求大陆架界限委员会对越南单独提交的划界案不予审议。

越南于2009年5月8日照会（No. 86/HC-2009）[4]联合国秘书长，对中国的主张进行了回应。第一，越南主张自己向大陆架界限委员会提交资料和两个划界案的行为完全符合《联合国海洋法公约》以及《议事规则》的相关规定。第二，"长沙群岛"（我国称南沙群岛）和"黄沙群岛"（我国称西沙群岛）是越南领土的一部分，越南对此拥有无可抗辩的"主权"。第三，中国对于附录在编号为CML/17/2009的文件和CML/18/2009中所示的"东海"（南中国海）的岛屿和附属水域的地图没有任何法律或历史依据，是无效的。第三，请求将此信件照会给《联合国海洋法公约》所有缔约国以及联合国所有会员国。2009年8月18日，越南再次照会联合国秘书长，主张：第一，越南提交的材料不妨碍有关海岸相邻或相向国家之间的界限以及作为陆地或海洋争端当事方国家的立场。第二，越南认为与南海有关的争端都必须根据国际法，特别是《联合国海洋法公约》和《南海各方行为宣言》的规定，通过和平谈判加以解决[5]。

马来西亚于2009年5月20日照会联合国秘书长，表达了自己对于中国政府编号为CM/12/2009和CML/18/2009文件的看法。马来西亚主张自己与越南联合向大陆架界限委员会提交划界案并确定自己与越南外大陆架宽度的做法完全是履行《联合国海洋法公约》义务的做法，符合《议事规

---

[1] 如果已存在陆上或海上争端，大陆架界限委员会不应审议争端任一当事国提出的外大陆架划界案。
[2] "CML/17/2009"，UN，http://www.un.org/depts/los/clcs_new/submissions_files/mysvnm33_09/chn_2009re_mys_vnm.pdf，June 9, 2018.
[3] "CML/18/2009"，UN，http://www.un.org/depts/los/clcs_new/submissions_files/vnm37_09/chn_2009re_vnm_c.pdf，June 9, 2018.
[4] No.240/HC-2009，UN，http://www.un.org/depts/los/clcs_new/submissions_files/mysvnm33_09/vnm_chn_2009re_mys_vnm_e.pdf，June 9, 2018.
[5] No.240/HC-2009，UN，http://www.un.org/depts/los/clcs_new/submissions_files/mysvnm33_09/vnm_re_phl_2009re_mys_vnm_e.pdf，June 9, 2018.

则》。2009年8月21日，马来西亚再次照会联合国秘书长，称：第一，再次确认了提交联合外大陆划界案的合法性。第二，马来西亚提交的联合划界案不妨碍有关海岸相邻或相向国家之间的界限以及作为陆地或海洋争端当事方国家的立场。第三，马来西亚政府在向大陆架界限委员会提交联合材料之前已通知菲律宾共和国。此外，马来西亚政府和越南政府均已向菲律宾共和国政府提议其加入联合提交案。

菲律宾对越马联合划界案和越南单独划界案同样持反对态度。菲律宾于2009年8月4日照会联合国秘书长，表达了自己对越马联合外大陆架划界案（编号000819）和越南单独划界案（编号000818）的立场。菲律宾主张，越马联合划界案所涉区域与菲律宾主张区域重叠，包括了北婆罗洲在内的一些岛屿[1]。鉴于这种情况，菲律宾不得不请求大陆架界限委员会不要考虑上述划界案，除非争端各方讨论并解决了争端。2011年4月5日，菲律宾再次照会联合国秘书长，主张：第一，"卡拉延岛"是菲律宾领土的一部分。菲律宾对"卡拉延岛"的地形拥有"主权"和"管辖权"。第二，根据国际法"陆地支配海洋"的原则，菲律宾对"卡拉延岛"地形附近的海域拥有"主权"。第三，涵盖"卡拉延岛""海床和底土"的中国"九段线"主张缺乏国际法法理基础，菲律宾作为适当的沿岸或群岛国必然拥有上述区域的"主权""管辖权"或者其他"主权权利"[2]。随后，中国针对此照会表示：第一，中国在南海的主权及相关权利和管辖权有着充分的历史和法律依据。对于菲律宾00028号照会所述内容，中国政府不予接受。第二，菲律宾所称的"卡拉延岛"完全是中国南沙群岛的一部分。菲律宾对中国南沙群岛部分岛礁的占领及相关行为构成对中国领土主权的侵犯，根据"非法行为不产生合法权利"的法律原则，菲律宾不能援引其非法占领行为支持其领土要求。第三，根据国际法上"陆地支配海洋"的原则，沿海国提出的专属经济区和大陆架主张不能损害其他国家的领土主权。第四，中国南沙群岛的范围是确定的，并拥有领海、专属经济区和大陆架[3]。对菲律宾编号为00028的照会和中国编号为CML/8/2011的照会，

---

[1] "No.000819", UN, http://www.un.org/depts/los/clcs_new/submissions_files/mysvnm33_09/clcs_33_2009_los_phl.pdf, June 9, 2018.

[2] 中国外交部：《中华人民共和国政府关于菲律宾共和国所提南海仲裁案管辖权问题的立场文件》，载央视网，http://news.cntv.cn/2014/12/07/ARTI1417916784209943.shtml，最后访问日期：2018年6月9日。

[3] "CML/8/2011", UN, http://www.un.org/depts/los/clcs_new/submissions_files/mysvnm33_09/chn_2011_re_phl.pdf, June 9, 2018.

越南也马上作出了回应。越南再次重申其所谓"长沙群岛"（我国称南沙群岛）和"黄沙群岛"（我国称西沙群岛）是越南领土的一部分。越南对此有着充分的历史和法律依据[1]。

2010年7月8日，印度尼西亚针对中国提交的附图也发表了自己的看法。在提交给联合国秘书长的信件中，它主张：第一，印尼虽然不是南海争端的声索国，但它在《南海各方行为宣言》的谈判过程中发挥了积极的作用。第二，它同意中国政府关于南海争端的域外国家不能在南海主张专属经济区和大陆架的主张。第三，它认为中国"九段线"主张缺乏国际法法理依据[2]。

大陆架界限委员会根据《议事规则》的相关规定，对上述两个划界案均没有进行审议。

2. 非法侵占南沙群岛岛礁

"二战"结束后，法国重回越南实施殖民统治。1946年10月，法国军舰所载部队登陆并侵占了南沙的南威岛、西沙的珊瑚岛，并在太平岛竖立石碑[3]。战后，根据《开罗宣言》和《波茨坦公告》，时任国民党海军海防第二舰队司令的林遵率"太平""中业"两舰接收了南沙群岛；国民政府当时还委派肖次尹和麦蕴瑜为专员，分别前往西沙群岛和南沙群岛进行接管，并在岛上设立了主权碑[4]。

南越政府在美国的支持下，于1956年5月26日宣称对西沙群岛和南沙群岛拥有全部"主权"。在法国军队撤出后，南越军队以接管法国主权为由，分批占领了西沙群岛的琛航岛、甘泉岛等岛屿[5]。南越于1961年7月13日将西沙群岛列入其广南省和六郡的建制之下，新成立了一个"定海社"，并派行政代表对西沙群岛进行行政管理。1962年起，南越陆续占领了南子岛、敦谦沙洲、鸿庥岛、景宏岛、南威岛和安波沙洲，遭到了中

---

[1] "No.000228", UN, http://www.un.org/depts/los/clcs_new/submissions_files/mysvnm33_09/vnm_2011_re_phlchn.pdf, June 9, 2018.

[2] "No.480/POL-703/Ⅶ/10", UN, http://www.un.org/depts/los/clcs_new/submissions_files/mysvnm33_09/idn_2010re_mys_vnm_e.pdf, June 9, 2018.

[3] 徐焰：《中国75年错失收复南海岛屿机会》，载新浪网，http://news.sina.com.cn/zl/mil/blog/2014-06-16/16251643/2079760041/7bf69ea90101iylw.shtml，最后访问日期：2018年6月9日。

[4] 《南海争议》，载维基百科，https://zh.wikipedia.org/wiki/%E5%8D%97%E6%B5%B7%E7%88%AD%E8%AD%B0，最后访问日期：2018年6月9日。

[5] 《大事记》，载中国南海网，http://www.thesouthchinasea.org.cn/events.html，最后访问日期：2018年6月9日。

国的强烈反对和抗议。与此相反，北越政府其间曾多次公开表示西沙群岛和南沙群岛是中国的领土[1]。

越南更大规模的侵占浪潮发生在其统一之后的20世纪70、80年代。1974年1月19日，中越西沙海战爆发，中国军队收回了珊瑚岛、甘泉岛、金银岛三岛，南越军队被驱逐出整个西沙群岛[2]。北越政府原本明确承认了中国对南海诸岛的主权，但1975年4月30日，北越解放了南越实现统一之后随即转变了立场。1975年越南先是以"解放"为名，占据了曾经被南越当局侵占的南沙群岛6个岛礁，后又陆续抢占了染青沙洲、万安滩等18个岛礁。1979年9月、1982年1月，越南先后发表两份《越南对于"黄沙"和"长沙"两群岛主权》的白皮书，宣称拥有西沙群岛、南沙群岛的"主权"[3]。5月，越南报纸刊登了越南全国地图，把我国南沙群岛划入其版图。1980年1月30日，《人民日报》发表了中国外交部的文件《中国对西沙群岛和南沙群岛的主权无可争辩》，从历史和法律的角度阐明中国对这两个群岛拥有主权[4]。1988年3月14日，越南还在赤瓜礁附近与中方爆发了海上冲突，史称"赤瓜礁海战"[5]。目前越南占领南沙群岛岛礁共29个[6]，并在其中27座南中国海岛礁上完成了填海造地。越南通过长期建设，把所占岛礁建设成以南威岛和鸿庥岛为核心、纵深600多公里的控制

---

[1] 1974年之前，无论是越南政府的照会、声明，还是其报刊、官方地图，均承认西沙群岛和南沙群岛是中国领土。例如，1958年9月4日，中国政府发表《关于领海的声明》，明确地对世界宣布，西沙群岛和南沙群岛是中国领土，适用领海宽度12海里主权范围。9月14日，越南民主共和国总理范文同向中国总理周恩来签发外交照会，表示"承认和赞成"中国的上述声明，并承诺在国家关系中"彻底尊重"中国的领海主权。
[2] 李兆新：《我所经历的西沙海战》，载中国史网，http://hprc.cssn.cn/gsyj/gfs/gjaq/201311/t20131112_4071516.html，最后访问日期：2018年6月9日。
[3] 《中国对西沙群岛和南沙群岛的主权无可争辩——中华人民共和国外交部文件》，载《中华人民共和国国务院公报》1980年第1期。
[4] 邱普艳：《中越南海争端的由来与现状》，载东南亚南亚研究网，http://www.seasas.cn/article-1333-1.html，最后访问日期：2018年6月9日。
[5] 傅莹、吴士存：《南海局势及南沙群岛争议：历史回顾与现实思考》，载新华网，http://www.xinhuanet.com//world/2016-05/12/c_128977813.htm，最后访问日期：2018年6月9日。
[6] 越南占领的29个岛屿和珊瑚礁：鸿庥岛、南威岛、景宏岛、南子岛、敦谦沙洲、安波沙洲、染青沙洲、中礁（沙洲）、毕生礁（沙洲）、柏礁、西礁（沙洲）、无乜礁、日积礁、大现礁、六门礁、东礁、南华礁、舶兰礁、奈罗礁、鬼喊礁、琼礁、广雅滩、蓬勃堡、万安滩、西卫滩、人骏滩、李准滩、奥南暗沙、金盾暗沙。《历史回顾：越南、马来西亚、文莱、印尼声索南海权益》，载中国网，http://guoqing.china.com.cn/2012-04/11/content_25118779.htm，最后访问日期：2018年6月9日。越南侵占29个岛礁的相关情况也可参见傅莹、吴士存：《南海局势及南沙群岛争议：历史回顾与现实思考》。

带与防御体系，同时与其本土海岸防御体系相衔接[1]。

3. 非法开采南海油气

除了侵占岛礁、填海造地以外，越南还积极开采南海的油气资源。越南是最早对南海油气资源进行非法开采的国家[2]。它的油气资源主要分布于九龙盆地、南昆山盆地、黄沙盆地和中沙盆地[3]。目前越南在南海已经至少开发了三个主要油田：白虎[4]、大熊[5]和青龙油田，年产量都在500万吨以上。[6] 这三个油田已查明的石油储量分别为2700万吨、5400万—8100万吨和6800万—20400万吨[7]。

1992年中国开始在南海开采油气资源，签署了与外国公司合作开采南海石油的第一份合同，即万安北-21石油合同[8]。该合同签署后，越南外交部于1992年5月7日发表声明宣称对万安北-21合同区域拥有"主权"，指责中国政府侵犯了越南主权，要求克里斯顿公司停止勘探。被中国政府驳回后，越南采用各种手段阻挠合同的运行，但该合同仍然得以实施。"万安北-21"事件的发生进一步激发了中国在南沙群岛设立油气开发区块的决心。2012年，中海油宣布在南海地区对外开放9个海上区块，供与外国公司进行合作勘探开发。这些招标的海域靠近越南。这也是中海油

---

[1] 杨超：《越南已在27座南海岛屿造陆，建纵深600公里防御体系》，载新浪军事，http://mil.news.sina.com.cn/china/2017-12-26/doc-ifypxrpp4090732.shtml，最后访问日期：2018年6月9日。

[2] 董漫远、苏晓晖：《越南争南海资源更加变本加厉》，载环球网，http://opinion.huanqiu.com/1152/2012-08/3008221.html，最后访问日期：2018年6月9日。

[3] 《中国宣布大规模南海油气开发》，载环球网，https://mil.huanqiu.com/gallery/9CaKrnQgIJl，最后访问日期：2018年6月9日。

[4] 越南最大的石油生产商是越俄油气联营企业（Vietsovpetro-VSP），该企业是越南最大油田白虎油田的操作者。白虎油田的规模逐年扩大，产量迅速增加，成为越南的一个"聚宝盆"。1994年原油产量达680万吨。《残酷的真相：被疯狂抢劫的南海油气资源盛宴》，载凤凰网，http://news.ifeng.com/mil/bigpicture/detail_2012_03/31/13584619_5.shtml，最后访问日期：2018年6月9日。

[5] 越南最早跨界生产的油田便是大熊油田。大熊油田开发分为三个阶段（1994年、2000年、2004年），2003年越方收回了该油田全部权益，目前其操作者为Dai Hung Co.。《残酷的真相：被疯狂抢劫的南海油气资源盛宴》，载凤凰网，http://news.ifeng.com/mil/bigpicture/detail_2012_03/31/13584619_5.shtml，最后访问日期：2018年6月9日。

[6] 孙国祥：《南海之争的多元视角》，香港城市大学出版社2017年版，第130页。

[7] 霍默静：《越南到底在南海获得了多少石油？》，载央视网，http://news.cntv.cn/special/uncommon/11/0617/index.shtml，最后访问日期：2018年6月9日。

[8] 万安北-21石油合同区位于南沙群岛西部万安滩附近海域，为1992年5月8日中国海洋石油总公司与美国克里斯顿能源公司（Crestone Energy Co.）在北京签署的石油开发合同。1994年，当克里斯顿公司宣布将开始钻井时，越南则将附近地区批准给其他外国石油公司，目的是在同一海域造成合同重叠的既成事实。

时隔20年再次在南海争议海域招标开采油田。

总的来看,在越南国家石油公司公布的2010年度油气区块图中,从北到南跨越中国南海"断续线"的合同区块有:"113""115""117""118-136""04-1""04-3""05-1B""05-2""05-3""06-95""06-1""06-2""07""08"等多个区块。越南在万安滩一带"04-3""05-1B""05-2""05-3""06-95""06-2""06-1"等区块油气开采和勘探活动十分活跃。[1]越南非法划分的区块共有26个区块与中海油2012年度开放的9个区块[2]重叠或存在擦边交叉,分别为"121"—"133"区块和"145"—"157"区块[3]。截至2018年,越南已经在南海划定了185个招标区块,其中很大一部分区块位于中国南海"断续线"之内[4]。

4.越南和柬埔寨泰国湾海上争端

越南和柬埔寨都主张12海里的领海、24海里的毗连区和200海里的专属经济区和大陆架[5]。两国的主张在泰国湾产生重叠区域。越南与柬埔寨待划界的区域海岸线十分曲折、岛礁众多和复杂的海岸地理环境等原因导致两国至今仍未能解决争端[6]。在两国进行谈判的过程中,有两个事件对两国海上划界产生了重要影响。一是"布雷维线"的确定,二是《越南—柬埔寨历史性水域协定》(Agreement on Historic Waters of Vietnam and Kampuchea)的签署。

---

[1]《残酷的真相:被疯狂抢劫的南海油气资源盛宴》,载凤凰网,http://news.ifeng.com/mil/bigpicture/detail_2012_03/31/13584619_5.shtml,最后访问日期:2018年6月9日。
[2] 中海油此次公布的9个开放区块,总面积160124.38平方公里,全部位于南海西南部,靠近越南一侧"九段线"以内海域,水深在300米—3000米之间。分别分布在南海大陆架中建南盆地、万安盆地与南薇西盆地的部分区域,全部以南沙群岛内的岛礁名称命名,分别为"金银22""华阳10""华阳34""华生16""弹丸04""弹丸22""尹庆西18""日积03"和"日积27"。
[3] 其中"121"区块由澳大利亚的Origin Energy公司开发,"122"区块由美国的雪佛龙公司开发,"123"区块由澳大利亚的Santos公司开发,"124"区块由美国Plains公司开发,"127"和"128"区块为越南与印度石油公司合作开发的区块,"156"区块为越南和美国埃克森美孚公司合作开发的区块;而"129""130""131""133"四个区块,越南也已经和俄罗斯天然气公司签订了油气开发合同。陈刚、黄治茂:《中国南海政策新动向》,载腾讯新闻,http://news.qq.com/zt2012/SCSnewpolicy/index.htm,最后访问日期:2018年6月9日。
[4] 参见郭冉:《南沙油气资源开发的法律困境与对策研究——以中越南沙油气开发之争为例》,载《广西大学学报》(哲学社会科学版)2015年第4期。
[5] "Table of Claims to Maritime Jurisdiction (as at 15 July 2011)", UN, http://www.un.org/Depts/los/LEGISLATIONANDTREATIES/PDFFILES/table_summary_of_claims.pdf, June 9, 2018.
[6] J.R.V.Prescott, C.H.Schofield, "Undelimited Maritime Boundaries of the Asian Rim in the Pacific Ocean", *Ibru*, 2001, p.19.

历史上越南是法国的殖民地，柬埔寨则为法国的保护区。越南与柬埔寨对富国岛附近的岛屿存在主权归属争议，法国政府当时任命的总督朱尔布雷维于1939年1月31日就上述岛屿问题作出决定（见附录11），确定了"布雷维线"（The Brevie Line）作为岛屿的分区线。

确定"布雷维线"的依据是，总督认为争议岛屿"沿柬埔寨海岸散布"，位于特别靠近柬埔寨海岸的区域，"这在逻辑和地理上要求这些岛屿的主权属于柬埔寨政府"。"布雷维线"向北到柬埔寨海岸线之间岛屿的行政管理权和治安权归柬埔寨所有，"布雷维线"向南到越南海岸线之间岛屿的行政管理和治安权归越南所有。值得注意的是，"布雷维线"将富国岛划归越南所有并且该线仅涉及这些岛屿的行政管理和治安，岛屿的领土管辖权柬埔寨仍然完全保留。"[1]

两国接受"布雷维线"后不久，柬埔寨的海洋主张就出尔反尔地扩大到包括南部海盗岛（Quan-Dao Hai Tac）。据报道，1960年3月9日，南越曾向柬埔寨发出官方通告，重申越南对泰国湾某些岛屿的主权[2]。柬埔寨拒绝接受这种主张。柬埔寨于1963年与南越断交并开始与越南共产党民族解放阵线（Vietnamese communist National Liberation Front，NLF，又称"越南南方民族解放阵线"）进行谈判[3]。西哈努克亲王提出了柬埔寨的谈判立场："我们放弃一切领土要求，以换取明确承认现有边界和我们对西贡政府非法宣称的沿海岛屿的主权……"[4]越南南方民族解放阵线于1967年5月单方面宣布承认柬埔寨的"现有边界"，同年，北越政府也宣布同意这

---

[1] The Brevie Line，31 January 1939，见附录11。
[2] S.Chhak，Norodom (prince) Sihanouk，P.Reuter，*Les frontieres du Cambodge*，Dalloz，1966，pp.84-120.
[3] 据称这些岛屿是位于富国岛西北部的 Baie（Koh Ta Kiv）、Milieu（Koh Thmei）、Eau（Koh Ses）和 Pic（Koh Tonsay），以及位于"布雷维线"北部的海盗岛，在两国沿岸的陆地边界终点附近。1954年《日内瓦协议》签订后，美国支持的吴庭艳政权破坏协议，阻碍南北统一，实行独裁、高压政策，越南南方人民掀起民族解放斗争。1960年12月20日，在南部西宁省朱城县解放区召开越南南方国民大会，成立越南南方民族解放阵线。大会通过推翻美吴集团的独裁统治，建设独立、民主、和平、中立的越南南方，进而和平统一祖国的《十大纲领》。阵线中央委员会主席由阮友寿律师担任。阵线团结越南南方各阶层、各民族、各党派和社会团体及宗教组织的爱国力量，参加的有越南人民革命党，越南南方民主党，越南民族、民主及和平力量联盟等20多个政党、群众与教派组织。在解放区设各级委员会和人民自治委员会，组织和领导越南南方人民的抗美救国斗争。1961年2月，南方各武装力量统一，组成"越南南方人民解放武装力量"。《1960年12月20日越南南方民族解放阵线成立》，载"历史上的今天"，http://www.todayonhistory.com/12/20/d6631.htm，最后访问日期：2018年6月9日。
[4] W.G.Burchett，*The China-Cambodia-Vietnam Triangle*，Vanguard Books，1981，p.138.

种说法。柬埔寨政府据此认为越南已经接受了柬方关于边界问题的立场。随后,柬埔寨政府出版了地图,其中指明了两国在陆地的边界,但并未绘制两国海上边界和"布雷维线"。这一举措显然是为了保证柬埔寨今后再次就"布雷维线"以南的岛屿提出声索的可能性。而越南当局并没有对此公开反对[1]。

1971年6月9日,南越政府单方面确定了越南大陆架的界限。南越政府同时主张对富国岛、西北部的富都群岛(Phu-Du Group)(主要是 Koh Thmei and Koh Ses)以及位于北纬10度以南的泰国湾东半部包括威岛和土珠群岛在内的所有其他岛屿拥有主权。1972年7月1日,柬埔寨效仿越南在编号为 Kret No. 439-72/PRK 的文件(见附录12)中单方面界定了柬埔寨大陆架的边界。柬埔寨同样主张对富都群岛、富国岛和相关岛屿以及至关重要的威岛和土珠群岛拥有主权[2]。不仅如此,金边(柬埔寨首都)电台在越南发表《1977年声明》后列出了不少于40个位于柬埔寨领海的岛屿。[3]令人惊讶的是,这其中不包括富国岛[4]。

因1974年钻井事件[5]的影响,两国关系急剧恶化。1975年5月初,柬埔寨和越南巡逻艇在富国岛海岸交火。柬埔寨随后向越南巡逻艇在富国的基地开炮[6]。为平息两国间军事对峙的影响,和平解决边界争端,1976年4月,柬埔寨和越南同意举行高级峰会,讨论两国之间的边界问题,并于1976年5月在金边举行技术性会谈[7]。此次技术性会谈中,双方同意殖民时期的陆地分界线依然有效。在海岛和海洋边界问题上,柬埔寨提出可

---

[1] S.P.Heder, "The Kampuchean-Vietnamese Conflict", in Elliott D.W.P. ed., *The Third Indochina Conflict*, Boulder, Colorado: Westview Press, 1981, pp.21-67.

[2] C.H.Schofield, Maritime Boundary Delimitation in the Gulf of Thailand, Durham University, 1999. Available at Durham E-Theses Online, http://etheses.dur.ac.uk/4351/, June 9, 2018.

[3] *The Far Eastern Economic Review* (FEER), 18/8/77.

[4] J.R.V.Prescott, Maritime Jurisdiction in Southeast Asia: A Commentary and Map, Honolulu, Hawaii: East-West Environment and Policy Institute, 1981, p.4.

[5] 1974年9月,持有柬埔寨发行的勘探许可证的 Elf-Esso 合资企业在"布雷维线"以北区域的西南部开发了一个名为"野猫"的钻井平台。越南政府对此强烈抗议,包括威胁必要时使用武力拆除违规的钻井平台。柬埔寨加强了在该地区的海上巡逻,并将一个300人的海军陆战队部署到附近的海军基地。这一事件似乎与南越早些时候愿意放弃对威岛和"布雷维线"以北海域的主张背道而驰。

[6] S.P.Heder, "The Kampuchean-Vietnamese Conflict", in Elliott D.W.P. ed., *The Third Indochina Conflict*, Boulder, Colorado: Westview Press, 1981, pp.21-67.

[7] Chanda Nayan, *Brother Enemy: The War After the War*, New York: Harcourt Brace Jovanovich Publishors, 1986, p.32.

以放弃对"布雷维线"以南岛屿的主张,以"布雷维线"为两国的海洋边界线。但越南拒绝了该提议,要求柬埔寨放弃"布雷维线"以北的部分水域。因此,柬埔寨宣布中止举行两国间高级峰会[1]。两国关于海上边界的划界搁置至今。

《越南—柬埔寨历史性水域协定》是影响越柬泰国湾划界的第二个重要历史因素。如前所述,越柬战争[2]的爆发曾一度中断了两国海上边界划界的谈判,但随着越南在柬埔寨建立傀儡政权柬埔寨人民共和国(The People's Republic of Kampuchea,PRK),两国陆续签署了多项与陆地和海洋边界问题有关的协议。其中,与两国海洋边界问题相关的是1982年7月7日签署的《越南—柬埔寨历史性水域协定》(见附录13),该协定划定了两国在泰国湾2802平方海里(9609平方公里)[3]的"历史性水域"。

该协定篇幅较短,只有三个条款,主要内容有:第一,详细界定了两国主张的"历史性水域"的边界:越南一侧的建江省(Kien Giang Province)、富国岛和土珠群岛的海岸连线及柬埔寨一侧的贡布省(Kampot Province)和威岛群岛的海岸连线之间的水域[4]。协议声明两国的"历史性水域"置于其内部水域的管辖制度之下,并列出了一些坐标[5]。第二,本着平等、友好,尊重彼此独立、主权、领土完整和各方合法利益的精神,双方将会适时举行谈判以划定两国在上述历史性水域的海上边界[6]。但截至目前,双方并未在该区域达成划界协议。第三,用于衡量两国领海宽度的土珠群岛和威岛群岛两条直线基线的交汇点O将由双方共同确定。截至目

---

[1] S.P.Heder, "The Kampuchean-Vietnamese Conflict", in Elliott D.W.P. ed., *The Third Indochina Conflict*, Boulder, Colorado: Westview Press, 1981, pp.21-67.
[2] 越柬战争,又称柬越战争、第三次印度支那战争,越南称越南西南边界反攻战役,是发生于1975年5月1日到1991年10月23日期间的一场战争。交战双方分别是越南社会主义共和国和民主柬埔寨。1975年5月,红色高棉进入富国岛,后被越南军队驱离。此后两国不断发生边境冲突。民主柬埔寨的武装力量红色高棉于1978年4月18日至4月30日在越南安江省知尊县百春村进行屠杀。1978年12月25日,越南黎笋政府以"统治柬埔寨的红色高棉曾侵入越南富国岛并屠杀在柬埔寨越南裔公民"(百春大屠杀)为由,派遣25万越南人民军部队入侵柬埔寨,越柬战争爆发。
[3] C.H.Schofield, Maritime Boundary Delimitation in the Gulf of Thailand, Durham University, 1999. Available at Durham E-Theses Online, http://etheses.dur.ac.uk/4351/, June 9, 2018.
[4] 《越南—柬埔寨历史性水域协定》第1条。
[5] 应该指出的是,与泰国湾其他海洋边界协议一样,历史性水域协定的案文中没有提及其中列出的坐标与哪个基准有关。
[6] 《越南—柬埔寨历史性水域协定》第2条。

前，双方并未确定交汇点 O 的位置。第四，双方继续将 1939 年的"布雷维线"作为该区域岛屿的区分线。第五，对该区域的巡逻和监视[1]将由双方联合进行。第六，该区域的自然资源开发将由双方共同协议决定[2]。

关于该协定，国际社会有两个争论。第一，越南和柬埔寨主张的区域是否满足划定"历史性水域"的条件。在协定中，越南和柬埔寨以该水域满足"长期属于越南和柬埔寨、拥有特殊的地理条件和对两国国防和经济具有重要意义"等条件，划定该区域为两国的"历史性水域"。然而，目前国际海洋法并没有对"历史性水域"进行明确的规定，因此关于"历史性水域"的相关规定应参考国际习惯法。根据国际习惯法，有效的"历史性水域"主张应满足三个关键要求：公开声明权利主张、有效和长期行使管辖权以及其他国家不反对[3]。泰国对《越南—柬埔寨历史性水域协定》提出异议并强烈抵制。泰国认为这种说法不符合国际法原则和规则。[4]第二，关于《越南—柬埔寨历史性水域协定》是否依然有效。有学者认为该协定签署于越南非法入侵柬埔寨期间，当时代表柬埔寨签署协定的是越南在柬埔寨建立的傀儡政权柬埔寨人民共和国。双方当时所采取的任何行动或达成的协议在法律上都可被视为无效[5]。然而，由于前执政的共产主义者和主要亲皇党派泰辛比克党之间出现了联合政府，所有迹象都表明柬埔寨政府会维护其在 1979 年至 1992 年期间所作出的承诺[6]。此外，不能忽略的事实是，代表柬埔寨政府签署《越南—柬埔寨历史性水域协定》的是洪森（Hun Sen），他是现任柬埔寨首相[7]。

---

[1] Amer (1997a: 89) 指出柬埔寨通讯社（SPK）1982 年 7 月 8 日转发的《越南—柬埔寨历史性水域协定》的"全文"中省略了"对历史性水域的巡逻和监视由双方联合进行"这一句话。然而，这句话被纳入了越南通讯社转发的版本。 柬埔寨的疏忽是故意还是偶然值得商榷。R.Amer, "Border Conflicts between Cambodia and Vietnam, *IBRU Boundary and Security Bulletin*, 1997, 5(2), pp.80-97.

[2]《越南—柬埔寨历史性水域协定》第 3 条。

[3] C.H.Schofield, Maritime Boundary Delimitation in the Gulf of Thailand, Durham University, 1999. Available at Durham E-Theses Online, http://etheses.dur.ac.uk/4351/, June 9, 2018.

[4] *Law of the Sea Bulletin*, No.7, April 1986: 111.

[5] K.Kittichaisaree, "The Law of the Sea and Maritime Boundary Delimitation in South East Asia", *VRÜ Verfassung und Recht in Übersee*, 1990, 23(3), pp.356-357.

[6] R.B.St John, The Land Boundaries of Indochina: Cambodia, Laos and Vietnam, Boundary and Territory Briefing, Vol.2 No.6, Durham: International Boundaries Research Unit 1998.D.J.Dzurek, "Boundary and Resource Disputes in the South China Sea", *Ocean YB*, 1985, Vol.5, p.254.

[7] 高炳南:《柬埔寨首相洪森与 6000 华人华侨共享团结饭迎来新年》，载新华网，http://www.xinhuanet.com/world/2018-04/12/c_129848626.htm，最后访问日期：2018 年 6 月 9 日。

该协定并未划定两国在"历史性水域"的海上边界，给两国后续的海上划界谈判留下了隐患。两国后来陆续在 1983 年、1985 年签署了国家边界划分条约[1]，在 2005 年 10 月 10 日两国签署《越南社会主义共和国与柬埔寨王国关于 1985 年国家边界划分条约补充的条约》[2]等，但均未能解决两国海上边界问题。

5. 越南、马来西亚、泰国在泰国湾的海洋边界争端

1991 年 10 月越柬战争结束后，越南开始着手解决与其他东南亚国家的海洋争端[3]。1992 年，越南与马来西亚在泰国湾重叠水域达成了联合开发协议。虽然该协议并未划定越南与马来西亚之间大陆架的分界线，但是该协议为越南与马来西亚之间就泰国湾重叠区域划界的谈判铺平了道路。越南对《马来西亚—泰国联合开发协定》中确定的共同开发海域的部分区域提出了主权主张，涵盖的面积约为 256 平方海里（879 平方公里）[4]。

如前所述，《越南—泰国泰国湾海上边界协定》第 2 条规定，两国应与马来西亚就联合开发区内三国大陆架主张重叠区域进行谈判。此后，有报道称三国高级官员于 1998 年 2 月 24 日至 26 日在河内会面。虽然这一事件被认为是三国在解决泰国湾争议上迈出的一大步，但直至目前仍未能达成任何划界安排。

与此同时，越南与马来西亚在泰国湾重叠区域的联合开发，以及泰国和马来西亚在重叠区域的联合开发都已经取得了不错的成果。由此不难发现，三国虽然都有进行划界谈判的意向，但并不迫切。它们更倾向于先进行联合开发。

---

[1]《为越柬和平友谊合作与发展边界线作出努力》，载越南人民军队网，https://cn.qdnd.vn/cid-6123/7183/nid-564358.html，最后访问日期：2018 年 6 月 9 日。

[2] 越南国家边界委员会：《越南与柬埔寨关于 1985 年国家边界划分条约补充的条约》，载越南人民报，http://cn.nhandan.org.vn/documentation/item/864-%E8%B6%8A%E5%8D%97%E4%B8%8E%E6%9F%AC%E5%9F%94%E5%AF%A8%E5%85%B3%E4%BA%8E1985%E5%B9%B4%E5%9B%BD%E5%AE%B6%E8%BE%B9%E7%95%8C%E5%88%92%E5%88%86%E6%9D%A1%E7%BA%A6%E8%A1%A5%E5%85%85%E7%9A%84%E6%9D%A1%E7%BA%A6.html，最后访问日期：2018 年 6 月 9 日。

[3] R.Amer, "Settlement of Vietnam's Border Disputes: Favorable Conditions for Stability and Development", Vietnamlawmagazine, http://vietnamlawmagazine.vn/settlement-of-vietnams-border-disputes-favorable-conditions-for-stability-and-development-3224.html, June 15, 2018.

[4] C.H.Schofield, Maritime Boundary Delimitation in the Gulf of Thailand, Durham University, 1999, Available at Durham E-Theses Online, http://etheses.dur.ac.uk/4351/, June 9, 2018.

六、国际海洋合作

（一）对争议区域的共同开发

1. 越南和马来西亚共同开发案

在越南和马来西亚对泰国湾的权利主张中，存在一块面积为2500平方公里的重叠区域，位于越南西南部和马来半岛东海岸的东北偏东地区，主要地形为盆地。由于有八九公里的沉积厚度，该盆地有着可观的石油前景。1992年6月5日，越南与马来西亚在争议海域达成谅解备忘录。根据该谅解备忘录，两国分别指定其国有石油公司为两国政府代表从事划定内区域内资源的勘探与开发，具体的协议条款及条件须由两国政府批准。备忘录特别指出，共同开发安排不影响两国在整个划定海域的领土主张。该项备忘录于1993年6月4日生效。1997年7月29日，位于划定区域内的菊花油田首次出油[1]。

根据《谅解备忘录》的第1条，马来西亚国家石油公司和越南石油天然气集团应共同制定合作开发的商业协议。1983年8月25日，上述两家公司按期完成了商业协议的起草工作。该协议设想建立一个协调委员会，为指定区域油气开发的管理提供政策指导。1993年8月，商业协议获得越马两国政府批准。根据该商业协议，两国设立了协调委员会，负责共同开发区的开发活动。尽管越马双方原则上仍然在协调委员会指导下平摊支出和平分收益，但是共同开发的具体管理完全由马来西亚国家石油公司在协调委员会指导下实施。由于越马《谅解备忘录》没有规定具体的有效期间，两国石油公司共同制定的商业协议规定了三种失效情形：第一，谅解备忘录过期；第二，两国石油公司或者两国政府同意终止计划；第三，马来西亚与外国公司签署的合同到期。越马《谅解备忘录》还对"单一石油构造"问题进行了规定。"假如一个油气田的一部分位于指定的共同开发区域内，一部分位于共同开发区域外的马来西亚或越南大陆架上，双方应制定相互都能接受的探测和开发资源的办法。"[2]

---

[1] 赵伟：《南（中国）海周边国家协议解决海域划界争端的实践及其对中国的启示》，载《中国海洋法学评论》2013年第1期，第151—152页。

[2] 邵建平：《如何推进南海共同开发：东南亚国家经验的视角》，载《当代亚太》2011年第6期，第142—158页。

2. 越南、马来西亚和泰国共同开发案

越南、马来西亚和泰国在泰国湾的争议区域未签订三国专属经济区和大陆架划界协议，但三国在泰国湾签署了两个双边联合开发案和一个双边划界协议。1979年2月21日，泰国与马来西亚签署关于共同开发的谅解备忘录。1992年6月5日，越南与马来西亚签署共同开发谅解备忘录。泰国和越南在1997年8月签署《越南—泰国泰国湾海上边界协定》。上述协议的成功签订增加了三国解决泰国湾划界争议的信心。1998年2月24日至26日，三国代表在河内会面商讨此事，但未有结果公布。此次泰国湾划界争议三方谈判的失败未影响三国联合开发泰国湾的步伐。1999年，马来西亚、越南和泰国原则上达成协议，在泰国湾内越南主张区域与1979年马泰共同开发区域相重叠的海域内商讨共同开发，该海域面积约800平方公里。开发模式借鉴了前述两个联合开发协议。除了该联合开发案划定的区域以外，其他重叠区域仍按照此前的三个协议分别进行开发[1]。

（二）海洋防务合作

1. 与马来西亚的海洋防务合作

越南与马来西亚在2008年签订双边防务合作备忘录，开启了两国在国防领域的合作。根据备忘录，两国海军将会阻止越南渔民越界前往马来西亚海域捕鱼，并控制海盗活动。2015年越南总理访问马来西亚期间，双方发表《越南—马来西亚政府战略伙伴框架的联合声明》。两国同意落实2008年签署的双边防务合作备忘录。双方约定加强国防力量合作，尤其是海军的合作。两国共同应对非传统安全领域的挑战，分享有关战略、国防、安全问题的信息[2]。

2016年10月，马来西亚皇家海军司令率团赴海防市对越南人民海军进行访问。双方表示将落实海军签署的各项合作内容，尤其是建立通信联

---

[1] Nguyen Hong Thao, "Joint Development in the Gulf of Thailand", Durham University, https://www.dur.ac.uk/ibru/publications/download/?id=153，June 9, 2018.
[2]《关于越南—马来西亚战略伙伴框架的联合声明》，载越南人民报，http://cn.nhandan.com.vn/documentation/important-documents/item/3363801-%E5%85%B3%E4%BA%8E%E8%B6%8A%E5%8D%97%E2%80%94%E9%A9%AC%E6%9D%A5%E8%A5%BF%E4%BA%9A%E6%88%98%E7%95%A5%E4%BC%99%E4%BC%B4%E6%A1%86%E6%9E%B6%E7%9A%84%E8%81%94%E5%90%88%E5%A3%B0%E6%98%8E%EF%BC%88%E5%85%A8%E6%96%87%EF%BC%89.html，最后访问日期：2018年6月9日。

络渠道和海上联合巡逻等[1]。2017年3月，越南首次派遣军舰参加在马来西亚举办的兰卡威国际海事与航空航天展（Langkawi International Maritime and Aerospace Exhibition）。其间，越南国防部副部长还对马来西亚进行了访问，表达了对于马来西亚海军举办活动的支持以及进一步加强两国防务合作的愿望[2]。2017年11月，马来西亚皇家海军派遣两艘军舰访问越南胡志明市，访问期间马来西亚皇家海军代表团参观了越南海军的护卫舰[3]。

2. 与文莱的海洋防务合作

越南和文莱1992年就建立了外交关系[4]。2013年12月5日，越南与文莱签署了一项谅解备忘录。根据这项备忘录，文莱海军和越南海军之间开设了一条热线以便利双方将来的合作[5]。随着文莱海军和越南海军的年轻高层军官互访增加、双方海军紧密合作以及有效的人员培训，文莱海军与越南海军的关系不断发展[6]。

在菲律宾南海仲裁案裁决发布之后，2016年8月26日至28日越南国家主席陈大光携夫人和越南高级代表团对文莱进行国事访问期间，双方发表了联合声明。在此声明中双方同意强化各兵种，特别是海军之间的合作，并相互为对方军官进行培训[7]。在2017年2月17日召开的越南文莱双边合作委员会首次外交部长级会议中，双方同意继续落实现有合作协议和机制，推进两国军队各兵种，尤其是海军、海警等之间的合作，并扩展至反恐怖、海上搜

---

[1]《越南与马来西亚海军加强合作》，载越通社，https://zh.vietnamplus.vn/%E8%B6%8A%E5%8D%97%E4%B8%8E%E9%A9%AC%E6%9D%A5%E8%A5%BF%E4%BA%9A%E6%B5%B7%E5%86%9B%E5%8A%A0%E5%BC%BA%E5%90%88%E4%BD%9C/54075.vnp，最后访问日期：2018年6月9日。

[2]《越南和马来西亚加强防务合作》，载越通社，https://zh.vietnamplus.vn/%E8%B6%8A%E5%8D%97%E5%92%8C%E9%A9%AC%E6%9D%A5%E8%A5%BF%E4%BA%9A%E5%8A%A0%E5%BC%BA%E9%98%B2%E5%8A%A1%E5%90%88%E4%BD%9C/63198.vnp，最后访问日期：2018年6月9日。

[3]《马来西亚皇家海军军舰访问胡志明市》，载越南人民军报，http://cn.qdnd.vn/cid-6126/7185/nid-544801.html，最后访问日期：2018年6月9日。

[4]《越南建交列表》，载维基百科，https://zh.wikipedia.org/wiki/%E8%B6%8A%E5%8D%97%E5%BB%BA%E4%BA%A4%E5%88%97%E8%A1%A8，最后访问日期：2018年5月5日。

[5] "Hotline Set up Between Navies of Vietnam and Brunei", Tuoitrenews, https://tuoitrenews.vn/politics/15810/hotline-set-up-between-navies-of-vietnam-and-brunei, May 5, 2018.

[6] English.vov, http://english.vov.vn/politics/brunei-vietnam-forge-defence-cooperation-294225.vov, May 5, 2018.

[7]《越南与文莱决心拓展合作广度和深度》，载《共产主义杂志》，http://cn.tapchicongsan.org.vn/Home/Political/275/Story，最后访问日期：2018年5月5日。

救、反毒品和培训等领域[1]。双方同意增进东盟团结，并维持东盟在区域构架中的核心作用以及加强东盟和对话伙伴国之间的关系。双方承诺，维持和促进东海和平、稳定、安全以及航海与航空安全，呼吁有关各方保持克制，不诉诸武力或以武力相威胁，严格尊重外交和法律进程，基于包括1982年《联合国海洋法公约》在内的国际法律的基本原则通过和平措施解决争端。双方再次重申对全面且有效落实《东海各方行为宣言》（中国称《南海各方行动宣言》）并早日达成"东海行为准则"（中国称"南海行为准则"）的支持。

3. 与新加坡的海洋防务合作

2009年9月，越南国防部长与新加坡国防部长签署了《防务合作协议》，双方同意在军队教育和培训、人道主义援助和救灾以及海上安全等领域开展合作[2]。2011年8月，新加坡"坚韧"号海军军舰对越南胡志明市进行为期5天的友好访问。访问期间，军舰官兵同越南人民海军进行了多项交流活动，并参观了胡志明市[3]。2012年9月，新加坡军舰访问越南岘港市并向越南海军移交了登陆舰设备及配件[4]。2013年9月，新加坡总理访问越南，双方发表《越南与新加坡发表关于建立战略伙伴关系的联合声明》。《声明》强调加强安全合作，增强在《亚洲反海盗及武装劫船区域合作协定》（Regional Co-operation Agreement on Combating Piracy and Armed Robbery against Ships in Asia，ReCAAP）框架内的信息交流和活动协调，共同打击海盗和跨国犯罪[5]。2016年1月，越南"丁先皇"号护卫

---

[1]《越文双边合作委员会首次会议在河内召开》，载越南人民报，http://cn.nhandan.com.vn/newest/item/4886901-%E8%B6%8A%E6%96%87%E5%8F%8C%E8%BE%B9%E5%90%88%E4%BD%9C%E5%A7%94%E5%91%98%E4%BC%9A%E9%A6%96%E6%AC%A1%E4%BC%9A%E8%AE%AE%E5%9C%A8%E6%B2%B3%E5%86%85%E5%8F%AC%E5%BC%80.html，最后访问日期：2018年5月5日。

[2]《国家主席陈大光圆满结束对新访问》，载《共产主义杂志》，http://cn.tapchicongsan.org.vn/Home/Political/276/Story，最后访问日期：2018年6月9日。

[3]《新加坡海军军舰访问胡志明市》，载越通社，https://zh.vietnamplus.vn/%E6%96%B0%E5%8A%A0%E5%9D%A1%E6%B5%B7%E5%86%9B%E8%88%B0%E8%AE%BF%E9%97%AE%E8%83%A1%E5%BF%97%E6%98%8E%E5%B8%82/3508.vnp，最后访问日期：2018年6月9日。

[4]《新加坡海军军舰访问越南岘港市》，载越南人民报，https://cn.nhandan.com.vn/friendshipbridge/item/155601-%E6%96%B0%E5%8A%A0%E5%9D%A1%E6%B5%B7%E5%86%9B%E5%86%9B%E8%88%B0%E8%AE%BF%E9%97%AE%E8%B6%8A%E5%8D%97%E5%B2%98%E6%B8%AF%E5%B8%82.html，最后访问日期：2018年6月9日。

[5] "Joint Statement on the Establishment of a Strategic Partnership Between the Socialist Republic of Viet Nam and the Republic of Singapore", Prime Minister's Office Singapore, http://www.pmo.gov.sg/newsroom/joint-statement-establishment-strategic-partnership-between-socialist-republic-viet-nam，June 9, 2018.

舰访问了新加坡，礼节性拜会了新加坡海军高官，与新加坡海军进行了体育友好交流[1]。2016年4月，第15次西太平洋海军司令会议期间，越南与新加坡签订《越南人民海军与新加坡海军的潜艇救援协议》[2]。南海仲裁案裁决结果公布之后，越南国家主席于2016年8月访问新加坡，两国发表联合声明，同意继续两国防务机构的双边访问和对话，加强研究机构间战略研究的合作，加强军事互动[3]。

2017年3月，新加坡总理访问越南，双方重申继续合作解决海上安全、海盗、恐怖主义和跨国犯罪等共同安全威胁的承诺。新加坡总理对于越南有关机构提出的加强与新加坡海军信息融合中心（Navy's Information Fusion Centre）之间合作的建议表示欢迎[4]。2017年5月，越南"丁先皇"号军舰赴新加坡参加新海军成立50周年国际舰队检阅活动，访问期间越南海军司令同新加坡海军总长进行了会见[5]。2018年4月越南总理访问新加坡，两国总理共同强调，需要进一步加强防务合作，注重海军、空军、搜寻救难、国防技术等领域的合作，增进情报信息互换，加强青年军官交流和军舰互访，有效配合解决海盗、恐怖犯罪等共同安全挑战，确保海上安全，同时推进网络安全、出入境管理、高科技犯罪等领域的合作[6]。越南总理访问新加坡期间，搭载150名官兵的新加坡"刚毅"号隐形护卫舰对越南岘港市进行了为期5天的访问。[7]

---

[1]《越南海军"丁先皇"号护卫舰访问新加坡》，载越南共产党电子报，http://cn.dangcongsan.vn/news/%E8%B6%8A%E5%8D%97%E6%B5%B7%E5%86%9B%E3%80%8A%E4%B8%81%E5%85%88%E7%9A%87%E3%80%8B%E5%8F%B7%E6%8A%A4%E5%8D%AB%E8%88%B0%E8%AE%BF%E9%97%AE%E6%96%B0%E5%8A%A0%E5%9D%A1-368441.html，最后访问日期：2018年6月9日。

[2]《越南海军与新加坡海军签订潜艇救援协议》，载越南中央政府网，http://cn.news.chinhphu.vn/Utilities/PrintView.aspx?ID=20068，最后访问日期：2018年6月9日。

[3] "Why Vietnam Highly Values Its Relations with Singapore", Asia Times, http://www.atimes.com/why-vietnam-highly-values-its-relations-with-singapore/, June 9, 2018.

[4] "VN-Singapore Issue Joint Statement"，载越南中央政府网，http://news.chinhphu.vn/Home/VNSingapore-issue-Joint-Statement/20173/30169.vgp，最后访问日期：2018年6月9日。

[5]《越南海军司令与新加坡海军总长进行会晤》，载越通社，https://zh.vietnamplus.vn/%E8%B6%8A%E5%8D%97%E6%B5%B7%E5%86%9B%E5%8F%B8%E4%BB%A4%E4%B8%8E%E6%96%B0%E5%8A%A0%E5%9D%A1%E6%B5%B7%E5%86%9B%E6%80%BB%E9%95%BF%E8%BF%9B%E8%A1%8C%E4%BC%9A%E6%99%A4/65267.vnp，最后访问日期：2018年6月9日。

[6]《越南政府总理阮春福与新加坡总理李显龙举行会谈》，载越南人民军队报，http://cn.qdnd.vn/cid-6123/7183/nid-549182.html，最后访问日期：2018年6月9日。

[7]《新加坡"刚毅号"隐形护卫舰访问岘港市》，载越通社，https://zh.vietnamplus.vn/%E6%96%B0%E5%8A%A0%E5%9D%A1%E5%88%9A%E6%AF%85%E5%8F%B7%E9%9A%90%E5%BD%A2%E6%8A%A4%E5%8D%AB%E8%88%B0%E8%AE%BF%E9%97%AE%E5%B2%98%E6%B8%AF%E5%B8%82/79423.vnp，最后访问日期：2018年6月9日。

4.与印度尼西亚的海洋防务合作

2010年,越南与印尼签署《关于加强国防官员和有关活动的谅解备忘录》,内容涵盖代表团互访、海军、空军、海警之间合作以及培训等领域。自此两国的海洋防务合作开始快速发展。2012年,越南与印尼签署《关于两国海军建立对话机制的参照文件》。2013年6月,越南国家主席对印尼进行国事访问,与印尼总统共同发表声明,正式建立战略伙伴关系。在国防安全合作方面,两位领导人对有效落实2010年的《关于加强国防官员和有关活动的谅解备忘录》和2012年的《关于两国海军建立对话机制的参照文件》给予支持,同时也对加强国防工业、非传统安全的领域合作给予鼓励[1]。2013年12月,越南海军司令出席由印尼海军举办的2013年雅加达国际航行安全专题会议,并在参会期间与印尼海军司令进行了会晤。双方一致同意增进各级别代表团互访,加强军舰互访,增进军官交流,扩大两国海军学院的经验交流与合作,在培训、训练工作中相互支持等[2]。

2014年11月,由"丁先皇"号和"李太祖"号两艘导弹护卫舰组成的越南海军舰艇编队对印尼雅加达进行了访问。双方举行了联合搜救训练等活动[3]。2017年越共总书记访问印尼期间,越南与印尼签署《增强越南和印度尼西亚海警合作意向书》[4]。2017年10月12日,越南国防部高级代表团访问印尼。越印双方一致同意继续全面有效开展于2010年签署的《关于加强国防官员和有关活动的谅解备忘录》的内容,并签署了《越南

---

[1]《越南与印度尼西亚发表联合声明(全文)》,载越南人民报,http://cn.nhandan.com.vn/documentation/important-documents/item/928001-%E8%B6%8A%E5%8D%97%E4%B8%8E%E5%8D%B0%E5%BA%A6%E5%B0%BC%E8%A5%BF%E4%BA%9A%E5%8F%91%E8%A1%A8%E8%81%94%E5%90%88%E5%A3%B0%E6%98%8E%EF%BC%88%E5%85%A8%E6%96%87%EF%BC%89.html,最后访问日期:2018年6月9日。

[2]《越南印尼海军加强合作》,载越通社,https://zh.vietnamplus.vn/%E8%B6%8A%E5%8D%97%E5%8D%B0%E5%B0%BC%E6%B5%B7%E5%86%9B%E5%8A%A0%E5%BC%BA%E5%90%88%E4%BD%9C/20427.vnp,最后访问日期:2018年6月9日。

[3]《越南海军舰艇编队对印尼进行友好访问》,载越通社,https://zh.vietnamplus.vn/%E8%B6%8A%E5%8D%97%E6%B5%B7%E5%86%9B%E8%88%B0%E8%89%87%E7%BC%96%E9%98%9F%E5%AF%B9%E5%8D%B0%E5%B0%BC%E8%BF%9B%E8%A1%8C%E5%8F%8B%E5%A5%BD%E8%AE%BF%E9%97%AE/31829.vnp,最后访问日期:2018年6月9日。

[4]红云:《越南和印尼签署多份合作文件》,载越南共产党电子报,http://cn.dangcongsan.vn/news/%E8%B6%8A%E5%8D%97%E5%92%8C%E5%8D%B0%E5%B0%BC%E7%AD%BE%E7%BD%B2%E5%A4%9A%E4%BB%BD%E5%90%88%E4%BD%9C%E6%96%87%E4%BB%B6-451168.html,最后访问日期:2018年6月9日。

与印度尼西亚2017—2022年防务合作共同愿景声明》[1]。2017年10月18日，在越南国防部结束对印尼的访问不久，由两艘导弹护卫舰组成的印尼海军编队对胡志明市进行了访问，目的在于进一步加强两国海军乃至两国军队之间的合作关系[2]。

5. 与菲律宾的海洋防务合作

越南与菲律宾于1976年正式建交，并于2010年10月签署双边国防合作协议。越南与菲律宾的海洋防务合作不断深入，目前越菲海军已设立了热线电话，实现了在南子岛（Southwest Cay，越南称"西双子岛"）和北子岛（Northeast Cay，菲律宾称"东双子岛"）上的人员交流机制、代表团互访、海上搜救活动等合作。2011年10月，越南国家主席对菲律宾进行了为期三天的国事访问。访问期间，两国签署了《关于越南人民海军和菲律宾海军加强合作及信息交流的备忘录》和《关于越南海警与菲律宾海岸警卫力量设立电话热线的合作协议》[3]。越菲海洋防务合作取得积极进展。2012年3月，越菲签署了《越南人民海军与菲律宾海军在西双子岛和东双子岛上的人员交流机制》[4]。

2014年6月，越南和菲律宾海军在南海争议岛屿南子岛举行了一场足球、排球、拔河混合赛，以缓解它们之间的"紧张"[5]。值得注意的是，越南和菲律宾都对南子岛宣称拥有"主权"。此次在争议岛屿举行体育比赛或许是在展现越菲两国在南海问题上具有合作的可能。2014年5月，越南海警船干扰我国海洋石油981钻井平台正常作业，在南海与我国执法船只

---

[1]《越南与印度尼西亚签署2017—2022年防务合作共同愿景声明》，载越南人民军报，http://cn.qdnd.vn/cid-6126/7185/nid-543475.html，最后访问日期：2018年6月9日。

[2]《印尼海军舰队对胡志明市进行友好访问》，载越通社，https://zh.vietnamplus.vn/%E5%8D%B0%E5%B0%BC%E6%B5%B7%E5%86%9B%E8%88%B0%E9%98%9F%E5%AF%B9%E8%83%A1%E5%BF%97%E6%98%8E%E5%B8%82%E8%BF%9B%E8%A1%8C%E5%8F%8B%E5%A5%BD%E8%AE%BF%E9%97%AE/71622.vnp，最后访问日期：2018年6月9日。

[3]《国家主席张晋创与菲律宾总统进行会谈》，载越通社，https://zh.vietnamplus.vn/%E5%9B%BD%E5%AE%B6%E4%B8%BB%E5%B8%AD%E5%BC%A0%E6%99%8B%E5%88%9B%E4%B8%8E%E8%8F%B2%E5%BE%8B%E5%AE%BE%E6%80%BB%E7%BB%9F%E8%BF%9B%E8%A1%8C%E4%BC%9A%E8%B0%88/4328.vnp，最后访问日期：2018年6月9日。

[4]《越南海军舰艇编队首次访问菲律宾》，载越通社，https://zh.vietnamplus.vn/%E8%B6%8A%E5%8D%97%E6%B5%B7%E5%86%9B%E8%88%B0%E8%89%87%E7%BC%96%E9%98%9F%E9%A6%96%E6%AC%A1%E8%AE%BF%E9%97%AE%E8%8F%B2%E5%BE%8B%E5%AE%BE/32213.vnp，最后访问日期：2018年6月9日。

[5]《越南菲律宾海军在南沙中国岛屿上踢足球》，载中国网，http://china.org.cn/chinese/2014-06/09/content_32610099.htm，最后访问日期：2018年6月9日。

发生对峙。越南国内随即爆发大规模反华暴动[1]。越南有意增加与菲律宾在南海问题上的联系，以期共同应对中国日益增加的南海维权活动。2014年11月，由"丁先皇"号和"李太祖"号两艘导弹护卫舰组成的越南海军舰艇编队访问菲律宾，并与菲律宾海军举行了联合搜救训练等活动。这是越南海军舰艇编队首次访问菲律宾[2]。

6. 与日本的海洋防务合作

近年来，越南不断加强与日本的海洋防务合作，以对抗中国在南海日益增加的海军力量。2011年，越南与日本签署了《防务谅解备忘录》。该备忘录中含有两国国防部高层领导互访以及国防部副部长级的国防战略对话机制等内容[3]。2013年10月，3艘日本军舰访问越南岘港市。访问期间，越南海军和日本海上自卫队就海上搜救和训练交换了经验。此次访问是"越日友好年"和两国建交40周年系列庆祝活动的组成部分[4]。2014年3月，越南国家主席访问日本期间，日本承诺向河内提供6艘二手巡逻船，以增强越南海岸警卫队的执法能力[5]。并且，越南国家主席和日本首相共同签署了扩大两国海上安全关系的协议，以促进越南人民军和日本自卫队的军舰互访[6]。2015年9月，越共总书记访问日本。日本表示将提供更多二手船来提升越南的海上执法能力，以对抗中国在南海日益增强的海军力量。访问期间，越日还签署了《越南与日本海岸警卫队合作备

---

[1]《2014年越南排华暴动》，载维基百科，https://zh.wikipedia.org/wiki/2014%E5%B9%B4%E8%B6%8A%E5%8D%97%E6%8E%92%E8%8F%AF%E6%9A%B4%E5%8B%95#cite_note-%E5%8D%97%E6%B5%B7%E5%8D%87%E6%B8%A9%E4%B8%AD%E5%A4%AE%E7%A4%BE-3，最后访问日期：2018年6月9日。

[2]《越南海军舰艇编队首次访问菲律宾》，载越通社，https://zh.vietnamplus.vn/%E8%B6%8A%E5%8D%97%E6%B5%B7%E5%86%9B%E8%88%B0%E8%89%87%E7%BC%96%E9%98%9F%E9%A6%96%E6%AC%A1%E8%AE%BF%E9%97%AE%E8%8F%B2%E5%BE%8B%E5%AE%BE/32213.vnp，最后访问日期：2018年6月9日。

[3] "Japan and Vietnam Expand Defense Partnership", USNI News, https://news.usni.org/2014/03/19/japan-vietnam-expand-defense-partnership, June 9, 2018.

[4]《日本海上自卫队三艘军舰访问越南岘港》，载越通社，https://zh.vietnamplus.vn/%E6%97%A5%E6%9C%AC%E6%B5%B7%E4%B8%8A%E8%87%AA AA%E5%8D%AB%E9%98%9F%E4%B8%89%E8%89%98%E5%86%9B%E8%88%B0%E8%AE%BF%E9%97%AE%E8%B6%8A%E5%8D%97%E5%B2%98%E6%B8%AF/18316.vnp，最后访问日期：2018年6月9日。

[5] 章建华、闫建华：《日本向越南赠送6艘二手巡逻船》，载新华网，http://www.xinhuanet.com//world/2014-08/01/c_1111904602.htm，最后访问日期：2018年6月9日。

[6] "Japan and Vietnam Expand Defense Partnership", USNI News, https://news.usni.org/2014/03/19/japan-vietnam-expand-defense-partnership, June 9, 2018.

忘录》[1]。2016年2月，日本向越南中部岘港派遣了海上自卫队小组及2架P-3C侦察机，与越南海军联合实施了海上搜索兵棋推演，旨在加强两国军事防卫合作，在南中国海领土争端中有效牵制中国[2]。2018年4月10日，越南国防部长访问日本，并与日本防务大臣共同签署了《2018—2028越日防务合作共同愿景声明》[3]。2018年5月29日至6月2日，越南国家主席对日本进行了国事访问。双方发表联合声明，强调将进一步加强海上安全合作。日本表示将继续协助越南提高海上执法能力[4]。

7. 与印度的海洋防务合作

近年来中国在东南亚地区的影响力不断扩大，在南海的活动日益增加。作为南海声索国之一，越南与中国的南海主张相冲突，越南正在不断增强自己的海军力量。20世纪90年代印度推出了"东进"政策，越南支持印度增强其在东南亚的影响力，并成为印度"东进"政策的重要一环。同时，南海作为印度海军进入太平洋水域的重要通道，中国的南海主张也将影响印度。因此，越印两国基于共同的战略利益开展了多种形式的海上防务合作。合作的重点领域包括军队培训、国防工业和军舰互访等。

2000年印度国防部长访问越南期间，越南与印度签署了《防务合作协议》，协议规定将加强两国海军和海岸警备队的培训合作，开展联合演练。2007年越南与印度签署《战略合作伙伴关系协议》，为双方海上防务合作提供了基本的框架和指导。2013年10月，越南水手开始在印度海军潜艇学校接受水下作战训练。2014年，印度总统访问越南并签署了7项协议，进一步深化了两国的海上防务合作。2014年越南总理访问印度时，印度总理表示印度与越南的国防合作非常重要，印度将扩大培训、防务装备合作。2015年越印两国签署《2015—2020越南与印度国防关系共同愿景

---

[1] Kamaaki Masaaki, "Abe Pledges More Ships to Vietnam's Top Leader to Offset China", Japan Times, https://www.japantimes.co.jp/news/2015/09/16/national/politics-diplomacy/abe-pledges-ships-vietnams-top-leader-offset-china/#.WxxJN_mFPIV, June 9, 2018.
[2] 《日派P-3C反潜机与越南海军在南海演练监视中国》，载中华网军事，https://military.china.com/important/11132797/20160220/21558795_1.html，最后访问日期：2018年6月9日。
[3] 《越南与日本发表联合声明》，载越南之声，http://vovworld.vn/zh-cn/%E6%96%B0%E9%97%BB/%E8%B6%8A%E6%97%A5%E7%AD%BE%E7%BD%B2%E9%98%B2%E5%8A%A1%E5%90%88%E4%BD%9C%E5%85%B1%E5%90%8C%E6%84%BF%E6%99%AF%E5%A3%B0%E6%98%8E-634970.vov，最后访问日期：2018年6月9日。
[4] 《越南与日本发表联合声明》，载越通社，https://zh.vietnamplus.vn/%E8%B6%8A%E5%8D%97%E4%B8%8E%E6%97%A5%E6%9C%AC%E5%8F%91%E8%A1%A8%E8%81%94%E5%90%88%E5%A3%B0%E6%98%8E/81031.vnp，最后访问日期：2018年6月9日。

宣言》（Declaration of Common Vision on Defence Ties Vietnam - India Period 2015-2020），进一步深化了双方的战略伙伴关系和国防合作。根据该《宣言》，印度将会在国防工业、军事技术、情报、人员培训、网络犯罪和网络安全援助等方面为越南提供援助[1]。

2016年9月，印度总理访问越南，越印关系从"战略合作伙伴关系"提升为"全面战略合作伙伴关系"。访问期间，双方强调将有效落实《2015—2020越南与印度国防关系共同愿景宣言》[2]。两国还发表联合声明，强调以印度对越南军售为基础，扩大两国防务产业合作的机会。印度将向越南提供总额6亿美元的国家信贷，用以采购印度生产的防务设备和相关技术，加强越南的国防工业。这笔资金中，已有1亿美元分配给越南边防警卫队采购巡逻艇。印度国防部与印度国防公司拉森特博洛（Larsen and Toubro）有限公司签署一项合同，由该公司为越南人民军的准军事边防部队建造和供应高速巡逻艇。根据这一合同，这些船只将由拉森特博洛有限公司在印度建造。该公司还承诺将向越南转让设计和相关技术，并提供设备和材料，使与之合作的越南船厂建造更多的巡逻艇[3]。

2018年3月，越南国家主席访问印度，双方发表联合声明。双方一致同意加快总额为1亿美元的越南边防部队高速巡逻艇信贷项目的进程，敦促尽早签署总额为5亿美元的国防工业信贷框架协定。双方一致同意加强国防合作，其中包括高级代表团互访、年度对话、各军种和兵种的合作、海军军舰和海警船互访等[4]。2018年5月，印度派遣3艘海军舰艇以及913名军官和水手访问越南岘港市。访问期间，印度与越南举行了首次海上联合军演[5]。2018年1月底，越印两国在印度中央邦贾巴尔普尔（Jabalpur）举行了有

---

[1] Brig Vinod Anand, "Achievements: India Vietnam Defence and Seeurity Cooperation", Vivekananda International Foundation, http://www.vifindia.org/article/2017/may/12/achievements-india-vietnam-defence-and-security-cooperation, June 9, 2018.
[2] "India Vietnam Defence Ties in Spotlight with Joint Naval Exercise", Asia Times, http://www.atimes.com/india-vietnam-defense-ties-in-spotlight-with-joint-naval-exercise/, June 9, 2018.
[3] 林朝晖：《英媒：印度向越南提供6亿美元贷款，希望后者买本国军火》，载《参考消息》，http://www.cankaoxiaoxi.com/mil/20180320/2258917.shtml，最后访问日期：2018年6月9日。
[4] "India-Vietnam Joint Statement during State Visit of President of Vietnam to India (March 03, 2018)", http://www.mea.gov.in/bilateral-documents.htm?dtl/29535/indiavietnam+joint+statement+during+state+visit+of+president+of+vietnam+to+india+march+03+2018, June 9, 2018.
[5]《三艘印度海军舰艇访问越南岘港》，载越通社，https://zh.vietnamplus.vn/%E4%B8%89%E8%89%98%E5%8D%B0%E5%BA%A6%E6%B5%B7%E5%86%9B%E8%88%B0%E8%89%87%E8%AE%BF%E9%97%AE%E8%B6%8A%E5%8D%97%E5%B2%98%E6%B8%AF%E5%B8%82/80551.vnp，最后访问日期：2018年6月9日。

史以来的首次陆上演习,仅4个月后,又进行了海军演习。值得注意的是,这次越印海上联合军演是在印度国防部长预定访问河内前几周才提出的,并且与中国首次军警民联合巡逻西沙岛礁[1]的行动时间一致[2]。

8. 与美国的海洋防务合作

越南与美国于1995年实现外交关系正常化,并于1996年开始军事上的交流与合作。基于意识形态和历史原因,越南对于和美国的海洋防务合作一直持谨慎态度。2009年,随着奥巴马上台,美国开启了"重返亚太"战略,加强与东南亚国家的海洋防务合作。同时,越南正寻求合作来限制中国在南海日益增加的维权活动。基于共同的战略利益,两国海上防务合作于2010年后开始迅速增加。2011年9月,越南和美国签署了《双边防务合作谅解备忘录》。备忘录规定了海事安全、联合国维和行动、人道主义援助和救灾以及国防大学与研究机构之间的合作等五个重要领域,成为越美海上防务合作的基础。

目前越美海洋防务合作主要包括三个方面。第一,建立多种战略对话渠道。越美自2008年以来每年举办一次越美政治、安全和防务对话(The U.S.-Vietnam Political, Security, and Defense Dialogue),就海上安全等领域进行磋商。2010年8月开始,越美每年举办一次防务政策对话(U.S.-Vietnam Defense Policy Dialogue),讨论海上安全合作、海上搜救和国防工业等议题。第二,建立美国海军访问越南机制,并定期举行联合演练。2010年7月,中国在南海举行了大规模多兵种实弹演练。演练在3个海区、18000多平方公里的海域展开,发射导弹16型71枚[3]。越美对此作出回应,2010年8月,美国"华盛顿"号航母抵达越南岘港对越南进行了访问,越南海军高层对航母进行了参观。随后,美国"麦凯恩"号驱逐舰造访越南,并与越南海军举行了联合海上搜救演练等活动[4]。此后,两国定期举行联合海上军演。美国军方主办的"太平洋伙伴关系"(Pacific Partnership)活动每两年在越南举行一次。第三,允许美国海军进入越南

---

[1] 薛成清:《军警民联合编队首次巡逻西沙岛礁,历时五天四夜》,载人民政协网,http://www.rmzxb.com.cn/c/2018-05-20/2059336.shtml,最后访问日期:2018年6月9日。

[2] "India Vietnam Defence Ties in Spotlight with Joint Naval Exercise", Asia Times, http://www.atimes.com/india-vietnam-defense-ties-in-spotlight-with-joint-naval-exercise/, June 9, 2018.

[3] 蒲海洋、仲军:《军方披露南海空前大演习详情:共发射导弹71枚》,载凤凰网,http://news.ifeng.com/mil/2/detail_2010_07/30/1862841_0.shtml,最后访问日期:2018年6月9日。

[4]《美国越南首次南海联合演习》,载新浪网,http://news.sina.com.cn/c/2010-08-12/061817952348s.shtml,最后访问日期:2018年6月9日。

管辖海域以加强军事存在。在越南宣布向各国海军开放金兰湾港口并为船只提供后勤服务后，美国成为该服务的第一个客户。继 2011 年 8 月签约"理查德伯德"（Richard Byrd）货船之后，美国几乎每年都签约金兰湾的备用后勤支援船。2015 年 6 月，美国国防部长访问越南，两国签署了《越南与美国防务合作愿景声明》。声明加强了越美在南中国海问题上的合作[1]。

9. 与中国的海洋防务合作

为了维护北部湾水域和共同渔区的秩序，加强中越军队的友好合作关系，2005 年 10 月，中越两国签订了《中越海军北部湾联合巡逻协议》。该协议规定两国每年的 5 月和 12 月进行两次联合巡逻，巡逻海域为距离标准巡逻线 1 海里的"S"形海区。2006 年 4 月 27 日，双方进行了首次联合巡逻[2]。2007 年 8 月，中越两国签署《中越国防部边防合作协议》，双方海上防务合作进一步得到巩固[3]。2013 年 6 月 21 日，越南国家主席对中国进行访问期间，两国修订了此前签署的《中越国防部边防合作协议》，双方还发表了《中越联合声明》，强调深化边海防合作，并同意继续推进两国海军在北部湾的联合巡逻[4]。

近年来，中越两国在共同渔区联合执法检查、海上联合搜救等方面积极开展合作。2016 年 6 月，中越双边合作指导委员会[5]第九次会议期间双方签署了《中国海警局与越南海警司令部合作备忘录》。2016 年 8 月，中国海警局局长在北京与应邀来华访问的越南海警司令部司令举行了中越海警第一次工作会晤，双方签署了《中越海警第一次工作会晤会议纪要》。该纪要对《中国海警局与越南海警司令部合作备忘录》给予高度评价，确定以年度会晤作为统筹推进中越海上执法合作的重要机制，并就具体合作方向达成一系列共识：一是将北部湾共同渔区渔业联合检

---

[1] Tomotaka Shoji, "Briefing Memo: Vietnam's Security Cooperation with the U.S.: Present and Prospect", http://www.nids.mod.go.jp/english/publication/briefing/pdf/2016/briefing_e201602.pdf, June 9, 2018.
[2] 陈万军、侯亚铭：《我海军舰艇编队赴北部湾参加第五次中越联合巡逻》，载中国国务院官网，http://www.gov.cn/jrzg/2008-05/28/content_996912.htm，最后访问日期：2018 年 6 月 9 日。
[3] 《越媒：中国越南国防部边防合作协议正稳步落实》，载大公网，http://news.takungpao.com/world/exclusive/2014-04/2414608.html，最后访问日期：2018 年 6 月 9 日。
[4] 《中越联合声明（全文）》，载中国外交部官网，http://www.fmprc.gov.cn/web/gjhdq_676201/gj_676203/yz_676205/1206_677292/1207_677304/t1052237.shtml，最后访问日期：2018 年 6 月 9 日。
[5] 2006 年 11 月，时任中国国家主席胡锦涛访问越南前夕，两国成立中越双边合作指导委员会。该委员会负责加强对中越各领域合作的宏观指导、统筹规划和全面推进，协调解决合作中出现的问题。

查行动增加为每年两次,共同维护北部湾海上渔业生产秩序;二是双方将尽早举行舰船友好访问;三是积极开展执法能力建设合作,双方将结合渔业联合检查行动,互派人员搭乘对方舰船观摩学习;四是继续开展海上搜救方面的协作,协助配合搜救两国海上遇险船只和人员;五是双方同意按照"交换信息、依法规范、坚持协商、低调稳妥"的原则,通过三级联络窗口的作用,妥善处置渔业突发事件;六是双方愿加强沟通,共同促进地区海上执法多边合作[1]。

2016年9月,越南总理对中国进行访问期间,双方发表《中越联合公报》。双方同意继续加强两军和两国执法力量专业交流,举行北部湾联合巡逻和海上搜救、打击海盗和反恐方面的联合训练,防范和打击各类犯罪。落实《中国海警局与越南海警司令部合作备忘录》,开展海上搜救合作,增加北部湾共同渔区渔业联合检查频次,按照中越海警第一次工作会晤达成的原则共识,妥善处理海上渔业突发事件,使之符合两国友好关系[2]。为了落实2016年签署的一系列有关海警的合作文件,中越两国开展了形式多样的活动。2016年11月,中国海警46305舰在完成2016年第二次北部湾共同渔区海上联合巡航后应邀对越南海防市进行了为期3天的友好访问。这是中国海警舰船首次出访越南,也是中国海警舰船首次正式出访南海周边国家[3]。2018年4月,中越海警开展了北部湾共同渔区海上联合检查活动,内容包括双方指挥长进行互访、海上灭火搜救演练以及登临检查等[4]。

近年来,除了在北部湾的联合巡逻以外,中越海军互动频繁。2012年4月,执行"和谐使命——郑和舰环球行"任务的中国海军郑和舰对越南进行了为期3天的访问[5]。2013年1月,由益阳舰、常州舰和千岛湖舰组

---

[1] 张雨:《中越海警在京举行第一次工作会晤》,载人民网,http://legal.people.com.cn/n1/2016/0826/c42510-28669613.html,最后访问日期:2018年6月9日。

[2] 《中越联合公报(全文)》,载中国政府网,http://www.gov.cn/xinwen/2016-09/14/content_5108436.htm,最后访问日期:2018年6月9日。

[3] 白ು龙、乐艳娜:《中国海警舰船首次访问越南》,载中国外交部官网,http:/www.mod.gov.cn/diplomacy/2016-11/11/content_4761693.htm,最后访问日期:2018年6月9日。

[4] 《2018年第一次越中海警北部湾共同渔区海上联合检查圆满落幕》,载越南人民报,http://cn.nhandan.com.vn/friendshipbridge/vietnam-and-china/item/6042901-2018%E5%B9%B4%E7%AC%AC%E4%B8%80%E6%AC%A1%E8%B6%8A%E4%B8%AD%E6%B5%B7%E8%AD%A6%E5%8C%97%E9%83%A8%E6%B9%BE%E5%85%B1%E5%90%8C%E6%B8%94%E5%8C%BA%E6%B5%B7%E4%B8%8A%E8%81%94%E5%90%88%E6%A3%80%E6%9F%A5%E5%9C%86%E6%BB%A1%E8%90%BD%E5%B9%95.html,最后访问日期:2018年6月9日。

[5] 刘刚:《人民海军"郑和"号远航,首站到越南》,载人民网,http://military.people.com.cn/GB/17734329.html,最后访问日期:2018年6月9日。

成的中国海军第 12 批索马里海域护航编队访问了越南胡志明市。访问期间，编队指挥组会见了越南海军副参谋长，并与越方交流了护航及反海盗经验，邀请越方参观军舰并组织了甲板招待会等活动[1]。2013 年 12 月，中国海军南海舰队副参谋长率领中国海军工作代表团对越南海军第 2 区 171 号旅进行了访问，参观了越南"HQ11"号舰艇。2016 年 10 月，由湘潭舰、舟山舰和巢湖舰组成的中国海军舰艇编队对越南庆和省金兰国际港[2]进行了为期 4 天的访问。访问期间，中国海军代表团参观了越南海军学院，同越南海军进行了体育友谊赛等。这是中国军舰首次访问金兰湾[3]。2017 年 5 月，由长春号导弹驱逐舰和荆州号导弹护卫舰组成的海军舰艇编队访问了胡志明市[4]。

（三）海洋油气资源合作

越南探明石油储量约 44 亿桶，天然气探明储量超过 6994 亿立方米[5]，且其油气资源主要集中在海上。越南的海洋油气合作是越南外交的重要内容，通过与印度和俄罗斯等国的海上油气合作以及对我国南海油气资源的盗采，越南的油气产业稳步发展。如今，越南已成为东南亚第三大石油生产国，也是东南亚最大的原油出口国之一。

1. 与文莱的海洋油气资源合作

越南政府一直鼓励越南国家油气集团（Vietnam National Petroleum）

---

[1] 章建华、闫建华：《中国海军护航编队访问越南》，载人民网，http://cpc.people.com.cn/GB/n/2013/0108/c87228-20124183.html，最后访问日期：2018 年 6 月 9 日。

[2] 越南金兰国际港是越南最大军港，执行维护国防安全和促进经济发展的双重任务。港内可停泊包括航空母舰在内的上百艘万吨级大型军舰，提供海事和技术维修服务。金兰国际港于 2016 年 3 月开放，已先后接待来自俄罗斯、印度、美国和日本等国家的军舰到访。

[3] 《中国海军舰艇编队访问越南庆和省金兰国际港》，载越通社，https://zh.vietnamplus.vn/%E4%B8%AD%E5%9B%BD%E6%B5%B7%E5%86%9B%E8%88%B0%E8%89%87%E7%BC%96%E9%98%9F%E8%AE%BF%E9%97%AE%E8%B6%8A%E5%8D%97%E5%BA%86%E5%92%8C%E7%9C%81%E9%87%91%E5%85%B0%E5%9B%BD%E9%99%85%E6%B8%AF/56919.vnp，最后访问日期：2018 年 6 月 9 日。

[4] 《中国海军舰艇编队访问越南胡志明市》，载越通社，https://zh.vietnamplus.vn/%E4%B8%AD%E5%9B%BD%E6%B5%B7%E5%86%9B%E8%88%B0%E8%89%87%E7%BC%96%E9%98%9F%E8%AE%BF%E9%97%AE%E8%B6%8A%E5%8D%97%E8%83%A1%E5%BF%97%E6%98%8E%E5%B8%82/64930.vnp，最后访问日期：2018 年 6 月 9 日。

[5] 石油储量参见《2015 年越南天然气储量、产量及消费量情况分析》，载中国报告网，http://data.chinabaogao.com/nengyuan/2017/03142K1642017.html，最后访问日期：2018 年 6 月 9 日。天然气储量参见《2010—2018 年越南石油探明储量数据统计表》，载中国报告网，http://market.chinabaogao.com/gonggongfuwu/111T623D2019.html，最后访问日期：2018 年 6 月 9 日。

发展与文莱壳牌石油公司的关系。双方于2012年签署了原油买卖合同，由越南向文莱进口价值为2.5亿美元的原油[1]。2016年越南国家主席陈大光访问文莱时称双方已签署了《石油合作备忘录》[2]。在2017年举行的越文双边合作委员会第一次会议上，双方签署了油气领域合作备忘录[3]。

2. 与印度的海洋油气资源合作

印度石油天然气公司（Oil and Natural Gas Corporation Limited，ONGC）自1988年获得越南"06-1号"油气区块勘探许可证以来，一直在越南开展业务。目前，印度石油天然气公司对越南"06-1号"油气区块拥有45%的非经营性参与权益[4]。越南油气集团（Petrovietnam，下文简称"越油"）和印度石油天然气公司于2006年5月24日在河内签署了关于第"127号""128号"油气区块的合同。"127号"油气区块面积9246平方千米，"128号"油气区块面积7058平方千米。这两块油气区块大体上位于中国南沙群岛海域西侧，越南平顺省潘切市以东海域[5]。印度石油天然气公司对这两个油气区块拥有100%经营权。2014年，印度石油天然气公司表示在完成工作计划之后放弃了"127号"油气区块[6]。值得注意的是，"06-1号""127号""128号"油气区块都已跨入南海"断续线"内。中国有关部门在2006年印越达成初步协议后，通过外交等渠道向印越表达了对这一合作开发项目的立场，希望有关国家尊重中国的主张、立场和权益，不单方面采取任何使问题复杂化、扩大化的行动，并希望有关外国公司不要卷入南海争议。但是越印仍执意推进这一项目的实施[7]。

---

[1]《文莱越南签署120万桶原油采购协议》，载中国商务部官网，http://bn.mofcom.gov.cn/article/jmxw/201202/20120207980966.shtml，最后访问日期：2018年6月9日。

[2]《越南国家主席陈大光访问文莱和新加坡》，载越南中央政府网，http://cn.news.chinhphu.vn/Home/%E8%B6%8A%E5%8D%97%E5%9B%BD%E5%AE%B6%E4%B8%BB%E5%B8%AD%E9%99%88%E5%A4%A7%E5%85%89%E8%AE%BF%E9%97%AE%E6%96%87%E8%8E%B1%E5%92%8C%E6%96%B0%E5%8A%A0%E5%9D%A1/20168/20853.vgp，最后访问日期：2018年6月9日。

[3]《为越文贸易合作奠定坚实基础》，载越通社，https://zh.vietnamplus.vn/%E4%B8%BA%E8%B6%8A%E6%96%87%E8%B4%B8%E6%98%93%E5%90%88%E4%BD%9C%E5%A5%A0%E5%AE%9A%E5%9D%9A%E5%AE%9E%E5%9F%BA%E7%A1%80/63906.vnp，最后访问日期：2018年6月9日。

[4] 非经营性参与，英文为：non-operating participating interest。

[5] 丁刚、刘刚、廖政军、张慧中、暨佩娟：《印度越南南海开发油气项目侵犯中国主权》，载人民网，http://world.people.com.cn/GB/15721854.html，最后访问日期：2018年6月9日。

[6] "ONGC Videsh Signs Letter of Intent with PetroVietnam"，ONGC，https://www.ongcindia.com/wps/wcm/connect/en/media/press-release/ongc-videsh-signs-letter-of-intent-with-petrovietnam，June 9, 2018.

[7] 丁刚、刘刚、廖政军、张慧中、暨佩娟：《印度越南南海开发油气项目侵犯中国主权》，载人民网，http://world.people.com.cn/GB/15721854.html，最后访问日期：2018年6月9日。

2011年10月12日，越南国家主席访问印度。访问期间，越印无视中国的反对，签署两国公司在南海争议地区勘探油气的协议。为了推进该协议，加速南海油气资源的开发，两家公司于2013年11月20日签署《越南油气集团和印度石油天然气公司谅解备忘录》。根据该谅解备忘录，越南油气集团向印度石油天然气公司提供了5个区块。印度石油天然气公司将对这些区块进行评估[1]。2014年9月，印度总统访问越南期间，越南油气集团与印度石油天然气公司签署了一份意向书。意向书规定印度石油天然气公司在越南的勘探活动扩大，考虑参加2—3个额外的区块。越南石油公司可以尽职调查等双方同意的方式参与印度石油天然气公司的一些区块勘探[2]。2014年10月，越南石油勘探生产公司[3]（Petrovietnam Exploration Production Corporation Ltd，PVEP）和印度石油天然气公司签署谅解备忘录，以便在安达曼和考菲盆地（Andaman and Cauvery Basins）的"NELP"区块勘探开展合作。同时，越南石油勘探生产公司还与印度石油天然气公司签署了一份暂定协议[4]，以便在"102/10号"和"106/10号"区块以及南海"128号"油气区块勘探中开展合作[5]。2018年3月，越南国家主席访问印度，双方发表联合声明。声明强调，越南欢迎印度相关企业扩大在"越南陆地、大陆架和专属经济区"的油气勘探开采活动。双方同意积极争取签署在第三国石油和天然气勘探项目合作的谅解备忘录[6]。

3. 与俄罗斯的海洋油气资源合作

越南与俄罗斯的海洋油气资源合作要追溯到苏联时期。1950年1月31日，苏联与越南民主共和国（北越）正式建交，两国外交关系开始了曲折的发展历程。赫鲁晓夫时期，苏联对越南推行和平共处、和平竞争、和

---

[1] "ONGC Videsh Signs Memorandum of Understanding with PetroVietnam", ONGC, https://www.ongcindia.com/wps/wcm/connect/en/media/press-release/ongc-videsh-signs-memorandum-of-understanding-with-petrovietnam, June 9, 2018.
[2] "ONGC Videsh Signs Letter of Intent with PetroVietnam", ONGC, https://www.ongcindia.com/wps/wcm/connect/en/media/press-release/ongc-videsh-signs-letter-of-intent-with-petrovietnam, June 9, 2018.
[3] 越南石油勘探生产公司是越南石油和天然气集团的全资子公司。
[4] 暂定协议，英文为：Heads of Agreement。
[5] "ONGC and ONGC Videsh Sign Agreements with PvepVietnam", ONGC, https://www.ongcindia.com/wps/wcm/connect/en/media/press-release/ongc-and-ongc-videsh-sign-agreements-with-pvep-vietnam, June 9, 2018.
[6] "India-Vietnam Joint Statement during State Visit of President of Vietnam to India (March 03, 2018)", http://www.mea.gov.in/bilateral-documents.htm?dtl/29535/indiavietnam+joint+statement+during+state+visit+of+president+of+vietnam+to+india+march+03+2018, June 9, 2018.

平过渡的"三和路线";勃列日涅夫时期,苏越全面合作;戈尔巴乔夫时期,苏越关系逐渐降温;1991年年底,苏联解体,俄罗斯与越南宣布建立新型合作伙伴关系;2001年2月,俄罗斯总统普京访问越南,这是俄罗斯国家元首首次访问越南,双方正式建立战略合作伙伴关系,为两国全面开展油气合作奠定了坚实的政治基础。越俄油气合作主要集中在海洋油气合作领域。目前俄罗斯油气企业投资参与开采越南大陆架9个最重要油气田中的4个。

在这些油气企业中,俄罗斯境外石油公司(Zarubezhneft,原苏联境外石油公司)在越南油气领域占有举足轻重的地位。苏联解体以后,苏联境外石油公司和苏越石油公司(Vietsovpetro)由俄罗斯继承并分别改名为俄罗斯境外石油公司和俄越石油公司(Rosneft Vietnam BV)。以此为基础,俄罗斯继续与越南开展油气合作。后根据俄罗斯与越南签署的协议,俄越石油公司合作合同延期至2010年。1991年年底,俄罗斯与越南宣布建立新型合作伙伴关系,两国继续在越南南部大陆架开展油气合作。1994年12月,俄越石油公司在距离白虎油田30公里的龙油田正式进行工业开采。

2000年9月,俄罗斯天然气工业股份公司(Gazprom Group,以下简称"俄气")与越南油气集团签署合作协议,共同对北部湾越南大陆架的"112号"区块进行天然气勘探和开发。为有效实施该区块天然气勘探开发工作,双方成立了合资公司——越俄天然气公司(Vietgazprom)。2001年2月,俄罗斯总统普京访问越南,两国正式建立战略合作伙伴关系,并签署了《越南社会主义共和国与俄罗斯联邦战略合作联合声明》,为两国实现油气领域全面合作夯实了政治基础。2006年11月,俄气与越南油气集团签署合作协议,双方在油气勘探、开发、加工、储运、利用、管网建设、石油工程安全等方面达成合作意向。依据该协议,俄气向越方提供石化产品及油气工业设备等,双方在第三国共同开展油气勘探、开发和加工等业务。2007年8月,俄气在越南区块打出第一口气井,发现了凝析(Bao Vang)气田。2008年1月,俄罗斯境外石油公司在越南"09-3"区块勘探钻井(俄方控股50%,越方控股35%,日方控股15%),发现新的大型油气田(Nam Rong Doi Moi)。该油气田位于越南头顿东南部135公里大陆架处,经试油证实,其日产量可达4150桶。2008年5月,以总裁米勒为首的俄气代表团访问越南,越俄双方就油气领域的一系列现有合作项目及前景合作项目达成共识。俄气与越南国家石油公司签署长期合作协议,双方就在越南大陆架4个新油气区块进行油气勘探及开发达成合作意向。同年10月，俄气与越南国家石油公司签署"129号""130号""131号"和"132号"区块联合开发合同，合同期限为30年。

2011年4月，俄罗斯秋明—英国石油公司（THK-BP）从母公司英国石油公司（BP）手中收购其在越南的"06-1"区块[1]，获得"06-1"区块开发许可权。后因俄罗斯石油公司（Rosneft，以下简称"俄油"）收购秋明—英国石油公司，俄油获"06-1"区块35%股份和南昆山天然气管道（越南第一条天然气运输管道）的股份权益。2011年4月，俄罗斯卢克石油公司（Lukoil Holdings）从加拿大私营公司（Quard Energy S.A.）手中收购越南区块的股份，并按照产品分成协议共同开发"HT-02"项目。"HT-02"项目储量为1.8亿吨油当量。2011年年底，卢克公司投资2700万美元，在该区块打了两口勘探井，但未发现工业油流；2013年又花费1600万美元打了第三口勘探井，结果又一无所获，因此决定停止这一项目。2011年10月，越南政府批准了该项目的收购案。2011年11月，"HT-02"项目的三口探井中已经有一口开始出油。2011年5月，俄罗斯巴什石油公司（Bashneft）对外宣布了进军越南油气市场的计划，希望在越南油气市场启动首个大陆架项目。

2012年4月，俄气与越油签署联合开发南海大陆架天然气合作协议。根据协议，双方联合开发南海"05-3"区块和"05-2"区块（其中木星气田预估储量为556亿立方米，海石气田预估储量为251亿立方米），俄气持"05-2"区块49%股权，持"05-3"区块49%股权。2012年7月底，越南国家主席访问俄罗斯。其访俄的目的为：扩大与俄罗斯在石油领域的合作，在中越南海争议方面寻求俄罗斯的支持。在访问期间，俄越双方签署了一系列油气合作协议。2012年12月，俄罗斯境外石油公司与越油就"12/11"区块签订合作协议。"12/11"区块位于南昆山盆地，距离龙油田和白虎油田200公里，总面积达1000平方公里。据俄罗斯境外石油公司评估，"12/11"区块天然气储量高达760多亿立方米。该区块所有的勘探、开采费用由俄罗斯境外石油公司承担，初期工作主要包括钻井勘探及地震勘探。按照产品分成协议，俄越双方对"12/11"区块所持股份分别为49%和51%。

2013年3月，俄越石油公司与越油子公司勘探开发公司签订"42号"区块天然气开发产品分成协议（前者持49%股份，后者持51%股份）。按

---

[1] "06-1"区块系越南大陆架上最大的天然气产区，具有极高的战略地位，开采利益巨大。

照协议，该区块前期工作为"42号"区块500平方公里区域的3D地震资料解析和勘探井位部署。勘探资料显示，"42号"区块具有良好的油气生、储、盖地质构造条件。2014年4月，俄气与越油达成协议，双方决定在越南境内成立俄越天然气合资公司。2013年5月12日至15日，越南政府总理对俄罗斯进行国事访问，俄越双方深入探讨了油气领域合作的相关问题，两国政府签署了《俄罗斯石油公司和越南油气集团合作备忘录》，双方在三个重要方面达成一致意见：在遵循《1982年联合国海洋法公约》等一系列国际法律法规的基础上，双方继续加大在越南大陆架油气勘探开发的合作力度；两国将在俄罗斯东部地区的萨哈（雅库特共和国）、伊尔库茨克州和克拉斯诺亚尔斯克边疆区等地的油气勘探开发项目上加强合作；双方将在越南炼油领域加强合作。2013年5月，越南向俄油提供大陆架"05-3/11"区块，俄油对该区块进行地质勘探和钻井投资。该项目期限为两年，预计投资金额超过1亿美元，2013年计划支出2700万美元作为地质勘探和钻井费用。同时，俄油邀请越油投资参与俄油在俄伯朝拉海大陆架8个区块的开发业务。这个油气区块石油可采储量为1.17亿吨，天然气可采储量为700亿立方米。同样在2013年5月，俄油获得越南大陆架"05-3/11"新区块开发权。该区块面积2044平方公里，海水深度80—150米，紧邻拥有良好的油气开发和运输设施的"06-1"区块。越方规定地质勘探期限为7年，可以适当延长两年时间。该区块前期工作要求必须完成1100平方公里3D勘探任务和两口勘井的钻井任务。俄油对外宣称，拟投入1亿美元，用两年时间在该区块进行地震勘探与钻井勘探业务。2013年10月，俄气与越油在越南东南大陆架举行了两个油气田的天然气正式工业开采仪式（这两个油气田以前只开展了采油业务并没有开采天然气）。据专家估算，这两个油气田的天然气储量超过350亿立方米。这是俄气在越南市场首个天然气开发项目。俄气和越油均表示：该项目是互利的，将成为双方在油气领域合作的范例。2013年11月，俄气与越油就其购买越南大陆架"15-1/05"区块股份并参与开发达成协议并签署备忘录[1]。

2014年1月，俄罗斯最大私营石油公司卢克石油公司总裁瓦吉特·阿列克佩罗夫对外透露，该公司在越南大陆架的"HT-2"区块未发现具有商业开采价值的油气储量，决定停止"HT-2"区块油气勘探项目，并不再考

---

[1] 王四海、孙秀文：《俄越油气合作问题探析》，载《欧亚经济》2014年第4期，第106—128页。

虑参与越南油气开采的其他项目。2016年5月，越南总理访问俄罗斯期间，俄罗斯天然气工业股份有限公司与越南国家石油公司签署了一揽子文件，包括：《关于开发新的石油和天然气项目合作谅解备忘录》《关于发电的备忘录》《关于延长人员培训合作期限的协议》[1]。

2018年，俄气预计在年内完成对于"129号"至"132号"区块第一阶段和第二阶段的勘探。目前，越南最深的海上钻井已分别在Than Bien和Than Dat结构内的第"131号"和"130号"区块进行钻探，并已经在Than Bien结构内发现了一个石油气田[2]。

纵观历史，俄罗斯的石油产业在整个越俄油气合作中起到了关键作用。俄罗斯境外石油公司为俄罗斯国有油气企业，国家100%控股。在公司近50年的发展历程中，越南油气市场一直是其最主要的国外油气市场，对越油气合作一直是该公司的优先战略方向。目前在越南油气上下游领域拥有合作项目的30多家外国公司中，俄罗斯境外石油公司占据半壁江山。俄越石油公司在完成生产作业的同时，积极开展企业文化建设，创建学校，积极参与越南教育事业，大力发展慈善事业等，企业基本实现了越南"本土化"。鉴于其为越南当地的经济和社会发展作出了巨大贡献，该公司两度被越南政府授予功勋奖章，成为俄越油气合作的典范。

对于越南而言，30多年来在南海南沙海域开采石油超过1亿吨，获利超过250亿美元，南沙海域油气开发已成为越南第一大经济支柱，积极开展与俄罗斯油气合作已成为越南经济国策。积极开展与俄罗斯油气合作，借助俄罗斯抑制中国，赢得中越南海争端的主动权，最大限度地获取海上油气资源，系越南首选外交手段。现今俄罗斯油气获利战略方向正由西方市场转向东方市场，越南成为俄罗斯通往东南亚及整个东盟能源市场的门户。俄罗斯油气企业在南海大陆架获得股权的区块中，"05-3"区块位于南海"断续线"上，一半属于中国海域；"128号""129号""130号"和"131号"区块位于南海断续线上，绝大部分属于中国海域；"05-2号""06-1号""06-2号""132号"和"133号"区块位于南海"断续线"中国内侧，属于中国海域。事实上，俄罗斯油气企业是越南近年来疯狂盗采中国南海油气资源的合作者。越南大陆架水域油气资源开发主要依靠俄

---

[1] "Foreign Projects：Vietnam:Gazprom Group's Foothold in Southeast Asia", https://www.gazprom.com/projects/vietnam/deposits/vietnamn/，June 9，2018.

[2] "Foreign Projects：Vietnam:Gazprom Group's Foothold in Southeast Asia", https://www.gazprom.com/projects/vietnam/deposits/vietnamn/，June 9，2018.

罗斯技术，但越南民族自我创新成分不可忽略。通过与俄罗斯合作，越南油气企业已经进入俄罗斯油气上游领域，已投资参与俄境内水域和陆地多个区块的勘探开发业务[1]。

4. 与中国的海洋油气资源合作

2004年6月30日，中国和越南签署的《中华人民共和国和越南社会主义共和国关于两国在北部湾领海、专属经济区和大陆架的划界协定》正式生效。该协定第7条规定，对于尚未探明的跨界单一油气地质构造或跨界矿藏，两国应参照各国的划界条约和实践，友好协商，共同开采[2]。2005年10月31日，时任中国国家主席胡锦涛访问越南期间，中越两国政府和公司签署了十多项合作协议[3]。其中，中国海洋石油总公司和越南国家石油公司签署了《关于北部湾油气合作的框架协议》，两公司决定联合勘察北部湾的油气资源[4]。2006年11月16日，中国海洋石油总公司与越南国家石油公司签署《北部湾协议区联合勘探协议》（以下简称《联合勘探协议》），进一步落实了框架协议内容[5]。《联合勘探协议》规定双方将在协定区域内实施联合勘探，平均分摊运营成本。对于协定区域内的可供商业开发的石油和天然气，双方将参照国际实践进行友好协商共同开发，并在尊重主权的基础上保护双方的利益。

2007年1月2日，《联合勘探协议》经两国政府批准后正式生效。双方在协议范围内开展的具体勘探活动包括3D地震勘探、钻探了一口探井、数据研究与解读等。为了完成联合勘探，经两国政府主管部门批准，双方三次修改了《联合勘探协议》的有效期限。双方在联合勘探中发现了可供商业开采的石油和天然气，并收集了有关该区域石油和天然气储量的重要

---

[1] 王四海、孙秀文：《俄越油气合作问题探析》，载《欧亚经济》2014年第4期，第106—128页。
[2]《中越北部湾划界协定情况介绍》，载中国外交部官网，http://www.fmprc.gov.cn/ce/cgkhb/chn/xwdt/t146857.htm，最后访问日期：2018年6月9日。
[3] 任芳：《中越将携手勘察北部湾油气》，载人民网，http://www.people.com.cn/GB/paper39/16088/1422137.html，最后访问日期：2018年6月9日。
[4]《中越北部湾划界协定情况介绍》，载中国外交部官网，http://www.fmprc.gov.cn/ce/cgkhb/chn/xwdt/t146857.htm，最后访问日期：2018年6月9日。
[5]《关于签署〈越中北部湾协议区联合勘探协议第四次修改协议〉》，载越南人民报，https://cn.nhandan.com.vn/documentation/item/901701-%E5%85%B3%E4%BA%8E%E7%AD%BE%E7%BD%B2%E3%80%8A%E8%B6%8A%E4%B8%AD%E5%8C%97%E9%83%A8%E6%B9%BE%E5%8D%8F%E8%AE%AE%E5%8C%BA%E8%81%94%E5%90%88%E5%8B%98%E6%8E%A2%E5%8D%8F%E8%AE%AE%E7%AC%AC%E5%9B%9B%E6%AC%A1%E4%BF%AE%E6%94%B9%E5%8D%8F%E8%AE%AE%E3%80%8B.html，最后访问日期：2018年6月9日。

信息，为中越两国扩大联合勘探协议区域奠定了基础[1]。2013年6月，在越南国家主席访问中国期间，中国海洋石油总公司与越南国家石油公司签署了《北部湾协议区联合勘探协议第四次修改协议》[2]。此次修改的内容包括：第一，将联合勘探协议的区域从1541平方公里扩展到4076平方公里，并且该区域将由两个分别隶属于中、越且面积相等的部分构成。第二，将《联合勘探协议》有效期延长至2016年年底[3]。

（四）海洋研究合作

1. 对外海洋研究合作的总体情况

《联合国海洋法公约》第十三部分"海洋科学研究"和第十四部分"海洋技术的发展和转让"鼓励各国进行海洋研究合作，并鼓励各国积极促进公平合理地发展和转让海洋科学和海洋技术。越南在1994年批准加入《联合国海洋法公约》后积极响应，与各国开展了海洋研究合作并在海藻研究、海洋生物多样性研究等领域取得进展。

1996年至2007年，越南与菲律宾合作设立了四个南中国海海洋科学联合考察队（Joint Oceanographic and Marine Scientific Research Expedition in the South China Sea, JOMSRE-SCS）。该项目为越南"东海"的和平与可持续发展提供了建立海洋科学研究合作模式的经验。1998年至2008年，越南与丹麦开展了HABViet（Harmful Algae Bloom in Vietnam）合作项目，该项目加快了对越南有害藻类特别是对越南浮游植物的研究进程，大大提高了越南科学技术研究院人员的研究水平。越南参与了挪威NUFU项目

---

[1]《关于签署〈越中北部湾协议区联合勘探协议第四次修改协议〉》，载越南人民报，https://cn.nhandan.com.vn/documentation/item/901701-%E5%85%B3%E4%BA%8E%E7%AD%BE%E7%BD%B2%E3%80%8A%E8%B6%8A%E4%B8%AD%E5%8C%97%E9%83%A8%E6%B9%BE%E5%8D%8F%E8%AE%AE%E5%8C%BA%E8%81%94%E5%90%88%E5%8B%98%E6%8E%A2%E5%8D%8F%E8%AE%AE%E7%AC%AC%E5%9B%9B%E6%AC%A1%E4%BF%AE%E6%94%B9%E5%8D%8F%E8%AE%AE%E3%80%8B.html，最后访问日期：2018年6月9日。

[2]《中国同越南关系》，载中国网，http://www.china.com.cn/news/world/2015-11/03/content_36969326_4.htm，最后访问日期：2018年6月9日。

[3]《关于签署〈越中北部湾协议区联合勘探协议第四次修改协议〉》，载越南人民报，https://cn.nhandan.com.vn/documentation/item/901701-%E5%85%B3%E4%BA%8E%E7%AD%BE%E7%BD%B2%E3%80%8A%E8%B6%8A%E4%B8%AD%E5%8C%97%E9%83%A8%E6%B9%BE%E5%8D%8F%E8%AE%AE%E5%8C%BA%E8%81%94%E5%90%88%E5%8B%98%E6%8E%A2%E5%8D%8F%E8%AE%AE%E7%AC%AC%E5%9B%9B%E6%AC%A1%E4%BF%AE%E6%94%B9%E5%8D%8F%E8%AE%AE%E3%80%8B.html，最后访问日期：2018年6月9日。

下关于"越南水产养殖和沿海管理——水产养殖系统的环境承载能力、生物多样性和鱼类疾病"的系列研究。其中，2003年至2007年，为了研究海湾和潟湖的生物多样性，开展了模拟海岸、沿海海湾的动态过程和生态研究；2003年至2011年，该项目在沿海地区建模旨在研究越南沿海水域模拟和海洋生物多样性。越南与柬埔寨在联合国环境规划署"扭转南中国海和泰国湾环境退化趋势（2005—2008）"项目框架下开展海水生态系统和自然资源管理合作，该合作受到全球环境基金的高度赞赏。因该项目由海洋研究所以及坚江省负责，因此也是该地区首个省级环境与资源管理协议。这为加强越柬两国友谊，解决毗邻水域问题作出了重要贡献[1]。

2. 与中国的海洋研究合作

越南与中国的海洋研究合作也较为紧密。中越虽然在南海主张上存在冲突，但是这并没有影响双方在海洋研究方面积极开展合作。目前中越不仅在政府层面签署了多份海洋研究合作文件，为两国的海洋研究合作提供了框架和指导，而且在海洋气候和海洋环境等方面建立了长期的合作项目。2003年，中国国家海洋环境预报中心和越南海洋水文气象中心开展中越海上海浪与风暴潮预报合作，并共同签署了《中越海上海浪与风暴潮预报合作研究谅解备忘录》。该合作项目被确定为中越双方的长期科技合作项目[2]。

2010年3月，越南海洋研究所副所长率领代表团访问了中国国家海洋局第二海洋研究所。访问期间，双方达成了初步合作意向，签署了海洋合作备忘录。双方有意在南海海洋生态系统及其对全球变化的响应，近岸水域中珊瑚礁、海草床、红树林等生物地球化学过程，海洋保护区及海洋生态系统修复，赤潮、生物入侵等海洋灾害的预防及处置，南海海洋生物多样性，海洋有机物中的自然毒素，南海海洋地质、物理海洋、卫星遥感等领域开展进一步合作，鼓励双方科研人员进行互访交流。同时，向中越政府间科技合作联委会第八次会议提交了两项中越合作项目："有害藻华对气候变化的响应"及"中国和越南沿海潟湖生物多样性和生物地球化学研究"。

---

[1] "Achivements: SomeRemarkable Cooperative Projects", VAST, http://www.vast.ac.vn/en/about-vast/organization-chart/institutes/institutes-established-by-the-government/74-institute-of-oceanography, June 9, 2018.

[2]《中海油与越南石油签署北部湾油气合作框架协议》，载国务院国资委官网，http://www.sasac.gov.cn/n2588025/n2588124/c4104044/content.html，最后访问日期：2018年6月9日。

2012年11月7日,中越海上低敏感合作专家工作组[1]第二轮磋商在越南首都河内举行。与会双方详细介绍了拟实质性推动的合作项目,其中越方提出包括北部湾海洋与岛屿科技研究与环境管理合作、红河三角洲外围现代沉积环境研究项目等在内的4个项目,中方提出包括中越湄公河及邻近海域生态环境综合评价研究、中越南海海上搜救环境预报等在内的多个合作项目。双方同时就合作的原则、区域、内容和方式等问题进行了磋商。

2013年6月,越南国家主席访华期间两国政府发表联合声明,强调继续推动两国的海洋研究合作。2013年10月13日,为落实发表的联合声明,两国签署了《中华人民共和国国家海洋局与越南社会主义共和国自然资源与环境部关于开展北部湾海洋及岛屿环境综合管理合作研究的协议》。这是中越签署的首个政府间海洋领域合作项目文件。该《协议》规定,双方将开展北部湾湾口内海洋环境管理及科学研究合作,增强对北部湾海域海洋环境与生态状况的了解,提高海洋环境的管理水平,为北部湾海洋环境与生态保护及应对污染事故提供参考和技术支撑。双方将通过合作研究、举办学术研讨会以及交流培训等方式,加强在海洋生态保护方法等领域的合作与交流,开展环境管理示范区建设,同时向两国民众普及海洋环境保护知识,提高公众海洋环保意识,更好地保护北部湾的环境与生态。2014年2月19日,在越南河内召开了第五轮中越海上低敏感领域合作的专家工作组磋商会议,目的主要是推动协议项目的下一步具体实施。在会议期间,双方代表达成一致,明确了中越北部湾环境、生态数据交换的内容,环境管理共同数据库的性质和建设原则,示范区的选点及初步的示范内容[2]。

(五)渔业合作

1. 对外渔业合作的总体情况

为了更好地开发渔业资源以及规范捕鱼活动,越南与菲律宾、印尼和中国等多个国家开展了与渔业相关的合作。其中,越南与菲律宾于2010年先后签署了包括《水产品合作协议》以及《渔业合作备忘协议》等在内

---

[1] 2012年,中越两国政府边界谈判代表团团长在北京会晤,同意成立中越海上低敏感领域合作专家组。
[2] 《与越南合作与交流》,载中国南海网,http://www.thesouthchinasea.org.cn/2016-07/22/c_53578_2.htm,最后访问日期:2018年6月9日。

的四项合作文件。上述文件的签订促进了两国在东海顺利展开合作，大力推动水产品捕捞、海洋研究、防止非法捕鱼等领域的发展[1]。越南与印尼于2009年达成《海事与渔业合作备忘录》，旨在有效展开水产品质量和安全卫生控制、联营和投资开发、水产品养殖与加工、信息互换等领域的合作[2]。越印两国在2010年签订了《关于渔业与海洋问题合作备忘录》。在2013年《越南与印度尼西亚建立战略伙伴关系的联合声明》中两国领导人提到，两国要加强开展2010年《关于渔业与海洋问题合作备忘录》，以开发该领域的巨大合作潜力，同时解决非法、未管制、未报告捕鱼活动，包括安排释放因上述缘由而被逮捕或拘留的渔民。两位领导人指导双方技术小组加快商讨进度，以早日完成专属经济区的划界工作并鼓励双方寻找一个临时性措施旨在为海洋与渔业合作提供便利条件，而不对海上边界划定的最后结果造成影响[3]。2016年7月26日，两国决定将2010年《关于渔业与海洋问题合作备忘录》延长5年[4]。2011年，两国签署了《打击非法捕鱼合作备忘录》[5]。

---

[1]《越南海洋与岛屿周：越南海域国际合作的成绩与展望》，载越通社，https://zh.vietnamplus.vn/%E8%B6%8A%E5%8D%97%E6%B5%B7%E6%B4%8B%E4%B8%8E%E5%B2%9B%E5%B1%BF%E5%91%A8%E8%B6%8A%E5%8D%97%E6%B5%B7%E5%9F%9F%E5%9B%BD%E9%99%85%E5%90%88%E4%BD%9C%E7%9A%84%E6%88%90%E7%BB%A9%E4%B8%8E%E5%B1%95%E6%9C%9B/39669.vnp，最后访问日期：2018年6月9日。

[2]《越南海洋与岛屿周：越南海域国际合作的成绩与展望》，载越通社，https://zh.vietnamplus.vn/%E8%B6%8A%E5%8D%97%E6%B5%B7%E6%B4%8B%E4%B8%8E%E5%B2%9B%E5%B1%BF%E5%91%A8%E8%B6%8A%E5%8D%97%E6%B5%B7%E5%9F%9F%E5%9B%BD%E9%99%85%E5%90%88%E4%BD%9C%E7%9A%84%E6%88%90%E7%BB%A9%E4%B8%8E%E5%B1%95%E6%9C%9B/39669.vnp，最后访问日期：2018年6月9日。

[3]《越南与印度尼西亚发表联合声明（全文）》，载越南人民报，http://cn.nhandan.com.vn/documentation/important-documents/item/928001-%E8%B6%8A%E5%8D%97%E4%B8%8E%E5%8D%B0%E5%BA%A6%E5%B0%BC%E8%A5%BF%E4%BA%9A%E5%8F%91%E8%A1%A8%E8%81%94%E5%90%88%E5%A3%B0%E6%98%8E%EF%BC%88%E5%85%A8%E6%96%87%EF%BC%89.html，最后访问日期：2018年6月9日。

[4]《越南和印尼推进海洋与渔业合作》，载越南人民报，https://cn.nhandan.com.vn/friendshipbridge/item/4317101-%E8%B6%8A%E5%8D%97%E5%92%8C%E5%8D%B0%E5%B0%BC%E6%8E%A8%E8%BF%9B%E6%B5%B7%E6%B4%8B%E4%B8%8E%E6%B8%94%E4%B8%9A%E5%90%88%E4%BD%9C.html，最后访问日期：2018年6月9日。

[5]《越南海洋与岛屿周：越南海域国际合作的成绩与展望》，载越通社，https://zh.vietnamplus.vn/%E8%B6%8A%E5%8D%97%E6%B5%B7%E6%B4%8B%E4%B8%8E%E5%B2%9B%E5%B1%BF%E5%91%A8%E8%B6%8A%E5%8D%97%E6%B5%B7%E5%9F%9F%E5%9B%BD%E9%99%85%E5%90%88%E4%BD%9C%E7%9A%84%E6%88%90%E7%BB%A9%E4%B8%8E%E5%B1%95%E6%9C%9B/39669.vnp，最后访问日期：2018年6月9日。

2. 中越渔业合作

越南与中国的渔业合作主要集中在北部湾。中越两国为此自20世纪50年代开始签署了一系列合作协议。1957年4月，两国政府在河内签署《中越关于北部湾帆船渔业的协定》，规定在双方各自近海定出若干基点，顺次连接作为协议线。线内指定海场，允许对方渔船进入捕鱼，规定了双方协议线内捕鱼的船数、渔船进入对方港口、渔民登陆时应遵守的事项和对违反者处理的原则，以及风帆渔船避让和海难救助等事项。1961年3月，两国水产部门在北京签订《关于补充修改北部湾帆船渔业协定的议定书》。《议定书》规定了新的协议线，补充修改了捕鱼船数、寄泊港口等事项，并规定从1963年8月1日起，双方渔船不再进入对方沿海新协议线内捕鱼。同年8月，两国水产部门在北京签订《关于北部湾渔业合作协定》，《协定》规定中越双方在近海105°56′E至109°45′55″E、17°12′35″N至21°22′38″N范围内定出34个基点连成协议线，除专门条款另有规定外，双方渔船均不进入对方近海协议线内作业。1968年，两国在南宁签署《中华人民共和国广西壮族自治区和越南民主共和国海防市关于越南风帆渔船因战争疏散到广西壮族自治区港口寄泊和捕鱼的会谈纪要》[1]。1972年3月，广西农林局就中越渔业合作协定的执行情况，向有关方面作了报告。内容主要有：我方沿海地区的政府和渔民严格执行各项规定，得到了越方政府和人民的赞扬；建议在新协议签订时提出明确划定北部湾中越双方近海渔场（区）协议线，加强生产中抗灾和抢险救助的合作关系等6项意见[2]。随后两国在2000年签署了《中越北部湾渔业协定》。

自《中越北部湾渔业协定》签署以来，两国海上执法部门在中越北部湾渔业合作委员会框架下自2006年起共开展了15次中越北部湾共同渔区联合执法检查行动。在中越两国海上执法部门多年持之以恒的共同努力下，北部湾渔业生产秩序得到了有效的维护，为双方渔业作业营造了和谐稳定的环境[3]。2018年5月28—30日，中越北部湾渔业联合委员会第15

---

[1] 北海市党史研究室：《北海大事记：1970年06月》，载北海市人民政府网，http://www.beihai.gov.cn/zjbh/bhdsj/200803/t20080318_1135843.html，最后访问日期：2018年6月9日。

[2] 《农业志—水产业卷—渔业体制与管理—国际渔业关系—对越渔业关系》，载广西地情网，http://www.gxdqw.com/bin/mse.exe?seachword=&K=a&A=59&rec=383&run=13，最后访问日期：2018年6月9日。

[3] 马超、郭松：《中越海警开展年度首次北部湾共同渔业联合检查》，载中国军网，http://www.81.cn/jfjbmap/content/2018-04/28/content_204848.htm，最后访问日期：2018年6月9日。

次会议在越南岘港举行。双方对 2017—2018 年度《中越北部湾渔业协定》执行情况、2018—2019 年中越北部湾共同渔区作业规模、中越北部湾共同渔区渔业资源联合调查、联合执法检查以及双方共同关心的其他问题等进行了深入讨论。《中越北部湾渔业协定》自 2004 年生效以来，双方共同组成中越北部湾渔业委员会，合理安排共同渔区渔业生产，加强执法管理和资源养护，北部湾渔业生产整体保持稳定，渔业资源衰退趋势得到遏制并有局部好转，为沿湾渔民科学养护、合理利用北部湾渔业资源发挥了积极作用。《中越北部湾渔业协定》于 2019 年 6 月 30 日到期。双方商定，届时共同开展其实施 15 周年总结与评价活动，研究商讨其有效期满后继续开展合作的机制与内容[1]。

为推动北部湾渔业资源的可持续发展，2017 年 1 月 2 日，中越两国签署《中华人民共和国农业部与越南社会主义共和国农业与农村发展部关于开展北部湾渔业资源增殖放流与养护合作的谅解备忘录》[2]，并于 5 月 8 日在中国广西东兴市中越界河北仑河口举行 2017 中越北部湾渔业资源联合增殖放流与养护活动[3]。此次活动体现了中越渔业合作的正能量，掀开了中越合作的新篇章，也为中国—东盟海上合作和"一带一路"倡议作出了积极贡献。

（六）区域性国际合作

除了分别与各国开展双方海洋合作，越南还积极参与区域性海洋国际合作，包括《亚洲反海盗及武装抢劫船舶区域合作协定》，亚太港口服务组织（APEC Port Services Network，APSN），东南亚渔业发展中心（The Southeast Asian Fisheries Development Center，SEAFDEC）和中西太平洋渔业委员会（The Western and Central Pacific Fisheries Commission）等。

2004 年 11 月，包括越南在内的东盟十国、中、日、韩、印度、孟加拉国和斯里兰卡签订《亚洲反海盗及武装抢劫船舶区域合作协定》，开始在此框架下筹建抗击海盗与武装抢劫的地区信息网络与合作机制，并于

---

[1]《中越北部湾渔业联合委员会第 15 次会议在越南岘港举行》，载中国农业部官网，http://www.moa.gov.cn/xw/zwdt/201806/t20180601_6150966.htm，最后访问日期：2018 年 6 月 9 日。
[2]《中越加强渔业合作 共同养护海洋资源》，载黄海水产研究所官网，http://www.ysfri.ac.cn/info/1110/15958.htm，最后访问日期：2018 年 6 月 9 日。
[3]《中越两国投放千万尾鱼苗，守护北部湾渔业可持续发展》，载联合早报，http://www.zaobao.com/realtime/china/story20170508-757760，最后访问日期：2018 年 6 月 9 日。

2004 年同意在新加坡设立信息共享中心（ISC）。该中心于 2006 年 12 月正式建成[1]。ReCAAP 是第一个在亚洲地区打击海盗和武装抢劫船舶的政府间协议，发展至今已经有 20 个缔约方。ReCAAP 以其信息共享中心为媒介，通过信息共享、合作安排为亚洲地区应对海盗和海上抢劫作出了巨大贡献[2]。

亚太港口服务组织成立于 2008 年 5 月 18 日，是由中国领导人倡议成立的第一个致力于推动亚太地区港口行业发展与合作的国际组织。亚太港口服务组织旨在通过加强本地区港口行业的经济合作、能力建设、信息交流和人员往来，推动投资和贸易的自由化与便利化，实现亚太经合组织（APEC）成员经济体的共同繁荣[3]。目前，APSN 理事会员几乎涵盖了 APEC 所有经济体，越南也是其中一员。

东南亚渔业发展中心，是一个成立于 1967 年的政府间组织。其宗旨是促进成员国之间的一致行动，以确保东南亚渔业和水产养殖的可持续性。该组织成员包括越南、泰国等 11 个国家。该中心秘书处设在泰国，并设五个技术部门，分别是培训部（Training Department）、海洋渔业科研部（Marine Fisheries Research Department）、水产养殖部（Aquaculture Department）、海洋渔业资源发展与管理部（Marine Fishery Resources Development and Management Department）及内陆渔业资源开发和管理部（Inland Fishery Resources Development and Management Department）[4]。

中西太平洋渔业委员会是根据 2004 年 6 月 19 日生效的《中西太平洋高度洄游鱼类种群养护和管理公约》（the Convention for the Conservation and Management of Highly Migratory Fish Stocks in the Western and Central Pacific Ocean）设立的区域性国际组织，旨在规范公海渔业作业。越南虽然不是该委员会的成员方，但积极参与委员会发起的合作[5]。

---

[1] 唐翀、李志斐：《马六甲海峡安全问题与中国的政策选择》，载《东南亚南亚研究》2012 年第 3 期，第 6—12 页。
[2] "Greetings from Mr. Masafumi Kuroki", ReCAAP, http://www.recaap.org/message_by_recaap-isc_ed, June 9, 2018.
[3] 《关于 ASPN：背景》，载亚太港口服务组织，http://www.apecpsn.org/cn.php?s=/Index/index/0/#about，最后访问日期：2018 年 6 月 9 日。
[4] "About SEAFDEC", SEAFDEC, http://www.seafdec.org/about/, June 9, 2018.
[5] "About WCPFC", Western & Central Pacific Fisheries Commission, https://www.wcpfc.int/home, June 9, 2018.

（七）在全球性国际组织框架下开展的国际合作

1. 国际海事组织

国际海事组织（International Maritime Organization，IMO）成立于1959年1月，是联合国下属的负责全球海上航行安全、防止船舶污染的专门国际组织。国际海事组织的宗旨为促进各国间的航运技术合作，鼓励各国在促进海上安全、提高船舶航行效率、防止和控制船舶对海洋污染方面采取统一的标准，处理有关的法律问题[1]。越南于1984年加入IMO，并加入了IMO框架下的一系列条约以规范越南海洋制度。

2. 联合国粮食及农业组织

联合国粮食及农业组织（Food and Agriculture Organization of the United Nations，FAO，以下简称"联合国粮农组织"）是联合国系统内最早的常设专门机构。其宗旨是提高人民的营养水平和生活标准，改进农产品的生产和分配，改善农村和农民的经济状况，促进世界经济的发展并保证人类免于饥饿[2]。越南于1950年加入联合国粮农组织，积极参与该组织与海洋相关的项目与工程。

在联合国粮农组织第三届大会的建议下，亚洲—太平洋渔业委员会（Asia-Pacific Fishery Commission，APFIC）于1948年11月正式设立。该委员会旨在通过发展和管理捕捞及养殖活动以及通过符合成员目标的有关加工和销售活动，促进水生物资源的利用。通常每两年举行一届会议[3]。目前该委员会有21个成员，越南是成员之一[4]。此外，1988年，在联合国粮农组织的支持下，12个国家共同签署了《亚洲及太平洋水产养殖中心网络协定》，正式设立了亚太水产养殖中心网络[5]（Network of Aquaculture

---

[1] "Brief History of IMO"，IMO，http://www.imo.org/en/About/HistoryOfIMO/Pages/Default.aspx，June 9，2018.

[2] "About FAO"，FAO，http://www.fao.org/about/en/，June 9，2018.

[3] "Asia-Pacific Fishery Commission: About the Asia-Pacific Fishery Commission"，FAO，http://www.fao.org/apfic/background/about-asia-pacific-fishery-commission/en/，June 9，2018.

[4] "Asia-Pacific Fishery Commission: Membership"，FAO，http://www.fao.org/apfic/background/about-asia-pacific-fishery-commission/membership/en/，June 9，2018.

[5] "Agreement on the Network of Aquaculture Centres in Asia and the Pacific (NACA) Final Act of the Conference of Plenipotentiaries for the Adoption of an Agreement on the Network of Aquaculture Centres in Asia and the Pacific (NACA)"，FAO，http://www.fao.org/fileadmin/user_upload/legal/docs/021t-e.pdf，June 9，2018.

Centers in Asia-Pacific，NACA）。其原为联合国粮农组织下的一个项目，现在总部设在曼谷。越南现为 NACA 的管委会成员[1]，其国内参与 NACA 的研究机构包括：渔业信息中心（Fisheries Informatics Centre），芽庄大学水产养殖研究所（Institute of Aquaculture，Nha Trang University），越南第一水产养殖研究所（Research Institute for Aquaculture No. 1），越南第二水产养殖研究所（Research Institute for Aquaculture No. 2）和越南第三水产养殖所（Research Institute for Aquaculture No. 3）[2]。

---

[1] "Governing Council"，NACA，https://enaca.org/?id=34&title=naca-governing-council，June 9, 2018.
[2] "Participating R&D Centres"，NACA，https://enaca.org/?id=42&title=participating-research-centres，June 9, 2018.

七、对中国海洋法主张的态度

（一）对中国南海政策的态度

1. 侵占南海岛礁

越南从1974年开始主张西沙群岛和南沙群岛是越南的"领土"。1974年9月，越共总书记黎笋率领越南党政代表团访华，第一次正式向中国提出对我西沙群岛和南沙群岛的主权要求，中越两国关于西沙群岛和南沙群岛的争端从此公开化[1]。此后越南通过发表声明、出版地图和制定相关法律等方式对西沙群岛和南沙群岛宣誓"主权"。在行动上，越南从1974年开始陆续占领了南沙群岛的29个岛礁。1982年12月，越南将"长沙群岛"（我国称"南沙群岛"）设立县级行政单位"长沙县"，划归同奈省"管辖"，后改归庆和省"管辖"。越南每年4月都组织各种活动，庆祝"长沙群岛"获得"解放"。

越南在南海主权问题上大致采取两套策略：第一，全面宣称拥有西沙群岛和南沙群岛的"主权"，并不断挖掘历史证据来证明其领土"主权"。举例而言，越南考古学者在广义省岸外130公里处称为"离山"（Ly Son）的小岛上，发现了一些由离山派往西沙群岛和南沙群岛去守卫和捕鱼的船队遗迹。第二，将两个群岛分别处理，一个采取攻势，另一个采取守势。因为西沙群岛已经在中国的实际控制之下，越南无法夺取只能采取宣传攻势，不断宣誓对西沙群岛的"主权"。但南沙群岛的很多岛礁是在越南的控制之下，因此越南采取守势，积极加强和巩固在南沙群岛的控制权，坚持占领事实。

在外交上，越南希望将南沙岛屿主权争端引向"国际化"和"多变化"的局面。2008年6月，越南总理阮晋勇访问美国，与布什总统会谈，两国发表《联合声明》（Joint Statement Between The United States of America and the Socialist Republic of Vietnam），美国表示完全支持越南的领土完整。此声明显然意有所指，其提及的越南"领土"当然包括我国的南沙岛屿。2016年5月23日至25日，美国总统奥巴马访问越南期间于公开

---

[1]《大事记》，载中国南海网，http://www.thesouthchinasea.org.cn/events.html，最后访问日期：2018年5月5日。

演说时指出，大国不应该欺负小国，南海争端应和平解决。此言深得越南决策精英的暗自叫好。奥巴马强调，美国将继续按国际公法在南海飞行、航行，同时也支持其他国家如此为之。

2. 掠夺南海资源

对越南而言，南海的重要性毋庸置疑。自古以来，南海就是印度洋与太平洋之间的海上交通枢纽，位于新加坡、香港和马来西亚三角地带的中心，有重要的战略价值。不仅如此，南海还拥有宝贵的自然资源。据了解，在中越有争议的海域开发石油和天然气，成为越南的重要收入之一。

越南从20世纪80年代就开始掠夺南海油气资源。1980年7月3日，越南和苏联签署关于在越南南部大陆架进行石油和天然气地质勘探和开采的合作协定。针对此事，中国外交部发言人随后于7月21日发表声明指出，任何国家未经中华人民共和国许可在我国南海海域从事勘探、开采和其他活动都是非法的[1]。如前文所述，越南占领部分南沙岛礁后，将南沙海域划分为上百个油气招标区，与其他国家合作开采石油和天然气。2008年，越南石油和天然气集团油气出口突破100亿美元，在越南出口创汇的产品中名列榜首，占整个越南国内生产总值的一大部分。其白虎、大熊和青龙油田的开发，使得越南由以前的石油进口国一跃成为当前的石油出口国，越南成为南海争端中的既得利益者[2]。

不仅如此，越南还选择南沙一些生存条件较好的岛屿、岛礁，鼓励和吸引其渔民在附近从事捕捞活动。越南主张其对西沙群岛和南沙群岛拥有"主权"，反对中国对西沙群岛和南沙群岛行使管辖权。中国海南省海口市政府曾发布关于《2015年海口市伏季休渔管理工作实施方案》的通知，从2015年5月16日12时至2015年8月1日12时，在北纬12度以北至中国福建省和广东省之间的海域，包括北部湾地区实施禁渔令。越南外交部发言人黎海平强调，越南坚决反对中方这一无效的通知。越南拥有足够的历史证据和法律依据，证明越南对西沙群岛拥有"主权"，对越南海域、专属经济区和大陆架拥有"主权权利"和"管辖权"，符合《联合国海洋法公约》的规定。中国方面发出"东海"休渔令范围和时间是侵犯越南对"黄沙群岛"的"主权"，侵犯越南根据《联合国海洋法公约》对越南各海

---

[1]《大事记》，载中国南海网，http://www.thesouthchinasea.org.cn/events.html，最后访问日期：2018年5月5日。
[2] 孙国祥：《南海之争的多元视角》，香港城市大学出版社2017年版，第130页。

域的"主权权利"和"管辖权"的行为[1]。

3. 中越为解决争端作出的努力

中越两国在南海问题上矛盾突出,但两国为解决海洋争端作出了许多努力。2007年5月18日,中国与越南在北京发表《中越联合新闻公报》。双方同意,恪守双方已达成的有关共识,继续保持海上问题谈判机制,坚持通过和平谈判寻求双方均能接受的基本和长久的解决办法。双方愿共同努力保持南海局势稳定,均不采取使争端复杂化、扩大化的行动。积极研究和商谈共同开发问题,以便找到适合的模式和区域[2]。2011年10月11日,中越两国在北京签署《关于指导解决中国和越南海上问题基本原则协议》,两国确定的原则为:"本着充分尊重法理依据,同时考虑历史等其他相关因素,照顾彼此合理关切的精神,以建设性的态度,努力扩大共识,缩小分歧,不断推进谈判进程。按照包括1982年《联合国海洋法公约》在内的国际法所确认的法律制度和原则,努力寻求双方都能接受的基本和长久的解决海上争议问题的办法。"同时,两国重申在海上问题谈判进程中,双方应严格遵守两国高层领导达成的协议和共识,认真落实《南海各方行为宣言》(DOC)的原则和精神[3]。2018年4月1日,中国外交部长王毅宣布,中国和越南正在就其在南中国海的主权要求状况达成和解协议[4]。

(二)对菲律宾南海仲裁案的态度

越南作为南海另一个激进声索国,从一开始就对菲提起的南海仲裁案表示支持,并且不时地发出要效仿菲律宾的声音。2014年5月,"中建南事件"发生后,越南国内要求以国际司法手段向中国施压的声音高涨。对华强硬派代表人物、时任总理阮晋勇更是多次强硬地称越南政府及相关部门正在准备法律文件,向国际仲裁机构寻求解决,一旦时机成熟就会正式

---

[1]《中国发出"东海"休渔令范围和时间是侵犯越南主权的行为》,载越南东海研究网,http://nghiencuubiendong.vn/cn/phat-ngon-cua-nguoi-phat-ngon-bng/2141-2015-05- 18-01-28-59,最后访问日期:2018年5月5日。

[2]《中越联合声明称双方将共同努力维护南海局势稳定》,载中国新闻网,http://www.chinanews.com/gn/news/2008/10-25/1425320.shtml,最后访问日期:2018年6月9日。

[3] 陈少婷:《中越签署协议:两国将通过谈判协商解决海上争议》,载中国新闻网,http://www.hi.chinanews.com/hnnew/2011-10-12/180235.html,最后访问日期:2018年6月9日。

[4] "China and Vietnam to Settle South China Sea Claims", The Maritime Executive, Maritimeexecutive, https://www.maritime-executive.com/article/china-and-vietnam-to-settle-south-china-sea-claims#gs.ougafo8, May 5, 2018.

提告。他在同年5月21日访菲时，还就仲裁一事同阿基诺三世进行磋商。2014年5月中旬召开的越共中央委员会第九次全体会议也要求在南海问题上"采取包括向国际司法机构起诉和行使武力在内的一切必要手段"。

菲仲裁案被受理后，越南政府于2014年12月5日向仲裁庭提交声明表示：第一，越南对于仲裁庭有权管辖菲提起的仲裁案"不持怀疑立场"；第二，越南保留本国在南海的"法律权利和利益"，促请仲裁庭对这些权利和利益给予"应有考虑"；第三，越南拒绝接受中国以"断续线"为基础的任何主张，认为这"不具有法律依据"。此外，声明还要求仲裁庭向其及时传达有关仲裁的所有文件文本。12月7日，中国政府发表《关于菲律宾所提南海仲裁案管辖权问题的立场文件》后，越南外交部发言人于12日召开记者会表示，越南拒绝接受该文件所表达的立场。越南还高度关注仲裁进展，并为此向仲裁庭派了5名观察员。裁决宣布前10天，越南外交部发言人再次表示，希望仲裁庭作出"客观公正"的裁决。与此同时，有关仲裁的讨论成为越南各大媒体的主导性话题。

裁决结果出台后，越南外交部发言人立即发表讲话，对裁决表示"欢迎"，并称越南"强烈支持"通过包括"法律和外交程序"在内的方式解决争端，还表示将就裁决单独发表详细声明。越南各大媒体也纷纷报道宣传，其中不乏鼓吹利用国际仲裁向中国发难的言论。例如，越南边界委员会前任主任陈公轴撰文指出，裁决为越南向国际法庭起诉中国提供了充分的法律依据。既然裁决削弱了中国在南沙群岛的专属经济区主张，那么越南也可以利用其对"岛屿"的法律定义来挑战中国对于西沙群岛专属经济区的要求，还可以就其在争议海域"侵害越南渔民的行为"采取法律行动。

越南政府除了表明原则立场和针对中国加强维权提出"抗议"之外，并没有采取过激行动。越南官方的这一姿态是有原因的：首先，中国政府和军方在裁决宣布前后所采取的各种坚决表态以及一系列密集的反制举措，起到了强大的威慑作用。其次，中越两国是邻居的事实无法改变。经过最近几年的反复较量，特别是2014年的钻井平台冲撞事件，越南领导层意识到，公开对抗只会激起中国更大的反弹，并使双边关系陷入动荡，而无助于缓和局势和化解争端。最后，中国已连续10年成为越南最大的贸易伙伴。2014年，越南对华贸易占其外贸总额的20.4%，其中，从中国进口占越南进口总额的30.3%（位居第一）；对中国出口占越南出口总额的10.4%（位居第二）。由于越南对中国经济的依赖度更高，尤其是用于制造出口产品的生产资料大多依靠从中国进口,因此,越南更容易受到双边关系恶化的影响。这些因素决定了越南不得不谨慎对待中越关系[1]。

(三)对《南海各方行为宣言》的态度

2002年11月4日,东盟与中国签署了《南海各方行为宣言》(The Declaration on the Conduct of Parties in the South China Sea,DOC)。《南海各方行为宣言》实质上是一份政治性文件,并不具有国际法上条约的约束性。但是该宣言仍旧被视为一项重要的冲突预防措施[2]。

1996年7月,第29届东盟部长级会议正式通过了针对南海争端建立一个区域"行为准则"的构想,希望它能为该地区的长期稳定奠定基础,促进相关国家相互理解。1998年东盟第六次首脑会议上,东盟领导人同意制定该"行为准则"。越南和菲律宾共同负责为1999年3月在新加坡举行的东盟高级官员会议起草"行为准则"的草案。然而因为越南要求将西沙群岛纳入"行为准则"适用范围的要求未得到满足,越南和菲律宾未能合作起草出这份草案。越南和菲律宾于1999年5月在东盟高官会上分别发布了它们的第一个草案。越南希望该准则适用于西沙群岛。马来西亚反对菲律宾的草案,因为它更像是一种有拘束力的协议。马来西亚支持采用没有拘束力的形式。

1999年年底,受东南亚金融危机的影响,东盟和中国关于"行为准则"的谈判迎来新的转折。双方不再提出单独的草案,开始就一个共同的"行为准则"进行谈判。此时在东盟内部,特别是与南海争端直接有关的各方之间,还存在很大的分歧。其中,对"行为准则"适用的地理范围的争议是最激烈的。越南认为准则适用于整个南海,既包括西沙群岛也包括南沙群岛。尽管其他东盟成员不反对越南的立场,但马来西亚认为适用范围应仅限于南沙群岛。为打破僵局,在2002年7月由文莱主持的第35届东盟部长级会议上,时任马来西亚外长赛义德提出签署《南海各方行为宣言》,而不是"行为准则",受到其他成员的欢迎。因此,在第八届东盟金边峰会(柬埔寨)框架内,东盟与中国于2002年11月4日签署了《南海

---

[1] 杨光海:《东盟国家及组织对南海仲裁案的反应及政策走向》,载《和平与发展》2016年第5期,第6—10页。
[2] 刘复国、吴士存:《2013年度南海地区形势评估报告》,中国南海研究院2014年,第54页。

各方行为宣言》[1]。

签署《南海各方行为宣言》后，越南虽宣称要落实《南海各方行为宣言》，但未做到言行一致。越南社会主义共和国政府总理阮晋勇于2008年10月20日至25日对中国进行正式访问。双方就维护南海和平稳定坦诚友好地交换了意见，重申恪守两国高层共识及《南海各方行为宣言》精神[2]。2014年5月2日，中国企业所属"981"钻井平台在中国西沙群岛毗连区内开展钻探活动。中方作业开始后，越南方面即出动包括武装船只在内的大批船只，非法强力干扰中方作业，冲撞在现场执行护航安全保卫任务的中国政府公务船。越方的行为严重违背《南海各方行为宣言》的精神[3]。

2016年10月18日至21日菲律宾总统杜特尔特访华[4]，中国与南海相关各方的关系进一步改善与加强。菲律宾态度的转变使得越南陷入被动。为维持其平衡战略，越南政治局委员丁世兄于10月20日到22日访问中国后，又于23日到31访问美国[5]。南海局势的变化推动了"南海行为准则"的制定进程。2017年5月18日，中国与东盟国家落实《南海各方行为宣言》的第14次高官会议审议通过了"南海行为准则"框架。"南海行为准则"框架草案原计划于2017年年中前完成，此次会议提前实现目标[6]。

"南海行为准则"框架草案完成后，越南曾多次公开表示希望"南海行为准则"能早日通过。2017年10月24日，越共中央政治局委员、政府副总理兼外交部长范平明在河内会见了印度外交部副部长普里特·萨

---

[1] Dr.Tran Truong Thuy, "Compromise and Cooperation on the Sea: The Case of Signing the Declaration on the Conduct of Parties in the South China Sea", East Sea (South China Sea) Studies, http://nghiencuubiendong.vn/en/conferences-and-seminars-/509-compromise-and-cooperation-on-the-sea-the-case-of-signing-the-declaration-on-the-conduct-of-parties-in-the-south-china-sea, May 5, 2018.

[2]《中越联合声明》，载南海问题网，http://www.mfa.gov.cn/nanhai/chn/zcfg/t519489.htm，最后访问日期：2018年5月5日。

[3] 崔文毅：《新闻背景："981"钻井平台作业》，载新华网，http://www.xinhuanet.com//world/2014-07/16/c_1111652035.htm，最后访问日期：2018年5月5日。

[4]《菲律宾总统杜特尔特将访华》，载中国驻印度大使馆官网，http://www.fmprc.gov.cn/ce/cein/chn/zgyw/t1405034.htm，最后访问日期：2018年5月5日。

[5]《日媒：菲律宾先知先觉 越南外交日趋困难》，载观察者，http://www.guancha.cn/Neighbors/2016_11_16_380800.shtml，最后访问日期：2018年5月5日。

[6] 苏晓晖：《为"南海行为准则"框架点个赞》，载新华网，http://www.xinhuanet.com/world/ 2017-05/20/c_129610368.htm，最后访问日期：2018年5月5日。

兰。会谈期间，双方高度一致认为，基于包括1982年《联合国海洋法公约》在内的国际法以和平方式解决争端，充分且认真落实《南海各方行为宣言》并早日达成"南海行为准则"是重要的[1]。2017年11月13日越南政府总理阮春福在出席东盟—美国40周年纪念峰会时表示，越南对通过"南海行为准则"框架表示欢迎，建议早日就具有可行性和法律约束力的"南海行为准则"进行实质性谈判[2]。虽然越南作出此种表态，但其对"南海行为准则"的真实态度还有待以后观察。

（四）在"一带一路"框架下与中国合作的态度

中国政府于2013年9月和10月相继提出共建"丝绸之路经济带"和"21世纪海上丝绸之路"的重大倡议后，越南政府一直没有表态。2014年5月，由于"中建南"事件在越南国内引发"5·13"暴力事件，中国倡议的"一带一路"引起了越南国内的疑虑，当时部分具有官方背景的媒体甚至质疑"一带一路"是否针对南海问题而提出。2015年4月7日至10日，越共中央总书记阮富仲访华，阮富仲访华结束后发表的《中越联合公报》中对"一带一路"只字未提[3]。2015年7月中旬，中国主管"一带一路"工作的张高丽副总理访问越南，会见了越共总书记阮富仲、越南国家主席张晋创、越南政府总理阮晋勇以及越南副总理阮春福，访问过程中越南领导人对"一带一路"未作明确表态[4]。

2015年9月18日，越南副总理阮春福在中国—东盟博览会开幕式上表示，越南欢迎并积极研究参与中国在相互尊重、互利基础上提出的增进区域交流与合作的有关倡议，其中包括"一带一路"[5]。此后，越南官方对"一带一路"的表态开始转为积极。2017年5月，"一带一路"国际合

---

[1]《越南政府副总理兼外交部长范平明会见印度外交部副部长普里特·萨兰》，载越南东海研究网，http://nghiencuubiendong.vn/cn/tin-tuc-tuan/2632-2017-11-08-08-36-47，最后访问日期：2018年5月5日。

[2]《越南政府总理阮春福出席东盟与各对话伙伴领导人会议》，载越南东海研究网，http://nghiencuubiendong.vn/cn/tin-tuc-tuan/2642-2017-11-21-03-03-03，最后访问日期：2018年6月5日。

[3]《中越联合公报》，载新华网，http://www.xinhuanet.com/world/2015-04/08/c_1114906532.htm，最后访问日期：2018年6月5日。

[4]《张高丽出访越南》，载新华网，http://www.xinhuanet.com/world/cnleaders/zhanggaoli/zglcfl507/，最后访问日期：2018年6月5日。

[5] 杜尚泽、刘刚：《习近平同阮富仲举行会谈》，载人民网，http://paper.people.com.cn/rmrbhwb/html/2015-11/06/content_1630100.htm，最后访问日期：2018年6月5日。

作高峰论坛在北京举行。2017年5月11日至15日，越南国家主席陈大光对中国进行国事访问并出席"一带一路"国际合作高峰论坛[1]。2017年8月25日由中国驻越南大使馆、越南外交学院共同举办的"'一带一路'倡议：中越合作新机遇研讨会"在越南首都河内举行。来自中越两国的专家学者、企业和媒体代表等百余人与会，就"一带一路"倡议的机遇与展望进行研讨。这充分体现越方对"一带一路"倡议的支持。"一带一路"倡议将为中越合作提供更广阔的舞台[2]。中国一直以来致力于与包括越南在内的东盟国家在海洋搜救、海洋航行和交通安全、打击跨国犯罪、海洋生态环境保护等非传统海洋安全问题上开展大量合作，这些合作促进了各国海洋产业领域的交流，并为各方的海洋产业发展提供了安全技术保障。近年来，在南海局势出现不稳定苗头的情况下，中国与东盟国家领导人仍强调海洋合作是双边合作的优先领域和重点方向。中越两国在海洋领域开展了大量合作，不仅体现了其支持"21世纪海上丝绸之路"的倡议，也是《到2020年越南海洋战略》的题中之义。

越南学界对"一带一路"的态度欢迎与疑虑并存。越南社会科学翰林院政治研究所所长朱德勇表示，"一带一路"如建成是一件很好的事情，对中国、对亚非国家，乃至对全世界都是好事。但中国对"一带一路"的阐述不够清晰，太过于宏观，且"一带一路"政策的制定过程主要是基于中国自身的角度而非世界的角度，并未考虑他国的感受。他同时表达了两个疑虑：一是疑虑"一带一路"能否取得成功，因为"一带一路"的沿线国家存在诸多问题，如恐怖主义、政局动荡、领土纠纷等；二是疑虑"一带一路"政策的背后是否存在军事目的，特别是作为与中国存在领土纠纷的邻国不得不考虑此问题。越南社科院翰林院中国研究所副所长黄世英表示，"一带一路"政策在宏观方面已建立起来，实施起来应是一件好事，但这一政策也存在着一些问题。现在主要是政府在推动这一政策，企业以及民间等层面并没有很好地参与进去。

越南媒体对"一带一路"的态度则与官方表态一致。在越南现行政治与新闻体制下，政府对本国媒体进行强有力的控制。越南媒体对"一带一路"的报道与评论，与官方表态高度一致，也经历了由怀疑到谨慎欢迎的

---

[1] 黄发红：《越南国家主席陈大光将访华并出席"一带一路"国际合作高峰论坛》，载人民网，http://world.people.com.cn/n1/2017/0506/c1002-29257760.html，最后访问日期：2018年6月5日。

[2] 刘刚：《"一带一路"倡议与中越合作新机遇研讨会在越南举行》，载人民网，http://world.people.com.cn/n1/2017/0825/c1002-29495673.html，最后访问日期：2018年6月5日。

转变[1]。由于越南除国有企业之外,民营企业相对弱小,加之越南自身缺乏具有国际竞争力的产业,越南商界人士认为难以与中国企业进行对接与竞争。越南普通民众对"一带一路"及相关的问题更是缺乏了解,大多数民众对此几乎是一无所知,抑或只是听过"一带一路"这一概念,而具体要做什么,则不甚明了[2]。

---

[1] 顾强:《越南各阶层对"一带一路"的认知与态度及其应对策略研究——对越南进行的实证调研分析》,载《世界经济与政治论坛》,2016年第5期,第4页。
[2] 顾强:《越南各阶层对"一带一路"的认知与态度及其应对策略研究——对越南进行的实证调研分析》,载《世界经济与政治论坛》,2016年第5期,第5—6页。

第Ⅱ部分

马来西亚海洋法律体系研究

一、马来西亚海洋基本情况

（一）地理位置

马来西亚由马来半岛南部的马来亚联合邦[1]和位于加里曼丹岛北部的沙捞越、沙巴组成，位于太平洋和印度洋之间。全境被南中国海分成东马来西亚和西马来西亚两部分。西马北与泰国接壤，南与新加坡隔柔佛海峡相望，东临南中国海，西濒马六甲海峡；东马与印度尼西亚、菲律宾、文莱相邻。西马和东马之间的海域比较辽阔，其中包含了印尼基于廖内群岛（Kepulauan Riau）主张的群岛国群岛水域和中国主张的南海"断续线"以内的部分区域。马来西亚海岸线长 4192 公里[2]。另根据联合国日本基金会的报告，马来西亚专属经济区的面积达 475600 平方公里，是全部土地面积的 1.5 倍[3]。从地理位置上看，马来西亚地处东南亚中心位置，扼守马六甲海峡，连接海上东盟和陆上东盟，区位优势明显[4]。

（二）行政区划

1957 年 8 月 31 日，马来亚联合邦脱离英国独立。独立时，马来亚联合邦由 11 个州组成，包括包括：雪兰莪（Selangor Darul Ehsan）、霹雳（Perak Darul Ridzuan）、森美兰（Negeri Sembilan Darul Khusus）、吉打（Kedah Darul Aman）、玻璃市（Perlis Indera Kayangan）、吉兰丹

---

[1] 1946 年至 1948 年期间，英国殖民政府尝试把联合邦内 11 州合并为马来亚联邦（Malayan Union），作为在英国国王统领下的英国皇家殖民地。此举遭到了马来民族主义者的强烈反对，最后，马来亚联邦于 1948 年解散，重新组成马来亚联合邦，并恢复马来统治者原先的象征地位。在联邦里，马来州属依然是英国的保护国，而槟城与马六甲依旧是英国的殖民地。

[2] 该数据来自《马来西亚国家概况》，载中国外交部官网，http://www.fmprc.gov.cn/web/gjhdq_676201/gj_676203/yz_676205/1206_676716/1206x0_676718/，最后访问日期：2018 年 5 月 5 日。但美国中央情报局网站上记载的马来西亚海岸线长 4675 公里，https://www.cia.gov/library/publications/the-world-factbook/geos/my.html，最后访问日期：2018 年 5 月 5 日。二者有较大差距。这应该是与中国南海"断续线"内有较大重叠的曾母暗沙附近岛礁区域的主权争议导致的两种不同的海岸线主张。

[3] 联合国日本基金会研究员 Nopparat Nasuchon 在 "Coastal Management And Community Management in Malaysia, Vietnam, Cambodia and Thailand, with A Case Study Of Thai Fisheries Management" 一文中指出，马来西亚海岸线长 4675 公里，马来西亚半岛 2068 公里，东马 2607 公里。马来西亚的专属经济区面积达 475600 平方公里，是其全部土地面积的 1.5 倍。

[4] 商务部国际贸易经济合作研究院、中国驻马来西亚大使馆经济商务参赞处、商务部对外投资和经济合作司:《对外投资合作国别（地区）指南：马来西亚》，商务部微信公众号，2017 年 12 月。

（Kelantan Darul Naim）、登嘉楼（Terengganu Darul Iman）、彭亨（Pahang Darul Makmur）和柔佛（Johor Darul Ta'zim）、槟城（Penang）和马六甲（Melaka）。其中前九个州是马来州，后两个州原是海峡殖民地[1]的一部分。1963年9月16日，沙巴（Sabah）、沙捞越（Sarawak）、新加坡（Singapore）与马来亚联合邦签署《1963年马来西亚协议》[2]（Malaysia Agreement 1963），共同组成马来西亚。但1965年8月9日，新加坡脱离马来西亚独立。其后，马来西亚陆续设立了三个联邦直辖区（Wilayah Persekutuan），包括首都吉隆坡（Kuala Lumpur，1974），纳闽（Labuan，1884）和行政首都布特拉贾亚[3]（Putrajaya，2001）。

马来西亚是马六甲海峡的沿岸国。马六甲海峡是世界上最繁忙的海峡之一，在经济上和军事上都是很重要的国际水道。马来西亚的13个州中濒临马六甲海峡的有玻璃市、吉打、槟城、霹雳、雪兰莪、森美兰、马六甲和柔佛。玻璃市、吉打、槟城和霹雳位于马六甲海峡北部沿岸，靠近印度洋入口，此处海峡水域宽阔。雪兰莪、森美兰和马六甲位于马六甲海峡中部沿岸，此处海峡宽度较窄。柔佛位于马六甲海峡南部沿岸，此处海峡水域狭窄。柔佛西临马六甲海峡，东临南中国海，南邻新加坡，地理位置特殊。

马来西亚的13个州中濒临南中国海的有吉兰丹、登嘉楼、彭亨、沙巴和沙捞越。位于西马的吉兰丹、登嘉楼和彭亨与中国南海"断续线"西南边界相距甚远。位于东马的沙巴[4]和沙捞越[5]作为原英属直辖殖民地，

---

[1] 海峡殖民地（Straits Settlements），是英国在1826—1946年间对位于马来半岛的三个重要港口和马来群岛各殖民地的管理建制。最初由新加坡、槟城和马六甲（麻六甲）三个英属港口组成，因此被当时当地华人称为"三洲府"。
[2] 全称为《大不列颠及北爱尔兰联合王国与马来亚联合邦、北婆罗洲、沙捞越和新加坡之间关于马来西亚的协议》。
[3] 布城是联邦行政机构（首相署）及司法机构（联邦法院）所在地。因吉隆坡土地有限面临过度拥挤的问题，联邦政府行政机构于1999年正式从吉隆坡搬迁至布城，2001年布城成为联邦直辖区。
[4] 北婆罗洲直辖殖民地的总督一职由英国政府创立，用来取代已解散的北婆罗洲特许公司的管治。总督由英王乔治六世任命，之后由女王伊丽莎白二世任命，直到北婆罗洲于1963年8月31日获得自治为止。马来西亚建国后，总督改称沙巴州长（Yang di-Pertua Negeri Sabah），由马来西亚最高元首任命。
[5] 沙捞越（也称砂拉越）在历史上曾属于文莱，1841年英人詹姆士·布鲁克因协助文莱苏丹成功镇压叛乱而被任命为该州总督，次年宣布沙捞越脱离文莱成为独立王国——布鲁克王朝。随着"二战"爆发，沙捞越惨遭日军统治，日本投降后，英军在沙捞越设立军事管制区，之后在1946年成为英国直辖殖民地。

在政治和经济上拥有较大自主权，这种自主权使它们比其他州在海洋方面享有更多的管辖权。马来西亚基于这两个州领海基线所主张的海域与中国的南海主张相冲突。

总体而言，濒临马六甲海峡的8个州的经济状况远远好于濒临南中国海的5个州。吉兰丹、登嘉楼、沙巴和沙捞越虽拥有丰富的石油资源[1]，但未因此获益太多。这4个州每年生产的石油为联邦政府创造的财富占政府总收入的48%，但由于《1974年石油发展法》的规定，这4个州的大部分石油收益归属于中央政府，导致它们成为马来西亚最贫穷的州[2]。

（三）海洋资源

马来西亚的海洋资源丰富，尤其是油气资源。截至2016年年底，马来西亚已探明石油储量5亿吨（约36亿桶），在亚太地区排名第5位，世界排名第27位。2016年，马来西亚日产石油产量705000桶（共计3270万吨），是东南亚仅次于印尼的第二大石油生产国；每日加工石油537000桶，在东南亚排名第4。截至2016年年底，马来西亚已探明天然气储量1.2万亿立方米，在亚太地区排名第4位[3]。2016年，马来西亚年产天然气738亿立方米，在亚太地区排名第3位，首次超越印尼成为东南亚第一大天然气生产国[4]。它还拥有世界上最大的液化天然气生产设施，是世界第三大液化天然气出口国。这些优势加上位于东南亚中央的战略位置，介于中国及印度这两大增长市场之间，马来西亚成为油气产业中心[5]。

---

[1] 濒临南中国海的5个州中只有彭亨不生产石油。虽然2012年马来西亚前总理纳吉布宣称在彭亨海岸外160公里处发现石油，但该油田的位置是否位于彭亨海岸外存在争议。《每日产量2万桶 彭亨岸外发现新油田》，载马来西亚东方日报，http://www.orientaldaily.com.my/s/25492，最后访问日期：2018年5月5日；《苏丹：首相亲自告诉我，彭亨获1亿石油公益金》，载星洲网，http://www.sinchew.com.my/node/1296119，最后访问日期：2018年5月5日。
[2] 《沙诉求成范例，丹州也要20%石油税》，载星洲网，http://www.sinchew.com.my/node/1386331，最后访问日期：2018年5月5日。
[3] 与印度和缅甸并列第4位。
[4] 《BP世界能源统计年鉴》（2017年6月），载BP集团官网，https://www.bp.com/content/dam/bp-country/zh_cn/Publications/StatsReview2017/2017%E7%89%88%E3%80%8ABP%E4%B8%96%E7%95%8C%E8%83%BD%E6%BA%90%E7%BB%9F%E8%AE%A1%E5%B9%B4%E9%89%B4%E3%80%8B%E6%8A%A5%E5%91%8A%20%E4%B8%AD%E6%96%87%E7%89%88.pdf，最后访问日期：2018年5月5日。
[5] 《了解马来西亚：亚洲石油和天然气枢纽的投资机会》，载马来西亚投资发展局官网，http://www.mida.gov.my/home/administrator/system_files/modules/photo/uploads/20160405031250_OIL&GAS%20INDUSTRY%202015.pdf，最后访问日期：2018年5月5日。

马来西亚几乎所有的石油都来自三个近海盆地——马来盆地、沙捞越盆地和沙巴盆地。马来西亚周遭海洋油气争端不断,尽管其已与越南、文莱、泰国解决了划界问题,并在争议海域联合开发油气,但其与印尼在西里伯斯海盆地的归属问题上仍存分歧。因马来盆地的油田老化,过去十年间,马来西亚致力于在东部沙捞越盆地和沙巴盆地深水区域勘探开发新油田。由于上述深水勘探活动逐渐向南中国海海域延伸,其与中国也存在领土争端[1]。截至2010年,马来西亚已经在南沙海域打出油气井90多口[2]。

---

[1]《马来西亚油气行业现状分析》,载石油圈,http://www.oilsns.com/article/211554,最后访问日期:2018年5月5日。
[2] 吴士存:《南沙争端的起源与发展》,中国经济出版社2010年版,第143—153页。

二、海洋事务主管部门及其职能

（一）立法机构

马来西亚是君主立宪制国家[1]。马来西亚国会[2]（Parliament of Malaysia）是马来西亚宪法规定的最高立法机构，国会由最高元首、上议院和下议院组成。最高元首由9个马来州的世袭苏丹轮流担任，任期5年。上议院共有70名议员。由全国13个州议会各选举产生2名，其余44名由最高元首根据内阁推荐委任，任期3年，可连任两届。下议院由222位民选议员组成，通过每5年一届的大选产生，可连任[3]。2018年5月9日，马来西亚国会举行下议院第14届选举。此次共有222个国会议会席位和12个州共505个州议会席位同步进行选举，只有沙捞越州除外[4]。5月10日选举结果公布，第4任首相马哈蒂尔（Mahathir Mohamed）所领导的反对阵线希望联盟获胜，在国会222个席位中赢得113席。

马来西亚国会和各州的议会均享有立法权，根据《马来西亚宪法》第66条，经国会两院通过并经最高元首同意的法案即成为法律。根据第73条，在行使该宪法所赋予的立法权时，第一，国会有权制定全联邦或其任何部分适用的法律，并有权制定对内和对外都有效的法律；第二，州立法机关有权制定该州或其任何部分适用的法律。《马来西亚宪法》的附件九立法事项表将立法事项分为联邦管辖事项、州管辖事项和共同管辖事项。其中，联邦管辖的事项中与海洋有关的包括：海事管辖权、联邦及其任何

---

[1] 马来西亚是个实施君主立宪制的联邦国家，政治体制是基于威斯敏斯特议会制度确立的。马来西亚13个州属中的9个州属宪制的元首是马来君主，这9个州属被称为"马来州属"（Negeri-negeri Melayu）。9个州属的宪法规定，只有拥有王室血统的男性穆斯林才有继承为君主的资格。其中7个州属是实施长子继承制，分别是吉打、吉兰丹、柔佛、玻璃市、彭亨、雪兰莪和登嘉楼；在霹雳，实施兄终弟及制；森美兰实施的是选举君主制，君主是由4位酋长从王室的男性成员中选出。吉打、吉兰丹、柔佛、霹雳、彭亨、雪兰莪和登嘉楼君主的头衔是苏丹；玻璃市君主的头衔是拉惹；森美兰君主的头衔是严端。
[2] 目前国会为第14届，于2018年5月9日完成选举。
[3] 商务部国际贸易经济合作研究院、中国驻马来西亚大使馆经济商务参赞处、商务部对外投资和经济合作司：《对外投资合作国别（地区）指南：马来西亚》，商务部微信公众号，2017年12月。
[4] 沙捞越州议会此前已在2016年举行了选举，任期到2021年届满。

地区的防务、石油与油田、船舶、航行与渔业、海上交通管制与货物运输等。

州议会（Dewan Undangan Negeri）是马来西亚各州的立法机构。每个州根据人口和发展程度的不同划分若干州选区，通过选举制度直选州议员，获得最多议席的政党将成为执政党组织州行政议会或州内阁，州议会的最高负责人为议长。州议会对于大部分海洋事务没有立法权，其仅就共同管辖事项中的15吨以下注册船舶的航行、载客与海上捕捞有权参与立法。马来西亚的沙巴和沙捞越拥有较大的自主权在海洋事务中也有具体体现。根据《马来西亚宪法》附件九第15条，沙巴和沙捞越可管辖的立法事项还包括：港口与码头以及港口和码头水域的水上交通管制（但联邦港口或码头水域的交通除外）。

（二）联邦政府

根据《马来西亚宪法》第39条，马来西亚的行政权属于最高元首。由最高元首、内阁[1]（Cabinet of Malaysia）或内阁授权的部长行使行政权。内阁由总理领导。马来西亚管辖海洋相关事务的联邦政府执法机构有总理府（Prime Minister's Department）、外交部（Ministry of Foreign Affairs）、交通部（Ministry of Transport）、自然资源与环境部（Ministry of Natural Resource and Environment Malaysia）和国防部（Ministry of Defence）等。

1. 总理府

马来西亚总理府成立于1957年7月，负责确保联邦政府所有部门依据政策、法律法规和现行指导原则行使职能。总理府有60多个下属机构，其中与海洋事务有关的有马来西亚海事执法机构[2]（Malaysian Maritime Enforcement Agency，MMEA）、马来西亚海事强制执法事务局（Malaysian Maritime Enforcement Affairs Division，BHEPMM）和国家海洋委员会（National Maritime Council，NMC）。2005年，为协调组建马来西亚海事执法局的相关事宜，总理府设立马来西亚海事执法事务司。该局于2006年

---

[1] 马来西亚内阁是马来西亚政府的机构，由总理领导，内阁部长定期向国会汇报。根据其《宪法》第43条，内阁成员必须由国会中选出，首先在下议院中得到最高支持率的议员会被推举为总理，然后最高元首会议根据总理所提交的名单选出内阁部长和副部长，内阁部长在每个星期三召开内阁会议，唯副部长无权出席该项会议。

[2] 该机构的详细介绍见"第Ⅱ部分　二、海洋事务主管部门及其职能　（四）海上武装执法部门　2.海事执法局"的相关内容。

3月1日正式开始运作，负责制定国家海事执法政策、招聘政策和服务政策[1]。1986年总理府设立马来西亚国家海洋委员会（以下简称"委员会"）负责制定协调海洋政策，统筹相关海洋事务。委员会的委员由其他部门的秘书长或副秘书长组成[2]。委员会的任务包括：协调影响马来西亚国家利益的海洋活动；提出跨部门的海洋议题；协调海洋管理事项等[3]。马来西亚交通部下设的海事局（Marine Department Malaysia）负责协调委员会的会议[4]。2000年之后，委员会不再有活动迹象。该委员会现也不在马来西亚总理府下属机构的目录中。有消息称，2013年时任马来西亚皇家海军上尉的拉克萨·马纳表示，政府应该成立一个全国海洋委员会（National Maritime Council）来协调和促进海上商业活动[5]。委员会是否会重新开始活动，关键在于2018年新上任总理的决定。

2. 外交部

马来西亚外交部下设12个部门，其中与海洋事务有关的有：双边事务局（Department of Bilateral Affairs）、多边事务局（Department of Multilateral Affairs）、政策规划和协调局（Department of Policy Planning and Coordination）、海洋事务局（Department of Maritime Affairs）、法律局（Legal Division）和东盟—马来西亚国家秘书处（Asean - Malaysia National Secretariat）等[6]。海洋事务局负责处理和监督所有与海事有关的问题，包括与周边国家、南中国海、海事安全等方面有关的海洋划界谈判。[7] 双边

---

[1]《马来西亚海事强制执行事务局》，载马来西亚海事强制执行事务局官网，http://www.bhepmm.gov.my/index.php?option=com_content&view=article&id=48&Itemid=56&lang=ms，最后访问日期：2018年5月5日。

[2] 1997年委员会的委员分别是政府秘书长（担任主席）、总检察长、警务署长、财政部秘书长、国防部秘书长、外交部秘书长、内政部秘书长、交通部秘书长、总理府资深副秘书长、国防部海军总司令、国家安全委员会秘书、渔业局局长、环境部部长和海运司司长等。

[3] 胡念祖：《海洋政策：理论与实务研究》，台湾五南图书出版股份有限公司1997年版，第53—54页。

[4]《航行安全部简介》，载马来西亚海事局官网，http://www.marine.gov.my/jlmeng/Contentdetail.asp?article_id=237&category_id=2&subcategory_id=30&subcategory2_id=22#.XiB5EHZirQd，最后访问日期：2018年5月5日。

[5] "Navy Chief: Country Needs a National Maritime Courcil"，Star on Lane，https://www.thestar.com.my/news/community/2013/03/29/navy-chief-country-needs-a-national-maritime-council/，May 5, 2018.

[6] 参见马来西亚外交部官网介绍，http://www.kln.gov.my/web/guest/dd-asean_malaysia，最后访问日期：2018年5月5日。

[7]《海洋事务局》，载马来西亚外交部官网，http://www.kln.gov.my/web/guest/maritim_affairs，最后访问日期：2018年5月5日。

事务局负责保持和加强与所有国家的双边关系，负责处理双边海洋事务。多边事务局的主要目标是在国际舞台上维护马来西亚的利益，在多边框架下展开海洋国际合作。政策规划和协调局负责制定外交政策和进行战略规划，海洋政策与海洋权益维护是该局的主要关注点之一。法律局负责审查马来西亚有意加入的条约、公约和其他法律文书的相关批准、加入或通知文书，海洋领域的条约、公约也由该局负责。作为马来西亚与东盟之间的国家联络点，马来西亚东盟国家秘书处的具体职能包括：储存所有东盟事务信息；协调东盟国家级的决定的执行情况；协调和筹备东盟会议等。在马来西亚与东盟的海洋合作中，秘书处的作用不可或缺。

3. 交通部

马来西亚交通部成立于1956年，曾更名为运输和工作部、通信部，后又改回交通部。交通部的职能覆盖了陆运、海运、空运和物流领域。主要职能如下：第一，设计和实施陆运、海运、空运和物流基础设施项目；第二，为陆运、海运、空运和物流服务提供交付系统；第三，执行与陆运、海运、空运和物流服务有关的法律，第四，促进陆运、海运、空运和物流相关行业的交易；第五，负责全国运输系统的整合；第六，确定该部提供服务的收费率；第七，领导运输领域的区域和国际合作计划[1]。其下属部门包括：公路运输局、海事局（Maritime Division）、道路交通局、民航局、巴生港务局、柔佛港务局、道路交通安全研究所、槟城港口委员会、民都鲁港务局、关丹港务局、铁路资产公司和海事研究所（Marine Institute of Malaysia，MIMA）。[2]

马来西亚海事局的前身是三个独立部门，即马来西亚半岛海事处、沙巴海事处和沙捞越海事处。2011年1月1日，三部门合并，组成马来西亚海事局[3]。海事局的职能包括：鼓励马来西亚企业家参与国内和国际航运业；制定航行安全、船舶污染防治、船舶营运、海员事务、安全第三方责任等方面的政策；协调和监督联邦港口的活动；批准和实施国际公约并根据其要求修改国内规定；通过海运协议、谅解备忘录和开发计划加强国际

---

[1] 关于交通部的情况介绍，参见马来西亚交通部官网，http://www.mot.gov.my/my/mengenai-mot/pengenalan-baru，最后访问日期：2018年5月5日。

[2] "组织架构"，参见马来西亚交通部官网，http://www.mot.gov.my/my/mengenai-mot/struktur-organisasi，最后访问日期：2018年5月5日。

[3] 海事局概况参见马来西亚海事局官网，http://www.marine.gov.my/jlmeng/Contentdetail.asp?article_id=221&category_%20id=2&subcategory%20_id=2&subcategory2_id=0#.XiB76XZirQd，最后访问日期：2018年5月5日。

合作；处理和签发国内运输许可证[1]。海事局由6个下属机构组成，分别是港口、海上安全、海事经济、国内航运许可、国际公约和伦敦海事随员办公室。

目前，马来西亚共有7个主要的联邦港口，即巴生港（Port Klang）、柔佛港（Johor Port）、丹戎帕拉帕斯港（Port of Tanjung Pelepas）、关丹港（Kuantan Port）、槟城港（Penang Port）、民都鲁港（Bintulu Port）和甘马挽港（Kemaman Port），每个港口都设有以港口命名的港务局（Port Authority）。除沙巴和沙捞越的港口分别由两州政府管辖外，其他港口的港务局隶属马来西亚交通部。马来西亚的港口业务已私有化交由运营商管理[2]。

马来西亚海事研究所是马来西亚政府于1993年设立的专门研究与马来西亚海事利益有关事宜的研究所[3]，研究经费由马来西亚政府支付。因研究所的注册类型为公司，所以依据公司法的规定研究所设立董事会，但其董事由总理指派。根据我国台湾地区学者的研究，该所在设立时是国家海洋委员会的外围机构，为委员会政策的制定提供咨询和意见。该所于1994年开始运作，其宗旨是为政府各机构或其他海洋部门在海洋政策上提供专业意见。但其时任秘书长B.H.Hamzah博士一再强调，该研究所应在学术专业研究上保持独立，扮演政府的顾问角色；同时，该研究所应负责搜集和分析相关资讯、举办研讨会和出版政策报告等工作[4]。

4. 财政部

马来西亚财政部[5]下设政府投资公司局（Government Investment Companies Division，GIC）。该局管辖的马来西亚国家石油公司（Petronas）是联邦政府的全资国有企业，成立于1974年。该企业拥有和控制马来西亚石油资源的所有权利。公司被指定为马来西亚境内所有石油和天然气的开发公司，并负责对这些资源进行增值加工处理。马来西亚国家石油公司已经从它成立之初的单纯石油天然气开采企业，成长成为现在的业务范围

---

[1] 海事处基本情况参见马来西亚交通部官网，http://www.mot.gov.my/my/mengenai-mot/bahagian-unit/bahagian-maritim，最后访问日期：2018年5月5日。

[2] 参见马来西亚交通部官网介绍，http://www.mot.gov.my/en/maritime/ports-in-malaysia/development-and-administration-of-ports，最后访问日期：2018年5月5日。

[3] 马来西亚海事研究所的情况参见东南亚研究网，http://sea.cssn.cn/yjjg/201203/t20120320_1951143.shtml，最后访问日期：2018年5月5日。

[4] 胡念祖：《海洋政策：理论与实务研究》，台湾五南图书出版股份有限公司1997年版，第54页。

[5] 参见马来西亚财政部官网介绍，http://www.treasury.gov.my/index.php/en/contactus/faqs/gic.html，最后访问日期：2018年5月5日。

广泛、在多个方面有增值能力的实体[1]。

5. 国防部

马来西亚国防部下设的与海洋有关的部门是马来西亚皇家海军[2]（Tentera Laut Diraja Malaysia，TLDM）。除进行海洋执法以外，马来西亚皇家海军还下设水文局（Hydrographic Department，Royal Malaysian Navy）负责提供水文服务。其前身为英国海军水文部门。1972年，马来西亚内阁决定由水文局负责开展水文测量活动。该部门以合理的价格提供水文信息，用于满足航行、国防、海上勘探活动以及其他海事需求[3]。

6. 自然资源与环境部

马来西亚自然资源与环境部下设测绘局（Portal Rasmi Jabatan Ukur dan Pemetaan Malaysia，JUPEM）负责为政府进行地籍调查、制图和地理空间调查，并为州界和国界的划分提供建议。1965年，马来西亚政府设立马来西亚国家测绘局。该局的主要功能包括：调查地籍信息；建立并管理地籍和地图数据库；为规划、自然资源管理、环境保护、监测和安全发布地形图；为地籍测量、测绘、工程和科学研究提供测量基础设施；为防御和安全目的提供地理空间综合防御服务[4]。马来西亚《海洋区域基线法》（Baselines of Maritime Zones Act）第7条规定，该局负责编制和发布与领海基点、领海基线以及划界线有关的图表。

（三）州政府

马来西亚的州政府在海洋方面的管辖权较小，各州只对15吨以下船舶的相关事项拥有管辖权。不过，各州对相关海洋事务拥有执法权，例如马来西亚渔业局在各州设立了渔业办公室。此类执法机构在此就不一一赘述了。此外，在海洋领域沙巴和沙捞越比其他的州拥有更多的自治权。根据《马来西亚契约》，沙巴和沙捞越拥有其领海12海里内的自然资源的管辖权，后因《领海法》的颁布两州的领海管辖范围从12海里缩减为3海

---

[1] 参见马来西亚国家石油公司官网介绍，http://www.petronas.com.my/about-us/Pages/default.aspx，最后访问日期：2018年5月5日。

[2] 该机构的详细介绍见"第Ⅱ部分　二、海洋事务主管部门及其职能　（四）海上武装执法部门　3. 皇家海军"。

[3] 参见马来西亚海军水文局官网介绍，https://hydro.gov.my/index.php/en/component/k2/item/172-sejarah，最后访问日期：2018年5月5日。

[4] 参见马来西亚测绘局官网介绍，https://www.jupem.gov.my/v1/my/info-jupem/kata-kata-aluan/，最后访问日期：2018年5月5日。

里。此外，两州的港口也分别由两州政府管辖。沙巴和沙捞越在马来西亚成立时拥有海事管辖权，20世纪90年代，联邦政府接管了沙巴的海事管辖权。2011年，沙捞越海事管辖权也由联邦政府接管，马来半岛海事局、沙巴海事局、沙捞越海事局合并，成立马来西亚海事局。两州在海洋相关领域保有港务和渔业的部分管辖权。

1. 沙巴政府执法机构

沙巴政府下属的基础设施发展部（Kementerian Pembangunan Infrastruktur, KPI）的下设机构港口和码头局（Jabatan Pelabuhan Dan Dermaga，JPDS）是该州管理港口和码头的机构。它成立于20世纪60年代初，隶属联邦政府机构沙巴海事局。1993年年初，该局改由沙巴政府管辖，负责管理和执行州政府在《2002年港口和码头法案》（Enakmen Pelabuhan Dan Dermaga）中设立的管辖范围内的事务[1]。沙巴政府下属的农业和食品工业部（Ministry of Agriculture and Food Industry，MAFI）成立于1963年，当时名为农业和渔业部，负责有关农业、渔业、动物服务、检疫和畜牧业的研究。该部还监督与合作社发展有关的事宜。1968年5月，该部将渔业实务与农业实务分离，成立沙巴渔业局[2]（Department of Fisheries, Sabah）。沙巴渔业局主要负责渔业资源的开发和维护[3]。1980年，在该州首席部长[4]领导下沙巴渔业和渔业发展公司（Korporasi Kemajuan Perikanan dan nelayan Sabah）也并入该部。其主要职能是提升渔民和渔业企业家的社会地位，提高渔民收入，增加渔业公司的营业额。2000年4月，农业部再次改名为农业和食品工业部[5]。

2. 沙捞越政府执法机构

沙捞越政府下属的基础设施发展和交通部（Ministry of Infrastructure Development and Transportation，MIDT）是沙捞越管理港口和船舶的行政

---

[1] 参见沙巴港口和码头局官网介绍，http://www.sabah.gov.my/jpds/index.php/profil/latar，最后访问日期：2018年5月5日。

[2] 1956年，原英国殖民政府下的渔业机构并入农业部门成为该部门的下属机构。1968年，州内阁通过内阁文件第38/68号批准提高渔业局的等级以体现其重要性。

[3] 参见沙巴渔业局官网介绍，http://www.fishdept.sabah.gov.my/?q=en/content/introduction，最后访问日期：2018年5月5日。

[4] 州务大臣（Menteri Besar）和首席部长（Ketua Menteri）分别是马来西亚9个州和4个无君主统治的州的地方政府首脑。马来西亚各州的马来君主或州元首为象征性元首，各由州务大臣或首席部长掌控行政权。

[5] 参见沙巴州农业和食品工业部官网介绍，http://www.sabah.gov.my/mafi/InfoSejarah.html，最后访问日期：2018年5月5日。

部门。1963年9月16日,沙捞越设立通信和工程部,负责监督沙捞越基础设施和通信设施的整体发展。2016年5月,该部更名为基础设施发展和交通部。该部负责管理基础设施和通信设施的相关事项。该部门与海洋有关的下属机构有[1]:负责港口管理的4个港务局(古晋港港务局、拉让港港务局、美里港港务局和丹绒马尼斯港港务局);负责船坞和海洋工程服务管理的布鲁克造船厂和工程公司;负责管理航道、15吨以下船舶的商船、浮标和灯的海事处等。沙捞越将内陆渔业与海洋渔业分开管理,内陆渔业由沙捞越农业部(Department of Agriculture, Sarawak)管理[2],海洋渔业由沙捞越海洋渔业局(Jabatan Perikanan Laut Sarawak, JPLS)管理。为推动渔业发展,该局开展的计划有:沙捞越人工发展计划、沙捞越粮食安全保障计划、丹绒马尼斯海洋渔业发展计划、导航设施和渔业社区的迷你滑道计划等[3]。

(四)海上武装执法部门

马来西亚的海上武装执法部门主要有三个:马来西亚海上机动部队(Pasukan Gerakan Marin, PGM),马来西亚海事执法局,马来西亚皇家海军。

1. 海上机动部队

马来西亚内政部管辖马来西亚皇家警察(Polis Diraja Malaysia)。马来西亚皇家警察下属国土安全与公共秩序司下设的马来西亚海上机动部队是马来西亚的海岸执法部门。其前身为1947年在槟城设立的水警(Pasukan Polis Marin, PPM),设立时约有90名工作人员和19条船,管辖范围仅限于柔佛海峡和槟城港。水警的设置是为了控制与维持水域和平,保护海上生命财产安全,打击海盗和非法移民,防止海上走私。20世纪70年代,因得到了国家专属经济区公报的批准,水警增加了船只和成员的数量,职能也增加了处理海洋污染和外国渔民入侵,确保海事社区的安全秩序以及维护水域的主权等内容。2009年2月6日,水警更名为马来西亚海上机动部队[4],但马来西亚国内仍习惯称其为水警。

2011年,在将执法任务移交给海事执法局后,马来西亚海上机动部队

---

[1] 参见沙捞越基础设施发展和交通部官网介绍,http://www.midt.sarawak.gov.my/page-0-78-80-tid.html,最后访问日期:2018年5月5日。
[2] 参见沙捞越农业部官网介绍,http://www.doa.sarawak.gov.my/page-0-194-48-BACKGROUND.html,最后访问日期:2018年5月5日。
[3] 参见沙捞越海洋渔业局官网介绍,https://jpls.dof.gov.my/,最后访问日期:2018年5月5日。
[4] "Pasukan Gerakan Marin", Wikipedia, https://ms.wikipedia.org/wiki/Pasukan_Gerakan_Marin, May 5, 2018.

高层曾表示，海上机动部队并没有被逐渐淘汰。从长远来看，马来西亚海上机动部队仍然扮演重要角色。马来西亚湖泊、河流、沿海地区和岛屿仍然是马来西亚海上机动部队管辖范围，海上犯罪有关的事项仍归海上机动部队管辖[1]。2014年海上机动部队获准恢复在该国海岸巡逻的任务，其工作重点是在海岸线上打击犯罪。马来西亚皇家海军和马来西亚海事执法局则负责在公海进行巡逻[2]。

2. 海事执法局

马来西亚政府于1999年4月进行的一项研究表明，由于海事相关执法部门设置繁琐，机构重叠，导致其执法效率低下。马来西亚政府决定整合资源建立一个新部门。2004年，马来西亚政府颁布《马来西亚海事执法机构法》，随后马来西亚海事执法局正式成立，并于2005年11月30日开始运行[3]。海事执法局最初归属交通部，后来转归总理府直接领导。

海事执法局的主要任务是维护马来西亚海域的安全、和平以及主权完整，在马来西亚海域执行联邦法律，履行保障海域安全的一切职责，防范和制止海上犯罪的发生，实施空中和海岸监控，为相关机构提供援助及官员培训，在马来西亚海域和公海海域实施搜救行动，协助外国共同打击海上犯罪，监控和防止海上污染，防范和制止海盗、毒品走私等犯罪的发生。在爆发危机或战争时期，海事执法局由马来西亚武装部队指挥。平时，海事执法局通过下设的海岸护卫队进行执法，担负维护马来西亚海域安全、保护渔产和石油等天然资源、打击海上犯罪、进行巡逻与搜救等任务[4]。2011年8月以前，海事执法局的职能偏向辅助性质，协助水警、海军以及关税局等执法单位[5]。从2011年8月开始，它接管了所有与海事执法和搜救有关的职能，成为马来西亚唯一的海上执法单位[6]。

---

[1] Gary Adit, "New Role for Marine Operations Force", Borneo Post Online, http://www.theborneopost.com/2011/06/04/new-role-for-marine-operations-force/, May 5, 2018.

[2]《IGP：水警将再次巡逻该国的海岸线》，载星报在线，https://www.thestar.com.my/news/nation/2014/02/28/igp-marine-police-will-patrol-countrys-coastlines-once-again/，最后访问日期：2018年5月5日。

[3] 参见马来西亚海事执法机构官网介绍，https://www.mmea.gov.my/eng/index.php/en/mengenai-kami/latar-belakang，最后访问日期：2018年5月5日。

[4] 参见南海研究论坛，http://www.nhjd.net/forum-80-1.html，最后访问日期：2018年5月5日。

[5] 候雯诗：《海上执法机构维护海上治安，国家海防需要华裔执法员》，载东方日报网，http://www.orientaldaily.com.my/s/57591，最后访问日期：2018年5月5日。

[6] 参见前线安全官网，http://security.frontline.online/content/malaysian-maritime-enforcement-agency，最后访问日期：2018年5月5日。

3. 皇家海军

隶属马来西亚国防部的皇家海军是其海上执法部门之一。1963年9月16日，马来西亚正式宣布成立，原英属殖民地海军辅助部队更名为马来西亚皇家海军。20世纪60年代末，英国开始逐步从马来西亚撤军，并于1970年完全撤离。为弥补马来西亚军事力量的不足，1971年4月16日，英国、澳大利亚、新西兰、新加坡和马来西亚五国外交部长在伦敦举行会议，签署《五国防御条约》（Five Power Defence Arrangements）。同期，马来西亚开始发展海军，提高海军的防御能力。马来西亚在1977年至1980年的军费开支是同时期东盟国家中最多的[1]。1980年，马来西亚发布《专属经济区宣言》增加了监管水域。为能在专属经济区执行陆、海、空任务，经过5年筹备，马来西亚于1982年10月1日建立海军特种作战部队（Pasukan Khas Laut，PASKAL），该部队直属于马来西亚皇家海军[2]。2005年，马来西亚皇家海军开始着重发展潜艇作战能力。2006年马来西亚购买多艘护卫舰[3]。经过多年发展，马来西亚皇家海军蜕变成为一支约拥有12500名兵员和250艘各型舰艇的部队，分别隶属于两个海军司令部，10个中队，在关丹、拉布安（Labuan）、卢穆特（Lumut）、安杜河分别设有海军基地。

马来西亚海军在海上执法方面，负责日常巡逻、在争议海域与他国舰船对峙[4]、驱逐他国越境渔民等任务。根据马来西亚国家蓝海战略[5]（National Blue Ocean Strategy），目前三家海上武装执法部门机构共享资源、情报和人力。马来西亚官方表示，这不仅可以节省运营成本，而且还可以提高效率。2017年7月，马来西亚海事执法局、皇家海军和海上机

---

[1] 参见马来西亚皇家海军官网，http://www.navy.mil.my/index.php/en/sejarah，最后访问日期：2018年5月5日。

[2] 方丽：《精锐部队马来西亚特种作战部队（上）：皇家马来西亚海军特种部队》，载《轻兵器》2015年第22期，第23—27页。

[3] 吴士存：《南海争端的起源与发展》，中国经济出版社2010年版，第143—153页。

[4] 据马来西亚媒体《婆罗洲邮报》2015年6月3日报道，中国海警船1123号在琼台礁附近海域与马来西亚海军与海事执法局舰机对峙。参见朱海舟：《中国和马来西亚舰艇在南海琼台礁附近对峙》，载观察者网，http://www.guancha.cn:8080/local/2015_06_10_322087.shtmlhttp://www.guancha.cn:8080/local/2015_06_10_322087.shtml，最后访问日期：2018年5月5日。

[5] 马来西亚国家蓝海战略是马来西亚第十一个五年战略发展计划（2016—2020）实施的框架和工具，旨在推动国家转型。该计划自启动以来，以人民发展为主题，以高收入发达国家为愿景。该战略的核心思想之一是要打破各部委和机构的界限，充分利用政府资源，创造更高的价值。

动部队在马来西亚南部水域开展联合行动,以打击海盗、抢劫等海上犯罪活动[1]。2017年8月,为搜救美舰失踪船员,由马来西亚海事执法局、皇家海军、水警、海事局及陆军成立的搜救队伍进行了超过80个小时的搜救行动[2]。2017年10月,马来西亚与印尼在马六甲海峡开展了代号为"Patkor Optima"的联合巡逻。马来西亚方面主要由海事执法局负责,同时马来西亚海上机动部队、海事局等部门也参与其中[3]。

---

[1] Fairuz Mohd Shahar, "Navy, Marine Police, MMEA Begin Integrated Operation Against Sea Crime", https://www.nst.com.my/news/nation/2017/07/254156/navy-marine-police-mmea-begin-integrated-operation-against-sea-crime, May 5, 2018.

[2] 赵胜玉:《马来西亚暂停美舰支失踪船员搜救行动》,载中国新闻网,http://www.chinanews.com/gj/2017/08-25/8314237.shtml,最后访问日期:2018年5月5日。

[3] Dawn Chan, "Malaysia, Indonesia Carry out Joint Patrol of Straits of Melaka", https://www.nst.com.my/news/nation/2017/11/301739/malaysia-indonesia-carry-out-joint-patrol-straits-melaka, May 5, 2018.

三、国内海洋立法

早在 1276 年，马来人已经设计出适用于马六甲苏丹国管辖海域的海洋法律体系，即《马六甲法典》[1]。20 世纪，为了保证国际贸易的发展，顺应世界范围内海洋法发展潮流，马来西亚开始了海洋相关的立法活动。其最早记载与海洋事务管理有关的法律是 1920 年制定的用于控制河流和溪流的《水法》（参见附录14）。20 世纪 60 年代到 80 年代，在海洋法领域发生了以下三个事件：联合国亚洲及远东经济委员会（Economic Commission for Asia and Far East）和亚洲近海海域矿产资源联合勘探协调委员会（Committee for Coordination of Joint Prospecting for Mineral Resources in Asian Offshore Areas）发布报告，指出南海可能蕴藏大量油气资源；世界范围内第一次国际石油危机；联合国召开第三次海洋法会议。受这三方面因素影响，马来西亚开始进行与海洋划界有关的立法活动（参见附录15）。

（一）划定管辖海域的法律

1. 划定领海的法

马来西亚对于领海法律制度的规定主要包括对领海基线的规定和对领海宽度的规定。在颁布有关领海宽度的专门规定前，马来西亚沿袭英国法，规定领海的宽度为 3 海里。为应对 1969 年 5 月 13 日发生的暴乱[2]，马来西亚宣布全国进入紧急状态，发布了一系列紧急令[3]。其中，1969 年 8 月 2 日发布的《第 7 号紧急（基本权力）法令》[Emergency (Essential Powers) Ordinance, No. 7 of 1969] 宣布其领海宽度为 12 海里[4]。2011 年

---

[1] Juita Ramli, *A New Maritime Legal Regime for Malaysia Within the Context of Ocean Governance*, Maritime Institute of Malaysia, 1998.
[2] 即"五一三"事件（马来语：Peristiwa 13 Mei，英语：13 May Incident），是马来西亚的一场种族冲突事件，爆发于 1969 年 5 月 13 日，并延续数个月。事件的起因是马来西亚反对势力在该年举行的第三届全国选举中获得 50.9% 的选票，第一次超越联盟政府（国民阵线之前身）。反对党在 5 月 11 日进入吉隆坡庆祝胜利并且游行。一些巫统的激进党员为之震怒，举行反示威。5 月 13 日，两派人马在街头短兵相接，最终演变成为流血大暴动。5 月 15 日，最高元首陛下应首相东姑阿都拉曼之请宣布全国进入"紧急状态"。
[3] "Malaysia: Ordinance No.1 of 1969, Emergency (Essential Powers)", Refworld, http://www.refworld.org/docid/3ae6b5604.html，最后访问日期：2018 年 5 月 5 日。
[4] 马来西亚在英属殖民地时期的领海是 3 海里。

11月24日，马来西亚国会宣布解除紧急状态。根据《马来西亚宪法》第150条第7款规定，自宣布解除紧急状态之日起六个月，根据紧急状态的宣布而颁布的任何法令，以及在紧急状态期间制定的（如不依据紧急状态条款不能制定的）任何法律，均应停止生效。为取代于2012年5月24日失效的《第7号紧急（基本权力）法令》[1]，2012年6月22日，马来西亚颁布了《领海法》（Territorial Sea Act，TSA）。

《领海法》在领海宽度问题上没有变化，与此前的领海相关法律相比，最主要的修改是《领海法》第3条规定的分权之海的内容，即将沙捞越段和沙巴段的12海里领海分为沙捞越和沙巴享有领海权益的3海里与联邦政府享有领海权益的9海里两个区域。但分权治海的条款引发了沙捞越和沙巴的不满[2]。沙捞越和沙巴依据《马来西亚宪法》第2条的规定主张，州界限的限缩没有经过法定的程序，所以违宪。但在实际操作中，领海法的颁布并没有受到上述争议的影响[3]。

对于领海基线，马来西亚于1969年宣布其领海宽度的同时没有给出其领海基线的具体基点坐标。2006年颁布并于2007年5月1日正式生效的《马来西亚海洋区域基线法》（Baselines of Maritime Zones Act 2006）第4条保留了适用直线基线的权利，第5条规定采用与低潮线一致的正常基线。据此，有学者认为马来西亚采用了混合基线法。但马来西亚未依该法要求在政府公报上公布基点坐标和基线地图[4]。因此，外界并不清楚马来西亚是否实际采取了直线基线以及其直线基线的具体范围。

2. 划定专属经济区的法

第三次联合国海洋法会议结束前，马来西亚于1980年4月25日宣布建立200海里专属经济区[5]。有学者认为，其目的在于造成既成事实，以便在此后的海洋划界和海洋争端中处于有利地位[6]。《联合国海洋法公

---

[1]《六新法案及修正案提呈 领海新法案建议领海范围12海里》，载星洲网，http://www.sinchew.com.my/node/1268148，最后访问日期：2018年5月5日。
[2]《進步黨代表沙人民反對領海法令 伊力：陳泓縑不懂亂說》，载沙巴进步党官网，https://www.sapp.org.my/cn/article/2018/05/08/4777，最后访问日期：2018年5月5日。
[3] 菲利斯黄：《领海法无效吗？》，载星洲网，http://www.theborneopost.com/2016/10/30/territorial-sea-act-null-and-void/，最后访问日期：2018年5月5日。
[4] 廖雪霞：《南海周边国家海洋划界协议研究》，载《国际法研究》2015年第6期，第35—36页。
[5] "Proclamation of the Economic Zone of 25 April 1978"，http://www.un.org/depts/los/LEGISLATIONANDTREATIES/PDFFILES/MYS_1978_Proclamation.pdf，最后访问日期：2018年5月5日。
[6] 肖建文：《国际机制与马来西亚海权的建构及维护》，暨南大学2010年博士学位论文。

约》颁布后，马来西亚于1984年颁布了《专属经济区法》（Exclusive Economic Zone Act）。由于早前颁布的《大陆架法》篇幅较短，只规定了大陆架的定义和石油等矿产勘探的相关内容，《专属经济区法》除规定了专属经济区的相关事项外还规定了在大陆架进行科研、铺设电缆等其他活动的相关内容[1]。

3. 划定大陆架的法

1958年在日内瓦召开的国际海洋会议产生了《大陆架公约》（Convention on the Continental Shelf）。1960年，马来西亚加入《大陆架公约》。1966年7月28日，马来西亚颁布《大陆架法》（Continental Shelf Act），宣布其大陆架宽度为200海里。随后马来西亚在东西海域设立"矿区"，租让给外国公司进行勘探和开发。参照《大陆架公约》第1条和第2条的规定，马来西亚制定了关于大陆架及大陆架权利的法律法规。1979年12月21日，马来西亚出版的领海与大陆架疆域的新地图将我国司令礁（Commodore Reef）、破浪礁（Gloucester Breakers）、南海礁（Mariveles Reef）、安波沙洲（Amboyna Cay）、南乐暗沙（Nanle Ansha）、校尉暗沙（North East Shoal）一线以南的南沙群岛地区（包括12个岛礁）划入马来西亚版图，对南沙群岛提出领土主权要求[2]。2009年5月6日，马来西亚和越南向大陆架界限委员联合提交关于两国外大陆架划界案，将我国南海"断续线"内大部分海域划入马来西亚和越南的外大陆架范围。

（二）港口与航运相关立法

在殖民地时期，马来西亚在1963年建国前已经颁布了与港口和航运相关的法，包括：1950年《海上货物运输法》（Carriage of Goods by Sea Act 1950）、1953年《联邦灯塔税法》（Federation Light Dues Act 1953）、1955年《槟城港口委员会法》（Penang Port Commission Act 1955）等。建国后，为管理有关事项，马来西亚国会颁布的法包括：1981年《民都鲁港务局法》（Bintulu Port Authority Act 1981）、1990年《港口（私有化）法案》[Ports (Privatization) Act 1990]、1994年《商船（油污污染）法》[Merchant Shipping (Oil Pollution)]等（参见附录16）。

---

[1] 除专属经济区外，该法第1条、第2条、第5条、第8条、第16—22条和第40—42条对大陆架的相关事项进行了规定。
[2] 《大事记》，载中国南海网，http://www.thesouthchinasea.org.cn/events.html，最后访问日期：2018年5月5日。

（三）石油相关立法

马来西亚的石油主要是海洋石油，直到2013才首次在陆地发现石油[1]。因此，其目前的石油相关立法主要是针对海洋石油的。马来西亚关于石油和相关活动的法律法规包括：1966年《石油开采法》（Petroleum Mining Act 1966）、1967年《石油（所得税）法》[Petroleum (Income Tax) Act 1967]、1974年《石油发展法》（Petroleum Development Act 1974）、1974年《石油条例》（Petroleum Regulations 1974）、1984年《石油（安全措施）法》[Petroleum (Safety Measures) Act 1984]和《马来西亚国家石油公司许可准则》（Petronas Licensing Guidelines）等（见附录22）。

《1974年石油发展法》改变了马来西亚的石油开发模式，引发了争议。根据联邦和各州的宪法，各州的自然资源归州所有。为接管各州的石油和天然气资源，联邦政府赋予马来西亚国家石油公司在马来西亚境内搜寻、勘探和加工石油的特殊权利。国家石油公司与各州签订合同，在各州开采石油要向各州缴纳5%的石油税[2]。马来西亚产油的4个州对5%的"补偿"额度非常不满。沙捞越在谈判过程中曾寻求获得国家石油公司的股权，但未成功。2014年5月7日，沙捞越又寻求将5%的石油税提高到20%，也未能成功[3]。现实运行过程中即使税率只有5%，国家石油公司还是长期拖欠税款，吉兰丹州和登嘉楼州政府都曾在高等法庭起诉国家石油公司和中央政府拖欠石油税[4]。据报道，沙捞越首席部长[5]阿邦佐哈里透露，从2018年7月开始国家石油公司不能再像过去一样在沙捞越"运作自如"。2018年3月6日，阿邦佐哈里在主持沙捞越政府所属的沙捞越石

---

[1] Arno Maierbrugger, "Rich Oil Deposits Discovered In Sarawak", Investvine, http://investvine.com/rich-oil-deposits-discovered-in-sarawak/, May 5, 2018.

[2]《1974年石油发展法令》，载马来西亚民主行动党官网，https://dapmalaysia.org/cn/statements/2013/01/12/4693/，最后访问日期：2018年5月5日。

[3] 其未成功的原因可能与2014年国际原油价格暴跌有关。参见《沙诉求成范例，丹州也要20%石油税》，载星洲网，http://www.sinchew.com.my/node/1386331，最后访问日期：2018年5月5日。

[4] 吉兰丹政府曾于2010年8月30日向高等法庭起诉国家石油公司和中央政府违约，追讨国家石油公司自1998年起拖欠的石油税。伊党曾在2000年代表登嘉楼政府向高等法庭起诉联邦政府没有根据1975年签署的合约缴付5%的石油税。国民阵线于2008年重夺登州政权后，联邦政府决定重新支付石油税。但州政府坚持联邦政府需支付搁置9年高达28亿令吉的石油税，拒绝后者提出的偿还17亿令吉的提议。最后，国家石油公司同意在2013年3月支付欠款。

[5] 沙捞越首席部长是马来西亚沙捞越的政府首脑。按惯例，首席部长由沙捞越州议会（Dewan Undangan Negeri Sarawak）的多数党领袖来担任。

油与天然气公司（Petros）新大厦的开幕式时表示，从当年7月开始，沙捞越政府开始履行州宪法赋予州政府的权力，全权掌握石油和天然气这两种矿产资源，国家石油公司再也不能不经州政府的同意就委任承包商。阿邦佐哈里在全国大选临近时发表的这番谈话被认为是在向联邦政府施压[1]。

（四）渔业相关立法

目前，马来西亚渔业基本法律制度由以下三部法构成（参见附录17）：设立了马来西亚渔民协会的1971年《渔民协会法》（Akta Persatuan Nelayan 1971），规定了加入渔业发展管理局程序以及与该局有关事项的1971年《马来西亚渔业发展管理局法》[Akta Lembaga KemajuanI kan Malaysia (LKIM) 1971]和规定马来西亚渔业水域、内河渔业、海洋维护管理和开发事项的1985年《渔业法》（Akta Perikanan1985）。

（五）海上执法相关立法

马来西亚政府于1999年4月进行的一项研究表明其海事相关执法机构职能重叠，导致执法效率低下，政府决定建立一个新的海事执法局，马来西亚2004年颁布《马来西亚海事执法机构法》（参见附录18）。该法旨在建立马来西亚海事执法局履行执法职能，以确保马来西亚海域的安全，保护该区域内的海事利益和马来西亚的其他国家利益。

（六）沙巴港口和码头局相关立法

根据《马来西亚宪法》，沙巴议会拥有港口和15吨以下船舶相关事项的立法权，其制定的法律有：2002年《港口和码头法》（Enakmen Dan Peraturan Dermaga 2002）和2008制定的一系列港口和码头条例。2002年《港口和码头法》规定要颁布相关条例，以管理沙巴港口和浅海岸相关事项、15吨以下船舶在港口和河流的相关事项、水上交通相关事项。2008年，负责管理港口和码头事项的部长[2]制定了8个条例。沙巴的1960年《商船条例》是在脱离殖民统治前制定的。加入马来西亚后，该法对与英国船只有关的条款进行了修改。依据该条例，该州还制定了很多附属法

---

[1]《"今年7月开始须听州政府的"砂首长向国油宣示主导权》，载透视大马网，https://www.themalaysianinsight.com/chinese/s/41669/，最后访问日期：2018年5月5日。沙捞越没有参加此次大选，该州已于2016年举行过州议会的选举。
[2] 该法第15条第1款赋予了负责管理港口和码头事项的部长制定相关条例的权力。

例，相关附属法例信息详见附录19。

（七）沙捞越海洋渔业局相关立法

1960年《沙捞越商船条例》[Merchant Shipping Ordinance 1960 (Sarawak)]是经英国女王同意后由沙捞越总督通告颁布的。沙捞越参组成立马来西亚后，对该法进行了部分修改[1]。沙捞越还制定了很多渔业条例，条例目录见附录20。

---

[1] 将其中有关英国商船的语句进行了删改。

四、缔结和加入的国际海洋法条约

（一）《联合国海洋法公约》

1958年2月24日至4月27日，联合国在日内瓦召开第一次海洋法会议，达成了四项公约，即《领海及毗连区公约》（Convention on the Territorial Sea and the Contiguous Zone）、《大陆架公约》、《公海公约》（Convention on the High Seas）和《捕鱼及养护公海生物资源公约》（Convention on Fishing and Conservation of the Living Resources of the High Seas）。1960年12月21日，马来西亚加入上述四项公约。1973年联合国在纽约再度召开会议，预备制定一项全新条约以涵盖早前的四项公约。1982年，经过漫长的会议，各国代表达成共识，制定了《联合国海洋法公约》。马来西亚于1982年12月10日签署该《公约》。

1990年，联合国秘书长发起了一个非正式协商进程，讨论各国批准《联合国海洋法公约》的相关事宜。他建议各国批准《公约》，但是也承认与深海底采矿有关的某些规定阻碍了一些国家批准《公约》。为协商有关问题，1990年至1994年秘书长主持了15次会议。在1994年7月28日举行的第15次会议上，达成了《关于执行1982年12月10日〈联合国海洋法公约〉第十一部分的协定》（Agreement Relating to the Implementation of Part XI of the United Nations Convention on the Law of the Sea of 10 December 1982）。在第60份批准书交存12个月后，《联合国海洋法公约》于1994年11月16日生效。在第40份批准书交存30天后，《关于执行1982年12月10日〈联合国海洋法公约〉第十一部分的协定》于1996年7月28日生效。马来西亚于1996年10月14日批准该公约。

马来西亚批准《联合国海洋法公约》时发布了一份声明（参见附录21），重申了以下主张：禁止其他国家以武力威胁其领土完整，其他国家无权在马来西亚领海或专属经济区进行军事演习，《联合国海洋法公约》第22条和第23条有关核动力船舶的限制通过的规定，第233条有关深水船舶和超级油轮船队的限制通过的规定，第56条和第76条有关单一海洋划界的规定以及考古和历史性文物不得被移走的规定。

(二)港口航运相关条约

作为一个海洋航运大国,马来西亚加入了众多与港口航运相关的条约[1]。这些公约包括:与防止海洋污染有关的 8 个公约,例如《国际控制船舶有害防污底系统公约》(International Convention on the Control of Harmful Anti-Fouling Systems on Ships)等;与赔偿和责任有关的 4 个公约,例如 2007 年《内罗毕国际船舶残骸清除公约》(Nairobi International Convention of Removal of Wrecks, 2007)等;与航行安全有关的 7 个公约,例如 1972 年《国际海上避碰规则公约》[Convention on the International Regulations for Preventing Collisions at Sea (COLREG) 1972]等;其他 3 个条约,例如 2006 年《海事劳工公约》(Maritime Labour Convention 2006)等。

---

[1] 详细信息见附录 23。

五、海洋争端解决

（一）通过协议解决的海洋争端

1. 马来西亚—印尼大陆架划界协定

马来西亚和印尼政府于1969年10月27日签订了《印度尼西亚共和国与马来西亚关于两国大陆架划界协议》[1]。协定的主要实体内容包括：第一，两国主管机关共同确定划分大陆架边界的地理坐标，并以其连线作为两国在马六甲海峡和南海大陆架的边界；第二，两国政府应采取必要的国内程序，确保遵守本协定的条款；第三，本协定不应以任何方式影响两国政府将来可能达成的确定两国领海边界的协定；第四，如果存在跨界的单一油气地质构造，两国政府应就最有效开发利用此构造的方式进行协商；第五，两国应通过协商或谈判方式，和平解决本条约解释和实施过程中产生的任何争端[2]。

根据该协议，马来西亚和印尼确定了3条划界线，划分了在马六甲海峡和南海的大陆架。位于南海部分的划界线有两段，分别是西段，即西马来西亚东侧海岸近岸海域，和东段，即沙捞越近岸海域。西段有9个折点，分别是折点11至折点19。东段有5个折点，分别是折点20至折点25。在该协议中，两国基于印尼的纳土纳群岛和马来西亚沙捞越北部达都角所划定的大陆架界线，进入中国的南海"断续线"以内，损害了中国的利益[3]。

2. 马来西亚—印尼领海划界协定

1970年3月17日，马来西亚和印尼签署了划分双方在马六甲海峡领海的协定，确定了两国在马六甲海峡特定区域内的领海边界。该领海划界协定经过两国的宪法程序批准后，于1971年3月10日经两国换文生效。

---

[1] "Agreement between the Government of Malaysia and the Government of Indonesia on the Delimitation of the Continental Shelves Between the Two Countries, 27 October 1969", UN, http://www.un.org/depts/los/LEGISLATIONANDTREATIES/PDFFILES/TREATIES/MYS-IDN1969CS.PDF, May 5, 2018.

[2] 赵伟：《南（中国）海周边国家协议解决海域划界争端的实践及其对中国的启示》，载《中国海洋法学评论》2013年第1期，第137—142页。

[3] 廖雪霞：《南海周边国家海洋划界协议研究》，载《国际法研究》2015年第6期，第35—36页。应说明的是，根据该协议，西段有10个折点（折点11—20）东段有5个折点（折点21—25）。廖文与协议内容有所出入。

这一换文为1971年马来西亚、印尼和新加坡三国联合声明奠定了基础。协定的实体内容主要包括：第一，两国按照双方直线基线的中间线来确定两国在马六甲海峡内（101°00.2′E，02°51.6′N 到 103°22.8′E，01°15.0′N）的领海边界，还就不适用中间线的个别区域作出了限定；第二，边界的地理坐标应当由双方授权官员共同确定；第三，两国承诺确保采取必要的国内措施，以遵守本协定的条款；第四，解释和实施本协定而产生的任何争端，两国均应秉持善意，通过协商或谈判解决。

对于印尼来说，该划界条约为其成为《联合国海洋法公约》中的群岛国铺平了道路。有学者认为，马来西亚当时愿意帮助印尼谋求群岛国地位的原因是它认为当时两国所签订的划界协议将会形成事实上的"单一海洋划界"。但是当1996年《联合国海洋法公约》生效后，印尼并没有认同马来西亚单一海洋划界的主张，而是表示要就马六甲海峡专属经济区的边界与马来西亚另行谈判[1]。

3. 印尼—马来西亚—泰国大陆架划界协定

1971年12月17日至21日，马来西亚、印尼和泰国之间签署了两个大陆架边界协定。第一个协定是三国共同签署的，确定了三国在马六甲海峡北部的大陆架边界。第二个协定是印尼和泰国的双边协定，确定了两国在安达曼海的大陆架边界。这两个协定的谈判协商是同时进行的，并且内容互相关联，二者主要内容包括[2]：首先，三国在此海域的大陆架边界均从5°57.0′N、98°01.5′E这一地理坐标开始。这一坐标也是三国确定的"共同第三点"。协定还明确规定了一些确定三国之间大陆架边界的地理坐标。这些坐标和共同第三点的连线就是各国在马六甲海峡北部的大陆架边界以及印尼和泰国在安达曼海的大陆架边界。这些大陆架边界基本是按照各国直线基线的"等距离—中间线"来确定，并在存在特殊情况的个别海域作出调整。其次，三国应采取必要的国内措施，确保该协定得到遵守。再次，如果存在单一油气地质构造，各国政府应就最有效开发利用这些构造的方式寻求达成协议。最后，因解释和实施该协定而产生的任何争端，应通过协商或谈判和平解决。

---

[1] B.A. Hamzah, V.L. Forbes, J.A. Jalil, M.N. Basiron, "The Maritime Boundaries of Malaysia and Indonesia in the Malacca Strait: An Appraisal", *Australian Journal of Maritime & Ocean Affairs*, 2014, 6, pp.207-226.

[2] 赵伟：《南（中国）海周边国家协议解决海域划界争端的实践及其对中国的启示》，载《中国海洋法学评论》2013年第1期，第137—142页。

4. 马来西亚—泰国的领海和大陆架划界协定

1979年10月24日，马来西亚与泰国签订了《泰国与马来西亚关于两国领海划界的协定》[1]及《泰国和马来西亚关于泰国湾两国大陆架划界的谅解备忘录》[2]。其中关于领海的划界协定的主要内容包括：第一，泰国和马来西亚领海的边界应为连接6°14′5″N、102°05′6″E 到 6°27′.5″N、102°10′.0″E 的地理坐标的直线；第二，前款规定的坐标是根据3961号英版海图（British Admiralty Chart）得出的；第三，上述坐标的海上实际位置，应由双方主管当局协商一致确定；第四，双方因解释或执行本协定而产生的任何争端，应通过协商或谈判和平解决。

谅解备忘录的主要内容总结如下：第一，马来西亚与泰国之间的泰国湾大陆架的边界由连接6°27′5″N、102°10′0″E，6°27′8″N、102°09′6″E，6°50′0″N、102°21′2″E 的坐标的直线组成。第二，上述坐标是参照坐标为6°16′6″N、102°03′8″E 的名为 Kuala Tabar[3] 的点确定的。第三，前款规定的划界要点的坐标是从英版海图第3961号得出的地理坐标。上述坐标的海上实际位置，应由双方主管当局协商一致确定。第四，两国政府应继续谈判，完成泰国湾两国大陆架边界的划界。第五，如果边界线上存在单一油气地质构造或矿场或任何性质的矿床，两国应协商解决，有效利用，产生的所有费用和收益应公平分摊。

5. 马来西亚—新加坡在柔佛海峡的划界协定

柔佛海峡（英语：Straits of Johor，马来语：Selat Johor）是新加坡和马来西亚柔佛州之间的水道，长52公里，宽1—5公里。1965年新加坡独立时，两国约定以1927年所划定的"假想线"为国界。1995年8月7日两国正式签订协定，划分出柔佛海峡水域的准确国界线。这条国界线将不会随航行水道的改变而变动，也不受未来发展计划的影响[4]。划界协定的主要内容包括：第一，两国在柔佛海峡的领海的划界线是由47个坐标点连接的线段构成。第二，划定划界线的地理坐标的经纬度是根据修

---

[1] 该协定的生效日期为1982年7月15日，在联合国的注册号为21270，注册日期为1982年10月7日。"Treaty between the Kingdom of Thailand and Malaysia relating to the Delimitation of the Territorial Seas of the Two Countries 24 October 1979", UN, http://www.un.org/depts/los/LEGISLATIONANDTREATIES/PDFFILES/TREATIES/THA-MYS1979TS.PDF，May 5, 2018.

[2] 该协定的生效日期为1982年7月15日，在联合国的注册号为21271，注册日期为1982年10月7日。

[3] 该点是英国和暹罗于1909年3月10日在曼谷签署边界议定书的附件中提及的陆地边界点。

[4] 《柔佛海峡》，载豆丁网，https://www.docin.com/p-684756197.html，最后访问日期：2018年5月5日。

正的Kertau基准（Kertau Datum）、埃弗勒斯椭球体（马来亚）[Everest Spheroid (Malaya)]和马来西亚RSO系统（Rectified Skew Orthomorphic Projection）确定的。第三，上述地理坐标由两国的主管部门负责人及其指定的人共同负责确定。两国主管部门分别为马来西亚测绘局和新加坡国防部地图局。第四，任何与本协定有关的争议应通过协商解决。

6. 马来西亚—文莱2009年换文

2009年3月16日，马来西亚总理和文莱苏丹在文莱首都斯里巴加湾市签署换文（Exchange of Letter）。据此，文莱正式放弃对东马来西亚沙捞越林梦地区的领土要求，马来西亚则向文莱让渡了南通礁附近的两个产油区的开采权。同时，马来西亚放弃对争议海域的主权要求，即争议海域的"资源性主权利益"归文莱所有。林梦地区主权争端的解决为两国关系的推进扫除了最大的障碍[1]。虽然马来西亚和文莱国内对这份协议都存在不满的情绪[2]，但两国依然依据该换文展开了进一步的合作。2012年3月20日，马来西亚与文莱在马来西亚布特拉贾亚签订合作备忘录，进一步巩固双方就争议领土划分达成的共识。双方在合作备忘录中指出，两国领土划分原则上遵循双方在1920年至1939年间签署的5份协议，对于协议中未提及的区域，双方将根据分水岭原则划分[3]。从马来西亚和文莱政府于2009年3月16日发布的联合公告来看，划界协议涉及四大事项：第一，两国之间领海、大陆架和专属经济区的划界。第二，在婆罗洲岛近岸建立石油共同开发区和"商业安排区"（Commercial Arrangement Area）。第三，确定马来西亚与文莱的陆地边界。第四，确保马来西亚国民往返沙捞越经过文莱海域的通行权。虽然换文的内容尚未披露，但从协议涉及的内容来看，两国的划界区域应位于中国南海"断续线"以内[4]。

（二）通过国际司法机构解决的海洋争端

1. 马来西亚诉新加坡围海造地案

马来西亚、新加坡两国间仅相隔一条1400米宽的柔佛海峡，两国于

---

[1] 肖红：《文莱和马来西亚争端的起源与发展》，载道客巴巴，http://www.doc88.com/p-5894921799160.html，最后访问日期：2018年5月5日。
[2] 赵伟：《南（中国）海周边国家协议解决海域划界争端的实践及其对中国的启示》，载《中国海洋法学评论》2013第1期，第151—152页。
[3] 《文莱与马来西亚就争议领土划分签署合作备忘录》，载中国驻文莱大使馆官网，http://www.fmprc.gov.cn/ce/cebn/chn/jmwl/t915873.htm，最后访问日期：2018年5月5日。
[4] 廖雪霞：《南海周边国家海洋划界协议研究》，载《国际法研究》2015年第6期，第35—36页。

1995年划分了该水域的界限。新加坡于2000年6月和11月分别在柔佛海峡西面的大士（Tuas）和东面的德光岛（Pulau Tekong）进行填海工程。这种做法引起了马来西亚的不满。自2002年1月18日以来马来西亚多次向新加坡发出通告进行抗议。[1] 2003年7月4日，马来西亚通知新加坡，马来西亚将根据《海洋法公约》提起仲裁。同年9月5日在按照《海洋法公约》附件VII设立仲裁庭之前，马来西亚向国际海洋法法庭（International Tribunal for the Law of the Sea, ITLOS）提出针对新加坡的行为规定临时措施的请求[2]。

马来西亚认为起诉书所附的报告表明填海项目已经对海洋环境造成危害，使得海洋流动状况和沉降情况发生变化，并将影响海岸侵蚀。在航海、码头和其他建筑物的稳定性方面也会产生影响，特别是对马来西亚普拉雷克（Pularek）海军基地有影响。新加坡认为根据《海洋法公约》第290条第5款，只有情况紧急且必要才能规定临时措施，亦即：第一，工程将会令其海洋环境面临严重损害的风险；第二，这种损害是不可逆转且无法补偿的；第三，根据《海洋法公约》附件VII设立的仲裁法庭组成之前，这种损害必须已经发生；第四，被告为对抗原告的诉求所承担的义务和成本应与原告所主张的可能的损害相当。因此，马来西亚的环境损害报告缺乏科学性，与实际情况不符，不能作为采取临时性措施的依据。海洋法法庭认为，《海洋法公约》第290条第5款规定只有情况紧急且有此必要才可以规定、修改或撤销临时措施。本案中，马来西亚不能证明该填海工程将对马来西亚的生态环境造成不能弥补的损害，不能说明该工程将令马来西亚生态环境处于紧急状态，因此不能对新加坡采取中止工程的临时措施。

关于临时措施，海洋法法庭于2003年10月8日围绕双方争议焦点作出判决。海洋法法庭认为该仲裁庭管辖权成立，同时海洋法法庭有权在仲裁庭组成之前提出临时措施。马来西亚不能证明该填海工程将对马来西亚

---

[1] 熊良敏：《马来西亚诉新加坡围海造地案》，载《中国海洋法学评论》2005年第1期，第195—198页。
[2] 具体要求如下：首先，新加坡应立即停止在柔佛海峡及其周边的填海工程；其次，新加坡应向马来西亚提供目前和计划进行的活动的完整资料；再次，新加坡应让马来西亚有充分机会去评估这项填海活动及其潜在影响；最后，新加坡应同意与马来西亚谈判任何其他的未解决的问题。"Press Release: Disputeover Land Reclamation Activities In and Aroundthe Straitsof Johor (Malaysiav. Singapore) Request for Provisional Measures Submittedby Malaysia", ITLOS, https://www.itlos.org/fileadmin/itlos/documents/press_releases_english/PR_No.80.pdf, May 5, 2018.

的生态环境造成不能弥补的损害,不能说明该工程将令马来西亚生态环境处于紧急状态,因此不能对新加坡采取中止工程的临时措施。但是法庭在最终的判决中规定了其他措施对新加坡的围海工程进行了一定的限制,并附加了特定的注意义务[1]。海洋法法庭关于临时措施的判决的主要内容包括:第一,法庭命令双方成立一个独立专家组,编写关于活动影响的报告;第二,马来西亚和新加坡应当建立机制,交换有关围海造陆工程的信息并随时评估其风险和影响;第三,法庭指令新加坡不得以可能对马来西亚权利造成不能弥补的损害或对海洋环境造成严重损害的方式进行其围海造陆活动;第四,双方应就履行判决的情况,在 2004 年 1 月 9 日以前向海洋法法庭提交报告[2]。

2005 年 4 月 26 日,马来西亚和新加坡签署了一项协议解决两国之间的争端,2005 年 9 月 1 日,按照该协议对管辖权的约定,常设仲裁法院(Permanent Court of Arbitration, PCA)认为其对该案有管辖权并作出终局裁决。该协议主要包括如下内容:第一,落实两国共同组建的专家组报告的建议;第二,新加坡向马来西亚保证,即使在德光岛填海之后,瓜拉柔佛(Kuala Johor)和卡特尔港(Catder Harbour)的船舶也将安全通行,不会受到上述填海工程的不利影响;第三,双方同意将柔佛海峡环境保护相关事宜纳入马来西亚—新加坡环境联合委员会(MSJCE)的职权范围;第四,本协议将最终全面解决土地复垦和与此有关的其他问题的争端,双方一致要求常设仲裁法院采用本协议作出终局裁决[3]。

2. 白礁岛主权争议案

白礁岛又称白礁,位于新加坡海峡东面入口处的南中国海水域。新马两国的白礁岛主权纠纷肇始于 1979 年马来西亚出版的领海与大陆架界限图,该地图明确将白礁岛划入马来西亚领海。1989 年,新加坡提议将此问题提交国际法院解决。在 1993 年 2 月的政府间会谈中,新加坡亦提出中岩礁和南礁的主权归属问题,认为中岩礁和南礁主权应属于拥有白礁岛

---

[1] "Press Release Order in the Case Concerning Land Reclamation by Singapore In and Aroundthe Straits of Johor (Malaysiav. Singapore)", ITLOS, https://www.itlos.org/fileadmin/itlos/documents/press_releases_english/PR_No.84.pdf, May 5, 2018.

[2] "Press Release Order in the Case Concerning Land Reclamation by Singapore In and Aroundthe Straits of Johor (Malaysiav. Singapore)", ITLOS, https://www.itlos.org/fileadmin/itlos/documents/press_releases_english/PR_No.84.pdf, May 5, 2018.

[3] International Arbitral Awards, Case Concerning Land Reclamation by Singapore In and Around the Straits of Johor (Malaysia v. Singapore), International Arbitral Awards, 2007, pp.133-146.

主权的国家。1994年，时任新加坡总理吴作栋与时任马来西亚总理马哈蒂尔举行会谈后，宣布双方同意通过法律途径，把此项争议提交国际法院审理。但是，马来西亚对于落实会谈的内容一直犹豫不决。直到2002年，马来西亚在利吉丹岛和西巴丹岛主权纠纷案中获胜，才最终下定决心将白礁岛纠纷提交国际法院。2003年2月6日，新马两国政府签署特别协定。同年5月9日，两国批准了双方签署具有约束力的特别协定，限期把白礁岛、中岩礁和南礁的主权归属问题交由国际法院裁决。依据新马两国的特别协定，2003年7月24日，白礁岛、中岩礁和南礁主权纠纷被正式提交给国际法院审理[1]。

国际法院经审理认为，尽管新加坡主张在19世纪时白礁岛是无主地，但是，一系列的证据表明白礁岛本属于柔佛苏丹王朝，这个"古老"的主权可从柔佛苏丹统治（Orang Laut）得到证明。然而1844年后情况发生了变化，特别是1852年至1853年间，英国殖民当局在白礁岛修建霍斯堡灯塔，对其进行了一系列行使主权的行为，这些活动均为公开进行，且直到1979年并未遭到马来西亚反对，因此表明了新加坡对该岛的主权。

白礁岛案中，国际法院判决新加坡拥有白礁岛主权的主要理由在于：新加坡自19世纪80年代以来一直对该岛进行有效控制，行使主权。新加坡认为，150多年来自己一直对白礁岛进行有效控制，而马来西亚尽管声称拥有对该岛屿的主权，但并未实际行使主权。因此，马来西亚无法主张对白礁岛的主权。事实上，马来西亚在2002年同印尼对利吉丹岛和西巴丹岛的领土争端中，也是以印尼从未对两岛屿行使主权为由，认为其不拥有对两岛的主权。为了论证新加坡对白礁岛的有效控制，新加坡出示了大量的证据。例如，1974年3月，马来西亚官员一行征得新加坡的许可后，前往白礁岛进行潮汐视察。当时，马来西亚海军按照新加坡的要求提供了登岛官员的姓名、护照号码和登岛视察的时间等详细资料。若白礁岛是马来西亚的领土，则马来西亚官员登岛就不需新加坡的许可。此外，1978年，有两名马来西亚调查局的官员在未通知任何人的情况下登上白礁岛，但新加坡的灯塔管理员告诉他们必须先获得新加坡港务局的批准，才可在岛上逗留。这种入境许可显然是新加坡行使主权的表现。这些证据一方面表明白礁岛是在新加坡的有效控制之下，另一方面，也表明马来西

---

[1] 刘能治、王晓明：《新加坡、马来西亚岛屿主权纠纷案述评》，载《中国审判》2009年第11期，第86—89页。

亚的有关官员认可了新加坡对白礁岛行使有关行政权力并对其有效控制这一事实。

历史上，殖民地秘书在1953年6月12日给柔佛苏丹的英国顾问的信函中请求对方提供白礁岛主权的资料，以便确定"殖民地的领海"界线。而代理柔佛州州务大臣在1953年9月21日的回信中指出："柔佛政府没有这个岛屿的所有权。"因此，法庭认为，这一信件以及内容的诠释对于确定白礁岛主权的归属十分关键。柔佛的回复显示其并没有白礁岛的主权。根据禁止反言原则，该国不能再主张对该岛的主权[1]。

2008年5月23日，位于荷兰海牙的国际法院判决白礁岛主权属于新加坡。同时，法院裁决白礁岛附近的中岩礁主权属于马来西亚，南礁主权视其所属海域而定。判决结束了历时近30年的新马两国白礁岛主权纠纷。

2016年8月4日至2017年1月30日，马来西亚在英国国家档案馆发现自己认为可作为决定性事实的三份文件，即1958年新加坡殖民当局的内部通信、1958年英国海军军官提交的事故报告和一份20世纪60年代的海军作战地图。《国际法院规约》第61条[2]规定，若要申请复核判决，则需存在判决时法院及双方当事国不知晓的新的决定性事实。2017年2月2日，马来西亚依据第61条提交了复核判决的申请。

《国际法院规约》第60条规定，国际法院的判决是终局的，不得上诉，若因判词的含义和范围产生争议，经任一当事方请求，法院应给予解释。2017年6月30日，马来西亚提交申请请求法院解释其2008年对该案作出的判决。在该申请中，马来西亚指出，由于两国无法对判决中的"白礁岛的主权属于新加坡"[3]和"南礁的主权属于其所在区域所属的国家"[4]的涵义达成一致，为执行裁决设立的联合技术委员会（Joint Technical

---

[1] 王秀梅：《白礁岛、中岩礁和南礁案的国际法解读》，载《东南亚研究》2009年第1期，第19—25页。

[2] 第61条：一、申请法院复核判决，应根据发现具有决定性之事实，而此项事实在判决宣告时为法院及申请复核之当事国所不知者，但以非因过失而不知者为限。二、复核程序之开始应由法院下以裁决，载明新事实之存在，承认此项新事具有使本案应予复核性质，并宣告复核之申请因此可予接受。三、法院于接受复核诉讼前得令先行履行判决之内容。四、申请复核至迟应于新事实发现后六个月内为之。五、申请复核自判决日起逾十年后不得为之。

[3] 英文原文为"sovereignty over Pedra Branda/Pulau Batu Puteh belongs to Singapore"。

[4] 英文原文为"sovereignty over South Ledge belongs to the State in the territorial waters of which it is located"。

Committee）于 2013 年 11 月陷入僵局，无法继续履行职责[1]。2018 年 5 月 28 日，马来西亚通知法院两国同意中止程序。新加坡于次日确认此事。2018 年 5 月 29 日，法院发布两份命令分别记录了复核程序的中止和解释程序的中止，并指示将该案从案件列表中删除[2]。

3. 利吉丹岛和西巴丹岛案

利吉丹岛（Palau Ligitan）和西巴丹岛（Palau Sipadan）是两个位于西里伯斯海的小岛。两岛都位于婆罗洲岛海岸东北侧，前者距婆罗洲岛 21 海里，后者距离约 15 海里[3]。马来西亚和印尼长期对利吉丹岛和西巴丹岛的主权归属问题存在争议。1997 年 5 月 31 日两国在吉隆坡签署了一项特别协定，将争端提交国际法院。法院于 1998 年 11 月 2 日立案，于 2002 年 12 月 17 日作出裁决。[4]

对于利吉丹岛和西巴丹岛的主权归属，印尼认为自己拥有完全主权，其依据为英国和荷兰之间在 1891 年 6 月 20 日为了"确定荷兰在婆罗洲岛上的领地与处于英国保护下的岛屿上国家之间的边界"而缔结的《专约》，依据该《专约》第 4 条，两个争议岛屿属于印尼。印尼还提出了一系列与荷兰和印尼人依其传统所有权的有效占领相关的证据。在口头听证中，印尼进而变通地主张，如果法院驳回其依据 1891 年《专约》的所有权，那么它仍可作为布伦干苏丹国[5]（Sultan of Bulungan）的继承人对两个争议岛屿拥有主权。

马来西亚也主张自己拥有完全主权，其依据是在前君主苏禄苏丹国[6]最初拥有的所有权经过一系列的传递之后，马来西亚取得对两个争议岛屿的主权。马来西亚主张，根据这一系列法律文书证实了英国和马来西亚对

---

[1] "Overview of the Case", ICJ, http://www.icj-cij.org/en/case/170, May 5, 2018.
[2] "Overview of the Case", ICJ, http://www.icj-cij.org/en/case/167, May 5, 2018.
[3] Fabio Spadi, "Pulau Ligitan, Pulau Sipadan: New Parameters for the Concept of Dependency in the Maritime Environment? The ICJ Judgment of 17 December 2002", *International Journal of Marine and Coastal Law*, 2003(2):295-310.
[4] 《国际法院判决书、咨询意见和命令摘要（1997—2002 年）》，http://www.icj-cij.org/files/summaries/summaries-1997-2002-ch.pdf，最后访问日期：2018 年 5 月 5 日。
[5] 布伦干苏丹国是印度尼西亚的一个王国，其大致位于印度尼西亚加里曼丹岛的北加里曼丹省。
[6] 苏禄苏丹国全称苏禄和平之家伊斯兰苏丹国，是苏禄人在 1457 年建立的伊斯兰苏丹国，国境位于今日菲律宾南部民答那峨穆斯林自治区西端的苏禄群岛，还有巴西兰省、塔维塔维省中间，巴拉望岛、婆罗洲北部及其他环苏禄海周围的群岛，现时分别属于民答那峨穆斯林自治区巴西兰省及民马罗巴区巴拉望省。苏禄苏丹国历史上与我国马来西亚及印尼有贸易关系。首都位于和乐。

这些岛屿的有效占领。它还变通地主张，如果法院断定两个争议岛屿最初属于荷兰，那么马来西亚的有效占领使其取代荷兰获得所有权。

1891年《专约》第4条规定："从4°10′N起，东海岸上的边界应继续向东沿着这条纬线，横穿塞巴蒂克岛；该岛位于这条纬线以北的部分应无条件属于英国北婆罗洲公司，而这条纬线以南部分属于荷兰。"双方对该条的解释存在争议。法院依据《维也纳条约法公约》对第4条进行了解释[1]，认为争议岛屿不在《专约》的划界范围内。因此划界专约不适用于本案。

法院认为，马来西亚和印尼主张继承争议岛屿论据不够充分，不能证明其通过继承取得了两个争议岛屿的主权。鉴于双方除国家继承以外均主张自己实施了有效占领，法院也对有效占领问题作出了裁决。法院援引了东格林兰法律地位案（丹麦诉挪威）指出，无人居住岛屿的经济重要性很小。而规章规定的行政行为只有在从其条款或效力来看显然与这个岛屿有关的情况下，才能作为有关争议岛屿的有效占领行为。法院指出，印度尼西亚的有效占领行为，没有一项具有法规或规章特征。而且，法院不能忽视划定印度尼西亚群岛基线的1960年2月8日第4号《印度尼西亚法令》及其随附地图。上述文件没有将两个争议岛屿作为其基点或转折点。对于印尼提出的荷兰海军和印尼海军的行为，法院认为，从中不能推断出有关海军当局认为两个争议岛屿及周围水域属于荷兰或印尼的结论。最后，印尼渔民的私人活动，如果不是依据正式规章或政府授权，就不能视作有效占领。法院得出结论，印度尼西亚所依据的活动并未反映其以主权名义行事的意图。

法院认为，大不列颠北婆罗洲公司（BNBC）对这两个岛屿进行行政管理，这一立场在1907年之后得到美国的正式承认，故这些行政管理活动不能忽视。对于灯塔，法院指出，灯塔一般不认为是国家权力的显示。但依据卡塔尔和巴林海洋划界和领土问题案（卡塔尔诉巴林），该行为可视为"以主权名义"实施的行为。法院认为，马来西亚自己和作为大不列颠继承国进行的活动揭示了马来西亚对这两个争议岛屿行使国家职能的意图。

---

[1] 法院注意到，印尼不是《维也纳条约法公约》的缔约国，但其未对《维也纳条约法公约》第31条和第30条提及的习惯法的适用提出异议。马来西亚是《维也纳条约法公约》的缔约国，1994年7月27日加入。

此外，法院注意到，马来西亚开展这些活动时印尼或其被继承国荷兰从未表达不同意见。印尼甚至没有在1962年和1963年向北婆罗洲殖民当局或马来西亚独立后的执政当局提醒那时在其认为属于印尼的领土上建造灯塔的问题。综合考虑本案的情况，并且尤其是考虑到双方提供的证据，法院在上述有效占领的基础上判定，马来西亚拥有两个争议岛屿的所有权。

菲律宾于2001年2月援引《国际法院规则》第53条第1项向国际法院请求向它提供当事各方已提交的书状和所附文件的副本，法院裁定不予准许。2001年3月，菲律宾援引《国际法院规则》第62条要求允许参加该案，但其并不要求成为该争端诉讼的一方，马来西亚和印尼均表示反对[1]。法院认为，菲律宾未能具体说明可能受到影响的具体的法律性质的利益，且未指明其法定利益可能会受到本案的影响，因此法院拒绝了菲律宾的请求。

（三）未决争端

1. 马来西亚、印尼在安巴拉特海的划界争端

安巴拉特海（Ambalat）位于加里曼丹岛东侧，是苏拉威西海的一部分。印尼和马来西亚在这一海域存在着错综复杂的划界纠纷。两国曾长期对于该海域的利吉丹岛和西巴丹岛归属问题存在争议。2002年，国际法院将两岛判归马来西亚。马来西亚据此认为两岛附近海域属自己所有，进而在2005年2月16日将位于安巴拉特海域的"ND-6"和"ND-7"两区块的油气开采权给予荷兰壳牌石油公司（Royal Dutch Shell）。由于"ND-6"区块与印尼的相关区块重叠，印尼强烈抗议，由此引发两国将近三个月的对峙。其间双方在争议海域不断增兵驻防，局势一度面临失控。争端暂时平息后，双方继续在这一海域保持一定程度的军事对峙并对对方的行动高度警惕。有分析认为，安巴拉特海的划界问题短期内难以得到解决[2]。

2. 马来西亚、印尼、新加坡两个"灰色地带"划界问题

关于马六甲海峡的划界问题，马来西亚、印尼和新加坡三国进行了将近50年的复杂博弈，迄今也未能完全解决。20世纪60年代末到70年代

---

[1]《国际法院判决书、咨询意见和命令摘要（1997—2002年）》, http://www.icj-cij.org/files/summaries/summaries-1997-2002-ch.pdf, 最后访问日期：2018年5月5日。

[2] 李辉、张学刚：《印尼与马来西亚安巴拉特领海争端概况》, 载《国际资料信息》2005年第5期，第10—17页。

初，马来西亚和印尼就西马来西亚两侧的海域完成了划界。1973年，印尼和新加坡签署条约，完成了新加坡海峡中段的海洋划界。至此，在新加坡海峡的西段和东段，出现了两个缺口，被称为两个"灰色地带"。2009年和2014年，印尼和新加坡先后进行了新加坡海峡西段和东段的海洋划界，完成了两国海洋界限的西展和东展，使之达到在两国主权范围内可以协商解决的最大的扩展，从而使得两个"灰色地带"的问题得到了缓和。但这只是缩小而没有消除两个"灰色地带"[1]。

---

[1] 刘畅:《印度尼西亚海洋划界问题：现状、特点与展望》，载《东南亚研究》2015年第5期，第35—40页。

六、国际海洋合作

（一）对争议区域的共同开发

1. 马来西亚和泰国共同开发案

马来西亚和泰国在南海西部、泰国湾的大陆架主张有重叠区域，面积约为7250平方公里。1971年，在该地区发现了大量的天然气，引发了两国对该地区的争议[1]。为了解决争议，马泰两国于1979年2月签署了《关于为开发泰国湾两国大陆架划定区域海床资源而建立联合管理局的谅解备忘录》，决定在两国大陆架权利主张重叠的区域进行共同开发活动，并为此建立联合管理局。两国还在争议区划分了刑事管辖权界线，此分界线不是两国在争议海域大陆架的分界线，也不牵涉两国的领土主权。1990年，马泰两国共同开发管理局正式成立，双方签订了《关于建立马泰联合管理局有关章程及其他事项的规定》。1994年，马泰签署了第一份共同开发合同，正式启动在泰国湾争议海域的共同开发工作。本项共同开发的安排是两国在1978年划分两国在泰国湾和南海大陆架边界未能取得划界结果的情况下产生的，是双方为解决大陆架边界问题作出的临时安排。"该共同开发安排的期限为50年。如果届时双方仍未就大陆架边界问题达成一致，则联合管理局应终止活动，不过现存的安排在50年后继续有效。"[2]

2. 马来西亚和越南共同开发案

在马来西亚和越南对泰国湾海域的权利主张中，也存在一块面积为2500平方公里的重叠区域。重叠区域位于越南的西南部以及马来半岛东海岸的东北偏东地区，长1000公里，宽300公里。由于有8、9公里的沉积厚度，该盆地有着可观的石油前景[3]。为了解决争议，1992年6月5日，越南与马来西亚在争议海域达成谅解备忘录。根据该谅解备忘录，两国分别指定其国有石油公司为两国政府代表从事划定区域内资源的勘探与

---

[1] 邵建平：《如何推进南海共同开发：东南亚国家经验的视角》，载《当代亚太》2011年第6期，第142—158页。
[2] 赵伟：《南（中国）海周边国家协议解决海域划界争端的实践及其对中国的启示》，载《中国海洋法学评论》2013年第1期，第151—152页。
[3] 罗国强、郭薇：《南海共同开发案例研究》，载《南洋问题研究》2012年第2期，第45—56页。

开发，具体的协议条款及条件须由两国政府批准。备忘录特别指出，共同开发安排不影响两国在整个划定海域的领土主张。该项备忘录于1993年6月4日生效。1997年7月29日，位于划定区域内的菊花油田首次出油[1]。

根据《谅解备忘录》的第1条，为实现共同开发，马来西亚国家石油公司和越南国家石油公司应该共同制定一个商业协议。1983年8月25日，上述两家公司按期完成了商业协议的起草工作。该协议设想建立一个协调委员会，为指定区域油气开发的管理提供政策指导。1993年8月，商业协议经过马越两国政府批准。根据该商业协议建立了协调委员会，负责共同开发区的开发活动。尽管马越双方原则上仍然在协调委员会指导下平摊支出和平分收益，但是共同开发的具体管理完全由马来西亚国家石油公司在协调委员会指导下实施。此外，马越《谅解备忘录》没有规定具体的有效期。受此影响，两国石油公司共同制定的商业协议规定，"直到《谅解备忘录》过期，或者双方或者两国政府都同意终止计划，或马来西亚与外国公司签署的合同到期"才会失效。马越《谅解备忘录》还对"单一石油构造"问题进行了规定。"假如一个油气田的一部分位于指定的共同开发区域内，一部分位于共同开发区域外的马来西亚大陆架或越南大陆架上，双方应该制定出相互都能接受的探测和开发那里的资源的办法。"[2]

3. 马来西亚、越南和泰国共同开发案

1979年2月21日，泰国与马来西亚缔结了《联合开发谅解备忘录》。1982年7月7日，越南与柬埔寨缔结了一项关于柬埔寨—越南历史水域的协定，将一个海域划归联合使用。泰国和越南在1997年8月缔结海上边界协议之前，也曾讨论过重叠领域共同开发的可能性。此外，越南和马来西亚在其1992年6月5日签署的《谅解备忘录》中也采用了相同的原则，为泰国湾的"定义区"制定联合开采制度。最后，1999年，马来西亚、越南和泰国原则上达成协议，在泰国湾内越南主张区域与1979年马泰共同开发区域相重叠的海域内商讨共同开发，该海域面积约800平方公里。马来西亚和越南在泰国湾的重叠区域联合开发模式的成功对后来两国间超过200海里大陆架（以下简称"外大陆架"）界定区域联合提交的决定，产生

---

[1] 赵伟：《南（中国）海周边国家协议解决海域划界争端的实践及其对中国的启示》，载《中国海洋法学评论》2013年第1期，第151—152页。
[2] 邵建平：《如何推进南海共同开发：东南亚国家经验的视角》，载《当代亚太》2011年第6期，第142—158页。

了一定的影响[1]。这些协议使该地区处于共同开发安排的最前沿，不仅在亚洲而且在全球范围内都有重要意义。如果泰国、越南和马来西亚的三方协议在不久的将来得到批准，海湾地区也将成为第一个实施共同开发多边协议的地区。

4. 马来西亚与文莱共同开发案

如前所述，林梦地区主权争端的解决为马来西亚与文莱关系的推进扫除了最大的障碍[2]。2010年9月21日和12月14日，马来西亚与文莱先后签署了在文莱海域"CA1"区块和"CA2"区块进行40年联合开采商业石油、天然气的合作协定。"CA1""CA2"区块不在南海"断续线"范围以内。目前两国将上述区块授权给来自八个国家的十家公司[3]进行合作开发。其中，股份主要分配给代表马来西亚的马来西亚国家石油公司（Petroliam Nasional Berhad）和代表文莱的文莱国家石油公司（Petroleum Brunei）。2010年，上述两家公司签署了"CA1"和"CA2"区块产量分成协议，并于2013年签署了一系列协议深化双方在油气行业的互利合作。2015年8月11日，确定了对于"CA1"和"CA2"区块新发现石油和天然气的分成方式[4]。在2017年11月23日举行的第21届年度领导人磋商会议中，马来西亚与文莱发布一份联合声明，其中指出将在油气领域，针对Kinabalu West NAG（KN）、Maharajalela North Fields（MLJ）、Gumusut/Kakap（GK）和Geronggong/Jagus-East（GRG/JGE）等4个油气田签署共同开发协议；确认双方在"CA1"和"CA2"及"N"区块的合作取得持续进展[5]。

---

[1] Nguyen Hong Thao, "Joint Development in the Gulf of Thailand", Durham University, https://www.dur.ac.uk/ibru/publications/download/?id=153，最后访问日期：2018年5月5日。
[2] 肖红：《文莱和马来西亚争端的起源与发展》，载《青春岁月》2016年第9期，第397页。
[3] "CA1"区块股份中，法国Total占54%，澳大利亚BHP Billiton占22.5%，美国Hess占13.5%，马来西亚国家石油公司和美国Murphy各占5%。"CA2"区块中，马来西亚国家石油公司占45%，美国Murphy占30%，壳牌占12.5%，美国Concoco Phillips's和日本三菱各占6.25%，该区块预计投资90—100亿美元。参见国家税务总局国别投资税收指南课题组：《中国居民赴文莱投资税收指南》，载原创力文档网，https://max.book118.com/html/2018/0517/166950169.shtm，最后访问日期：2018年5月5日。
[4] "Malaysia, Brunei Reach Agreement on Overlapping Blocks", Rigzone, https://www.rigzone.com/news/oil_gas/a/140068/Malaysia_Brunei_Reach_Agreement_on_Overlapping_Blocks, May 5, 2018.
[5] 《马来西亚与文莱发布一份联合声明》，载马来西亚外交部官网，http://www.kln.gov.my/web/guest/latest-news?p_p_id=101_INSTANCE_7Nj5&p_p_lifecycle=0&p_p_state=normal&p_p_mode=view&p_p_col_id=column-2&p_p_col_count=1&_101_INSTANCE_7Nj5_struts_action=%2Fasset_publisher%2Fview_content&_101_INSTANCE_7Nj5_urlTitle=joint-statement-on-the-21st-annual-leaders%E2%80%99-consultation-between-brunei-darussalam-and-malaysia&_101_INSTANCE_7Nj5_type=content&redirect=%2Fweb%2Fguest%2Flatest-news，最后访问日期：2018年5月5日。

（二）海洋防务合作

1. 与印度尼西亚的海洋防务合作

1992 年，马来西亚和印度尼西亚共同建立了一支"海上行动计划队"（Maritime Operation Planning Team）每年合作开展 4 次巡逻。该合作的实施同时带动了两国海关、搜索与营救及警察机关等部门的合作。1981 年以来，马来西亚和印度尼西亚每五年举行一次海陆空联合演习，旨在增强两国军队之间的合作和理解。除了海陆空联合演习，两国于 2014 年 12 月举办了海上联合军事演习。此次联合演习由马来西亚皇家海军主办，马来西亚海军的海上特种部队与印度尼西亚海军的蛙人和水下拆除部队在马六甲海域进行了联合演练[1]。

2. 与菲律宾的海洋防务合作

1994 年马来西亚与菲律宾签署了《国防合作协议》，并确定了代号为"MTA MALPHI-LAUT"的双边联合演习，旨在增强两国海军的交流与合作[2]。该演习每年由两国海军轮流举办，参演人数一般控制在 500 人以内。截至目前，该演习仍在有序推进。

3. 与新加坡的海洋防务合作

1984 年，马来西亚与新加坡开始举办代号为"马来坡拉"（Malapura）的海军联合演习。此演习的主要目的在于加强两个国家海军的双边关系和协同作战能力[3]。早期主要是由双方各派遣三艘舰艇参加演习，人数一般有几百人。后来直升机也加入到双方的海军演习当中。同时，新加坡与马来西亚还在《五国防御条约》框架下进行海洋防务的交流与合作。

4. 与越南的海洋防务合作

马来西亚与越南在 2008 年签订双边《防务合作备忘录》，两国开启了在国防领域的合作。根据备忘录，两国海军将会阻止越南渔民越界前往马来西亚海域捕鱼，并控制海盗活动。2015 年越南总理访问马来西亚期间，双方发表《越南—马来西亚政府战略伙伴框架的联合声明》。两国同意落实 2008 年签署的双边《防务合作备忘录》。双方约定加强国防力量合作，

---

[1]《马来西亚海军的海上特种部队与印度尼西亚海军的蛙人和水下拆除部队联合演练》，载星报在线，https://www.thestar.com.my/news/community/2014/12/08/joint-navy-exercise-in-lumut-indonesia-and-malaysias-special-commando-units-show-their-mettle/，最后访问日期：2018 年 5 月 5 日。

[2] Bong Garcia, "Philippines-Malaysia Navies Hold Joint Exercises", SunStar, http://www.sunstar.com.ph/article/27468/, May 5, 2018.

[3] Jermyn Chow, "Singapore, Malaysian Navies Conduct Joint Exercise", Straitstimes, https://www.straitstimes.com/singapore/singapore-malaysian-navies-conduct-joint-exercise, May 5, 2018.

尤其是海军的合作。两国共同应对非传统安全领域的的挑战，分享有关战略、国防、安全问题的信息[1]。

2016年10月，马来西亚皇家海军司令率团赴海防市对越南人民海军进行访问。双方表示将落实海军签署的各项合作内容，尤其是建立通信联络渠道和海上联合巡逻等[2]。2017年3月，越南首次派遣军舰参加在马来西亚举办的兰卡威国际海事与航空航天展（Langkawi International Maritime and Aerospace Exhibition）。其间，越南国防部副部长还对马来西亚进行了访问，表达了对于马来西亚海军举办活动的支持以及进一步加强两国防务合作的愿望[3]。2017年11月，马来西亚皇家海军派遣两艘军舰访问越南胡志明市，访问期间，马来西亚皇家海军代表团参观了越南海军的护卫舰[4]。

5. 与澳大利亚的海洋防务合作

1971年4月16日，澳大利亚、马来西亚和英国等五国外交部长在伦敦举行会议，签署了《五国防御条约》。在该条约的框架下，逐步形成了五国参加、代号为"Bersama Shield"的联合军事演习。该演习旨在增强区域联系，并测试各方在面对多重威胁下的联合行动能力。演习主要在马来西亚海域和南海举行，每年举办一次[5]。马来西亚于2012年开始参与澳大利亚海军主办的"卡卡杜"（KAKADU）多边海上联合军演。该演习为澳大利亚海军最大型海上演练，于1993年创办，每两年一次，旨在巩固并深化本地区与参演各国的海军合作关系。演习包括对抗演练，测试防空、

---

[1]《关于越南—马来西亚战略伙伴框架的联合声明（全文）》，载越南人民报，http://cn.nhandan.com.vn/documentation/important-documents/item/3363801-%E5%85%B3%E4%BA%8E%E8%B6%8A%E5%8D%97%E2%80%94%E9%A9%AC%E6%9D%A5%E8%A5%BF%E4%BA%9A%E6%88%98%E7%95%A5%E4%BC%99%E4%BC%B4%E6%A1%86%E6%9E%B6%E7%9A%84%E8%81%94%E5%90%88%E5%A3%B0%E6%98%8E%EF%BC%88%E5%85%A8%E6%96%87%EF%BC%89.html，最后访问日期：2018年5月5日。

[2]《越南与马来西亚海军加强合作》，载越通社，https://zh.vietnamplus.vn/%E8%B6%8A%E5%8D%97%E4%B8%8E%E9%A9%AC%E6%9D%A5%E8%A5%BF%E4%BA%9A%E6%B5%B7%E5%86%9B%E5%8A%A0%E5%BC%BA%E5%90%88%E4%BD%9C/54075.vnp，最后访问日期：2018年5月5日。

[3]《越南与马来西亚加强防务合作》，载越通社，https://zh.vietnamplus.vn/%E8%B6%8A%E5%8D%97%E5%92%8C%E9%A9%AC%E6%9D%A5%E8%A5%BF%E4%BA%9A%E5%8A%A0%E5%BC%BA%E9%98%B2%E5%8A%A1%E5%90%88%E4%BD%9C/63198.vnp，最后访问日期：2018年5月5日。

[4]《马来西亚皇家海军军舰访问胡志明市》，载越南人民军报，http://cn.qdnd.vn/cid-6126/7185/nid-544801.html，最后访问日期：2018年5月5日。

[5] "Australian Defence Force Major Exercises", Department of Defence(Australia), http://www.defence.gov.au/review/docs/exercises_fact_sheet.pdf, May 5, 2018.

反舰和反潜威胁，提高海上作战能力[1]。

6. 与美国的海洋防务合作

20世纪90年代以来，马来西亚与美国保持稳定的防务合作[2]。马来西亚和美国之间的海上合作包括众多的交流、培训、联合演习和访问。两国每年都会联合举办代号为"海上联合战备与训练"[3]（Cooperation Afloat Readiness and Training，CARAT）的军事演习。该演习规模较大，双方每期都会各派出1000多名官兵参加[4]。2017年，在马来西亚前总理纳吉布对美国进行访问期间，马美两国领导人强调扩大在航行安全、反恐和两国国防安全力量互相分享信息等优先领域合作的重要性。双方承诺加强军事演习和联合训练。纳吉布表示马来西亚将推出总额为6000万美元的对美防务采购计划[5]。

7. 与日本的海洋防务合作

2015年5月，马来西亚前总理纳吉布和日本首相安倍商定启动海上安全和救灾领域的技术转让协议谈判[6]。2018年4月18日，在亚洲防务展上，日本驻马来西亚大使和马来西亚国防部秘书长签署两国间武器装备和相关技术转让协议[7]。日本驻马来西亚大使表示，马来西亚有意购买其海上巡逻机、舰船等装备[8]。2016年3月，约100艘中国渔船与公务船一起进入马来西亚主张的东部婆罗洲专属经济区内。为应对这一事件，马来西

---

[1] 筝溪：《南海周边国家海军主要军溪及其特点与目的》，载环球视野，http://www.globalview.cn/html/military/info_8323.html，最后访问日期：2018年5月5日。

[2] "Federation of American Scientists"，FAS，https://fas.org/issues/nuclear-weapons/nuclear-posture-review/，May 5, 2018.

[3] 这个军演是美国海军与其合作伙伴之间一系列双边海上军演的一部分。现在这类军演涉及南亚和东南亚的9个国家——孟加拉国、文莱、柬埔寨、印度尼西亚、马来西亚、菲律宾、新加坡、泰国和东帝汶。

[4] 张天宇：《日媒：美国与马来西亚启动海上联合军演》，载新华网，http://www.xinhuanet.com/world/2015-08/19/c_128144738.htm，最后访问日期：2018年5月5日。

[5] 《马来西亚与美国同意促进多个领域的合作》，载越南人民军队报，http://cn.qdnd.vn/cid-6130/7187/%E9%A9%AC%E6%9D%A5%E8%A5%BF%E4%BA%9A%E4%B8%8E%E7%BE%8E%E5%9B%BD%E5%90%8C%E6%84%8F%E4%BF%83%E8%BF%9B%E5%A4%9A%E4%B8%AA%E9%A2%86%E5%9F%9F%E7%9A%84%E5%90%88%E4%BD%9C-542618，最后访问日期：2018年5月5日。

[6] 蔡琳琳：《转让技术！日媒称日本与东南亚防务关系升温》，载新华网，http://www.xinhuanet.com/mil/2018-04/26/c_129859893.htm，最后访问日期：2018年5月5日。

[7] 王睿：《马来西亚和日本签署防务贸易协议》，载国防科技信息网，http://www.dsti.net/Information/News/109442，最后访问日期：2018年5月5日。

[8] 《日本欲向马来西亚无偿赠与反潜机，意在南海牵制中国》，载新华网，http://www.xinhuanet.com/mil/2018-04/26/c_129859893.htm，最后访问日期：2018年5月5日。

亚寻求日本的帮助。在 2016 年 11 月举行的马、日首脑会谈上，日本同意向马来西亚提供巡逻船。2017 年 7 月，日本向马来西亚政府无偿提供了 2 艘大型巡逻船。其中一艘以马来西亚哥打京那巴鲁（Kota Bharu）为基地，负责南海附近海域的海上警备工作，另外一艘将在马来半岛东海岸一带巡航[1]。值得注意的是，马中关丹港产业园正位于马来西亚东海岸。2018 年 1 月 29 日，日本海上保安厅与马来西亚海上警备部门在靠近关丹港的南海水域举行联合演习，演习目的旨在提升两国海上警备力量的合作。此次演习共有 200 多名马来西亚人员和 60 名日本海上保安厅队员参加。此前，日本向马来西亚无偿提供的 2 艘二手巡逻船也参与了此次联合演习[2]。

8. 与中国的海洋防务合作

2012 年 9 月，中国与马来西亚举行了首次防务安全磋商。2014 年以来，马来西亚与中国合作开展了三次"和平友谊"系列军演。2014 年 12 月，马中双方举行了代号为"和平友谊 -2014"首次联合军演。首次联合军演双方仅是桌面推演，讨论了联合护航、联合搜救、联合解救被劫持船只和人道主义援助与救灾等科目，并交流了军队参与人道主义援助与救灾行动的机制及经验。2015 年 9 月，两国在马六甲海峡及附近地区举行了代号为"和平友谊 -2015"的首次实兵演练。此次演习，中方派出 3 艘主力舰艇、7 架战机以及陆海空三军 1160 人的参演兵力。这是当时中国与东盟国家举行的规模最大的双边联合军事演习[3]。2016 年 11 月，两国举行了代号为"和平友谊 -2016"的联合演习。此次演习主要是陆上演习，以"人道主义救援联合行动"为主题，分为参谋部演练和实兵演练两部分，双方总兵力约 300 人[4]。这也是中马之间最后一次联合演习。2016 年 11 月至今，马来西亚还没有与中国开展新一期的"和平友谊"系列联合军演，却于 2018 年 1 月与日本在南海举行了联合军演。2018 年 10 月 20 日至 29 日，由中、马、泰三国共同举办的"和平友谊 -2018"在马来西亚举行[5]。

---

[1]《日本向马来西亚无偿援助的巡逻船在吉隆坡亮相》，载中国日报，http://world.chinadaily.com.cn/2017-07/18/content_30157143.htm，最后访问日期：2018 年 5 月 5 日。

[2] 余鹏飞：《日本马来西亚在南海举行联合演习》，载环球网，http://world.huanqiu.com/exclusive/2018-01/11565198.html，最后访问日期：2018 年 5 月 5 日。

[3]《中马首次大规模实兵联演在马六甲海峡举行》，载中华网，http://news.china.com/international/1000/20150917/20408919.html，最后访问日期：2018 年 5 月 5 日。

[4] 张伟、黄显文、潘剑锋：《和平友谊 -2016 中马军演三大看点》，载央视网，http://m.news.cctv.com/2016/11/23/ARTIdR5YcZJA9wWa3RCBL22Q161123.shtml，最后访问日期：2018 年 5 月 5 日。

[5] 黎云：《和平友谊 -2018：我们是维护地区安全稳定的和平力量》，载《中国青年报》2018 年 11 月 1 日，第 11 版。

2016年11月，马来西亚前总理纳吉布访华期间与中国签署中马防务合作文件，并宣布马来西亚皇家海军将向中国购买4艘滨海任务舰（Littoral Mission Ships），中国将会为马来西亚购置军舰提供融资。这是马来西亚首次向中国大规模购买军事装备[1]。2017年4月28日，中国船舶重工集团公司与马来西亚莫实得海军造船厂（Boustead Naval Shipyard）在北京签署了协议。中国船舶重工集团公司将在中国建造2艘滨海任务舰，分别于2019年和2020年交付马方。剩下两艘由莫实得海军造船厂负责建造，2021年交货。此后，马来西亚购买滨海任务舰项目有望进一步扩大。该项目拟由莫实得海军造船厂以特许生产的方式，继续建造14艘军舰，以更换其海军旗下多种类型的舰艇[2]。

（三）海洋研究合作

1. 与中国的海洋研究合作

马来西亚与中国的海洋研究合作包括海洋信息合作、地理信息系统联合研究项目与海岸带研究、在《中马海洋科技合作协议》框架下的合作、马来半岛周边海域海洋地质联合调查、联合开发海洋环境预报系统、联合开展南沙海槽区深部结构探测和建设中马海洋科学与技术联合研究中心等7个方面。

在海洋信息合作方面，早在1999年，马来西亚就曾与中国国家海洋信息中心进行海洋资料信息交换。2017年，在包括马来西亚在内的政府间海洋学委员会西太平洋分委会（WESTPAC）成员国代表的共同见证下，由中国国家海洋信息中心研发的首个西太平洋海洋数据共享服务系统正式面向全球发布。该系统集成了包括马来西亚在内的西太平洋各国海洋数据、成果、产品、图书文献和组织机构及专家等信息，公开发布，并提供定制化服务，这进一步促进了西太平洋及周边区域的数据共享合作，同时也标志着中马两国的海洋信息合作达到新的高度[3]。

---

[1]《马来西亚确定购买4艘中国军舰 型号或为C28A轻护》，载新浪网，http://mil.news.sina.com.cn/china/2016-11-03/doc-ifxxneua3969277.shtml，最后访问日期：2018年5月5日。

[2]《马来西亚确定购买4艘中国军舰 型号或为C28A轻护》，载新浪网，http://mil.news.sina.com.cn/china/2016-11-03/doc-ifxxneua3969277.shtml，最后访问日期：2018年5月5日。

[3]《马来西亚购4艘中国军舰：获特许生产 未来或再建14艘》，载北京晚报，http://www.takefoto.cn/viewnews-1138878.html，最后访问日期：2018年5月5日。

在地理信息系统[1]（Geographic Information System，Geo-Information system，GIS）的合作方面，马来西亚与中国的合作开展得也比较早。地理信息系统在海洋领域可用来进行海岸带综合管理[2]（Integrated coastal zone management，ICZM），监测评价海洋环境，发展海洋渔业，开发和勘探海洋油气等[3]。1998年1月31日，美国副总统戈尔提出"数字地球"（the Digital Earth），在全球掀起了地理信息系统的开发和应用高潮。1999年，马来西亚与中国国家海洋信息中心开展了地理信息系统联合研究项目。由于海岸带地区具有动态性，其综合管理要求持续不断地更新和修正数据。地理信息系统可为资源评价、规划和管理提供一种便利的手段[4]。继地理信息系统联合研究项目之后，马方机构于2003年与中国国家海洋局第一海洋研究所在海岸侵蚀领域开展了合作研究。这些早期合作为中马在海洋领域的深入合作奠定了基础[5]。

2009年，中马两国签署了《中华人民共和国政府与马来西亚政府海洋科技合作协议》[6]。在上述协议的框架下，两国陆续开展了许多海洋合作项目。中国国家海洋局第一海洋研究所代表团于2009年8月访问了马来西亚国立大学[7]，双方签署了《中国国家海洋局第一海洋研究所与马来西亚国立大学合作意向书》，达成了一揽子合作意向[8]；2014年，马来亚大学与中国国家海洋局第三海洋研究所签署《中马海洋科学研究与技术合作备

---

[1] 地理信息系统有时又被称为"地学信息系统"，是一种特定的十分重要的空间信息系统。它是在计算机硬、软件系统支持下，对整个或部分地球表层（包括大气层）空间中的有关地理分布数据进行采集、储存、管理、运算、分析、显示和描述的技术系统。

[2] 海岸带综合管理或者海岸综合管理是通过在沿海地区综合管理海岸的方法，实现可持续发展，这个概念是在1992年里约热内卢地球峰会（Earth Summit）期间诞生的。

[3] 王红梅、朱振海：《海洋地理信息系统国内外研究进展》，载《遥感技术与应用》1999年第3期，第49—54页。

[4] 陈淑兴：《遥感和GIS支持下的海岸带资源综合管理》，载《科技信息（科学教研）》2008年第20期，第57页。

[5] 王安涛：《中国—马来西亚海洋科技合作回顾》，载《中国海洋报》2010年第3月16日，第A1-A2版。

[6] 《国家海洋局第一海洋研究所与马来西亚登嘉楼大学签署合作谅解备忘录——中国—东盟海上合作基金再结硕果》，载中国国家海洋局官网，http://www.soa.gov.cn/xw/ztbd/ztbd_2015/zdblh/sbhz/201509/t20150917_43082.html，最后访问日期：2018年5月5日。

[7] 该校曾被称作"马来西亚国民大学"，于2011年更名为"马来西亚国立大学"。

[8] 合作意向包括：建设马来西亚海洋环境预报系统，开展马来西亚海域海洋环境对气候变化的响应合作研究，开展近岸海域特别是三角洲海域海洋沉积动力学研究，开展赤潮对比研究、海洋生态环境研究、海洋生态站合作建设、海洋工程环境与海洋能评估合作研究、海洋遥感应用研究"等。

忘录》；2014年起，马来西亚登嘉楼大学与中国国家海洋局第一海洋研究所在文莱湾开展濒危动物的生态学联合研究[1]；2018年1月30日，马来西亚登嘉楼大学与中国国家海洋局第一海洋研究所在青岛签署了双方合作共同开发海洋预报及海洋减灾防灾系统与人员交流合作的备忘录，双方将在业务化海洋预报系统建设、海洋观测与监测能力、"马来半岛陆架海域上升流"研究及人员交流培训等多领域开展深入合作[2]；2018年4月15日，马来亚大学与中国国家海洋局第四海洋研究所签署海洋科技合作谅解备忘录，内容涵盖了海洋生态资源开发与保护、海洋生物技术研究与利用、海洋经济发展、海洋防灾减灾、气候变化和海洋食物安全等众多领域[3]。

在马来半岛周边海域海洋地质联合调查方面，自2010年起，马来西亚国立大学与中国国家海洋局第一海洋研究所签署了合作协议，决定对南海南部和马来半岛周边印度洋海域[4]开展系统的调查与研究。该项目旨在通过研究该区域不同季节悬浮体、表层沉积物及水文资料等以阐明该区域的"源—汇"过程和机制，通过解译该区高分辨率沉积记录重建不同时间尺度海平面变化历史，并与相邻的南海、西太平洋以及亚洲大陆气候记录进行对比，深入认识末次冰期以来印度季风与东亚季风的演化过程、相互作用及其对我国气候的影响。马来西亚国立大学分别于2012年5月和2012年10月与中国国家海洋局第一海洋研究所组织实施了马来西亚近海第一合作航次、第二合作航次。在中国国家海洋局"全球变化与海气相互作用"项目和青岛海洋国家实验室"鳌山科技创新计划"项目联合资助下，2017年9月14日—10月4日，来自国家海洋局第一海洋研究所的6名科学家与马来西亚国立大学的8名科学家使用马来西亚"RV. DIDCOVER"号调查船开展了马来半岛周边海域季风期海洋地质联合科考。调查区涵盖马来半岛周边的巽他陆架西南部、安达曼海南部及其邻近海域，调查所获样品数据将用于深入开展南海南部及东北印度洋"源—

---

[1]《国家海洋局第一海洋研究所与马来西亚登嘉楼大学签署合作谅解备忘录——中国—东盟海上合作基金再结硕果》，载中国国家海洋局官网，http://www.soa.gov.cn/xw/ztbd/ztbd_2015/zdblh/sbhz/201509/t20150917_43082.html，最后访问日期：2018年5月5日。

[2]《海洋一所与马来西亚登嘉楼大学签约合作》，载搜狐网，http://www.sohu.com/a/219745928_119562，最后访问日期：2018年5月5日。

[3]《国家海洋局第四海洋研究所与马来亚大学签署海洋科技合作谅解备忘录》，载搜狐网，http://www.sohu.com/a/228392975_543943，最后访问日期：2018年5月5日。

[4]《印度洋地质科考海平面变化历史 青岛科学家凯旋》，载凤凰网，http://qd.ifeng.com/a/20171018/6077421_0.shtml，最后访问日期：2018年5月5日。

汇"过程、陆海相互作用、气候与环境演变以及减灾防灾研究,并为亚洲大陆边缘动力学与全球变化研究提供支撑[1]。

在联合开发海洋环境预报系统方面,马来西亚与中国以业务化海洋数值预报系统合作为平台,在马来西亚近海海域开展了4个联合航次的科学考察,获取了一批宝贵的实际观测资料。海洋预报系统是一个国家海洋防灾减灾的核心科技支撑手段。2012年1月,预报系统研发取得重要进展,开始对马来西亚海域开展准业务化海洋环境预报,通过网站对外发布。马来西亚对预报结果进行了检验,证明该预报系统预报精度良好。随后马来西亚国家气象局邀请我国专家将该预报系统移植到马来西亚,成为其国内第一个综合海洋环境预报系统[2]。

在联合开展南沙海槽区深部结构探测方面,2017年9月8日,马来西亚沙巴大学自然灾害研究中心、英国剑桥大学地球科学系、中国国家海洋局海底科学重点实验室及中国科学院地质地球物理所等4方签署协议,开展南沙海槽区深部结构海底地震仪[3](Ocean Bottom Seismometer,OBS)探测航次。根据协议,本次国际合作研究中,马方负责帮助获取马来西亚政府的航次作业审批,英方负责陆地深部结构的探测,中方负责海上海底地震仪航次的实施。在之后的三年,中马英各方将在该国际合作协议的基础上开展航次及航次后的合作,预计将首次获得从南沙海区至婆罗洲的深部地震数据,通过海陆的联合研究解答是否确实存在"古南海"俯冲、南沙地块和婆罗洲的碰撞机制及婆罗洲沙巴造山带的隆升等关键科学问题[4]。

中马两国还致力于建设海洋科学与技术联合研究中心。2017年12月16日至17日,第五届中国—东南亚国家海洋合作论坛在马来西亚吉隆坡成功举办。作为本届论坛的一项特殊日程,中马两国相关领导还共同为中国—马来西亚海洋科学与技术联合研究中心揭牌。联合中心将由马来亚大学与中国国家海洋局第一海洋研究所共同承办和运行,其主要任务是规划和拓展中马双方及周边国家在海洋领域的合作,管理和协调目前已有的海

---

[1]《我所地质室科学家在中秋节胜利完成马来半岛周边海域海洋地质联合调查》,载国家海洋局第一海洋研究所官网,http://www.fio.org.cn/news/7802.htm,最后访问日期:2018年5月5日。
[2] 赵婧:《中马海洋合作:环南中国海的互利典范》,载《中国海洋报》2017年第5月15日,第A2版。
[3] 海底地震仪是一种将检波器直接放置在海底的地震观测系统。
[4] 丁巍伟、赵阳慧:《海底科学重点实验室与英国剑桥大学等签订国际航次合作协议》,载国家海洋局第二研究所官网,http://www.sio.org.cn/redir.php?catalog_id=84&object_id=84740,最后访问日期:2018年5月5日。

洋合作项目，并在资金、仪器设备、人才交流、能力建设、数据和信息共享等方面为双方的合作提供帮助。该中心已成为中国与马来西亚和东南亚国家开展海洋科技合作的重要平台[1]。

2. 与其他国家的海洋研究合作

除了中国外，马来西亚还与其他国家开展了丰富的海洋研究合作。马来西亚与丹麦制定了《2002—2006年马来西亚—丹麦环境与发展合作方案》，以环境与可持续发展为优先合作领域。该方案以《里约宣言》[2]《马来西亚第八计划》以及丹麦向发展中国家提供环境援助计划为基础，通过开展环境和自然资源管理项目协助马来西亚实现可持续发展[3]。根据该方案，丹麦和马来西亚设立了一个海岸带综合管理系统研究项目，该项目由丹麦环境与发展合作署和沙巴州政府共同出资，旨在为沙巴、沙捞越和槟城制定海岸带综合管理系统。该方案的目标是实现对沙巴沿海地区的可持续管理，包括研发配套的GIS系统。2010年马来西亚还与美国签署《马来西亚与美国科技合作谅解备忘录》，重点开展海洋科技领域的合作[4]。

（四）基础设施建设合作

1. 与中国的基础设施建设合作

中国企业在马来西亚投资约800亿人民币，打造了一个位于马六甲

---

[1]《第五届中国—东南亚国家海洋合作论坛在马来西亚成功举办——中马海洋科学与技术联合研究中心正式揭牌》，载国家海洋局第一研究所官网，http://www.fio.org.cn/news/7989.htm，最后访问日期：2018年5月5日。

[2]《里约宣言》是《里约环境与发展宣言》的简称。该宣言于1992年6月14日联合国环境与发展大会的最后一天通过，旨在为各国在环境与发展领域采取行动和开展国际合作提供指导原则，规定一般义务。《里约宣言》由序言和27项原则所组成。序言说明了环境与发展大会举行的时间、地点和通过该宣言的目的等。原则1至原则3，宣布了人类享有环境权，各国享有自然资源的主权和发展权；原则4至原则21，分别规定了国际社会和各个国家在保护环境和实现可持续发展方面应采取的各项措施；原则22至原则23，是关于土著居民及受压迫、统治和占领的人民，环境权益要加以特殊保护的规定；原则24至原则26，是关于战争、和平与环境和发展关系的规定；原则27呼吁"各国和人民应诚意地本着伙伴精神，合作实现本宣言所体现的各项原则，并促进可持续发展方面国际法的进一步发展"。

[3]《环境与可持续发展合作的马来西亚—丹麦国家方案（2002—2006）》的内容，参见丹麦环境保护局官网，https://www2.mst.dk/udgiv/publications/2001/87-7944-557-8/pdf/87-7944-563-2.pdf，最后访问日期：2018年5月5日。

[4] "State.gov Website Modernization", U.S. Department of State, https://www.state.gov/documents/organization/182846.pdf, May 5, 2018.

中段的崭新深水港口,定名为皇京港[1]。皇京港项目是一个大型的填海综合发展项目,属于马来西亚国家级二号工程,由三个人造岛和一个自然岛屿组成,占地约5.528平方公里。其深水港项目于2019年完成,超越新加坡港成为马六甲海峡上最大的港口,而全部配套工程将于2025年竣工[2]。随着国际航运的发展和"一带一路"基础设施建设的发展需要,新加坡港吞吐量吃紧,在其附近建设一个能够满足大型货船需要的深水码头势在必行。

关丹港是马来西亚东海岸地区第一大港,毗邻马中关丹产业园。马来西亚政府为了加快其东部沿海地区的发展,将关丹港列为重点发展的港口之一,同时为了配合马中关丹产业园的建设,规划将关丹港打造成马来西亚东海岸的区域性枢纽港。2015年,中国北港集团成功收购关丹港40%股权,拥有60年特许经营权[3]。北港集团入股后,关丹港与中国的合作交流及业务往来日益密切,开通了北部湾港至关丹港的直航航线,为马中关丹产业园入园项目提供了强大的物流运输保障。关丹港目前正在拓建新深水港区,一期两个15万吨级深水码头工程正在如火如荼建设中。关丹港新深水港建成后,港区总吞吐能力可实现翻番,达到5200万吨[4]。

2.与日本的基础设施建设合作

除了与中国的合作外,马来西亚在基础设施建设方面另一个重要的合作方是日本。日本出资约370万美元在马来西亚最大的港口城市巴生港建立了一个东盟地区海上交通管制官训练中心。该中心于2017年8月29日正式揭牌。日本向该中心提供了用于训练的模拟器材、派遣管制官担任讲师等。该中心的首次集训中,除文莱外的9个东盟成员国各派2名学员参加[5]。

---

[1] 郁志荣:《中国在马六甲海峡投下这枚棋子 新加坡开始焦虑了》,载中华网,http://military.china.com/important/11132797/20170806/31043262_all.html,最后访问日期:2018年5月5日。
[2] 《马六甲皇京港项目(Melaka Gateway)》,载东方财富网,http://guba.eastmoney.com/news,601008,643653395.html,最后访问日期:2018年5月5日。
[3] 《从广西北部湾到马来西亚关丹港 "一带一路"实现共赢发展》,载国务院国资委官网,http://www.sasac.gov.cn/n2588025/n2588129/c4626498/content.html,最后访问日期:2018年5月5日。
[4] 杨青、范长军:《北部湾国际港务集团激发马来西亚关丹港新活力》,载搜狐网,http://www.sohu.com/a/220556288_732289,最后访问日期:2018年5月5日。
[5] 沈江辉:《日本布局东南亚海上通道》,载新华网,http://www.xinhuanet.com/globe/2017-10/27/c_136710120.htm,最后访问日期:2018年5月5日。

（五）区域性国际合作

1. 马六甲三国共管机制

1971年11月，印度尼西亚、马来西亚和新加坡三国发表联合声明，宣布马六甲海峡不是国际海峡，坚决反对马六甲海峡国际化。三国决定成立合作机构，共同管理海峡事务，负责海峡的安全。声明承认各国船舶在海峡有无害通过权，但要求外国船舶通过海峡时必须遵守沿岸国的法律和规章，飞机飞越海峡时需经有关国家事先同意。关于军舰通过马六甲海峡问题，印度尼西亚和马来西亚要求事先通知。1977年3月，三国又签署了《关于马六甲海峡、新加坡海峡安全航行的三国协议》，重申了上述原则。

2003年5月，美国挑战了马来西亚主张的马六甲海峡的无害通过制度。时任美国总统布什在访问波兰期间正式宣布"防扩散安全倡议"，该倡议表示将采取一切手段阻止大规模杀伤性武器在全球范围内扩散。参加国将在海、陆、空拦截大规模杀伤性武器及其运载工具和相关物料，打击各种扩散网络及活动并惩办有关人员。若同意此"倡议"则代表美军舰队通过马六甲海峡时无须得到马来西亚的同意。对此，马来西亚和印度尼西亚表示坚决反对，认为这是对其国家主权的侵犯。时任马来西亚副总理纳吉布在2004年4月说："控制海峡是马来西亚和印度尼西亚的主权权利，美国的军事介入不受欢迎。""美国船舶包括军舰可以使用海峡的水道，但是它们进行作战行动必须得到马来西亚和印度尼西亚的同意。"关于美国对马六甲海峡的影响，马来西亚表示欢迎美国提供技术援助以增加它们的技术能力[1]。为了维护马六甲海峡区域安全和航行通畅，马来西亚参加了马六甲巡逻机制（Malacca Strait Patrol，MSP）、海峡沿岸国和使用国之间的合作机制（Cooperative Mechanism）。

2004年，为应对美国向马六甲沿岸三国提出的地区海上安全倡议（Regional Maritime Security Initiative，RMSI），马来西亚、印度尼西亚和新加坡开始在马六甲海峡进行海上安全合作，逐步形成三国参加的马六甲巡逻机制。2008年9月，泰国也全面加入了马六甲巡逻机制。马六甲巡逻机制由马六甲海上巡逻（Malacca Strait Sea Patrol，MSSP），空中之眼（Eyes in the Sky，EiS）和情报交换小组（Intelligence Exchange Group，IEG）三部分组成。该机制有三个专门委员会，分别是联合协调委

---

[1] 于昕：《马六甲海峡法律环境初探》，载《中国海洋大学学报》（社会科学版）2010年第3期，第44—48页。

员会（Joint Coordinating Committee，JCC）、马六甲海上巡逻军事委员会（Malacca Strait Sea Patrol Joint War Committee，MSSP JWC）、空中之眼军事委员会（Eyes-in-the-Sky Joint War Committee，EiS JWC），还有一个标准行动程序（Standard Operating Procedure，SOP）。三个专门委员会和标准行动程序对巡逻行动进行指导，形成了五个控制中心，分别是泰国的普吉岛（Phuket）、印尼的乌拉湾（Belawan）和巴淡岛（Batam）、马来西亚的红土炊（Lumut）和新加坡的樟宜（Changi）[1]。该巡逻机制为马六甲海峡的航行安全起到了积极的作用，同时也为其他海域的安全合作提供了有益经验。

2005年9月，在国际海事组织与印尼政府合办的加强马六甲海峡与新加坡海峡海洋安全、防卫与环境保护的会议上，与会各方发表了《关于加强马六甲海峡和新加坡海峡安全和环境保护的雅加达声明》[2]（Jakarta Statement on the Enhancement of Safety，Security，and Environmental Protection in the Straits of Malacca and Singapore）。声明强调，马六甲海峡和新加坡海峡的沿岸国家对海峡航行安全、环境保护和海洋保安负有基本责任。此次会议同意成立一个海峡航行安全三方技术专家小组。海峡沿岸三国建立与使用国、造船工业以及其他与海峡航行安全利益有关的方面进行合作的机制[3]。2006年9月，在马来西亚吉隆坡召开的马六甲和新加坡海峡会议上，各方同意为了海峡的航行安全和海峡环境保护，在海峡沿岸国和使用国之间建立合作机制。2007年9月，新加坡会议正式确认了建立

---

〔1〕"Fact Sheet: The Malacca Straits Patrol"，Ministry of Defence（Singapore），https://www.mindef.gov.sg/web/portal/mindef/news-and-events/latest-releases/article-detail/2016/april/2016apr21-news-releases-00134/!ut/p/z1/vVJNc5swEP0tPXCUtQIMdmc6GZp2knRMnCYkMbp0hBGgBiQiFJP8-6xNc2qdTi_VRdqvt-_tinK6oVyLnaqFU0aLFu2cRz_i9ZfTcwj9y_U8Y5DcZdlq_vny4jaO6B3llG-1611D807pUlZka7ST2nnQmE56oOU4EKFLInfoHTxohZODI1a2UgwSHT6wyAPRW9VOBj59Rg6Fb1kEgAXhvlu_VSXNhV-WRRBFJGJVQMKCFWRRRD6RZVAIFotltGT0_m_0OYbhyEkA6_khZf09PGMh-Kt1ej1HhOVykcGVD2fxr4R3MHLkEB_nENP7nZIjvdXGdjjxm3-UeA7024HCOypxi75NT9MakYVriNKVoZv9oOnmMPXJOD51BFA_Hx95grveL_fZ0c1_WDYKq1tTTP8w0UWwQAVWVtJKO3uy6G6c64ePHngwjuNsojSrzW421OiShQe9sU5gpynmwSCF3TYn0_Upa4Rqke6fGjRmQJm_4dK-6xbBC3mo0q9ByPOrVZW6eZ58eAWyQGwz/dz/d5/L2dBISEvZ0FBIS9nQSEh/?urile=wcm%3Apath%3A%2Fmindef-content%2Fhome%2Fnews-and-events%2Flatest-releases%2F2016%2Fapril%2F2016apr21-News-Releases-00134，May 5，2018.

〔2〕"International Maritime Organization(IMO)"，UN，http://repository.un.org/bitstream/handle/11176/90230/2005_P6_CH13.pdf?sequence=1&isAllowed=y，May 5，2018.

〔3〕《马六甲新加坡海峡安全会议闭幕 发表雅加达声明》，载新浪网，http://news.sina.com.cn/w/2005-09-09/07576899081s.shtml，最后访问日期：2018年5月5日。

海峡沿岸国和使用国之间的合作机制。合作机制坚持的原则是：合作机制应与《联合国海洋法公约》第 43 条的条款相适应；海峡沿岸国的主权受到保护；合作机制认可海峡使用国和其他各方的权益[1]。

2. 苏禄海三国巡航

近年来，东南亚地区非传统安全威胁日益上升，"伊斯兰国"极端组织有意在东南亚建立据点。此外，本区域赴中东参与"圣战"的武装分子回流给苏禄海区域国家安全带来了新的挑战。2017 年 6 月 19 日，马来西亚、菲律宾、印度尼西亚三国借鉴马六甲巡逻的成功经验，在印尼正式启动"三边海上巡逻"，"组队"打击苏禄海区域的恐怖主义和跨国犯罪[2]。苏禄海三国巡航以海上巡逻为主，空军和陆军也将参与到保护苏禄海安全的行动当中。为了分享情报和协调行动，三方在印度尼西亚的塔拉坎（Tarakan）、马来西亚沙巴州的斗湖（Tawau）和菲律宾的邦高（Bongao）分别建立了海事指挥中心[3]。

3. 珊瑚三角倡议

珊瑚礁三角区，也称"珊瑚三角区"，是指印度尼西亚、菲律宾、巴布亚新几内亚和所罗门群岛之间呈三角形的水域，面积 1.8 万平方公里。该地区覆盖了六个国家（印度尼西亚、马来西亚、菲律宾、巴布亚新几内亚、所罗门岛屿和东帝汶）的全部或部分专属经济区。"珊瑚礁、渔业和粮食安全的珊瑚三角"倡议（The Coral Triangle Initiative on Coral Reefs, Fisheries, and Food Security, CTI-CFF），又名"珊瑚三角倡议"（CTI）。这是世界上第一个通过考虑气候变化的影响，对海洋自然资源实施可持续管理的倡议，并重点关注粮食安全。[4] 为实施该倡议，在 2009 年的珊瑚礁三角区领导人峰会上，上述六国同意启动一项为期十年的珊瑚三角倡议区域行动计划（CTI RPOA），保护该地区的海洋和沿海生物资源。该计划有五个目标：加强对海象[5]的管理；促进渔业管理的生态系统方法；建立和

---

[1] Ted L.McDorman, Keyuan Zou & Seokwoo Lee, *Regulation on Navigation of Foreign Vessels: Asia-Pacific State Practice*, Brill/Nijhoff, 2019, p.88.

[2] 俞懿春：《东南亚三国联手打击跨国犯罪（国际视点）》，载人民网，http://ydyl.people.com.cn/n1/2017/0621/c411837-29352889.html，最后访问日期：2018 年 5 月 5 日。

[3] "Joint Sulu Sea Patrols Launched; Info-sharing from S'pore Next", Straitstimes, https://www.straitstimes.com/asia/joint-sulu-sea-patrols-launched-info-sharing-from-spore-next，最后访问日期：2018 年 5 月 5 日。

[4] "History of CTI-CFF", CTI-CFF, http://www.coraltriangleinitiative.org/about, May 5, 2018.

[5] 海象包括波浪、潮位、海温、海流及海气交互作用等。

完善海洋保护区的有效管理；提高沿海社区对气候变化的抵御能力；保护受威胁的物种[1]。

4.《亚洲反海盗及武装抢劫船舶区域合作协定》

2004年11月，包括马来西亚在内的东盟十国、日、中、韩、印度、孟加拉国和斯里兰卡就《亚洲反海盗及武装抢劫船舶区域合作协定》达成协议，开始在此框架下筹建抗击海盗与武装抢劫的地区信息网络与合作机制，并在2004年同意在新加坡设立信息共享中心（ISC），该中心于2006年12月正式建成[2]。该合作协定是第一个在亚洲地区打击海盗和武装抢劫船舶的政府间协议，发展至今已经有20个缔约方。其以信息共享中心为媒介，通过信息共享、合作安排为亚洲地区应对海盗和海上抢劫作出了巨大贡献[3]。

5."东亚海可持续发展战略"

1993年，包括马来西亚在内的部分东盟国家[4]与中国参加了联合国涉海合作项目"东亚海[5]海洋环境污染防治与管理项目"（Prevention and Management of Marine Pollution in the East Asian Seas）。1999年9月，该项目的实验阶段顺利完成，各参与方计划通过项目的第二阶段（1999—2007）建立伙伴关系。2000年7月在大连举办的十一国[6]会议决定制定"东亚海可持续发展战略"（Sustainable Development Strategy for the Seas of East Asia，SDS-SEA）。为落实"东亚海可持续发展战略"，2006年，11个国家的海洋部长参加了在海口举办的东亚海大会部长会议。参加2003年普特拉贾亚会议的12国中的文莱、马来西亚和泰国没有参加此次会议，未参加普特拉贾亚会议的东帝汶和老挝加入了此次会议。会议签署了《实施"东亚海可持续发展战略"伙伴关系协议》[7]（即《海口伙伴关系宣

---

[1] "History of CTI-CFF"，CTI-CFF，http://www.coraltriangleinitiative.org/about，May 5, 2018.
[2] 唐翀、李志斐：《马六甲海峡安全问题与中国的政策选择》，载《东南亚南亚研究》2012年第3期，第6—12页。
[3] "Executive Director's Message: Greetings from Mr. Masafumi Kuroki"，ReCAAP，http://www.recaap.org/message_by_recaap-isc_ed，May 5, 2018.
[4] 参加此项目的东盟国家包括：文莱、柬埔寨、朝鲜、印度尼西亚、马来西亚、菲律宾、韩国、新加坡、泰国和越南。
[5] 东亚海指的是以中国、朝鲜、韩国、日本、菲律宾、印度尼西亚、文莱、马来西亚、新加坡、泰国、柬埔寨和越南为边界的海域。《新闻背景：东亚海环境管理伙伴关系计划》，http://www.gov.cn/jrzg/2006-12/12/content_467933.htm，最后访问日期：2019年10月11日。
[6] 十一国分别是：文莱、中国、马来西亚、柬埔寨、朝鲜、印度尼西亚、菲律宾、韩国、新加坡、泰国和越南。
[7] 《东亚海大会部长会议海口开幕》，载海口明珠网，http://www.huaxia.com/hk/hkxw/2006/12/762914.html，2018年5月5日最后访问。

言》），确立了东亚海环境管理伙伴关系计划（Partnerships in Environmental Management for the Seas of East Asia，PEMSEA）作为实施该战略的区域协调机制[1]。值得注意的是，虽然马来西亚没有签署该计划，但马来西亚海事研究所是该协调机制的合作方[2]。

6. 东南亚渔业发展中心和亚洲渔业协会

东南亚渔业发展中心（The Southeast Asian Fisheries Development Center，SEAFDEC），是一个成立于1967年的政府间组织。其宗旨是促进成员国之间的一致行动，以确保东南亚渔业和水产养殖的可持续性。该组织成员包括马来西亚、泰国等11个国家。中心秘书处位于泰国，并设5个技术部门，分别是培训部、海洋渔业科研部、水产养殖部、海洋渔业资源发展与管理部和内陆渔业资源开发与管理部。亚洲渔业协会（Asian Fisheries Society，AFS）于1984年5月2日在菲律宾洛斯巴诺斯成立。该协会的宗旨是：促进亚洲渔业科学家和技术员相互支持和合作；传播保护和利用水产资源的重要性以促进各国成立渔业协会。马来西亚渔业协会是亚洲渔业协会重要的分支机构。

7.《南海各方行为宣言》

2002年11月4日，东盟与中国签署了《南海各方行为宣言》。《南海各方行为宣言》实质上是一份政治性文件，并不具有国际法上的约束性，但是该宣言仍被视为一项重要的冲突预防措施[3]。1996年7月，第29届东盟部长级会议正式通过了针对南海争端建立一个区域"行为准则"的构想，希望它能为该地区的长期稳定奠定基础，促进相关国家相互理解。1998年东盟第6次首脑会议上，东盟领导人同意制定该"行为准则"。越南和菲律宾共同负责为1999年3月在新加坡举行的东盟高级官员会议起草"行为准则"的草案。然而，因为越南要求将西沙群岛纳入"行为准则"适用范围的要求未得到满足，越南和菲律宾未能合作起草出这份草案。越南和菲律宾于1999年5月在东盟高官会上分别发布了它们的第一个草案。越南希望该准则适用于西沙群岛。马来西亚反对菲律宾的草案，因为它更像是一种有拘束力的协议。马来西亚支持采用没有拘束力的形式。

---

[1] "Our Partners", PEMSEA, http://pemsea.org/about-pemsea/our-partners, May 5, 2018.
[2] "Collaborating Organizations", PEMSEA, http://pemsea.org/about-pemsea/our-partners/collaborating-organizations, May 5, 2018.
[3] 刘复国、吴士存：《2013年度南海地区形势评估报告》，中国南海研究院2014年。

东盟第一份草案在1999年7月的部长级会议和东盟区域论坛会议上提出。然而，该草案未获批准。马来西亚批评菲律宾的草案未能反映早先达成的共识。随后，菲律宾于1999年9月向东盟提交了草案的第二稿。这一次，东盟仍未能就"行为准则"的适用范围达成共识。菲律宾主张适用范围应是整个南海，马来西亚对此表示反对。在马来西亚看来，马来西亚只有在沙巴、沙捞越一侧的领海与南海重叠，其他部分不属于争议地区。而若"行为准则"只涉及南沙群岛，马来西亚将巩固对其"大陆架"范围内若干岛礁的占领，避免与中国发生直接冲突[1]。东盟最终根据菲律宾第三份草案在东盟非正式首脑会议之前与中国进行谈判。时任中国外交部副部长王毅在与当时的菲律宾外长劳哈巴哈会晤中提出了中国的草案。1999年年底，受东南亚金融危机的影响，东盟和中国关于"行为准则"的谈判迎来新的转折。双方不再提出单独的草案，开始就一个共同的"行为准则"进行谈判。此时在东盟内部，特别是与南海争端直接有关的各方之间，还存在很大的分歧。其中，对"行为准则"适用的地理范围的争议是最激烈的。越南认为准则应适用于整个南海，既包括西沙群岛也包括南沙群岛。尽管其他东盟成员不反对越南的立场，但马来西亚认为适用范围应仅限于南沙群岛。为打破僵局，在2002年7月由文莱主持的第35届东盟部长级会议上，时任马来西亚外长赛义德提出签署《南海各方行为宣言》，而不是"行为准则"，受到其他成员的欢迎。因此，在第八届东盟金边峰会框架内，东盟与中国于2002年11月4日签署了《南海各方行为宣言》[2]。

在《南海各方行为宣言》的形成过程中，马来西亚主要提出了以下两个观点：首先，马来西亚支持制定没有约束力的政治性文件，而不倾向于制定有拘束力的准则；其次，"南海行为准则"的地理范围应当只涉及南沙群岛，这一点当时与越南、菲律宾有很大的分歧。在《宣言》签署以后，马来西亚一直避免与中国的直接冲突，积极呼吁各方遵守宣言，以和

---

[1] Tran Truong Thuy, "Compromise and Cooperation on the Sea: The Case of Signing the Declaration on the Conduct of Parties in the South China Sea", http://nghiencuubiendong.vn/en/conferences-and-seminars-/509-compromise-and-cooperation-on-the-sea-the-case-of-signing-the-declaration-on-the-conduct-of-parties-in-the-south-china-sea, May 5, 2018.

[2] Tran Truong Thuy, "Compromise and Cooperation on the Sea: The Case of Signing the Declaration on the Conduct of Parties in the South China Sea", http://nghiencuubiendong.vn/en/conferences-and-seminars-/509-compromise-and-cooperation-on-the-sea-the-case-of-signing-the-declaration-on-the-conduct-of-parties-in-the-south-china-sea, May 5, 2018.

平对话的方式解决争端。虽然马来西亚在2015年作为轮值主席国在东盟峰会上针对南海问题的讲话中发表了反驳中国的观点和立场，认为南海问题就是东盟和中国之间的问题，并对中国在南海建造人工岛屿的行为表示担忧，但是马来西亚仍在呼吁有关各方都应确保充分有效地执行《南海各方行为宣言》，以建立、维护和增进南海各方之间的相互信任并克制自己的行为。此外，马来西亚在讲话中对于制定"南海行为准则"展现出了积极的态度[1]。马来西亚还在针对南海仲裁案发表的声明中承诺并呼吁有关各方确保全面有效地执行《南海各方行为宣言》[2]。

2016年7月以来，中国在东南亚外交上取得了丰硕的成果。菲律宾总统杜特尔特上台后决定搁置南海仲裁，以换取与中国更强有力的经济合作。2016年10月在杜特尔特访华期间，这项决定立即获得了巨大的利益，其与中国达成的交易额达135亿美元。杜特尔特访华引发了整个东南亚地区的多米诺骨牌效应。马来西亚也显示出向中国靠拢的迹象，双方就旨在连接巴生港和关丹港的马来半岛铁路项目达成一致[3]。随着中国与南海相关各方关系的改善与加强，2017年5月18日，中国与东盟国家落实《南海各方行为宣言》第14次高官会议审议通过了"南海行为准则"框架。"南海行为准则"框架草案原计划于2017年年中前完成，此次会议提前实现目标[4]。2017年10月在马尼拉举行的第31届东盟峰会上，东盟和中国领导人正式开始就"南海行为准则"的细则进行谈判[5]。

马来西亚作为东南亚的大国，其在"南海行为准则"的谈判过程中有着重要的影响力，并且马来西亚一贯坚持和呼吁南海各方全面执行《南海各方行为宣言》。其与中国在政治经济等方面又有着良好的合作基础，中国可以通过加强与马来西亚的双边关系来促进"南海行为准则"的谈判。

---

[1] Sumathg Permal, "Malaysia the Talk on South China Sea Issues: A Reference to 26th ASEAN Summit 2015", MIMA, http://www.mima.gov.my/phocadownloadpap/seaviews/SCS%20and%20ASEAN%20Summit%202015.pdf, May 5, 2018.

[2] "Malaysia Urges for Dialogues in South China Sea Dispute", The Star Online, https://www.thestar.com.my/news/nation/2016/07/13/malaysia-urges-dialogues-to-resolve-south-china-sea-dispute/, May 5, 2018.

[3] "A South China Sea Code of Conduct: Is Real Progress Possible?", The Diplomat, https://thediplomat.com/2017/11/a-south-china-sea-code-of-conduct-is-real-progress-possible/, May 5, 2018.

[4] 苏晓晖：《为"南海行为准则"框架点个赞》，载新华网，http://www.xinhuanet.com/world/2017-05/20/c_129610368.htm，最后访问日期：2018年5月5日。

[5] "A South China Sea Code of Conduct: Is Real Progress Possible?", The Diplomat, https://thediplomat.com/2017/11/a-south-china-sea-code-of-conduct-is-real-progress-possible/, May 5, 2018.

作为南海声索国之一的马来西亚在《南海行为宣言》形成过程中与越南、菲律宾存在分歧，为了维护其在南海的利益不会轻易更改自己的主张。"南海行为准则"的规则注定谈判不会一帆风顺。在 2018 年马来西亚大选中，执政党落败，新任总理马哈蒂尔于 5 月 10 日宣誓就职。2019 年 9 月 12 日，中国外交部部长王毅在北京同马来西亚外长塞夫丁会谈后，共同会见记者时表示，中方将同马来西亚和其他东盟国家一道力争 2021 年年底前完成"南海行准则"磋商[1]。

（六）在全球性国际组织框架下开展的国际合作

1. 国际海事组织

国际海事组织成立于 1959 年 1 月，总部设在伦敦，原名政府间海事协商组织，1982 年 5 月改名为国际海事组织。它是联合国下属的负责全球海上航行安全、防止船舶污染的一个专门国际组织。国际海事组织的宗旨为促进各国间的航运技术合作、鼓励各国在促进海上安全、提高船舶航行效率、防止和控制船舶对海洋污染方面采取统一的标准，处理有关的法律问题[2]。1972 年，马来西亚正式加入国际海事组织[3]。国际海事组织针对马来西亚所在区域做了大量的工作：第一，2005 年，马六甲沿岸三国与国际海事组织在雅加达签署了建立区域海洋电子高速公路（Marine Electronic Highway，MEH）的协议，该项目于 2006 年正式启动[4]；第二，国际海事组织于 2009 年 10 月和马来西亚、新加坡、印度尼西亚签署了一项协议，宣布设立"国际海事组织—马六甲海峡信托基金"（Malacca and Singapore Strait Trust Fund）。

2. 国际海事局

国际海事局（International Maritime Bureau，IMB）是国际商会（International Chamber of Commerce，ICC）的一个下属机构。1980 年 11

---

[1]《王毅同马来西亚外长塞夫丁举行会谈》，载新华网，http://www.xinhuanet.com/2019-09/12/c_1124992213.htm，最后访问日期：2019 年 11 月 1 日。

[2]"History Of IMO", IMO, http://www.imo.org/en/About/HistoryOfIMO/Pages/Default.aspx, May 5, 2018.

[3]"Member States", IMO, http://www.imo.org/en/About/Membership/Pages/MemberStates.aspx, May 5, 2018.

[4]"Marine Electronic Highway (MEH) Demonstration Project in the Straits of Malacca and Singapore", IMO, http://www.imo.org/en/OurWork/Safety/Navigation/Pages/MarineElectronicHighway.aspx, May 5, 2018.

月 2 日，国际商会大会决定成立国际海事局，1981 年 1 月 1 日，国际海事局在伦敦正式开业。国际海事局的主要工作是通过打击欺诈和舞弊行为来维护国际贸易的完整性。它调查包括船舶盗窃在内的犯罪行为，并且定期举办系列课程和培训向公众普及航运安全知识，同时它也提供船舶和港口安全的咨询服务。马来西亚积极参与国际海事局的活动。国际海事局 1992 年 10 月在马来西亚首都吉隆坡成立了海盗报告中心（The IMB Piracy Reporting Centre，IMB PRC）。该中心由海上保险公司和船东自愿捐款资助，免费为所有船旗国提供服务[1]。

3. 联合国粮食及农业组织

联合国粮食及农业组织是联合国系统内最早的常设专门机构。其宗旨是提高人民的营养水平和生活标准，改进农产品的生产和分配，改善农村和农民的经济状况，促进世界经济的发展并保证人类免于饥饿[2]。马来西亚于 1957 年加入联合国粮农组织，积极参与该组织的项目与工程。在联合国粮农组织第三届大会的建议下，亚洲—太平洋渔业委员会于 1948 年 11 月正式设立。该委员会旨在通过发展和管理捕捞及养殖活动以及通过符合成员目标的有关加工和销售活动，促进水生生物资源的全面、适当应用。通常每两年举行一届会议[3]。目前该委员会有 21 个成员，马来西亚是成员之一[4]。

亚太区域渔产品销售信息及技巧征询服务政府间组织，成立于 1981 年，总部设在马来西亚吉隆坡，是联合国粮食及农业组织的试点工程。自 1987 年以来，其逐渐成长为一家专门针对亚太地区和吉隆坡其他地区的渔业行业提供市场信息和技术咨询服务的政府间国际组织。目前有包括马来西亚在内的 13 个国家加入该组织[5]。

---

[1] "The IMB Aware of the Escalating Level of This Criminal Activity, Wanted to Provide a Free Service to the Seafarer and Established the 24 Hour MB Piracy Reporting Centre (PRC in Kuala Lumpur Malaysia", ICC, http://www.icc-ccs.org/icc/imb, May 5, 2018.

[2] "About FAO", FAO, http://www.fao.org/about/en/, May 5, 2018.

[3] "Asia-Pacific Fishery Commission—Background", FAO, http://www.fao.org/apfic/background/about-asia-pacific-fishery-commission/en/, May 5, 2018.

[4] "Asia-Pacific Fishery Commission—Membership", FAO, http://www.fao.org/apfic/background/about-asia-pacific-fishery-commission/membership/en/, May 5, 2018.

[5] "The Asia-Pacific Fishery Service Centre", Infofish, http://infofish.org/v2/index.php/infofish/our-team, May 5, 2018.

七、对中国海洋法主张的态度

（一）对中国南海政策的态度

马来西亚反对中国的南海"断续线"主张，其反对态度主要体现在侵占部分南海岛礁并宣誓主权，以及提交与中国南海"断续线"主张相悖的划界案上。但它同意中国搁置争议、共同开发的主张。马来西亚是东盟国家中积极推进《南海各方行为宣言》和"南海各方行为准则"的国家。

1. 侵占中国南海岛礁

亚洲外岛海域矿产资源联合探勘协调委员会[1]（Coordinating Committee for Offshore Prospecting in Asia，CCOP）于1968年发布的调查报告显示，越南沿岸之邻近海域、南沙群岛东部和南部海域蕴藏着丰富的油气资源，引起了周边国家的重视。马来西亚于1968年开始在南沙群岛周边勘探油田并开采[2]。

随着新油田的不断开发，马来西亚不满足于单纯的资源侵占，开始对相关南沙岛礁宣誓主权。1979年12月21日，马来西亚出版的1:150万比例尺的大陆架界限图[3]把南乐暗沙（Nanle Ansha）、校尉暗沙（North East Shoal）、司令礁（Commodore Reef）、破浪礁（Gloucester Breakers）、南海礁（Mariveles Reef）、安波沙洲一线以南的南沙群岛地区（包括12个小礁岩和环礁）划入马来西亚版图，对南沙群岛提出领土要求，并采取实际行

---

[1] 亚洲外岛海域矿产资源联合探勘协调委员会是由联合国亚洲暨远东经济委员会（Economic and Social Commission for Asia and the Pacific，ESCAP/UN）于1966年根据中国、日本、韩国及菲律宾的提议成立的。
[2] 早在1968年，马来西亚政府就将南沙群岛范围内8万多平方公里的海域划为"矿区"（南康暗沙、北康暗沙和曾母暗沙暨所属礁、沙均被包括在"矿区"之内），并出租给美国壳牌公司的子公司——沙捞越壳牌公司钻探。1970年始，马来西亚2艘钻探船擅自进入南康暗沙和北康暗沙进行钻探。1971年3月，马来西亚在南康暗沙中的海宁礁和潭门礁进行非法钻探。1972年，马来西亚窜入北康暗沙中的康西暗沙进行非法钻探。1973年，马来西亚在北康暗沙北端的盟谊暗沙进行非法钻探。1974年10月至1975年10月的一年中，马来西亚又在南沙海域非法钻井11口，在曾母暗沙发现天然气田多个，最大的一个气田位于曾母暗沙以北海区，储量达5000亿立方米，年产量可达100亿立方米，是世界上一流的大气田之一，马来西亚将其命名为"民都鲁气田"。1977年马来西亚在此建造一个年产520万吨的液化天然气加工厂，产品出口日本，马来西亚至今还在南沙群岛海域进行非法钻探和开采活动。
[3] 1979年马来西亚地图的大陆架主张基点参见附录24。

动占领和控制有关岛礁。1980年5月15日，马来西亚政府单方面宣布对从基线量起的200海里专属经济区拥有主权权利，将曾母盆地以及南沙群岛中的11个岛礁的附近海域纳入其版图[1]。

从1983年到1986年，马来西亚先后占领了弹丸礁、南海礁和光星仔礁（Ardasier Reef），还在6个岛礁上竖立了"主权碑"。1999年，马来西亚又占领了榆亚暗沙（Investigator Shoal）和簸箕礁（Erica Reef）。马来西亚的南海政策时有调整，但其开发利用南海资源的基本战略未变。马来西亚领土声索及于大陆架和专属经济区。占领8个珊瑚礁，分别为：弹丸礁、光星礁（Dallas Reef）、光星仔礁、南通礁、南海礁（Louisa Reef）、榆亚暗沙、簸箕礁、皇路礁（Royal Charlotte Reef）[2]。

《南海各方行为宣言》签署后，马来西亚的南海政策从夺占岛礁转变为巩固占领，维护既得利益，主要体现在以下几个方面：第一，在所占岛礁上开展各种活动，借以"宣誓主权"；第二，加强海军军备建设以及所占岛礁的军事设施建设；第三，制造渔业纠纷，企图以管辖权体现"主权"。

2. 提交与中国的南海"断续线"主张相悖的大陆架划界案

马来西亚反对中国南海"断续线"主张。马来西亚主张的200海里专属经济区与中国南海"断续线"内区域高度重合。依据《联合国海洋法公约》第76条，公约缔约国应在2009年5月13日前向联合国大陆架界限委员会提交外大陆架划界方案。2009年5月6日，马来西亚和越南向大陆架界限委员会联合提交200海里外大陆架划界案[3]。提交的文件没有定义每个国家延伸的大陆架主张，只是定义了两国共同提出的声索区域。不过，马来西亚前总理纳吉布表示，两国对于界定区域的分配已经达成了广泛的共识[4]。

对此，2009年5月7日，中国常驻联合国代表团通过两份照会，针对马来西亚和越南两国联合提交外大陆架划界案，以及越南单独提交的外大陆架划界案表达了立场，要求大陆架委员会对其不予审议。在照会中，为表示中国对南海诸岛及其附近海域的主权权利和管辖权，中国提供了附

---

[1]《大事记》，载中国南海网，http://www.thesouthchinasea.org.cn/events.html，最后访问日期：2018年5月5日。
[2] 刘复国、吴士存：《2013年度南海地区形势评估报告》，中国南海研究院2014年，第96—123页。
[3] "Joint Submission to the Commission on the Limits of the Continental Shelf", UN, http://www.un.org/depts/los/clcs_new/submissions_files/mysvnm33_09/mys_vnm2009excutivesummary.pdf, May 5, 2018.
[4] 孙国祥：《南海之争的多元视角》，香港城市大学出版社2017年版，第136页。

图[1]，图中以国界线的方式划出了南海"断续线"。对此，马来西亚以备忘录回应维护其对该地区声索的合法权利，并指出它承认各国在该地区的重叠主张。

马来西亚大量占领南沙群岛岛礁并宣称其为"领土"的南海政策源于马来西亚对南海资源的渴求。马来西亚是一个油气生产大国。为发展油气产业，马来西亚需要南海的油气资源。其在北康暗沙（South Luconia Shoals）、南康暗沙（South Luconia Shoals）、曾母暗沙（James Shoal）附近海域，有大量海上油气开发平台。除了油气产业，马来西亚的渔业发展也需要依靠南海。"第九个马来西亚计划"（The 9th Malaysia Plan）旨在推广深海捕捞金枪鱼和海草。马来西亚的主张侵犯了我国的海洋权益。

3. 两国对冲突主张的处理

虽然中马两国在南海的冲突十分明显，但两国对冲突的处理都非常冷静克制。在2009年6月对中国进行国事访问期间，马来西亚前总理纳吉布表示，中国与马来西亚达成一项谅解，并同意继续进行所有有关领土争端的谈判[2]。与越南和菲律宾不同，对于两国海洋政策的冲突，马来西亚更愿意通过双边渠道解决。这种态度与马来西亚的对外战略、中马关系和马来西亚之前的海洋法实践有关。

冷战结束后，马来西亚实施"对冲战略"，在中美之间寻求平衡[3]。尽管"对冲战略"的制定在一定程度上表明了马来西亚对中国的态度，但有数个关键因素限制了马来西亚因南海问题与中国产生激烈冲突的可能性。中马双方都对两国的历史关系相当重视。当东盟其他国家对"中国威胁"疑心不已时，马来西亚率先与中国实现了关系正常化。值得注意的是，两国关系正常化正是在马来西亚前总理纳吉布的父亲阿都拉萨（Abdul Razak）担任马总理时期。两国密切的经贸往来是这种伙伴关系的基础。但随着新总理的就职，阿都拉萨总理遗留的政治遗产对两国关系的影响必然会被削弱。

即使是在前总理的任期内，中马的友好关系也不是一成不变的。2013年3月26日，中国海军4艘战舰组成的小型舰队到访南沙群岛最南端的

---

[1] 该立场文件参见 http://www.un.org/depts/los/clcs_new/submissions_files/mysvnm33_09/chn_2009re_mys_vnm.pdf，最后访问日期：2018年5月5日。
[2] Lim Tin Seng, "Renewing 35 Years of Malaysia-China Relations: Najib's Visit to China", EAI, http://www.eai.nus.edu.sg/publications/files/BB460.pdf，最后访问日期：2018年5月5日。
[3] 刘复国、吴士存：《2013年度南海地区形势评估报告》，中国南海研究院2014年，第98页。

曾母暗沙，而荷兰皇家壳牌有限公司与马来西亚国家石油公司的油气开采作业就位于附近海域。4月，一艘中国海事监督船只到达曾母暗沙并布下宣示中国主权的标志。该事件使马来西亚开始调整"对冲战略"，以应对中国的新举动。马来西亚加快了与其他南海声索国的"合作步伐"，希望与文莱、菲律宾、越南"共同协调解决争议的办法"。军事上，马来西亚致力于增强自身能力。马来西亚国防部长希山慕丁（Hishammuddin）在2013年10月发表声明称，马来西亚将建立新的海军陆战队，并在距离中国曾母暗沙60海里的沙捞越民都鲁建立海军基地。他指出，新的海军陆战队的组建将依靠美国海军陆战队的专业知识。2014年5月的后续报道指出，马来西亚还没有确定这支海军陆战队究竟由陆军管辖还是由海军管辖。最初的计划是先将海军陆战队作为一支马来西亚联合部队司令部下辖的独立部队，而后再根据实际运用中积累的经验决定哪个军种更适合管辖这支部队[1]。

尽管两国关系因上述事件一度变冷，但到2013年10月习近平主席访问马来西亚时，马来西亚提供了"解决区域冲突更清醒和高度细致入微的方式"。两国领导人达成共识，将两国关系提升为全面战略伙伴关系[2]。因此，马来西亚的"对冲战略"并不会发生重大的转变。希山慕丁曾表示，马来西亚并不担心中国在其宣誓主权的海域内频繁巡逻，"仅仅是因为你有敌人，这并不意味着你的敌人就是我的敌人"。他认为，如果中国的意图不是为了发动战争，那么每天都可以巡逻，这并没有什么可担心的[3]。

因马来西亚一贯的低调行事和两国的友好关系，中马并不会因双方在南海政策上的冲突而大动干戈。再加上马来西亚由于在2008年白礁岛案中败诉，不再积极主张通过国际仲裁来解决问题，两国应不再会因南海争议对簿公堂。但随着2018年马来西亚大选结束，执政党败选反对党上台，马来西亚政局风云突变。新总理马哈蒂尔就职后表示将重新审视中国投资，这给未来的中马关系带来不确定性因素[4]。

---

[1] 知远：《马来西亚军队目前最新动态：需求基本上不能满足》，载搜狐军事，http://mil.sohu.com/20140520/n399789235.shtml，最后访问日期：2018年5月5日。
[2] 《中国同马来西亚提升为全面战略伙伴关系》，载搜狐网，http://news.sohu.com/20131005/n387619466.shtml，最后访问日期：2018年5月5日。
[3] 刘复国、吴士存：《2013年度南海地区形势评估报告》，中国南海研究院2014年，第107页。
[4] 叶靖斯：《大马"变天"：新政府重审中资的虚与实》，载BBC中文网，http://www.bbc.com/zhongwen/simp/world-44107070，最后访问日期：2018年5月5日。

(二)对菲律宾南海仲裁案的态度

马来西亚虽然也是南海声索国,但对菲律宾南海仲裁案的结果反应比较温和。裁决宣布后,马来西亚外交部发表声明,除表示"注意到"裁决之外,并没有明确表达对裁决本身持何种立场,也未作出任何评价,而是强调应落实《南海各方行为宣言》,早日达成"南海行为准则"。根据包括《联合国海洋法公约》在内的国际法和平解决争端,自我克制、避免威胁和实际使用武力,通过对话谈判解决争端,维护法治的至高无上地位,确保地区和平、安全与稳定等。另外,马来西亚高层领导人,包括总理、副总理、外长等在内,至今未就裁决公开发表过任何有挑衅性的言论。

但另一方面也必须看到,马来西亚实际上对于仲裁结果还是非常在意的。从2015年6月25日起,马来西亚派了一个六人观察员团队跟踪仲裁进程。裁决宣布前夕,即2016年6月23日,马政府向仲裁庭提交了一份声明,其中写道:"仲裁庭必须确保,在裁定南中国海的某些海上地物是否能够作为划定1982年《联合国海洋法公约》所规定的海洋区域的基础时,所表达的任何立场不会对马来西亚的权利和利益造成直接或间接影响。仲裁庭不能擅作主张,援引该《公约》第13条和第121条,对马来西亚于1979年出版的地图上所标注的本国领海和大陆架内的任何地物的海洋权利作出裁决。"另外,裁决出台后,马来西亚未明确表达立场,但由于马来西亚是以其陆地领土基线作为声索专属经济区和大陆架的法律依据,并且不认同中国南海"断续线"主张,而仲裁结果又否定中国的主张,可以想见马来西亚还是乐见这一结果的。马来西亚外交部在针对裁决发表的声明中写道:"注意到仲裁庭依据1982年《联合国海洋法公约》附件7所作出的裁决";"相信有关各方能够充分尊重外交和法律程序"。这似乎暗示着马来西亚对裁决合法性的认可。马来西亚籍学者、新加坡东南亚—尤素夫·伊萨研究院东盟研究中心主任邓秀岷称:"裁决为马来西亚应对中国的强势提供了法律依据。"这或许道出了马来西亚对于裁决的真实心态。当然,这并不是说马来西亚政府的南海政策会发生改变,而是说马来西亚在坚持其声索时可能会多一份自信和坚决。[1]

---

[1] 杨光海:《东盟国家及组织对南海仲裁案的反应及政策走向》,载《和平与发展》2016年第5期,第10—13页。

（三）其他海洋主张冲突

1. 低潮高地的海洋法地位

马来西亚海事研究所研究员 Melda Malek 认为，并非所有的海上特征都是《联合国海洋法公约》第121条意义上的岛屿或岩礁。例如，中沙群岛、北康暗沙和曾母暗沙最多只是低潮高地。因此，它们应该作为其所在沿海国家的大陆架的一部分[1]。在实践中，马来西亚也坚持此观点。在马来西亚与泰国的专属经济区划界案中，马来西亚认为鼠岛（Tikus）是一个无人居住的高潮时高于海平面1.5米的岩礁，根据《联合国海洋法公约》的规定，其"不能维持自身的经济生活"。因此，鼠岛不享有专属经济区和大陆架。而且鼠岛距泰国海岸29海里，不能作为领海基线的基点，因此该岛对划界不产生任何影响[2]。马来西亚的此种主张与中国学界的主流观点不符。

2. 大陆架划界方法

中马两国对大陆架划界方法的主张不同。在《印尼共和国与马来西亚关于两国大陆架划界协议》中，除南海东段划界线外，两国位于马六甲海峡内的划界线和南海西段划界线均是采用"等距离—中间线"划界方法。在马来西亚与泰国的大陆架划界争端中，马来西亚主张以两国大陆海岸线为准，采用"等距离—中间线"原则，平均划分两国大陆架[3]。

在上述两个划界案中，马来西亚都主张采用"等距离—中间线"划界方法，这与中国的划界主张相冲突。中国在《关于国家管辖范围内海域的工作文件》中，主张"根据大陆架为大陆领土自然延伸原则，沿海国可以在其领海或经济区以外，根据具体地理条件，合理地确定其在专属管辖下的大陆架的范围，其最大限度可以由各国共同商定"[4]。中国的《专属经济区和大陆架法》第2条规定，本国大陆架依陆地领土的全部自然延伸扩展到大陆边外缘的海底区域的海床和底土，明确了大陆架划界中的自然延伸方法。

---

[1] Melda Malek, *Why It Is Timely, Three Decades on, for States to Take Stock of the UNCLOS 1982*, Maritime Institute of Malaysia, 2012.
[2] 何海榕：《马泰与马越共同开发案的比较研究》，载《太平洋学报》2015年第12期，第84页。
[3] 何海榕：《马泰与马越共同开发案的比较研究》，载《太平洋学报》2015年第12期，第84页。
[4] 陈慧青：《中国与〈海洋法公约〉：历史回顾与经验教训》，载《武大国际法评论》2017年第3期，第119页。

3. 人造土地的海洋法地位

在新加坡案中，马来西亚认为，根据《海洋法公约》第 11 条，不构成永久性港口工程的人为的土地面积延伸不可以构成海洋划界的基点。在 2015 年第 26 届东盟峰会上马来西亚发言表示，中国对南沙群岛和珊瑚礁的建设会破坏中国和东盟之间的信任。马来西亚认为中国在华阳礁上的建设活动将会影响马来西亚直至 12°30′N 的外大陆架[1]。

（四）在"一带一路"框架下与中国合作的态度

从 1974 年 5 月 31 日中马建立外交关系以来，两国经贸战略依存度高，经贸合作规模大、基础深厚。在推进"一带一路"建设及国际产能合作过程中，马方率先响应，积极参与，成为"21 世纪海上丝绸之路"重要节点国家。在海洋领域，双方基于"一带一路"框架已经开展了 2013 年关丹港项目、2016 皇京港项目、2017 年中国—马来西亚海洋科学与技术联合研究中心建设项目等众多合作项目。

现总理马哈蒂尔就职后，其一方面表示要审查中资合同，另一个方面表示要抓住"一带一路"建设所带来的机遇以实现马来西亚自身发展[2]。马来西亚对在"一带一路"框架下与中国展开海洋领域合作的真正态度，有待进一步观察。

---

[1] "Malaysia Walking-the-Talk on South China Sea Issues: A Reference to 26th ASEAN Summit 2015 SumathyPermal Maritime Institute of Malaysia", MIMA, http://www.mima.gov.my/phocadownloadpap/seaviews/SCS%20and%20ASEAN%20Summit%202015.pdf, May 5, 2018.

[2] 林昊、刘彤：《马来西亚总理表示必须抓住"一带一路"机遇》，载搜狐网，https://www.sohu.com/a/219743763_630337。

第Ⅲ部分

文莱海洋法律体系研究

一、文莱海洋基本情况

（一）文莱概况

文莱现全称"文莱达鲁萨兰国"（Negara Brunei Darussalam），意为"生活在和平之邦的海上贸易者"，位于加里曼丹岛西北部，北临南中国海，东、西、南三面与东马来西亚沙巴、沙捞越相邻。15世纪伊斯兰教传入，苏丹国建立。后被多个国家和殖民者入侵、占领和控制。根据1978年其与英国政府签署的条约，文莱于1984年1月1日宣布取得完全独立。

文莱国土面积5765平方公里，海岸线长约162公里[1]，共有33个岛屿。人口42.26万（2016年），其中，马来族占65.7%，华人占10.3%，其他种族占24%[2]。中、文两国自古以来就有密切的人文、贸易往来，近年来双边经贸合作快速发展。

（二）行政区划

文莱行政区划分区、乡和村三级。全国共有四个区（District，当地人称为"县"）：文莱—摩拉（Brunei-Muara）区、都东（Tudong）区、马来奕（Belait）区和淡布隆（Temburong）区，各区设区长分别负责区内日常行政事务，由内政部办公室统筹管理。文莱—摩拉区（以下简称"摩拉区"）是文莱面积最小、人口最多的区。文莱首都斯里巴加湾（Bandar Seri Begawen）市位于摩拉区，包括主管海洋事务的所有政府部门的总部和最大、最深的港口——摩拉港都设在摩拉区。摩拉区是文莱的行政中心。都东区是文莱第三大区，共有8个乡（mukim）。这个地区工业发展水平较低，并没有较为突出的特色产业。马来奕区有8个乡，是文莱面积最大、人口第二多的区。马来奕区的塞里亚镇（Seria Town），是整个文莱石油和天然气工业的核心区。因油气产业发达，该区十分关注海洋利益。淡布隆区是文莱占地面积第二大、人口最少的区，共有5个乡。该区主要产业为

---

[1]《文莱国家概况》，载中国外交部官网，http://www.fmprc.gov.cn/web/gjhdq_676201/gj_676203/yz_676205/1206_677004/1206x0_677006/，最后访问日期：2018年5月5日。

[2]《文莱国家概况》，载中国外交部官网，http://www.fmprc.gov.cn/chn//gxh/cgb/zcgmzysx/yz/1206_33/1207/t9378.htm，最后访问日期：2018年5月5日。

采石业[1]。由于与海洋相关的产业不发达，该区对于海洋利益的关注度不高。

（三）政治制度

文莱实行"马来、伊斯兰和君主制"三位一体的政治制度。文莱宪法规定，苏丹为国家元首，拥有最高行政权力和颁布法律的权力，同时也是宗教领袖，苏丹拥有随时改组内阁的权力。现任苏丹为二十九世苏丹哈吉·哈桑纳尔·博尔基亚·穆伊扎丁·瓦达乌拉（Sultan Haji Hassanal Bolkiah Mu'izzaddin Waddaulah），1967年10月5日继位[2]。由于苏丹频繁行使改组内阁的权力，文莱政府的海洋政策有不稳定的情况。

（四）海洋资源

1. 油气资源

文莱油气资源丰富，但石油精炼等下游产业不发达，主要向外国出口原油。根据2017年6月发布的《BP世界能源统计年鉴》，截至2016年年底，文莱已探明石油储量为11亿桶，占全球总量的0.1%，2016年文莱石油日产量为12.7万桶；天然气储量为3000亿立方米，占全球总量的0.1%[3]。文莱每年的油气产值和出口收入占其国内生产总值的60%以上和出口总收入的90%以上，是一个名副其实的"浮在油气上的国家"[4]。文莱富含石油和天然气的区域大多位于沿海和近海海域[5]。除陆地油田外，文莱现有"冠军号"（Champion）、"西南艾姆巴"（Southwest Amba）、"费尔里"（Fairly）、"费尔里—巴拉姆"（Fairly-Baram）（与马来西亚共管）、"迈格帕"（Magpei）、"甘纳特"（Gannet）、"铁公爵"（Iron Duke）7个海上油田。文莱90%的石油和商用天然气几乎全部出自上述7个海上油田。海上油田共有46个钻井平台，490多个油井，1300公里海底输油与输气管道。除石油以外，其他矿产资源

---

[1] "Temburons District", Information Department, http://information.gov.bn/PublishingImages/SitePages/Publication%20Lists/Temburung District.pdf, p.8, p.14, May 5, 2018.

[2]《文莱概况》，载人民网，http://world.people.com.cn/GB/8212/72474/72475/5047766.html，最后访问日期：2018年5月5日。

[3]《BP世界能源统计年鉴》（2017年6月），https://www.bp.com/zh_cn/china/reports-and-publications/_bp_2017-_.html，最后访问日期：2018年5月5日。

[4] 姚元园：《文莱油气产业发展现状与转型评析——基于石油公司竞争力的分析视角》，载《东南亚纵横》2013年第5期，第36—40页。

[5] Jorgen Schwarz, et al., *Maritime Strategies in Asia*, White Lotus Press, 2002, pp.451-452.

较少[1]。

近年来，文莱石油日产量控制在20万桶以下，是东南亚第三大产油国；天然气日产量在3500万立方米左右，为世界第四大天然气生产国。文莱致力于到2035年将油气产业本地成分提高到60%[2]。文莱政府一方面对油气开采奉行节制政策，另一方面积极勘探新油气区。在文莱获得油气勘探和开采权的外国公司有：荷兰壳牌集团（Royal Dutch/ Shell Group of Companys）、道达尔公司（Total Fina Elf E&P Borneo B.V.）和壳牌深海（婆罗）公司（Shell Deepwater Borneo Ltd.）等。其中，荷兰壳牌集团最早进入文莱，与文莱政府及日本企业先后成立了四家合资公司，即文莱壳牌石油公司（BSP）、文莱壳牌销售公司（BSM）、文莱液化天然气公司（BLNG）、文莱天然气运输公司（BGC）。

道达尔公司1986年开始在文莱经营，1989年与文莱签署包括393平方公里的岸外"B"区块石油开采协议。1999年商业化开采成功，所产原油和天然气销售给文莱壳牌石油公司和文莱液化天然气公司加工。2002年年初，以道达尔公司为首的国际财团被文莱政府授予文莱深水区块的勘探许可证，道达尔公司作为该区块的作业者拥有60%的股权，澳大利亚的BHP Billiton石油公司拥有25%股权，Amerada Hess公司拥有剩余15%股权。

第Ⅲ部分　表1　文莱壳牌公司及其合资子公司[3]

公司名称	年份	合资方	股权构成
文莱壳牌石油公司	1975	文莱政府、壳牌	50%∶50%
文莱壳牌销售公司	1975	文莱政府、壳牌	50%∶50%
文莱液化天然气公司	1969	文莱政府、壳牌、三菱	50%∶25%∶25%
文莱天然气运输公司	2005	文莱政府、壳牌、三菱	80%∶10%∶10%

2002年，壳牌国际的分公司壳牌海外集团以超过10亿美元的价格购下壳牌深海（婆罗）公司。这一并购将壳牌在新西兰、澳大利亚和文

---

[1]《文莱经济状况》，载商务历史网，http://history.mofcom.gov.cn/?bandr=wljjzk，最后访问日期：2018年5月5日。

[2]《文莱渔业专题》，载南博网，http://www.caexpo.com/special/economy/Brunei_fishery/，最后访问日期：2018年5月5日。

[3] 资料来源于文莱首相府经济规划管理局。

莱的油气运营整合起来。壳牌深海（婆罗）公司（26.95%）与优尼科（Unocal）公司（26.95%）和文莱政府（46.10%）建立了合资公司共同开发"A"区块（Bendehara Selatan 油田）和"C""D"区块（Laksamana Utara 油田以及 East Egret 油田）[1]。

2. 渔业资源

文莱海岸线长约 162 公里，海岸线沿岸有东南亚保存最好的红树林，面积为 18418 公顷，有大量的虾苗和鱼苗繁殖其中。文莱海域还是金枪鱼洄游的途经之路，有丰富的金枪鱼资源[2]。虽然文莱渔业资源丰富，但因为国内从事渔业的人员较少以及设备落后等原因，文莱渔业产业并不发达，国内渔业产品需求需要依靠进口才能满足。根据 1983 年颁布的《渔业限制法案》，文莱将 200 海里的水域设定为专属经济区后，文莱渔业取得了迅速的发展。文莱渔业局规定文莱海域共划分为四个作业海区：第一海区：0—3 海里（离岸）；第二海区：3—20 海里；第三海区：20—45 海里；第四海区：45—200 海里。第三海区海深从几十米到近 200 米，第四海区为大海槽，深达上千米。文莱政府为保护近海渔业资源，规定引进的外国渔船只能在第三、第四海区作业，而且从 2008 年 1 月 1 日起实行临时性保护措施，禁止在第一海区区域内捕鱼[3]。

---

[1]《文莱近几年的重点/特色产业》，载国际投资贸易网，http://www.china-ofdi.org/ourService/0/4169，最后访问日期：2018 年 5 月 5 日。

[2]《文莱渔业发展概况》，载中驻文莱大使馆经济商务参赞处官网，http://bn.mofcom.gov.cn/article/ztdy/200704/20070404527129.shtml，最后访问日期：2018 年 5 月 5 日。

[3]《文莱渔业发展概况》，载中驻文莱大使馆商务参赞处官网，http://bn.mofcom.gov.cn/article/ztdy/200704/20070404527129.shtml，最后访问日期：2018 年 5 月 5 日。

二、海洋事务主管部门及其职能

（一）议会

1959年，文莱《宪法》规定设立立法委员会行使审议立法的权力并定期举行议会选举。1965年，二十八世苏丹取消立法会选举，由自己任命议员。1984年，苏丹宣布中止立法会，以圣训方式颁布法律。2004年，苏丹宣布恢复立法会，任命议长和包括自己在内的21名议员。2005年9月，苏丹解散上届立法会，重新任命议长和30名议员。2011年6月，苏丹任命新一届立法会议员。2015年，苏丹任命拉赫曼为立法会新议长。2017年1月，苏丹任命本届立法会议员，议长拉赫曼获得连任。议员包括苏丹、王储兼首相府高级部长比拉等内阁成员、各区县代表及社会贤达共33人，并设专职工作人员1人。

（二）外交与贸易部

1988年12月1日，苏丹宣布组成政府并由内阁成员出任政府部门官员。1989年1月、2005年5月、2010年5月、2015年10月和2018年1月，苏丹数次对内阁进行改组[1]。目前文莱政府为首相府（Prime Minister's Office），其下设外交与贸易部（Ministry of Foreign Affairs and Trade）、交通部（Ministry of Communications）等12个部门[2]。与海洋相关的主要政府机构有外交与贸易部、交通部、国防部下设的文莱皇家海军（Royal Brunei Navy）和首相府下设的文莱皇家海洋警察（Royal Brunei Marine Police）。

文莱外交部于1984年文莱取得完全独立后正式组建，其前身为1979年初设立的外交事务部（Diplomatic Service Department）。2005年8月1

---

[1]《文莱国家概况》，载中国外交部官网，http://www.mfa.gov.cn/chn//pds/gjhdq/gj/yz/1206_33/1206x0/t9378.htm，最后访问日期：2018年5月5日。
[2] 这12个部门是：财政部（Ministry of Finance）、国防部（Ministry of Defence）、外交与贸易部（Ministry of Foreign Affairs and Trade）、内政部（Ministry of Home Affairs）、教育部（Ministry of Education）、初级资源与旅游部（Ministry of Primary Resources and Tourism）、发展部（Ministry of Development）、文化青年体育部（Ministry of Culture, Youth and Sports）、卫生部（Ministry of Health）、宗教事务部（Ministry of Religious Affairs）、交通部（Ministry of Communications）和能源与工业部（Ministry of Energy and Industry）。

日，工业和初级资源部国际关系和贸易司并入外交部，外交部改称为外交与贸易部。现任外交与贸易部部长是文莱苏丹哈吉·哈桑纳尔·博尔基亚。外交与贸易部的主要职能是负责处理文莱外交相关的所有事务。现在外交与贸易部在海外有三个代表团，分别位于新加坡、吉隆坡和伦敦。其下属13个部门包括：东盟司、东亚司、国际组织处及议定书和领事事务处等。其内设机构包括秘书处、技术援助司、贸易促进科和条约司（Treaty Section），其中条约司负责向外交与贸易部以及其他政府机构提供与条约、谅解备忘录、国际和国内法律相关问题的支持，并且参与国际协定相关文书的编写、签字和批准。负责与马来西亚就林梦地区领土争端进行谈判工作的就是条约司[1]。

（三）交通部

交通部于1984年成立，自成立以来已设立了若干个部门和机构，包括电信局、邮政局、民航局、陆路运输局、港口局和海事局。交通部的愿景是迈向智慧型社会，实现卓越通信，以提高国家竞争力[2]。其下设海事局（Marine Department）和港口局（Ports Department）主管文莱海洋相关事务。

1.海事局

最初，海事局只是皇家海关部门的一部分。1957年海事局开始处理自己的行政事务，1964年之后服务项目逐渐增加。1984年8月25日文莱任命第一个海事局局长，在该局长的领导下，文莱加入了国际海事组织，并成为国际海事组织框架下8个公约及其议定书的缔约方。2006年1月1日，Awang Haji Bolkini bin Haji Abdul Rahman 被任命为代理海事局局长，在此期间他根据国际海事组织的要求组织修订了文莱国内众多海事法令和法规。海事局的主要职责是：第一，加强海上安全和安保；第二，加强对海洋环境的保护；第三，促进航运业的发展。其具体功能包括：第一，负责文莱船舶登记和国内船登记；第二，鼓励和促进文莱达鲁萨兰国海洋产业的发展；第三，监督实施国际海事组织公约；第四，担任国际海事组织联络员；第五，在文莱水域内提供助航设备和控制从穆阿拉港进出巴士的船舶；第六，主持国家溢油紧急计划。海事局局长总领海事局，直接下属有

---

[1] 具体情况参见本书171页"五、国际海洋争端解决（一）通过协议解决的争端"部分。
[2] "Vision and Mission"，MTIC，http://www.mtic.gov.bn/Pages/Vision%20and%20Mission.aspx，May 5, 2018.

副局长与后勤部门。后勤部门主要负责五项工作，包括：行政管理、经济、信息通信技术、项目及物流和储存。副局长分管三个部门：第一，海洋安全和环境保护部门主要负责海洋环境保护，海洋安全和健康，安全、安保和环境；第二，航行安全和培训部门主要负责检查和审查资格、调查或者实施核安全或者航行；第三，海洋数据部门主要负责：国际事务、开发和研究船只[1]。

2. 港口局

摩拉（Muara）港口地理位置优越，是文莱对外贸易的主要门户。文莱90%以上的进口和出口（除石油和天然气外）都通过摩拉港口。1973年，摩拉港口首次用于商业用途，由皇家海关管理。1974年，摩拉港口受委托于1986年接管皇家海关的管理和运作。文莱现有的其他海港有斯里巴加湾市港、马来奕港、诗里亚港和卢穆特港等[2]。港口局由组织秘书长（港口总长）领导。组织秘书长直接领导港口安保部门、经济部门、港口副总长以及报价和招标委员会。港口安保部门主要负责维护港口秩序和安全。港口副总长管理日常行政活动、操作活动、机械活动及合作与商业活动[3]。

3. 海事与港务管理局

2017年《海事与港务局法令》规定，海事局与港口局合并组建海事与港务管理局（Maritime and Port Authority of Brunei Darussalam，MPA）。海事与港务管理局的职能包括商船运输的许可和监管职能，特别是在文莱港口和领海内的海上安全、船舶配员和防止海上污染方面。海事港务局还起到促进港口效率和发展的作用，并在港口和港口限制范围内管理和控制航行。为确保海事部门和行业的有序运作和发展，海事港务局还在海事与港口服务和设施方面行使许可和监管职能。该机构还作为文莱在国际海事组织和东盟等国际组织中的国家机构代表在海上运输、海运和港口事务方面发挥作用[4]。

---

[1] "About Us"，MTIC，http://www.mtic.gov.bn/Theme/Home.aspx，May 5, 2018. 海事局公布在宪报中的法令和附属条例见附录32。

[2] 《文莱国家概况》，载中国外交部官网，https://www.fmprc.gov.cn/web/gjhdq_676201/gj_676203/yz_676205/1206_677004/1206x0_677006/，最后访问日期：2019年12月1日。

[3] "Minister & Senior Officials"，MTIC，http://www.mtic.gov.bn/theme/home.aspx，May 5, 2018.

[4] "About us"，MTIC，http://www.mpabd.gov.bn/Theme/Home.aspx，May 5, 2018.

（四）文莱皇家海军

文莱皇家海上警察和文莱皇家海军共同担负海上执法的职能。文莱并没有统一、专门的海上行政执法机构，各个涉海部门按照职权范围履行海上执法职责，领海以外的执法活动主要由海军进行[1]。

文莱皇家海军成立于1965年6月14日，现有约1300人[2]，隶属于文莱皇家武装部队，皇家武装部队的上级部门为国防部[3]。文莱海军拥有一个海上和近岸巡逻部队、一个小型的江河部队[4]，包括4个主要组成部分：作战舰队、行政单位、训练中心和后勤支援。文莱的基线长约70海里，其领土范围延伸至12海里。专属经济区延伸至200海里，其中河口和几条河流延伸至内部。因此，文莱皇家海军的主要任务是：第一，威慑海上部队的攻击；第二，保护国家离岸资源；第三，维护海上交通线；第四，监视200海里的专属经济区；第五，海上搜救行动；第五，文莱皇家武装部队的支援单位；第六，按照国防部的命令向其他安全机构和其他部门提供支持[5]。文莱的海上安全几乎全部由文莱皇家海军负责。

文莱在国家经济发展高度依赖海洋油气资源的开发与出口，只能提供有限战略防卫能力等条件下，选择了主要依靠地区安全机制实现海上安全战略的途径。"大国平衡"政策和"集体安全"方式是文莱维护既得海洋权益，实现海上安全的主要政策内容[6]。虽然文莱目前并没有一个明确的海洋战略[7]，但在实践中，海上安全已成为文莱国防安全的一个重点，而文莱皇家海军显然也成为海上安全政策的首要践行者。维护沿岸及海洋、海底资源保护中的国家利益是文莱海洋安全的核心目标，也是文莱海洋安全政

---

[1] 李志文：《我国在南海争议区域内海上维权执法探析》，载《政法论丛》2015年第3期，第92—99页。
[2]《文莱国家概况》，载中国外交部官网，http://www.mfa.gov.cn/chn//pds/gjhdq/gj/yz/1206_33/1206x0/t9378.htm，最后访问日期：2018年5月5日。
[3] "Ministry of Defence Organisation Structure"，MINDEF，http://www.mindef.gov.bn/SitePages/Structure.aspx，May 5, 2018.
[4]《东南亚土豪——文莱皇家海军主力舰艇》，载搜狐网，http://www.sohu.com/picture/233400845，最后访问日期：2020年1月14日。
[5] 参见文莱皇家海军官网，https://www2.mindef.gov.bn/navy/，最后访问日期：2018年5月5日。
[6] 鞠海龙：《文莱海洋安全政策与实践》，载《世界经济与政治论坛》2011年第5期，第55—64页。
[7] 鞠海龙：《文莱海洋安全政策与实践》，载《世界经济与政治论坛》2011年第5期，第55—64页。

策的主要内容[1]。文莱海洋安全政策在维护其海洋权利主张的实践层面更多地体现在维护海洋油气资源的开发权上。鉴于海外油气田安全的重要性，文莱海洋安全政策的主要指向是与海洋油气资源有关的海域管辖权，而确保海洋油气生产的安全环境则是其相关政策的核心。

（五）文莱皇家海洋警察

文莱皇家海洋警察（Royal Brunei Marine Police）为文莱皇家警察署分支，文莱皇家警察署则直属于首相府。其主要任务为侦查走私和反海盗行动。海洋警察24小时监测国家海域与河流，积极防止在边界发生非法出入境与走私行为。文莱皇家海警配备有21艘巡逻艇。根据新闻报道，文莱海事警察部门负责人阿扎哈里说，文莱已于2006年签署和批准了《亚洲反海盗及武装抢劫船舶区域合作协定》。海事警察部门基于此项协定采购了相关通信设备，以便与设立在新加坡的信息中心联网，通过信息共享等方式参与亚洲地区打击海盗的行动[2]。

---

[1] "Defending the Nation's Sovereightg, Expanding Roles in Wider Horizons, Defence White Paper, 2011"，MINDEF, http://www.mindef.gov.bn/Defence%20White%20Paper/DWP%202011.pdf, August 5, 2018.

[2] 熊平:《文莱为参与亚洲地区打击海盗行动》，载新浪新闻，http://news.sina.com.cn/w/2009-07-22/002418268094.shtml，最后访问日期：2018年5月5日。

三、国内海洋立法

文莱国内法律体制以法案（Act）和法令（Order）为主，两者法律效力相同。法案和法令附有若干法律条例（Regulation）为补充。文莱国内与海洋相关的法律共超过70部，按其内容主要可以分为以下几类：划定海洋区域（包括领海、专属经济区和大陆架）、船舶、渔业和武装部队。

（一）划定海洋区域的法律

1. 划定领海的法

马来西亚于1979年出版了一份大陆架和领海地图将婆罗洲（Borneo）海岸外200海里的水域划归马来西亚，其中包括了文莱的水域。为应对这一事件，文莱政府在1982年出台了自己的领海法，即目前划定文莱领海的法律——1982年《文莱领海法案》[1]。根据该法案：第一，文莱宣布其领海宽度为12海里，并且应根据国际法的规定对此进行测量；第二，文莱出版一张大型地图，标明文莱的低水位标志、基线、外部界限和领水面积，这个地图的复印件应通过政府公报刊登；第三，文莱对在其领域内发生的所有法律程序具有地域管辖权，由外交部长或其代表签字的有管辖权的证明文件可以作为初步证据；第四，文莱任何成文法中涉及文莱领海的，都应根据本法令的规定予以解释[2]。

在此法案出台后，文莱测绘局（Survey Department）的负责人在1987年发布了3张地图标明文莱的海洋区域[3]。在标明文莱领海的地图[4]中列出了7个与海域界限（territorial water limits）有关的地理坐标[5]（见附录25），但并未给出领海基线坐标的指示[6]。其后，文莱政府根据1982年《文莱领

---

[1] 该法案与2002年《文莱领海法》内容相同。"The Laws of Brunei-T", AGC, http://www.agc.gov.bn/AGC%20Site%20Pages/The%20Laws%20of%20Brunei%20-%20T.aspx, May 5, 2018.
[2] "Territorial Waters of Brunei Act, 1982", UN, http://www.un.org/Depts/los/LEGISLATIONANDTREATIES/PDFFILES/BRN_1982_Act.pdf, May 5, 2018.
[3] 都标明了"内部文件，仅供官方使用"。
[4] 基于英版海图（BA）图表第2109号，版本18/5/1962，比例1:200000。
[5] 仅用于显示基线和海洋限制。
[6] R.Haller-Trost, "The Brunei-Malaysia Dispute over Territorial and Maritime Claims in International Law", *Ibru* 1, 1994, pp.2-5.

海法案》第3条的公告,于1988年8月3日第二次出版了一系列大型地图[1],标明了文莱水域的低水位、基线、外部界限和领海。

2. 划定大陆架的法

在1979年文莱未独立之前,就已经面临着与马来西亚的大陆架划界争端。英国政府曾代表文莱于1980年8月和1981年5月向马来西亚提出抗议,但马来西亚并未理会[2]。在独立以后,文莱政府最关心的事项之一就是表明自己的大陆架主张,保护自己的领土权益。

目前,划定文莱大陆架的法律文件是1984年《大陆架声明》及1988年《大陆架公告》[3]。1984年《大陆架声明》的主要内容有:第一,文莱大陆架的地区,即毗邻文莱领海的公海下方的海床及其底土,附属于并构成文莱的一部分;第二,本声明不得影响大陆架上述区域以外任何水域的公海性质;第三,出版一系列地图指明文莱的大陆架[4]。文莱于1984年11月22日向大陆架界限委员会提交了出版的地图。1988年《大陆架公告》[5]的主要内容是,宣布在1988年9月19日出版新的大陆架的地图[6],在这份地图中给出了文莱大陆架的11个地理坐标(见附录25表2)并划定了"国际海洋边界"[International Boundaries (Sea)][7]。

根据第18次《联合国海洋法公约》缔约国大会所作有关提交初步资料的决定,缔约国需要向大陆架界限委员会提交200海里外大陆架划界申请。文莱于2009年5月12日向大陆架界限委员会提交了《文莱达鲁萨兰国关于确定200海里以外大陆架外部界限的初步信息》[8]以维护其大陆架权益,并借此延后提出外大陆架划界申请的时间表。在这份文件中,文莱

---

[1] "Notification under Section 3", Commonwealth Legal Information Institute, http://www.commonlii.org/bn/legis/twoba138nus3639/, May 5, 2018.
[2] 孙国祥:《南海之争的多元视角》,香港城市大学出版社2017年版,第28页。
[3] "The Laws of Brunei-C", AGC, http://www.agc.gov.bn/AGC%20Site%20Pages/The%20Laws%20of%20Brunei%20-%20C.aspx, May 5, 2018.
[4] "Continental Shelf Proclamation", AGC, http://www.agc.gov.bn/AGC%20Images/LAWS/Gazette_PDF/1984/EN/SUP.II.pdf, May 5, 2018.
[5] "Continental Shelf Proclamation-Notification", AGC, http://www.agc.gov.bn/AGC%20Images/LAWS/Gazette_PDF/1988/EN/S034.pdf, May 5, 2018.
[6] 基于英国海图(BA)图表第2660B号,版本28/5/1925,比例1:1000000。
[7] R.Haller-Trost, "The Brunei-Malaysia Dispute over Territorial and Maritime Claims in International Law", *Ibru* 1, 1994, pp.2-5.
[8] 英文名称为:Brunei Darussalam's Preliminary Submission Concerning the Outer Limits of its Continental Shelf。

称其未来完整的外大陆架划界案将涵盖文莱领土的自然延伸[1],由于文莱海岸线的地理位置和走向导致文莱的大陆架划界与中国南海"断续线"区域有所重叠,文莱朝北的海岸线沿着包括文莱湾在内的南中国海延伸约160公里[2]。

3. 划定专属经济区的法

文莱没有针对专属经济区颁布专门的立法,目前划定文莱专属经济区的法是1983年《渔业限制法案》(Brunei Darussalam Fishery Limits)。1983年《渔业限制法案》第3条第1款规定,文莱的渔区应扩大到从领海基线起到200海里;第2款规定距离基线小于200海里的情况下,文莱渔区可以暂时延伸至等距离中间线[3]。尽管文莱主张200海里的渔区,但从其公布的地图来看,这一渔区的界限实为与越南的中间线,距文莱所称的领海基线距离约为265海里[4]。1993年7月21日,文莱声明其渔区范围大小约为18550平方米[5],并主张200海里的专属经济区,这一主张的界限与《渔区界限法案》所规定的界限一致[6]。

文莱的专属经济区外部界限与马来西亚专属经济区相邻,边界终点西起第3次公布地图的第5个地理坐标点6°59.13′N、111°42.98′E,东至同一地图的第10个地理坐标点7°27.97′N、112°42.13′E。目前两国对于这一划界方案没有争议[7]。

---

[1] 即为70海里乘以265海里的渔业限制范围。也有学者认为文莱渔业限制范围是70海里乘以200海里的14000平方海里[Chua, Chou, Sadorra (1987:5)];或者38600平方海里[Alexander (1982:21)]。但是这两种数据与文莱海图公布的数据不一致。

[2] "Brunei Darussalam's Preliminary Submission Concerning the Outer Limits of Its Continental Shelf", UN, http://www.un.org/depts/los/clcs_new/submissions_files/preliminary/brn2009preliminaryinformation.pdf, May 5, 2018.

[3] "Brunei Darussalam Fishery Limits", AGC, http://www.agc.gov.bn/AGC%20Images/LAWS/ACT_PDF/cap130.pdf, May 5, 2018.

[4] 廖雪霞:《南海周边国家海洋划界协议研究》,载《国际法研究》2015年第6期,第34—49页。

[5] R.Haller-Trost, "The Brunei-Malaysia Dispute over Territorial and Maritime Claims in International Law", *Ibru* 1, 1994, pp.2-5.

[6] Netherlands Institute for the Law of the Sea, "Recent Legislation", *International Organizations and the Law of the Sea: Documentary Yearbook*, 1993, p.32.

[7] R.Haller-Trost, "The Brunei-Malaysia Dispute over Territorial and Maritime Claims in International Law", *Ibru* 1, 1994.

（二）船舶相关的立法

1. 1984年《商船法案》

文莱于1984年1月1日取得完全独立后，开始加紧准备自己国内的相关立法工作。因文莱陆上资源贫乏，主要通过海运与邻国进行贸易，对商船制定法律规定迫在眉睫，1984年《商船法案》应运而生。该法共有13章，219个条款。其对文莱船舶登记处（具体事项包括工作程序、申请登记的要求、转让要求等）、船长和船员（具体事项包括人手配备、招聘、解雇以及工资等）、船舶控制和许可、船舶安全（具体事项包括防止碰撞、载重线、事故报告等）、船只残骸和抢救（具体事项包括船只遇险、无人认领的残骸和抢救的程序及管辖权归属等）和法律程序等作出了规定。1984年《商船法案》还有13个附属条例，内容包括特殊限制客船安全、制定认证机构等。1984年《商船法案》于2002年修正为《商船法令》。（参见附录26）

2. 2002年《商船法令》

2002年《商船法令》共有13章，216个条款。相对于1984年《商船法案》而言，其主要变化体现在条文标题的设置上。2002年《商船法令》将"船长和海员"一章分为"海员就业"与"人员配备和证明"两章，但其主要内容没有太大的变化。值得注意的是，根据2002年《商船法令》第216条的规定，1984年《商船法案》被废止。2002年《商船法令》于2009年进行了修订，其下设22个附属条例。其中2002年《商船（培训、发证和值班标准）条例》在2004年修正，2003年《商船（安全公约）条例》在2004年修正，2007年《商船（船舶登记）条例》在2009年修正，2011年《商船（渔船及游艇注册）条例》在2016年修正[1]。2007年是文莱商船海事立法的一个高峰期。文莱在2007年针对安全公约、吨位测量、防止海上碰撞等制定了相关条例。这是文莱加入一系列国际海事公约后对国内海事立法作出调整的表现（参见附录27）。

3. 2008年《商船（民事责任和油污损害赔偿）法令》

2008年《商船（民事责任和油污损害赔偿）法令》的附属条例是

---

[1] "The Laws of Brunei-P", AGC, http://www.agc.gov.bn/AGC%20Site%20Pages/The%20Laws%20of%20Brunei%20-%20M.aspx, May 5, 2018.

2008年《商船（民事责任和油污赔偿）（强制保险）条例》[1]，生效时间均为2018年4月17日。2008年《商船（民事责任和油污损害赔偿）法令》共有4章、36条，对石油污染民事责任（具体事项包括责任的定义和限制、强制保险等）、国际石油污染赔偿基金以及一般性事项作了具体规定。

（三）渔业相关立法

1984年《渔业法案》的附属条例是1984年《渔业条例》。1984年《渔业法案》于2002年修正为《渔业法令》。2002年《渔业法令》在2009年、2010年和2014年多次进行了修正。根据2009年《渔业法令（修正案）》第66条，文莱于2009年5月30日废除了1982年《渔业法案》。根据1982年《渔业法案》第67条第3款的规定，1984年《渔业条例》继续有效[2]（参见附录28）。1984年《渔业条例》主要对限制捕鱼、限制进口、颁发许可证以及信息统计等方面作出了规定。2009年《渔业法令（修正案）》共有15章、69个条款。其对行政许可的一般规则、捕鱼用具、本地渔船、外国渔船、龙虾、海洋储备和海洋公园、内陆渔业以及犯罪和刑罚等作了具体规定。

（四）防止海洋污染相关立法

随着海上石油开发的进一步深入，海上石油污染事故频发，严重损害海洋环境。文莱于1986年10月23日签署了《防止海洋石油污染国际公约》的附件1和附件2，之后加紧了国内相关的立法进程。但因为文莱政府加入该国际公约其余附件的谈判一直没有取得成果，所以文莱国内关于海洋污染的立法进程有所延迟。

2005年文莱颁布《防止海洋污染法令》，该法令共有6章、35个条款和5个附属条例。主要对防止设备污染、防止船舶污染、预防海洋污染的措施以及成本回收等方面作出了规定。法令于2005年3月28日生效。其附属条例主要包括：2008年《防止海洋污染（授权组织）条例》、2008年《防止海洋污染（石油）条例》和2008年《防止海洋污染（污染事件报

---

[1] "The Laws of Brunei-M"，AGC，http://www.agc.gov.bn/AGC%20Site%20Pages/The%20Laws%20of%20Brunei%20-%20M.aspx，May 5, 2018.

[2] "The Laws of Brunei-F"，AGC，http://www.agc.gov.bn/AGC%20Site%20Pages/The%20Laws%20of%20Brunei%20-%20F.aspx，May 5, 2018.

告）条例》等[1]（参见附录29）。

（五）武装部队参与海洋事务的立法

文莱海上安全主要由文莱皇家海军负责保卫，隶属于文莱皇家武装部队。目前规范文莱皇家武装部队的法是1984年《文莱皇家武装部队法案》及其在2006年和2013年的两个修正案。1984年《文莱皇家武装部队法案》有8个附属条例，包括：1986年《文莱皇家武装部队退休金条例》、2006年《文莱皇家武装部队程序规则》和2013年《文莱皇家武装部队条例》等。《文莱皇家武装部队（退休金）条例》在1989年和2012年经过两次修正，《文莱皇家武装部队（简易程序）管辖权条例》在2013年修正。[2]

1984年《文莱皇家武装部队法案》是文莱独立以后制定的第一批法案之一。该法案共有9章、212个条款。该法案针对文莱皇家武装部队的长官（具体事项包括调任和任命上校、司令等），准尉任命和武装力量储备（具体事项包括服役和认证的程序、有效性等），军队储备制度的特殊规定（具体事项包括全天候等候呼叫和训练等），军事罪行的审判和惩罚（具体事项包括军事罪行的种类、民事违法、逮捕和审判等），没收和罚款（具体事项包括无故离队的没收金额、民事违法支付的罚款等），上诉至军事法院（具体事项包括上诉的条件和程序、撤销上诉的程序、再审程序和费用等）作出了相关规定（参见附录30）[3]。

---

[1] "The Laws of Brunei-P"，AGC，http://www.agc.gov.bn/AGC%20Site%20Pages/The%20Laws%20of%20Brunei%20-%20P.aspx，May 5，2018.
[2] "The Laws of Brunei-R"，AGC，http://www.agc.gov.bn/AGC%20Site%20Pages/The%20Laws%20of%20Brunei%20-%20R.aspx，May 5，2018.
[3] "Royal Brunei Armed Forces"，AGC，http://www.agc.gov.bn/AGC%20Images/LAWS/ACT_PDF/cap149.pdf，May 5，2018.

四、缔结和加入的国际海洋法条约

(一)《联合国海洋法公约》

1958年在日内瓦召开第一次海洋会议,当时文莱还不是一个独立的国家,文莱的宗主国英国并没有加入这四项公约,文莱自然也不受这四项公约的约束。1982年召开的第三次国际海洋法会议通过了《联合国海洋法公约》,1994年11月16日生效。文莱政府在1984年5月12日签署并于1996年5月11日批准加入了《海洋法公约》[1]。文莱加入时没有排除公约第298条第1款(a)、(b)和(c)项所述的任何争端(即涉及海域划界、历史性海湾或所有权、军事和执法活动以及安理会执行《联合国宪章》所赋予的职务等争端)的适用[2]。

(二)缔结和加入的国际海事条约

国际海事组织成立于1959年1月,总部设在伦敦,原名政府间海事协商组织,1982年5月改为国际海事组织。它是联合国下属的负责全球海上航行安全、防止船舶污染的专门国际组织。其宗旨为促进各国间的航运技术合作,鼓励各国在促进海上安全,提高船舶航行效率,防止和控制船舶对海洋污染方面采取统一的标准,处理有关的法律问题[3]。在文莱海事局的推动下,文莱于1984年加入国际海事组织。在国际海事组织的主导下,文莱缔结和加入了众多国际海事条约并进行了国内立法(参见附录31)。

文莱缔结和加入的国际海事组织核心条约主要有:《经修正的1974年国际海上人命安全公约》(1988年修正)、1978年《海员培训、发证和值班标准国际公约》、1973年《国际防止船舶造成污染国际公约》及1978

---

[1] "Depositary", UN, https://treaties.un.org/pages/ViewDetailsIII.aspx?src=TREATY&mtdsg_no=XXI-6&chapter=21&Temp=mtdsg3&clang=_en#EndDec, May 5, 2018.

[2] "Declarations and Reservation", UN, https://treaties.un.org/Pages/ViewDetailsIII.aspx?src=TREATY&mtdsg_no=XXI-6&chapter=21&Temp=mtdsg3&clang=_en, May 5, 2018.

[3] "Brief History of IMO", IMO, UN, http://www.imo.org/en/About/HistoryOfIMO/Pages/Default.aspx, May 5, 2018.

年《议定书》和《经 1978 年议定书修正的〈1974 年国际海上人命安全公约〉》。

文莱缔结和加入的与海上安全和港口相关的条约有：1972 年《国际海上避碰规则》、1966 年《国际载重线公约》、《制止危害海上航行安全的非法行为公约》和《制止危害大陆架固定平台安全的非法行为议定书》。

文莱缔结和加入的与船舶污染相关条约有：1969 年《国际防止船舶造成污染公约》(International Convention on Civil Liability for Oil Pollution Damage, 1969)，《国际防止船舶造成污染公约（有害物质）》（附录 31）(MARPOL (ANNEX III) Harmful Substances Marpoltraining) 和《国际防止船舶造成污染公约（船舶垃圾）》（附录 31）(MARPOL (ANNEX V) Garbage)。

文莱缔结和加入的涵盖损害赔偿和民事责任的条约有：《1969 年国际油污损害民事责任公约的 1976 年议定书》[Protocol (of 1976) to the International Convention on Civil Liability for Oil Pollution Damage, 1969]，1971 年《设立国际油污损害赔偿基金的公约》(International Convention on the Establishment of an international Fund for Compensation for Oil Pollution Damage, 1971) 和《修正 1969 年国际油污损害民事责任公约的 1992 年议定书》(Protocol of 1992 to Amend The International Convention on Civil Liability for Oil Pollution Damage 1969)。

文莱缔结和加入的其他条约主要有：1969 年《国际吨位丈量公约》，1976 年《国际移动卫星组织公约》(Convention on The International Mobile Satellite Organization, Inmarsat) 和《国际移动卫星组织 1976 年运营协议》(Operating Agreement on The International Mobile Satellite Organization, Inmarsat, 1976)。

从时间上来看，文莱加入国际海事条约具有典型的阶段性特征。受 1984 年文莱完全独立和独立后的文莱加入国际海事组织这两个事件的影响，文莱于 1984—1987 年迎来第一个缔结和加入国际海事条约的高峰期。1996 年 5 月 11 日，文莱批准加入了《联合国海洋法公约》。文莱于 2002—2003 年迎来第二个加入国际海事条约的高峰期，这与国际社会越来越重视海洋权益有很大关系。通过缔结和加入这些条约，文莱不仅丰富了国内相关立法并完善了国内法律体系，而且还增加了自己在国际舞台上，尤其是在海洋相关领域的活跃度和影响力。需要注意的是，文莱没有加入2002年关于反恐的《国际海上人命安全公约》的修正案[1]。

---

[1] "Nairobi International Convention on the Removal of Wreck", ECOLEX, https://www.ecolex.org/details/treaty/nairobi-international-convention-on-the-removal-of-wrecks-tre-160031/?q=International+Convention+on+Civil+Liability+for+Bunker+Oil+Pollution+Damage&xdate_min=&xdate_max=, May 5, 2018.

五、海洋争端解决

文莱历史上从来没有通过第三方争端解决机构解决过自己与他国的海洋争端，其更倾向于通过双边协商解决海洋争端。目前文莱主要跟马来西亚和中国存在海洋争端。

（一）通过协议解决的争端

目前，文莱唯一通过双边协商方式解决海洋争端的案例是其与马来西亚在2009年签订的一揽子协议。文莱与马来西亚于2009年通过签署换文的方式协议解决了文莱与马来西亚之间的南通礁[1]（文莱称"路易莎礁"，Louisa Reef）主权争端、大陆架划界争端、"Block J"和"Block K"油区（马来西亚称"Block L"和"Block M"）的油气开发争议以及林梦地区领土争端。

1. 争议焦点

文莱在建国之前与马来西亚的大陆架划界争议就已经产生。马来西亚在其1979年出版的大陆架地图中将婆罗洲海岸外200海里的区域纳入版图，其中包括文莱大陆架。英国政府在1980年8月和1981年5月代表文莱政府向马来西亚提出抗议，声称文莱的大陆架应为1958年《协约》中规定的界线向外延伸至与越南的等距离中间线，即为马来西亚所声称的53和54两点间的连线[2]。文莱独立后于1987年、1988年发布了3个海图来标示其声索范围，包括领海范围、大陆架范围和渔区[3]。随后马来西亚开始和独立后的文莱进行谈判以解决海域主张重叠的问题。

在问题未能解决之前，两国在争议区域的油气区块开发权冲突进一步加剧。2003年，马来西亚国家石油和天然气公司Petronas将两块近海油气区块的开发权授予了总部位于美国的墨菲石油公司。但是早在2001年

---

[1] 南通礁，我国渔民称为"丹节"或"丹积"。1935年，中华民国水陆地图审查委员会公布名称为"路易萨礁"。1947年，中华民国内政部方域司公布名称为南通礁。1983年，中华人民共和国中国地名委员会公布"南通礁"为标准名称。参见江淮：《南海：中国百年维权纪实》，载《世界知识》2012年第14期，第17—23页。

[2] 孙国祥：《南海之争的多元视角》，香港城市大学出版社2017年版，第139页。

[3] 《文莱主张的大陆架和海上专属经济区地图》，参见南沙群岛在线，http://www.nansha.org.cn/maps/7/brunei_maritime_claim.html，最后访问日期：2018年5月5日。

文莱就其5000平方公里海域勘探开采权进行了招标，在2002年将重叠的两块海域开发权给予了英国皇家荷兰壳牌公司和法国的石油巨头道达尔公司[1]。2003年，马来西亚动用海军舰艇，使用武力将文莱油气开发合作方法国托特菲那易夫（Total Fina Elf）石油公司的探测船驱赶出文莱的"J-K"油气生产区域[2]。两国军舰互相阻止对方的承包商进入该区域导致所有油气勘探停滞六年之久。

林梦地区位于马来西亚沙捞越州北部，东部与西部皆与文莱为邻，地理位置特殊。在林梦地区的领土主权归属问题上，文莱与马来西亚也一直存在分歧。文莱一直没有放弃向马来西亚索回其主权，但两国同意通过协商解决争议，不将此问题提交国际法庭或第三方仲裁[3]。

关于南通礁归属的争议也是文莱与马来西亚国家间外交关系的"绊脚石"。南通礁位于中国南沙群岛南部，在皇路礁西南约42海里处。位于北纬6°20′，东经113°14′，为封闭型独立深海小型干出环礁，附近水深91米，礁体基座水深1500米。礁体的礁坪宽窄相差不大，长1.8公里，宽0.9公里，面积0.2—0.32平方公里。低潮时有部分礁石出水，高潮时有海拔1.2—1.8米礁石出露，此时环礁成节不连续。南通礁周边海域油气资源丰富。

南通礁在中国南海"断续线"内。1977年至1979年，马来西亚多次侵入南通礁并树立"主权碑"。1979年12月，马来西亚在其出版的大陆架范围地图中将南通礁划为己有。1987年11月，中国考察队在礁上树立标志。20世纪80年代初，马来西亚在该礁南礁坪修建航海灯柱，为混凝土高塔，高约8米，塔体上镶嵌马来西亚国旗。1987年12月文莱向中国发出照会，宣称南通礁在文莱大陆架范围内[4]。文莱根据1984年《大陆架声明》和1988年出版的海图，指明了文莱大陆架的范围，其范围包括了南通礁。1993年马来西亚派兵占据南通礁，南通礁被马来西亚实际控制。文莱马上提出了抗议，认为南通礁是在文莱的大陆架上，其主权应该属于文莱。

---

[1] 周云：《文莱与马来西亚达成"领土换石油"》协议，载新浪网，http://news.sina.com.cn/w/2009-03-18/ 023915323959s.shtml，最后访问日期：2018年5月5日。

[2] Jeffrey J. Smith, "Brunei and Malaysia Resolve Outstanding Maritime Boundary Issues", *American Society of International Law* 1，2010，pp.3-4.

[3] 颜颖颛：《文莱放弃林梦地区领土要求，与马来西亚和解》，载东南网，http://www.fjsen.com/i/2009-03/19/content_15781.htm，最后访问日期：2018年5月5日。

[4] 江淮：《南海：中国百年维权纪实》，载《世界知识》2012年第14期，第17—23页。

2. 一揽子解决方案

文莱与马来西亚在 6 年间共举行了 39 次会谈。2009 年 3 月 16 日，时任马来西亚总理巴达维在文莱首都斯里巴加湾市与文莱苏丹哈桑纳尔·博尔基亚签署了换文。换文初步划定了海上边界，达成了海上油气区块共同开发协议，成立了工作组以进一步研究双方国界划分问题，在原则上就最终解决两国海上和陆地边界争端问题达成一致。两国领导人当天在签署换文后发表联合声明说，换文将成为文莱和马来西亚重新划分领土的最终文件，两国所有边界领土纠纷都已经通过友好方式解决[1]。

林梦地区主权争端的解决为两国关系的推进扫除了最大的障碍。2010 年 9 月 21 日和 12 月 14 日，马来西亚与文莱先后签署了在文莱海域"CA1"区块（原称"J"区块）和"CA2"区块（原称"K"区块）[2]（见附录 33）进行 40 年联合开采石油、天然气的商业合作协定[3]。据《婆罗洲公报》2012 年 3 月 21 日的报道，文莱与马来西亚于 2012 年 3 月 20 日在马来西亚布特拉贾亚签订合作备忘录，进一步巩固双方在领土争议问题上达成的共识。双方在合作备忘录中指出，两国关于领土划分的原则将遵循双方在 1920 年至 1939 年间签署的 5 份协议，对于协议中未涉及的区域将根据分水岭原则划分[4]。

（二）未决争端

文莱作为南海问题的六国七方之一，其海洋立场与中国的南海"断续线"主张存在冲突。1935 年，中华民国政府公布的《中国南海各岛屿图》中对南通礁作了准确标注。它扼守南海东航线，距马来西亚沙捞越 170 海里。1984 年文莱独立后即宣称对南沙群岛西南端的南通礁拥有主权。文莱提出南沙群岛部分岛礁的主权要求之后，随即以国内立法的形式确定 200 海里专属经济区制度，并以南通礁为基础向外划

---

[1] 熊平：《马来西亚说马与文莱两国边界划分问题已解决》，载新华网，http://news.xinhuanet.com/world/2010-05/03/c_1271080.htm，最后访问日期：2018 年 5 月 5 日。

[2] 文莱 2010 年 9 月 16 日颁布的《文莱国家石油公司 SENDIRIAN BERHAD 法令》中公布了修改后的"CA2"区块坐标。

[3] 骆永昆：《马来西亚的南海政策及其走向》，载《国际资料信息》2011 年第 10 期，第 21—24 页。

[4]《文莱与马来西亚就争议领土划分签署合作备忘录》，载中国驻文莱大使馆官网，http://www.fmprc.gov.cn/ce/cebn/chn/jmwl/t915873.htm，最后访问日期：2018 年 5 月 5 日。

定了约 3000 平方公里的海域管辖范围[1]。其后，又援引专属经济区等国际法概念向外扩张海上管辖范围，侵占了中国南海"断续线"内大约 50000 平方公里（面积相当于文莱本国面积的 816 倍）的海域，并且开发出两个高产油气田[2]。不仅如此，文莱还在 1987 年和 1988 年先后两次照会中国外交部，郑重宣布了其"权利主张"。在 2009 年与马来西亚交换领土前，文莱是唯一一个没有实际控制南海岛礁的声索国，但在掠夺南沙油气资源上不甘人后。根据新闻报道，截至 2011 年 8 月，文莱已开发 9 个油田，5 个气田，年产原油 700 多万吨，天然气 90 亿立方米，并将进一步扩大开采规模[3]。尽管文莱与中国关于南通礁主权归属问题的争议由来已久，但是双方并没有就南通礁的主权归属争议和文莱侵占中国南海"断续线"并开发出两个高产气田的争端问题进行正式谈判。

---

[1] Alan J. Day, *Border and Territorial Disputes*, Longman, 1987，p.132.
[2] 吴士存:《纵论南沙争端》，海南出版社 2005 年版，第 99 页。
[3] 卢倩仪:《历史回顾：越南、马来西亚、文莱、印尼声索南海权益》，载中国网，http://guoqing.china.com.cn/2012-04/11/content_25118779.htm，最后访问日期：2018 年 5 月 5 日。

六、文莱国家海洋实践

（一）区域和多边海洋合作

1.《南海各方行为宣言》

1996年7月，第29届东盟部长级会议正式通过了"南海行为准则"（Code of Conduct in the South China Sea，COC）的构想，1998年东盟第6次首脑会议上，东盟领导人同意制定"南海行为准则"。在第8届东盟金边峰会框架内，东盟与中国于2002年11月4日签署了《南海各方行为宣言》。[1]

《南海各方行为宣言》是政治性文件，并不具有国际法上的约束力。但是该宣言仍被视为一项重要的冲突预防措施，更是积极展现南海争端出现进一步解决可能性的重要发展[2]。2016年7月25日，第19次中国—东盟领导人会议发表了《中国和东盟国家外交部长关于全面有效落实〈南海各方行为宣言〉的联合声明》，承诺全面有效完整落实《宣言》，并在协商一致的基础上实质性推动早日达成"南海行为准则"[3]。随着中国与南海相关各方关系的改善与加强，2017年5月18日，中国与东盟国家落实《南海各方行为宣言》第14次高官会议审议通过了"南海行为准则"框架。框架草案原计划于2017年年中前完成，此次会议提前实现目标[4]。2017年10月在马尼拉举行的第31届东盟峰会上，东盟和中国领导人正式宣布开始就"南海行为准则"的细则进行谈判[5]。

---

[1] Tran Truong Thuy, "Compromise and Cooperation on the Sea: The Case of Signing the Declaration on the Conduct of Parties in the South China Sea", http://nghiencuubiendong.vn/en/conferences-and-seminars-/509-compromise-and-cooperation-on-the-sea-the-case-of-signing-the-declaration-on-the-conduct-of-parties-in-the-south-china-sea, May 5, 2018.
[2] 刘复国、吴士存：《2013年度南海地区形势评估报告》，中国南海研究院2014年，第54页。
[3]《中国与东盟国家外长发表联合声明强调〈南海各方行为宣言〉重要作用》，载中国政府网，http://www.gov.cn/xinwen/2016-07/25/content_5094685.htm，最后访问日期：2018年5月5日。
[4] 苏晓晖：《为"南海行为准则"框架点个赞》，载新华网，http://www.xinhuanet.com/world/2017-05/20/c_129610368.htm，最后访问日期：2018年5月5日。
[5] Lee YingHui, "A South China Sea Code of Conduct: Is Real Progress Possible?", The Diplomat, https://thediplomat.com/2017/11/a-south-china-sea-code-of-conduct-is-real-progress-possible/, May 5, 2018.

文莱自签署《南海各方行为宣言》以来，一直支持和平解决南海问题，积极同中国沟通。2013年10月9日至11日，国务院总理李克强访问文莱期间，两国发表《中华人民共和国和文莱达鲁萨兰国联合声明》，双方强调应由直接有关的主权国家通过和平对话和协商解决南海领土和管辖权争议。双方重申将致力于全面有效落实《南海各方行为宣言》，维护地区和平、稳定和安全，增进互信，加强合作。双方认为应以循序渐进和协商一致的方式稳步推进"南海行为准则"进程[1]。长期以来，双方从双边关系和中国—东盟关系大局出发，在南海问题上保持良好沟通。由文莱提出和中国倡导的"双轨思路"，即具体争议由直接当事方和平协商解决，南海稳定由中国同东盟共同维护，完全符合《南海各方行为宣言》的规定，符合以《联合国宪章》为代表的国际法原则，符合本地区国家的共同愿望和利益。尽管这一进程受到了干扰，但尘埃落定，"双轨思路"的重要性和有效性再次得到各方的高度肯定[2]。2016年4月20日至24日，中国外交部长王毅访问文莱、柬埔寨和老挝，并与三国就南海问题达成重要共识。该共识建立在包括《联合国海洋法公约》在内的国际法基础上，与《南海各方行为宣言》的规定和精神完全一致，这是处理南海有关争议、维护地区和平稳定的切实可行的途径[3]。

2. "10+8"东盟防长扩大会

2010年10月12日，首届东盟防长扩大会议（ADMM+）在河内举行，其主题为"ADMM+：为地区和平、稳定和发展的战略合作"，会后发表了联合宣言[4]。2013年8月29日，第二届东盟防长扩大会在文莱首都斯

---

[1]《中国文莱决定加强海上合作推进共同开发》，载中国驻德国大使馆官网，http://www.china-botschaft.de/chn/zgyw/t1087761.htm，最后访问日期：2018年5月5日。

[2] 王毅：《继续坚持处理南海问题的"双轨思路"》，载南海问题，http://www.mfa.gov.cn/nanhai/chn/wjbxw/t1384003.htm，最后访问日期：2018年5月5日。

[3] 四点共识的内容为："一是中方和三国都认为，南沙部分岛礁存在的争议不是中国和东盟之间的问题，不应影响中国—东盟关系；二是中方和三国都认为，应尊重各国根据国际法自主选择争端解决方式的权利，不赞成单方面强加于人的做法；三是中方和三国都认为，应根据《南海各方行为宣言》第四条的规定，坚持由直接当事国通过对话协商解决领土和海洋权益争议；四是中方和三国都认为，中国和东盟国家有能力通过合作共同维护好南海的和平稳定，域外国家应发挥建设性作用，而不是相反。"载中国日报，http://www.chinadaily.com.cn/interface/toutiaonew/1020961/2016-04-25/cd_24833468.html，最后访问日期：2018年5月5日。

[4]《首届东盟扩大会议在河内举行》，载越通社，https://zh.vietnamplus.vn/%E9%A6%96%E5%B1%8A%E4%B8%9C%E7%9B%9F%E9%98%B2%E9%95%BF%E6%89%A9%E5%A4%A7%E4%BC%9A%E8%AE%AE%E5%9C%A8%E6%B2%B3%E5%86%85%E4%B8%BE%E8%A1%8C/233.vnp，最后访问日期：2018年5月5日。

里巴加湾市举行,会后发表了联合宣言[1]。2015年11月4日,第三届东盟防长扩大会在马来西亚吉隆坡举行,但是大会没能如期发表联合宣言。中国国防部新闻事务局表示,个别域外国家不顾已有共识,企图强行在联合宣言中塞入不属于本会议讨论的内容,完全背离东盟防长扩大会机制的宗旨原则,损害东盟在机制中的中心地位和主导作用。在此形势下,会议未能如期发表联合宣言,责任完全在于个别域外国家[2]。2017年10月24日,第四届东盟防长扩大会在菲律宾克拉克举行。

2012年6月17日至21日,"10+8"东盟防长扩大会议首次人道主义援助救灾和军事医学联合演练在文莱举行,这是根据2012年东盟防长扩大会(即"10+8"防长会)成员国达成的共识,也是在"10+8"防长会框架下举行的首次多国联演。来自东盟10国及中国、韩国、日本、美国、印度、俄罗斯、澳大利亚和新西兰8国的7艘军舰、18架直升机、医疗队和搜救队伍参加了此次联合演练,参加的军人达1800人。此次演练以应对台风袭击及其引发的洪涝、泥石流等次生灾害为背景,演练科目包括人员搜救、医疗救治、道桥修复、物资分发和卫生防疫等[3]。

2016年5月3日,东盟防长扩大会海上安全与反恐联合演习在文莱麻拉海军基地的多国协调中心开幕,东盟"10+8"国家各自委派高级参观访问团和军方代表出席。此次演习共有18个国家派出18艘舰船、18架飞机及部分特战队员参演。我国驱逐舰兰州号(舷号:170)搭载直-9C直升机1架、特战队员8人于2日至11日在文莱至新加坡海域,进行联合护航、海上搜救、直升机互降、编队航行、警戒巡逻等科目演练。此次联演旨在提高东盟防长扩大会国家反恐行动筹划部门与任务部队之间的行动协同能力[4]。

3. 多边渔业合作

文莱加入了"促进负责任捕鱼行为包括打击非法、未报告和不规范捕鱼的地区行动计划"[The Regional Plan of Action (RPOA) to Promote

---

[1] 王一:《第二届东盟防长扩大会发表联合宣言》,载环球网,https://world.huanqiu.com/article/9CaKrnJC3qe,最后访问日期:2018年5月5日。

[2] 黄子娟:《第三届东盟防长扩大会无果而终》,载科学网,http://news.sciencenet.cn/htmlnews/2015/11/331123.shtm,最后访问日期:2018年5月5日。

[3] 孙广勇、暨佩琦:《中国海军医院船抵达文莱将与美日等国联合军演》,载新浪军事,http://mil.news.sina.com.cn/2013-06-18/1007728421.html,最后访问日期:2018年5月5日。

[4] 周玲娜:《"十八国"文莱军演手记:从细节读懂跨国军政》,载界面,http://www.jiemian.com/article/642359.html,最后访问日期:2018年5月5日。

Responsible Fishing Practices including Combating Illegal, Unreported and Unregulated Fishing (IUU) in the Region, RPOA-IUU〕，其他主要成员国有：东盟十国（除缅甸）、澳大利亚和巴布亚新几内亚。这项计划覆盖海域是成员国的专属经济区（澳大利亚仅是其北部专属经济区），共有四个区域渔业组织向其提供技术咨询和援助，即：联合国粮农组织，亚太渔业委员会（Asia-Pacific Fishery Commission，APFIC），东南亚渔业发展中心（The Southeast Asian Fisheries Development Center，SEAFDEC），InfoFish 和 Worldfish 中心。该地区行动计划的目标是加强该区域的总体渔业管理水平，以保护渔业资源和海洋环境，还要采取负责任的做法优化捕鱼方式。为响应地区行动计划和 2001 年联合国粮农组织"预防、制止和消除非法、不报告和不管制捕鱼活动的国际行动计划"〔FAO International Plan of Action to Prevent, Deter and Eliminate Illegal, Unreported and Unregulated Fishing (IPOA-IUU)〕，文莱政府于 2011 年发表"预防、制止和消除非法、未报告和不规范捕鱼的全国行动计划"[1]。

（二）双边海洋合作

1. 海洋油气资源开发

文莱海洋油气资源丰富，但国内开采技术不成熟，经济结构不合理，油气产业没有形成完整产业链条。文莱现在正处于经济结构变革期，政府大力引进投资以促进国内经济发展，与周边邻国及主要的出口国在油气领域合作频繁，取得了较好的成果。文莱政府将油气资源分为不同的区块，主要有："CA1"区块、"CA2"区块、"B"区块、"A"区块（Bendehara Selatan 油田）、"C"区块（Laksamana Utara 油田）和"D"区块（East Egret 油田）。文莱政府将不同的区块授权给不同的公司进行开发，并借此加强与各国政府在油气资源上的合作。

在与马来西亚的合作方面，文莱与马来西亚 2009 年签署换文，约定双方共同开发"CA1"和"CA2"区块，双方不断深化油气田领域的合作开发。"CA1""CA2"区块不在南海"断续线"范围以内。目前两国将上述区块授权给来自八个国家的十家公司进行合作开发。其中，股份主要分配给代表文莱的文莱国家石油公司（Petroleum Brunei）和代表马来西亚的马来西亚国家石油公司（Petroliam Nasional Berhad）。2010 年，马来西

---

[1] "Who We Are", RPOA-IUU, http://www.rpoaiuu.org/, May 5, 2018.

亚国家石油公司和文莱国家石油公司签署了"CA1"和"CA2"区块产量分成协议。2013年，这两家公司签署了一系列合作协议，深化双方在油气行业的互利合作。其中，《双方产品共享协议》（Two Production Sharing Agreements, PSAs）中，文莱国家石油公司将区块"N"和区块"Q"的开发权分别授予 Petronas Carigali Brunei Ltd. 和 Shell Deepwater Borneo Ltd.，双方各占50%股份[1]。2015年8月11日，文莱与马来西亚就重叠区块"CA1"和"CA2"达成协议，在此次协议中确定了双方政府对于"CA1"和"CA2"区块新发现石油和天然气的分成方式[2]。在2017年11月23日举行的21届年度领导人磋商会议中，文莱与马来西亚发布一份联合声明，内容包括：第一，在油气领域，针对四个油气田 Kinabalu West NAG（KN）、Maharajalela North Fields（MLJ）、Gumusut/Kakap（GK）和 Geronggong/Jagus-East（GRG/JGE）签署共同开发协议；第二，双方在"CA1"和"CA2"及"N"区块的合作取得持续进展[3]。自换文签署后，文莱与马来西亚两国一直就"CA1""CA2"区块的合作开发进行磋商，双方合作进程不断推进，也取得了丰硕的成果。

在与越南的合作方面，越南政府一直鼓励越南国家油气集团发展与文莱壳牌石油公司的关系。双方于2012年签署了原油买卖合同，由越南向文莱进口价值为2.5亿美元的原油。2016年越南国家主席陈大光访问文莱时称双方已签署了《石油合作备忘录》[4]。在2017年举行的越文双边合作委

---

[1] Petroliam Nasional Berhad, "Petronas, Brunei Petroleum Authorities Inks Cooperation Agreements", Rigzone, https://www.rigzone.com/news/oil_gas/a/130555/petronas_brunei_petroleum_authorities_inks_cooperation_agreements/, May 5, 2018.

[2] "Malaysia, Brunei Reach Agreement on Overlapping Blocks", Rigzone, https://www.rigzone.com/news/oil_gas/a/140068/Malaysia_Brunei_Reach_Agreement_on_Overlapping_Blocks, May 5, 2018.

[3] "Joint Statement on the 21st Annual Leaders' Consultation Between Brunei Darussalam and Malaysia", MFA, http://www.kln.gov.my/web/guest/latest-news?p_p_id=101_INSTANCE_7Nj5&p_p_lifecycle=0&p_p_state=normal&p_p_mode=view&p_p_col_id=column-2&p_p_col_count=1&_101_INSTANCE_7Nj5_struts_action=%2Fasset_publisher%2Fview_content&_101_INSTANCE_7Nj5_urlTitle=joint-statement-on-the-21st-annual-leaders%E2%80%99-consultation-between-brunei-darussalam-and-malaysia&_101_INSTANCE_7Nj5_type=content&redirect=%2Fweb%2Fguest%2Flatest-news, May 5, 2018.

[4]《越南国家主席陈大光访问文莱和新加坡》，载越南中央政府官网，http://cn.news.chinhphu.vn/Home/%E8%B6%8A%E5%8D%97%E5%9B%BD%E5%AE%B6%E4%B8%BB%E5%B8%AD%E9%99%88%E5%A4%A7%E5%85%89%E8%AE%BF%E9%97%AE%E6%96%87%E8%8E%B1%E5%92%8C%E6%96%B0%E5%8A%A0%E5%9D%A1/20168/20853.vgp，最后访问日期：2018年5月5日。

员会第一次会议上,越文双方签署了油气领域的合作备忘录[1]。

在与韩国的合作方面,文莱对韩国的主要出口项目是石油和天然气,韩国是文莱石油和天然气的第二大出口目的地[2]。文莱液化天然气公司（Brunei LNG Company）与韩国液化天然气公司（KOGAS Corporation）自1994年开展合作以来,双方合作不断加强。2003年,双方签署了一份长达5年（2003年4月至2008年3月）的《协议备忘录》[3]。除此以外,文莱与韩国的合作还包括在石油和天然气行业的海事和海洋领域开展第三方检验和认证等。韩国Korean Register技术咨询公司于2016年9月在文莱开设了针对石油和天然气的基地并设立了Korean Register Brunei（KRB）公司。其主要业务是在石油和天然气行业的海事和海洋领域开展第三方检验和认证,包括对船只进行调查和分类工作。这家公司获得文莱壳牌石油公司批准,经过全面评估后与文莱壳牌合资公司进行检验工作[4]。文莱政府与韩国政府对此表示赞赏。

在与中国的合作方面,中国从20世纪80年代开始就从文莱进口少量石油。在两国政府的推动下,2000年中石化公司与文莱壳牌石油公司签署《钱皮恩石油协议》。2000年11月14日至18日,时任中国国家主席江泽民对文莱进行国事访问期间,与文莱签订《中国向文莱购买原油长期合同》[5]。2003年10月,中石油公司与文莱壳牌石油公司也签署了采购原油协议[6]。2013年4月5日,文莱苏丹哈桑纳尔访华期间,两国发表联合声明,同意支持两国有关企业本着相互尊重、平等互利的原则共同勘探和开

---

[1]《为越文贸易合作奠定坚实基础》,载越通社,https://zh.vietnamplus.vn/%E4%B8%BA%E8%B6%8A%E6%96%87%E8%B4%B8%E6%98%93%E5%90%88%E4%BD%9C%E5%A5%A0%E5%AE%9A%E5%9D%9A%E5%AE%9E%E5%9F%BA%E7%A1%80/63906.vnp,最后访问日期:2018年5月5日。

[2] "Korea's Trade with Brunei", Embassy of the Republic of Korea to Negara Brunei Darussalam, http://overseas.mofa.go.kr/bn-en/brd/m_2236/view.do?seq=637730&srchFr=&srchTo=&srchWord=&srchTp=&multi_itm_seq=0&itm_seq_1=0&itm_seq_2=0&company_cd=&company_nm=&page=29, May 5, 2018.

[3] "Brunei, Korea to Continue Cooperation", Neftegaz.RU, https://neftegaz.ru/en/news/view/49090-Brunei-Korea-to-Continue-Cooperation, May 5, 2018.

[4] "Korean Register Launch 66th Branch in Belait", BruDirect.com, https://www.brudirect.com/news.php?id=14568, May 5, 2018.

[5] 聂德宁:《中国与文莱经贸关系发展的现状及前景》,载《南洋问题研究》2008年第4期,第32—40页。

[6]《文莱石油天然气工业现状》,载中国驻文莱大使馆经济商务参赞处官网,http://bn.mofcom.gov.cn/article/ztdy/200304/20030400085054.shtml,最后访问日期:2018年5月5日。

采海上油气资源。声明还指出，有关合作不影响两国各自关于海洋权益的立场[1]。2013年10月11日，李克强总理访问文莱期间，两国发表《中华人民共和国和文莱达鲁萨兰国联合声明》。声明指出两国政府对双方在能源领域，特别是对中国海洋石油总公司与文莱国家石油公司之间的现有合作表示满意。[2]在同一天，李克强总理与文莱苏丹哈桑纳尔举行正式会谈，双方就南海共同开发达成重要共识，支持两国企业共同勘探和开采海上油气资源，实现互利共赢。

文莱与中国在油气资源领域的合作开发有两个比较重要的项目。一是中海油公司与文莱国家石油公司的油气开采合作，这从某种程度上可以看作中国与文莱在油气开采领域的合作正式启动的标志；二是恒逸实业（文莱）有限公司[3]与文莱壳牌石油公司在文莱大摩拉岛的石油精炼合作。

中海油旗下的中海油田服务股份有限公司（以下简称"中海油服"）与文莱国家石油公司旗下的服务公司PB Services根据协议合资成立文莱—中海油服合资有限公司，目的是在文莱海上提供钻井和海工服务。文莱国家石油公司将持有合资公司51%的股权，中海油服持有剩余股权，公司董事长来自文莱国家石油公司，总裁则由中海油服推荐[4]。该合资公司是中海油服在海外的首个钻井合资公司。文莱中海油服合资有限公司于2014年5月在完成企业注册手续后顺利召开了第一次董事会会议，审议并通过了2014年合资公司运营管理计划，标志着中国与文莱在油气开采领域的合作正式启动。公司计划为文莱Champion油田建造6座新平台，包括4座井口平台、1座钻井平台和1座天然气压缩平台。中海油服负责为合资公司提供技术指导，并协助培训当地员工[5]。2015年5月5日，"蓝疆"船在文莱海域首次进行导管架吊装，这是海油工程首次在该海域进行导管架安装，也是我国海洋工程装备首次在文莱海域进行海上安装作业，两国在油

---

[1] 陈二厚、邓玉山：《中国文莱两国决定加强海上合作推进共同开发》，载中国政府网，http://www.gov.cn/jrzg/2013-10/11/content_2504467.htm，最后访问日期：2018年5月5日。
[2] 王泽、封欢欢：《中华人民共和国和文莱达鲁萨兰国联合声明》，载人民网，http://politics.people.com.cn/n/2013/1011/c1024-23165574.html，最后访问日期：2018年5月5日。
[3] 恒逸实业（文莱）有限公司是恒逸石化股份有限公司的子公司，恒逸石化股份有限公司的控股股东为浙江恒逸集团有限公司，而浙江恒逸集团有限公司是一家民营企业。
[4] 《中海油服将成立合资公司在文莱提供钻井和海工服务》，Upstream，http://www.upstreamonline.com/cn/1158062/，最后访问日期：2018年5月5日。
[5] 《中国与文莱正式启动油气开采领域合作》，载中国驻文莱大使馆经济商务参赞处，http://bn.mofcom.gov.cn/article/jmxw/201405/20140500572242.shtml，最后访问日期：2018年5月5日。

气方面的合作日益深入[1]。2015年6月11日，海油工程主作业船"蓝疆"号顺利完成文莱壳牌项目Champion 40平台海上安装作业，这是继"蓝疆"船5月初在文莱海域首次作业的又一重要里程碑[2]。

早在2012年，恒逸实业（文莱）有限公司便与文莱壳牌石油公司签署了有关大摩拉岛石油化工项目的原油供应协议。双方约定，文莱壳牌向恒逸文莱每年供应2007.5万桶（约合275万吨）原油，每批供应数量在30万—60万桶之间，供应年限为15年，到期前双方另行协商延长有效期限。2014年2月25日，香港天逸国际控股有限公司与文莱达迈控股有限公司在中国杭州签订合资协议，共同在文莱大摩拉岛承建石油精炼和芳烃裂解厂项目。香港天逸国际控股有限公司作为浙江恒逸石化股份有限公司的全资子公司，将持有合资企业的70%股权；达迈控股有限公司为文莱政府附属信托基金旗下战略发展资本基金拥有的全资子公司，将持有30%股权。恒逸文莱大摩拉岛石油化工项目于2011年6月获得文莱苏丹同意批复，2013年7月获得中国国家发改委和商务部境外投资项目核准。2017年3月27日，恒逸实业（文莱）有限公司与文莱能源局、经济发展局正式签署关于恒逸文莱大摩拉岛石油化工项目的实施协议，恒逸随后正式宣布对文莱项目一期34.45亿美元的投资决定。2017年9月15日，恒逸实业（文莱）有限公司与文莱经济发展局签署了《关于支持并协助推进恒逸文莱大摩拉岛一体化石化项目二期开发的谅解备忘录》，项目计划建设1400万吨/年原油加工能力，150万吨/年乙烯，200万吨/年PX。恒逸文莱大摩拉岛项目是文莱近年来最大的单一外商投资项目，主要涉及石油炼化等一系列下游产业，备受两国政府重视。这个800万吨级炼油化工一体化项目位于大摩拉岛，由浙江恒逸集团有限公司旗下上市公司恒逸石化和文莱财政部全资设立的主权基金合资建设，预计较快进入商业运营阶段。长远的规划是将整个大摩拉岛建设成为资源得到优化配置、具有国际竞争力的石化产业园区。作为中国最大的海外民营炼化一体化项目，恒逸文莱大摩拉岛项目有六家主承包商，分别是中机国能、中化二建、中化三建、南京南化建、镇海石化工程以及中建安装。此外，还有中国外运、中

---

[1]《"蓝疆"号首次"亮相"文莱海域》，载国际船舶网，http://www.eworldship.com/html/2015/OperatingShip_0507/101741.html，最后访问日期：2018年5月5日。
[2]《海油工程在文莱BSP项目又完成一重要里程碑点》，载思恩机械，http://www.tjsien.com/newsIn.aspx?cateid=85&Newsid=6，最后访问日期：2018年5月5日。

远海运、上海三航奔腾等多家分包商参与到大摩拉岛项目中[1]。

综上所述,文莱政府对于油气资源的开发采取广泛合作的方式,其合作伙伴覆盖欧洲、北美洲和亚洲等。合作开发的主要形式是由文莱政府招商,吸引外国投资者进入油气开采领域成立合资公司,文莱政府占股一般较高(50%甚至更高)。油气资源的开发一般都是大型项目,投资金额大,取得的收益也高,所以即使是文莱政府与其他国家公司签订的共同开发合同也需要两国政府的鼎力支持。文莱政府一般采用签订谅解备忘录的方式推进双方合作进程,并且将两国公司的合作置于两国政府在油气领域签订的协议或者发表的声明之下。文莱的这种合作模式不仅可以为两国公司提供相关的政策支持、扫清障碍,也可以通过个别公司的合作进一步推进两国政府在油气领域甚至能源领域的合作,还可以促进世界经济全球化的发展进程。

2. 海洋防务合作

文莱基于自己国家的实际情况考量,不实施海洋强军战略[2]。加强与东盟内部国家、周边国家以及区域外大国的合作构成了文莱海洋政策的重要内容[3]。文莱在2004年国防白皮书中明确指出,"为应对新世纪所面临的困难,必须确保以正确的理念指引国防建设,确保拥有足够的军事能力和实力实现国防战略目标"[4]。为实现这一目标,文莱增强与东盟国家及周边国家海上安全合作,与新加坡、马来西亚、菲律宾和泰国等东盟成员国,以及与英国、澳大利亚等国的防务合作顺利推进,其中以防务培训和联合军事演习为为主要方式。

在与马来西亚的海洋防务合作方面,文莱与马来西亚之间的防务关系始于1961年,当时文莱的3名军校官员和60名学员被派往马来亚接受军事训练。自1992年成立联合防务工作委员会以来,两国在各个领域的双

---

[1]《恒逸石化34亿美元投资文莱石化产业 完善产业链布局》,载腾讯网,https://gu.qq.com/news-zixuangu?s=g&id=kuaibao-20171023C03YI200,最后访问日期:2018年5月5日。

[2] "Shaping the Force Today: Brunei Darussalam DefenceWhite Paper Update 2007", Brunei Darussalam Defence Department, https://www.files.ethz.ch/isn/157117/Brunei%20defence%20white%20paper%20update%202007.pdf, p.27, May 5, 2018.

[3] 鞠海龙:《文莱海洋安全政策与实践》,载《世界经济与政治论坛》2011年第5期,第55—64页。

[4] "Defense White Paper 2004", Brunei Darussalam Defence Department, https://www.files.ethz.ch/isn/156824/Brunei%20white%20paper%202004.pdf, p.6, May 5, 2018.

边防务合作成效卓越[1]。文莱与马来西亚多次举行联合军演，其中代号为"犀鸟"[2]（Hornbill Exercise）的联合军演主要集中于培训合作领域，包括海洋科学、信息交流、航海科学和航海冲突等项目[3]。文马两国于2014年举行了第24次联合军事演习，名为"2014霍比尔演习"。[4]演习包括空中和海上演习，旨在加强两国海军力量的协调能力和提高双方的业务水平[5]。从2017年开始，两国的海洋防务合作领域进一步扩大。在2017年11月23日第21届年度领导人磋商会议上，双方领导人重申了两国之间长期防务合作的重要性，并承诺在共同关心的领域加强合作，包括定期互访、马来西亚武装部队对文莱皇家武装部队的培训课程和军事演习等。两国在共同打击恐怖主义、非法药物贩运、走私人口等跨国犯罪领域展开合作。在此次会议中，马来西亚邀请文莱参加三方海上巡逻，打击海盗活动和恐怖主义[6]。

在与美国的海洋防务合作方面，1994年，文莱与美国签署了《防务合作谅解备忘录》。此后，防务官员进行了联合演习、训练和军事交流。根据该谅解备忘录，还成立了联合防务工作委员会，并举行年度防务会

---

[1] Rabiatul Kamit, "Brunei, Malaysia Military Officials Discuss Cooperation", The BT Archive, https://www.btarchive.org/news/national/2013/11/18/brunei-malaysia-military-officials-discuss-cooperation, May 5, 2018.

[2] 2013年4月1日至7日在马来西亚吉打洲兰卡威岛海军基地和马六甲海峡北部地区举行联合军演。此次军演有马来西亚皇家海军和文莱皇家海军共300人参加。

[3] 《马来西亚与文莱举行联合军演》，载越南画报，https://vietnam.vnanet.vn/chinese/%E9%A9%AC%E6%9D%A5%E8%A5%BF%E4%BA%9A%E4%B8%8E%E6%96%87%E8%8E%B1%E4%B8%BE%E8%A1%8C%E8%81%94%E5%90%88%E5%86%9B%E6%BC%94/45044.html，最后访问日期：2018年5月5日。

[4] 2014年11月20日至23日，文莱皇家海军与马来西亚皇家海军在文马两国海域举行题为"2014霍比尔演习"的联合军事演习，旨在增强两国海军力量的互相了解与密切配合等。文莱皇家海军的"达鲁勒山"（Darulehsan）号巡逻舰、"埃吉特哈德"（Ijhtihad）级快速巡逻艇和马来西亚皇家海军的"雪兰莪"（Selangor）号巡逻艇、"加纳斯"（Ganas）号导弹快艇等参加本次军演。

[5] 《马来西亚与文莱两国海军举行联合军演》，载越通社，https://zh.vietnamplus.vn/%E9%A9%AC%E6%9D%A5%E8%A5%BF%E4%BA%9A%E4%B8%8E%E6%96%87%E8%8E%B1%E4%B8%A4%E5%9B%BD%E6%B5%B7%E5%86%9B%E4%B8%BE%E8%A1%8C%E8%81%94%E5%90%88%E5%86%9B%E6%BC%94/32062.vnp，最后访问日期：2018年5月5日。

[6] Ain Bandial, "Brunei Malaysia Ink Agreement to Jointly Development Four Oil Fields", The Scoop, https://thescoop.co/2017/11/23/brunei-malaysia-ink-agreement-jointly-develop-four-oil-fields/, May 5, 2018.

议。[1]文莱自1995年开始参与美国举行的年度双边军事演习"海上合作准备和培训"[2]（Cooperation Afloat Readiness and Training, CARAT）。2011年举行的第17届文美双边军事演习是文莱和美国海军两年以来第一次同时返回海上，这对文莱和美国都有重要意义[3]。截至2018年5月，已举办了24次文美双边军事演习。2010年7月30日，文莱皇家武装部队与美国太平洋司令部之间签订了《收购和交叉服务协议》[4]（Acquisition and Cross Servicing Agreement, ACSA）。据文莱国防部于2108年4月11日发布的公报称，文莱与美国一致同意加强双边防务合作关系[5]。

在与越南的海洋防务合作方面，2013年12月5日，文莱与越南[6]签署了一项谅解备忘录。根据这项备忘录，文莱海军和越南海军之间开设了一条热线以便利双方将来的合作[7]。随着文莱海军和越南海军的年轻高层军官互访增加、双方海军紧密合作以及有效的人员培训，文莱海军与越南海军的关系不断发展[8]。菲律宾南海仲裁案裁决发布之后，在2016年8月26日至28日越南国家主席陈大光和越南高级代表团对文莱进行国事访问期间，两国发表了联合声明。在此声明中双方同意强化各兵种，特别是海军之间的合作，并相互为对方军官进行培训[9]。在2017年2月17日召开的越南文莱双边合作委员会首次外交部长级会议中，双方同意，继续落实现有合作

---

[1] "Brunei-US Relations", Global Security, https://www.globalsecurity.org/military/world/brunei/forrel-us.htm, May 5, 2018.
[2] CARAT是美国海军与孟加拉国、文莱、柬埔寨、印度尼西亚、马来西亚、菲律宾、新加坡和泰国武装部队之间的一系列年度双边海事演习。
[3] "Brunei, U.S. Deepen Security Partnerships Through CARAT", America's Navy, http://www.navy.mil/submit/display.asp?story_id=103213, May 5, 2018.
[4]《文莱与美国军队加强合作与海上伙伴关系》，载亚太防务论坛，https://ipdefenseforum.com/zh-hans/文莱与美国军队加强合作与海上伙伴关系/，最后访问日期：2018年5月5日。
[5]《美国和文莱一致同意加强防务合作》，载越通社，https://zh.vietnamplus.vn/%E7%BE%8E%E5%9B%BD%E5%92%8C%E6%96%87%E8%8E%B1%E4%B8%80%E8%87%B4%E5%90%8C%E6%84%8F%E5%8A%A0%E5%BC%BA%E9%98%B2%E5%8A%A1%E5%90%88%E4%BD%9C/49697.vnp，最后访问日期：2018年5月5日。
[6] 文莱和越南在1992年就建立了外交关系。参见文莱外交与贸易部官网，http://www.mofat.gov.bn/Pages/br_Vietnam.aspx，最后访问日期：2018年5月5日。
[7] "Hotline Set up between Navies of Vietnam and Brunei", Tuoitrenews, https://tuoitrenews.vn/politics/15810/hotline-set-up-between-navies-of-vietnam-and-brunei, May 5, 2018.
[8] "Brunei, Vietnam Forge DefenceCooperation", The Voice of Vietnam, http://english.vov.vn/politics/brunei-vietnam-forge-defence-cooperation-294225.vov, May 5, 2018.
[9]《越南与文莱决心拓展合作广度和深度》，载共产主义杂志，http://cn.tapchicongsan.org.vn/Home/Political/275/Story，最后访问日期：2018年5月5日。

协议和机制，推进两国军队各兵种，尤其是海军、海警之间的合作，并将合作扩展至反恐怖、海上搜救、反毒品和培训等领域[1]。同时，双方一致同意推动谈判签署《关于预防和打击跨国犯罪的合作协议》《关于刑事司法协助协定》《引渡协定》《关于移交被判刑人员的双边协定》等[2]。双方同意，在地区和国际论坛上，尤其是在东盟和联合国内继续配合与互相支持。双方也同意，增进东盟团结，并维持东盟在区域构架中的核心作用以及加强东盟和对话伙伴国之间的关系。双方承诺，维持和促进东海和平、稳定、安全以及航海与航空安全，呼吁有关各方保持克制，不诉诸武力或以武力相威胁，严格尊重外交和法律进程，基于包括1982年《联合国海洋法公约》在内的国际法律基本原则，通过和平措施解决争端。双方也重申对全面且有效落实《东海各方行为宣言》（中国称《南海各方行动宣言》），并早日达成"东海行为准则"（中国称"南海行为准则"）的支持。会议结束后，越南政府副总理兼外交部长范平明同文莱外交和贸易第二部长林玉成签署合作协议，同意于2019年在文莱举办越文双边合作第二次会议[3]。

在与新加坡的海洋防务合作方面，文莱和新加坡于1979年建立防务关系。自1986年起，新加坡武装部队与文莱皇家武装部队之间的交流不断，文莱为新加坡提供军事训练场地，新加坡则为文莱培训军官，双边联合演习已实现常态化。文莱与新加坡于2009年建立国防政策对话会，目

---

[1]《越文双边合作委员会首次会议在河内召开》，载越南人民报，http://cn.nhandan.com.vn/newest/item/4886901-%E8%B6%8A%E6%96%87%E5%8F%8C%E8%BE%B9%E5%90%88%E4%BD%9C%E5%A7%94%E5%91%98%E4%BC%9A%E9%A6%96%E6%AC%A1%E4%BC%9A%E8%AE%AE%E5%9C%A8%E6%B2%B3%E5%86%85%E5%8F%AC%E5%BC%80.html，最后访问日期：2018年5月5日。

[2]《越南与文莱双边合作委员会召开第一次外交部长级会议》，载越通社，https://zh.vietnamplus.vn/%E8%B6%8A%E5%8D%97%E4%B8%8E%E6%96%87%E8%8E%B1%E5%8F%8C%E8%BE%B9%E5%90%88%E4%BD%9C%E5%A7%94%E5%91%98%E4%BC%9A%E5%8F%AC%E5%BC%80%E7%AC%AC%E4%B8%80%E6%AC%A1%E5%A4%96%E4%BA%A4%E9%83%A8%E9%95%BF%E7%BA%A7%E4%BC%9A%E8%AE%AE/62258.vnp，最后访问日期：2018年5月5日。

[3]《越文双边合作委员会首次会议在河内召开》，载越南人民报，https://cn.nhandan.com.vn/newest/item/4886901-%E8%B6%8A%E6%96%87%E5%8F%8C%E8%BE%B9%E5%90%88%E4%BD%9C%E5%A7%94%E5%91%98%E4%BC%9A%E9%A6%96%E6%AC%A1%E4%BC%9A%E8%AE%AE%E5%9C%A8%E6%B2%B3%E5%86%85%E5%8F%AC%E5%BC%80.html，最后访问日期：2018年5月5日。

的是通过讨论、信息互换、寻找新合作领域来加强双边合作关系[1]。在与越南签订谅解备忘录的同一天，文莱与新加坡也签署了一项国防科技合作谅解备忘录，双方携手制定提升防务能力的项目，两国防务合作水平又有所提升[2]。两国武装部队经常进行交流并举行联合演习，并于2017年11月举行了第36次"塘鹅"演习[3]（Exercise Pelican）。除此之外，两国海军的船舰及人员也定期互访，通过交流加强原已密切的关系[4]。

在与澳大利亚的海洋防务合作方面，文莱与澳大利亚有长期的防务和安全联系。1985年，两国签订防务合作协议。1998年9月，签署联合军事演习备忘录。1999年5月，澳武装部队司令访文，与文签署国防合作谅解备忘录。澳大利亚和文莱在两国相邻地区面临的安全威胁方面密切合作，澳大利亚和文莱警方、安全、反恐和移民当局之间有着密切的联系。2005年，澳大利亚和文莱签署了《合作打击国际恐怖主义谅解备忘录》，规定在海关、金融、移民、情报、执法、安全和运输等领域开展合作[5]。2008年5月，文澳警方签署合作谅解备忘录[6]。双方开展战略对话，进行双边军事演习，澳大利亚向文莱国防和安全官员提供技术援助。据新华社报道，文莱国防部2018年3月27日表示，文莱和澳大利亚已经审议了加强防务合作的计划，两国在苏丹国首都斯里巴加湾市的博尔基亚驻军举行了第16次联合防务工作委员会会议。会议期间，两国就广泛的地区防务和安全事务进行了讨论，并强调了两国双边防务合作的重要性，为深化武装力量相互交流和专业知识交流提供了机会[7]。

---

[1]《文莱与新加坡第五次国防政策对话会在文莱举行》，载越通社，https://zh.vietnamplus.vn/%E6%96%87%E8%8E%B1%E4%B8%8E%E6%96%B0%E5%8A%A0%E5%9D%A1%E7%AC%AC%E4%BA%94%E6%AC%A1%E5%9B%BD%E9%98%B2%E6%94%BF%E7%AD%96%E5%AF%B9%E8%AF%9D%E4%BC%9A%E5%9C%A8%E6%96%87%E8%8E%B1%E4%B8%BE%E8%A1%8C/48718.vnp，最后访问日期：2018年5月5日。

[2]《我国与文莱签署国防科技合作谅解备忘录》，载联合早报，https://www.zaobao.com/news/singapore/story20160831-660714，最后访问日期：2018年5月5日。

[3]《新加坡文莱海军双边演习结束》，载8视界网，https://www.8world.com/news/singapore/article/20171113-sg-brunei-145906，最后访问日期：2018年5月5日。

[4]《文莱的经济与外交状况》，载中国网，http://www.china.com.cn/zhuanti2005/txt/2003-11/18/content_5444585.htm，最后访问日期：2018年5月5日。

[5] "Brunei Darussalam Country Brief", Department of Foreign Affairs and Tade(Australian)，https://www.dfat.gov.au/geo/brunei-darussalam/Pages/brunei-darussalam-country-brief，May 5, 2018.

[6]《文莱》，载中国发展门户网，http://cn.chinagate.cn/aboutchina/trade/2009-12/28/content_19146184_5.htm，最后访问日期：2018年5月5日。

[7] "Brunei Australia Plan to Enhance Defense Ties", Malaysian digest, http://malaysiandigest.com/world/730026-brunei-australia-plan-to-enhance-defense-ties.html，May 5, 2018.

在与菲律宾的海洋防务合作方面，2001年8月22日，文莱首次与菲律宾签订《防务合作协议》，涉及军事教育和培训、信息交流、联合军事演习、两国防务和武装部队官员互访以及与体育有关的防务合作活动等。在这项协议的背景下，双方根据1997年菲律宾国防部对文莱政府的提议建立双边合作联合委员会[1]。双边合作联合委员会是两国监测和评估实施合作各方面进展，特别是协议的机制，并在必要时解决悬而未决的问题。此外，在2001年签署的《防务合作备忘录》的基础上，文莱与菲律宾成立联合防务工作委员会。备忘录为加强两国防务机构和军队的防务关系和合作提供了框架，包括军演，交换有关安全、培训和防务产品的信息问题等[2]。在菲律宾与文莱第七次联合防务工作委员会会议期间，双方重申进一步加强防务合作的承诺。文莱国防部的新闻声明指出，菲律宾与文莱的会议讨论内容包括双边的演习、培训及情报交流等。菲律宾与文莱在2014年、2015年多次举行双边联合军事演习。

在与印度尼西亚的海洋防务合作方面，2008年12月17日，文莱与印尼两国签订了《在洗钱和资助恐怖主义信息交流方面的合作备忘录》[3]。据文媒体报道，文莱、印尼两国海军于2012年3月19日至23日举行联合军演，旨在进一步完善两军联合行动准则、程序和战术。双方各派出两艘军舰参加演习，演习项目包括夜间遭遇战、海上拦截训练等[4]。

在与印度的海洋防务合作方面，2016年2月3日，印度副总统安萨里访问文莱，其间文莱和印度签署了《防务合作谅解备忘录》[5]。根据这项防务谅解备忘录，文莱和印度将在此前军舰访问、军官培训等军事交流的基础上，通过不同层级的军事互访，军事经验、情报和培训的交流，举行联合军演以及军工产业合作，强化两国在防务领域的广泛合作。随后，印度外交部秘书阿尼尔·瓦德瓦称，文莱将派一个工作组前往印度，推动两国

---

[1] "Philippines, Brunei Sign Defence Pact", Gulfnews, https://gulfnews.com/news/uae/general/philippines-brunei-sign-defence-pact-1.423504, May 5, 2018.
[2] 卢秋莉：《文莱与菲律宾加强防务合作》，载东盟学院，http://dongmengxueyuan.gxun.edu.cn/info/1502/2680.htm，最后访问日期：2018年5月5日。
[3] "Indonesia", MFA, http://www.mfa.gov.bn/Pages/br_Indonesia.aspx, May 5, 2018.
[4] 《文莱与印尼海军举行联合军演》，载中国驻文莱大使馆官网，http://www.fmprc.gov.cn/ce/cebn/chn/wlxw/t916184.htm，最后访问日期：2018年5月5日。
[5] "Indonesia", MFA, http://www.mfa.gov.bn/Pages/br_Indonesia.aspx, May 5, 2018.

防务谅解备忘录的落实,并确认中长期防务合作的具体领域[1]。

在与中国的海洋防务合作方面,2003年9月,双方签署了《关于开展军事交流的谅解备忘录》。2003年11月,中国海军舰艇编队首次访问文莱。2007年,两国互设武官处。中国人民解放军多次参加文莱国际防务展和国际军乐节。2017年9月,两国国防部签署了《关于加强防务合作的谅解备忘录》[2]。需要注意的是,中国与文莱在海洋防务领域的合作十分有限。两国既没有成立联合防务工作委员会也没有成立双边合作委员会,仅仅是以备忘录的方式展开合作。

总的来看,文莱由于自身地理、人口等综合情况的限制,无法依靠自身保障国家安全,因此建国后一直努力加强同周边邻国和域外大国的防务合作,通过海上军事演习等方法增强文莱皇家海军的能力。经过几十年的发展,文莱海军的人员数量明显增加,装备较为精良,与域外大国的协同能力也有所提高。这在一定程度上增强了文莱的国防能力,当然也有利于文莱更好地保障近海和海上油气资源的安全。

3. 渔业合作

在渔业合作方面,文莱海域位于热带,渔业资源丰富。近年来,文莱政府积极实施经济多元化战略,以减少对石油、天然气的依赖。渔业是文莱政府推行经济多元化的主要领域之一,也是文莱最具有发展潜力的产业之一,是文莱实施经济多元化战略的重要组成部分。为了实现国民经济多元化,促进渔业的发展,文莱政府制定了一系列的优惠政策来鼓励开发商业渔场和海水养殖场,鼓励外资与文莱本地公司开展渔业和海水养殖业合作,希望凭借得天独厚的地理位置,将文莱建成区域海产品加工中心和海产品批发及进出口中心。文莱负责渔业相关的主管部门是文莱渔业局(Department of Fisheries),主要吸引外资投入的项目有海鲜加工、水产养殖和捕捞渔业[3]。

---

[1]《文莱与印度加强防务合作并将举行联合军演》,载搜狐网,http://www.sohu.com/a/57936657_160702,最后访问日期:2018年5月5日。

[2]《中国同文莱的关系》,载中国外交部官网,http://www.fmprc.gov.cn/web/gjhdq_676201/gj_676203/yz_676205/1206_677004/sbgx_677008/,最后访问日期:2018年5月5日。

[3] "Investments", Department of Fisheries, http://www.fisheries.gov.bn/SitePages/Investments.aspx, May 5, 2018.

目前,文莱与韩国[1]、越南[2]、马来西亚[3]、新加坡[4]和中国[5]分别签订了谅解合作备忘录,开展水产养殖等合作。

文莱对外进行渔业合作更多的是吸引外资来对国内渔业资源进行开发,而不是去其他国家或者海域参与合作。这与文莱国内渔业的发展情况是有重要关系的。文莱国内渔民人数少[6]、作业渔船少[7]且渔业国内生

---

[1] 据中国国际贸易促进委员会消息,2014年7月15日,文莱与韩国政府签署《水产养殖研究合作备忘录》,借两国专家的合作提升文莱的水产养殖水平。随着这项《合作备忘录》的签订,两国将要在水产领域展开的合作范围包括:研究如何以不破坏海洋健康生态的方式增加海产收获,捕鱼技术和先进的水产养殖环境评估方法,研发新且高效的水产养殖方法和开发新养殖品种及有系统的繁殖培育技术。参见《文莱韩国签署水产养殖研究合作备忘录》,载中国水产科学研究院官网,http://www.ysfri.ac.cn/info/1111/14599.htm,最后访问日期:2018年5月5日。

[2] 在2016年8月27日举办的文莱—越南双边会议中,双方表示两国于2013年5月签署了《农业及渔业合作谅解备忘录》,并且取得了一定进展。《两国各领域合作密切 文越加强贸易投资》,载联合在线,http://eunited.com.my/9403,最后访问日期:2018年5月5日。

[3] 文莱与马来西亚在传统渔业领域一直存在合作,目前双方正在进行渔业合作讨论,其于2016年10月5日签订的《绿色技术合作谅解备忘录》的作用是让渔民即使进入任何一个国家的水域也都可以在"传统渔区"捕鱼。Quratul-AinBandial, "Brunei, Malaysia ink MoU on Green Technology", http://annx.asianews.network/content/brunei-malaysia-ink-mou-green-technology-29626, May 5, 2018.

[4] 文莱与新加坡建立外交关系后,一直在渔业领域进行合作。2007年新加坡的渔业养殖企业尝试到文莱进行深海养殖,因设备落后,只能在浅海养殖,最终没有取得好的收获。2017年2月13日,新加坡水产养殖业者Apollo Aquaculture与一家文莱企业合作,在文莱设立当地首个垂直观赏鱼和食用鱼养殖场。有别于传统农场,这个占地12公顷的高科技养鱼场将鱼儿养在多层鱼缸中,每年产量多达5000吨,可出口至新加坡和其他国家。参见吕华当:《哈力迪:欢迎更多的投资者到文莱投资水产养殖事业》,载信达安旅游保险,http://www.xinanda.net/web/content/?546.html,最后访问日期:2018年5月5日。也可参见《新加坡养鱼业者与文莱合作设立当地首个垂直水产养殖场》,载联合早报,https://www.zaobao.com/realtime/singapore/story20170213-724241,最后访问日期:2018年5月5日。

[5] 文莱与中国在渔业资源和渔业技术上具有较强的互补性,这使得两国渔业合作成为可能。中国广东省海洋与渔业局自2006年以来就与文莱方面开展了渔业经贸合作。随着两国企业间合作的逐步深入,双方在2008年9月10日签署了《渔业合作谅解备忘录》。根据备忘录,广东省与文莱将在推进企业合作、网箱养鱼、赤潮研究、技术培训等领域开展交流与投资合作。参见《文莱渔业发展概况》,载中国驻文莱大使馆经济商务参赞处官网,http://bn.mofcom.gov.cn/article/ztdy/200704/20070404527129.shtml,最后访问日期:2018年5月5日。广西海世通食品股份有限公司与文莱签订《渔业合作备忘录》,共同发展海世通深海渔业养殖加工项目。其建设地点在文莱斯里巴加湾市,一期投资1.3亿元人民币,拟建设"一个中心、三个基地",打造"繁育、养殖、加工、贸易"一条龙产业,带动文莱和周边国家海洋养殖产业链的发展。广西海世通公司是广西最早发展海水网箱养殖的企业之一,其文莱渔业综合开发项目是"文莱—广西经济走廊"建设的首个落地农业项目。2016年,该企业在文莱成功迈出实验性养殖的第一步。海世通计划在2017年完成文莱项目一期金鲳鱼和鲈鱼育苗及养殖试验,并启动建设中国—文莱水产科技联合研究中心。参见黄艳梅、杨志雄:《文莱—广西经济走廊建设提速》,载新浪财经,http://finance.sina.com.cn/roll/2017-06-21/doc-ifyhmtrw3438679.shtml,最后访问日期:2018年5月5日。

[6] 文莱现有1226名全职渔民,4362名兼职渔民,大多为岸边手工作业或舢板作业。参见中国驻文莱大使馆经济商务参赞处公布的《文莱渔业发展概况》。

[7] 文莱全国有约25艘较小作业渔船,吨位在30—60吨之间,其中有拖网船14艘,围网船5艘,延绳钓船1艘,多数集中在20海里内作业。参见中国驻文莱大使馆经济商务参赞处公布的《文莱渔业发展概况》。

产总量少[1],与此同时,文莱渔业可供开发的海域面积多[2]、可供捕捞量大[3]、预计产量高[4],且政府支持力度大[5]。这些因素决定了文莱渔业对外合作的模式。

4. 海洋科技和环保合作

在中国—东盟框架下,文莱与其他东盟国家和中国在海洋领域展开了一系列合作。文莱积极参与中国—东盟海洋科技合作论坛机制和东盟地区论坛海上溢油区域合作研讨会等,以促进其与各国的海洋科技和环保合作。除此之外,文莱比较注重与中国在海洋科技和环保领域开展合作,目前已经取得了较好的成果。

2013年首届中国—东盟海洋科技合作论坛成功举办,文莱作为主要参与国之一在会上与作为举办方之一的中国进行了友好交流。两国之间海洋科技合作的主要形式是依托具体项目,共同研发项目涉及的主要问题,如文莱南洋企业投资有限公司与中国科学院海洋研究所提出在文莱共同建设高效养殖示范基地以及开展水产养殖全产业链,形成海洋水产业多产、高效的向好发展局面[6]。两国之间的非项目类海洋科技合作多是在中国—东盟框架下展开,主要集中在海洋与气候变化、防灾减灾、热带海洋生态系统与生物多样性保护、海洋观测监测、海洋新能源和海岸带保护等非敏感领域,且很大程度上停留在联合科研层面。总的来说,两国海洋科技合作主要在多边合作框架下进行,双边海洋科技合作发展还有很大空间。

2012年7月18日,中国国家海洋局代表团访问文莱,与文莱交通部部长等进行双边会谈,深入探讨两国在海洋领域合作的可能性,提出在海洋溢油事故处理、南中国海海啸预警系统建设、共同实施《南海及其周边

---

[1] 文莱渔业预计可持续性地每年生产总价值2亿元的鱼产,尽管如此,文莱国内市场50%的鱼产需求量仍需靠进口来满足。这意味着文莱人对鱼产的需求量较当前其国内的总生产量还要高出2倍。参见《文莱渔业专题》,载南博网,http://www.caexpo.com/special/economy/Brunei_fishery/,最后访问日期:2018年5月5日。
[2] 200海里的渔业限制区域。参见中国驻文莱大使馆经济商务参赞处公布的《文莱渔业发展概况》。
[3] 据文莱渔业局统计,文莱海域最大可捕捞量约21300吨,其中沿岸资源3800吨,底层资源12500吨,浮游资源5000吨。参见中国驻文莱大使馆经济商务参赞处公布的《文莱渔业发展概况》。
[4] 文莱水产养殖业一旦获得全面开发,预计产量可比当下产量高出14倍,产值达7100万。参见《文莱渔业专题》,载南博网,http://www.caexpo.com/special/economy/Brunei_fishery/,最后访问日期:2018年5月5日。
[5] "文莱2035宏愿"提出转变国内经济结构,大力发展渔业。文莱投入459公顷海域发展鱼虾业,召开研讨会促进渔业发展,大力发展水产养殖业和捕虾业。
[6] 刘静:《加快中国—东盟海洋合作的国别策略——文莱》,载传送门,http://chuansong.me/n/2137800353920,最后访问日期:2018年5月5日。

海洋国际合作框架计划》和签署两国部门间海洋合作协议等方面的具体合作建议，此次访问开创了两国海洋领域合作的新篇章。2013年，中国与文莱在海洋溢油应急管理合作方面取得进展[1]。2013年2月28日至3月1日，应中国国家海洋局国际合作司邀请，文莱交通部代表团访问中国国家海洋局北海分局。双方进行了会谈，并就两国海洋溢油应急管理合作进行了研讨。双方就海上溢油监测与评估技术、溢油鉴别技术、溢油漂移预测、应急辅助决策系统及海上搜索救技术、海洋石油平台溢油监视技术等方面开展合作达成共识[2]，并共同签署《中国国家海洋局北海分局与文莱达鲁萨兰国交通部海洋局会议纪要》[3]。同年3月，国家海洋局北海分局与文莱交通部共同起草了《中国—文莱海洋环境保护及油气田开发谅解备忘录》[4]。2015年，双方开展了文莱湾濒危海洋动物合作观测研究。2015年3月，中国、文莱、新加坡和美国联合在青岛主办了东盟地区论坛海上溢油区域合作研讨会，讨论如何更好地防范海上溢油风险及应急措施[5]。

5. 海洋交通运输业

随着中国和东盟国家国际贸易的迅速发展，作为国际贸易主要载体的海洋交通运输得以迅速发展。文莱的天然气主要依靠海上运输出口。2016年，文莱通过南海运输的天然气出口量超过了其出口总量的84%。[6]

文莱与中国在海洋交通运输业领域具有良好的合作基础[7]。2017年9月13日，在南宁举办的中国—东盟港口城市合作网络工作会议上，广西北部湾港口管理局与文莱摩拉港签署了友好合作谅解备忘录。确定今后将在港口研究、

---

[1] 刘静:《加快中国—东盟海洋合作的国别策略——文莱》，载传送门，http://chuansong.me/n/2137800353920，最后访问日期：2018年5月5日。

[2]《中国、文莱两国开启海洋溢油应急合作窗口》，载溢油应急网，http://www.oilspillchina.com/info/news/international/View.aspx?nid=521，最后访问日期：2018年5月5日。

[3]《中国—文莱海洋合作》，载中国国家海洋局官网，http://www.soa.gov.cn/xw/ztbd/ztbd_2015/zdblh/sbhz/201509/t20150917_43080.html，最后访问日期：2018年5月5日。

[4] 赵婧:《中国与东盟：海洋合作乘势而进》，载中国国家海洋局官网，http://www.soa.gov.cn/xw/ztbd/ztbd_2017/gjhyj21sczl/gzbs/201705/t20170516_56085.html，最后访问日期：2018年5月5日。

[5] 刘静:《加快中国—东盟海洋合作的国别策略——文莱》，载传送门，http://chuansong.me/n/2137800353920，最后访问日期：2018年5月5日。

[6]《就是这么任性：中国进口了全球约40%的液化天然气》，载东方咨询，http://mini.eastday.com/a/171104180506942.html，最后访问日期：2018年5月5日。

[7] 2003年4月8日，文莱交通部在该国最大的港口大摩拉岛港口举行了三条海运直航典礼，其中一条就是文莱至上海的海运直航线。这条海运直航线能够大大缩减中国向文莱出口货物所花费的时间，对中文两国贸易的增长以及两国经贸关系的进一步发展发挥了重大的作用。参见聂德宁:《中国与文莱经贸关系发展的现状及前景》，载《南洋问题研究》2008年第4期。

员工培训、信息交流、技术协助、双方运输往来、提升服务水平等各方面达成协议,开展互助与合作,以促进双方港口业和航运业之间的全面发展和合作交流,提升贸易往来、运输与服务水平。这不仅壮大了推进中国—东盟港口城市合作的队伍,更重要的是推动共享海上丝绸之路繁荣发展迈上一个新的台阶。

6. 港口运营

摩拉港是文莱最大的港口,也是其唯一的深水港[1]。文莱政府与中国就摩拉港的运营展开了合作,这也是文莱目前唯一与他国开展的港口运营合作项目。摩拉港位于文莱摩拉县,是文莱开展国际贸易的主要通道,目前文莱除油气资源外90%的进出口货物均途经摩拉港。摩拉港的集装箱码头已于2017年2月由广西北部湾国际港务集团[2](以下简称"北港集团")与文莱达鲁萨兰资产管理公司组建的一家合资公司——文莱摩拉港有限公司正式接手运营。摩拉港有限公司大力进行港口的运营管理及后续的升级改造,按照"一流的设施、一流的技术、一流的管理、一流的服务"的要求,将摩拉港打造成"更为智能、更为现代化、更为绿色环保、更为国际化"的区域枢纽港。截至2017年4月,该港集装箱吞吐量已增长25%,操作效率显著提升。两国合资企业接手运营文莱摩拉港集装箱码头是两国在基础设施建设领域合作取得的新进展,是中国政府"一带一路"建设取得的新成果,标志着"文莱—广西经济走廊"的旗舰项目顺利落地[3]。与此同时,摩拉港引入"港口—产业—园区"协调发展模式,配合"文莱特色的自贸区政策",并且在2018年1月底实现了全面信息化管理。

2017年9月15日,在广西壮族自治区主席陈武、广西壮族自治区副主席张晓钦、文莱首相府能源与工业部部长亚斯敏的见证下,北港集团与文莱政府相关部门签署了《文莱摩拉港注资协议》《文莱物流园开发建设谅解备忘录》《文莱产业园开发意向书》。在进一步夯实整体运营管理和未来发展的基础上,中国与文莱在发展多元化的物流服务和探索符合双方共同利益的"港口—产业—园区"协同发展模式的道路上,又迈出坚实一步。[4]

---

[1] 薛飞:《综述:"一带一路"建设助力文莱经济多元化》,载新华网,http://www.xinhuanet.com/silkroad/2017-05/14/c_1120969804.htm,最后访问日期:2018年5月5日。
[2] 该集团为我国地方独资国企,为中国500强企业。
[3] 薛习:《中文合资企业正式运营文莱摩拉港集装箱码头》,载新华网,http://www.xinhuanet.com/2017-02/21/c_129488339.htm,最后访问日期:2018年5月5日。
[4]《广西北港合资经营的文莱摩拉港1月底实现全面信息化管理》,载国务院国资委官网,http://www.sasac.gov.cn/n2588025/n2588129/c8541596/content.html,最后访问日期:2018年5月5日。

七、对中国海洋法主张的态度

（一）对中国南海主张的态度

中国和文莱两国在海洋方面的冲突主要是由大陆架划界引起的，其实质是文莱对外大陆架划界的主张和中国对南海"断续线"内历史性权利主张的冲突[1]。文莱是南海问题上坚定的声索国之一，并实际控制了南通礁。

文莱在实行"和平、自由、中立"外交政策的前提下，奉行"大国平衡战略"，坚持独立、自主、不结盟[2]。相较于其他南海声索国，在南海问题日益升温的敏感时期，文莱并不希望扮演搅局者的角色。相反，文莱认为，作为一个小国，保持和平与稳定的南海周边环境有利于文莱的国家安全和利益。因此，文莱在大多数时刻都扮演了一个积极的合作者的角色，努力推动争端各方通过磋商解决海洋争端。中国和文莱政府在南海问题上一直在寻求更好的合作。

当然，在探讨文莱对中国南海主张的态度时，我们不能忽视文莱与马来西亚在2009年签订的换文所带来的影响。从这份换文向外界透露的部分内容来看，两国政府在未告知中国政府也未经中国政府同意的情况下，私自处置了南通礁的归属和"CA1"与"CA2"区块的油气开发权，这不仅对中国的南海权益造成了损害，也缺乏国际法依据。令人惊讶的是，在双方换文签署后，中国官方并未对此发表任何意见。

（二）对菲律宾南海仲裁案的态度

文莱一向态度比较温和，主张通过外交途径和平解决南海争端[3]，这与我国在南海争端问题解决上的主张是一致的。但文莱与中国在到底应该通过双边协商还是通过东盟与中国的协商机制解决南海争端这一点上存在分歧。中国一贯坚持采取双边协商机制解决岛屿领土主权归属、海洋划界等纠纷，而文莱则提议采取多边谈判的方式，如通过东盟组织与中国进行谈判。中国强调，南海问题并非中国与东盟之间的问题，而是中国与小部分

---

[1] 廖雪霞：《南海周边国家海洋划界协议研究》，载《国际法研究》2015年第6期，第34—49页。
[2] 康霖：《文莱南海政策评析》，载《新东方》2014年第4期，第32—36页。
[3] 骆永昆：《文莱的南海政策》，载《国际研究参考》2012年第9期，第13—15页。

东南亚国家之间的问题。双边纠纷应通过双边对话协商解决[1]。

早在2016年4月我国外交部长王毅访问文莱期间，文莱外交部长就表达了对中国以直接谈判方式处理南海争端立场的支持。在南海仲裁案裁决发布以后，国际社会对中国多有批评之声，但是文莱的反应十分平和。文莱政府并没有就此发表声明，仅是其外交与贸易部副部长尤素夫在接受本国媒体采访时才谈及这一裁决。他除了重申维护南海和平、安全与稳定，呼吁各方保持克制，依据国际法和平解决争端，反对使用武力和武力威胁，敦促尽早缔结"南海行为准则"等主张之外，没有提及仲裁案及其结果。[2]

（三）在"一带一路"框架下与中国合作的态度

文莱是一个国土面积狭小、人口较少的国家。虽然有着较高的经济发展水平，但经济产业类型单一，高度依赖石油产业的发展。中国和文莱自建交以来，双方关系不断深入发展，各领域合作成果斐然。2013年，两国确立战略合作关系，双方往来更加密切。文莱是21世纪海上丝绸之路沿线的重要国家，文莱的"2035宏愿"[3]（Wawasan Brunei 2035，Brunei Vision 2035）与"一带一路"倡议高度契合[4]。文莱政府近年来致力于摆脱

---

[1] Huy Duong, "Negotiating the South China Sea", The Diplomat, http://thediplomat.com/2011/07/negotiating-the-south-china-sea/, May 5, 2018.

[2] 杨光海：《东盟国家及组织对南海仲裁案的反应及政策走向》，载《和平与发展》2016年第5期，第1页。

[3] 为了更好地迎接挑战，文莱将"2035宏愿"细化为三个具体目标：1.具有良好教育、高等技能和完美公民的民族。2.具有高等生活水准质量的民族。3.具有生气勃勃持续发展经济的国家。其发展战略包括：第一，教育战略。在竞争日益激烈的知识型社会中使本国年轻人得以顺利就业并取得成功。第二，经济战略。针对油气行业之外的其他经济集群和下游企业，加大国内外对这些行业的投资力度，从而为人民创造新的就业机会和商业机会。第三，安全战略。根据文莱国防和外交努力，维护国内政治稳定和国家主权，增强对疾病和自然灾害的防控能力。第四，机制发展战略。围绕国内公共领域与私人领域，加强良好治理，提供高品质的公共服务，建立现代且务实的法律法规体系，减少官僚的"繁文缛节"，推动行政程序的高效运行。第五，本地企业发展战略。增加本国中小企业的机会，通过提供更多的竞争优势，培育马来民族成为工商业领袖。第六，基础设施发展战略。政府将持续加大投资力度，并鼓励公私部门合作建设并保养世界一流的基础设施，尤其是在教育、健康和工业等行业。第七，社会保障战略。随着国家的繁荣，能够保证每一位公民都能享受到应有的社保待遇。第八，环境保护战略。保证本国的自然环境和文化遗产得到合理的保护，并依据最高的国际惯例为本国人民提供健康与安全。参见罗传钰：《文莱"2035宏愿"评析》，参见东盟研究院，http://cari.gxu.edu.cn/info/1087/4469.htm，最后访问日期：2018年5月5日。

[4] 罗传钰：《文莱"2035宏愿"评析》，载广西大学中国东盟研究院，http://www.asean-china-center.org/2017-09/13/c_129703282.htm，最后访问日期：2018年5月5日。

单一经济模式，实现经济产业多元化。中国"一带一路"框架下的产能合作给文莱带来了新的发展契机，两国产能合作潜力巨大[1]。在两国政府的推动下，2014年，双方签署了《文莱—广西经济走廊经贸合作谅解备忘录》，致力于在农业、能源、旅游等领域全面开展合作。目前两国已经开展了港口运营、海洋环保、石油精炼等合作项目，并将进一步扩大合作。要实现双方经贸领域的合作共赢，就必然要求双方保持良好的政治关系。

---

[1] 薛飞：《中国文莱优势互补、产能合作潜力巨大》，载新华网，http://www.xinhuanet.com/world/2016-05/26/c_1118937488.htm，最后访问日期：2018年5月5日。

第Ⅳ部分

缅甸海洋法律体系研究

一、缅甸海洋基本情况

（一）地理位置

缅甸联邦共和国（the Republic of the Union of Myanmar），简称缅甸，首都为内比都（Nay Pyi Taw），是东盟的成员。缅甸国土总面积约为676578平方公里，其中陆地面积为653508平方公里，陆上西北与印度和孟加拉国为邻，东北靠近中国，东南接泰国与老挝。缅甸海上南临安达曼海，西南濒孟加拉湾。其水域总面积为23070平方公里[1]，海岸线长3200公里[2]，专属经济区48.6万平方公里，适宜捕捞海域22.5万平方公里，平均年捕捞量105万吨[3]。

（二）动荡的国内政局

缅甸在1948年脱离英国殖民统治独立以后，国内政局动荡不安，主要经历了三个阶段：1948年至1962年，吴努政府时期；1962年至2016年，军政府统治时期；2016年至今，民盟政府统治时期。

1. 吴努政府时期

缅甸在1947年颁布《缅甸联邦宪法》，并于1948年1月4日正式摆脱英国殖民统治实现独立，成立以吴努为首的政府。缅甸从独立后至1962年3月，实行议会民主制度。但是效仿西方的议会民主制度并不符合缅甸当时的国情，没有体现民意，导致民族关系和宗教关系处理不当[4]。因此在建国初期，吴努政府忙于稳定缅甸国内政治秩序，难以顾及缅甸海洋权益。这个时期也缅甸国内也无相应的海洋立法。

---

[1] "The World Factbook: Burmaprint", CIA, https://www.cia.gov/library/publications/resources/the-world-factbook/geos/bm.html, May 5, 2018.

[2]《缅甸国家概况》，载中国外交部官网，http://www.fmprc.gov.cn/web/gjhdq_676201/gj_676203/yz_676205/1206_676788/1206x0_676790/，最后访问日期：2018年5月5日。

[3] 中国商务部国际贸易经济合作研究院、中国驻缅甸大使馆经济商务参赞处、商务部对外投资和经济合作司：《对外投资合作国别（地区）指南：缅甸》，商务部微信公众号2017年12月，第18页。

[4] 范宏伟、肖君拥：《缅甸新宪法(2008)与缅甸民主宪政前景》，载《太平洋学报》2008年第8期，第22页。

2. 军政府时期

1962年3月，奈温军人集团发动政变，废止宪法、解散议会，成立革命委员会，实行军人专政。军政府还成立了"社会主义纲领党"，推行激进的"缅甸式社会主义"。1974年1月，缅甸的第二部宪法《缅甸社会主义联邦宪法》出台，规定缅甸的政体为"人民议会一院制"，纲领党是缅甸唯一合法的政党。随后革命委员会将权力移交给人民议会，宣称"还政于民"，但军人专政的实质并没有改变，军人仍直接或间接地控制着国家政治、经济命脉[1]。缅甸军政府时期最显著的特征是军政府独裁专制。直到2016年4月1日，全国民主联盟的上台标志着近半个世纪的军政府执政统治暂告结束。在军政府统治时期，缅甸政府于1968年首次发表确立直线基线的声明[2]，1977年正式颁布《领海及海域法》（Territorial Sea and Maritime Zones Law），而该法几乎沿用了所有1968年声明中的事项，并未作出重大修改。从20世纪80年代起，随着缅甸缔结、加入《联合国海洋法公约》等国际海洋公约，缅甸国内海洋立法也逐渐增多，与海洋相关的规章制度也一步步细化。

3. 民盟政府时期

2016年4月1日，随着民主派昂山素季领导的全国民主联盟上台，民盟政府时期正式开始。2018年3月21日，时任缅甸总统廷觉突然宣布辞职，第一副总统吴敏瑞随即行使代总统职责。同一天，人民院议长温敏辞职，人民院23日选举温敏为副总统并推举他参加总统选举。28日，温敏当选总统，并于30日宣誓就职[3]。民盟执政党上台后，缅甸由独裁专制统治向民主制过渡，为其海洋立法提供了相对稳定的国内环境。西方国家陆续解除对缅甸的经济制裁，也为缅甸海洋资源开发、海洋资源投资与进出口贸易拓宽了渠道。

（三）行政区划

缅甸全国分7个省、7个邦和1个联邦区。7个省分别为：仰光

---

[1] 范宏伟、肖君拥：《缅甸新宪法（2008）与缅甸民主宪政前景》，载《太平洋学报》2008年第8期，第25—26页。

[2] "STRAIGHT BASELINES: BURMA", US Department of State, https://www.state.gov/wp-content/uploads/2019/10/LIS-14.pdf, May 5, 2018.

[3] 庄北宁：《缅甸新总统温敏宣誓就职》，载新华网，http://www.xinhuanet.com/world/2018-03/30/c_1122617739.htm，最后访问日期：2018年5月5日。

（Yangon Region）、曼德勒（Mandalay Region）、勃固（Bago Region）、马圭（Magway Region）、实皆（Sagaing Region）、伊洛瓦底（Ayeyarwady Region）和德林达依（Tanintharyi Region）。7个邦分别为掸邦（Shan State）、克钦邦（Kachin State）、克耶邦（Kayah State）、孟邦（Mon State）、克伦邦（Kayin State）、钦邦（Chin State）和若开邦（Rakhine State）。7个省是缅族主要聚居区，各邦为各少数民族聚居地，联邦区是首都[1]内比都[2]。在缅甸所有沿海的省邦中，若开邦临近孟加拉湾，伊洛瓦底省临近孟加拉湾与安达曼海，仰光省、勃固省、孟邦、德林达依省临近安达曼海。目前德林达依省设立了土瓦经济区，仰光省设立了迪洛瓦经济特区，若开邦设立了皎漂经济特区，这三个地区凭借优越的地理位置，发展深水港项目以及相关产业。

1. 经济状况

受政局动荡的影响，缅甸的经济体制也频频发生变动。缅甸自1948年独立到1962年实行市场经济体制，1962年到1988年实行计划经济体制，1988年后又实行市场经济体制。2016年7月，缅政府颁布"十二点国家经济政策"[3]。[4]缅甸经历数十年军事独裁统治，又长期遭受国际制裁，经济发展仍然落后。[5]在对外贸易上，水产已成为其仅次于农业、工业的第三大主要经济产业和重要创汇产业。2015—2016财年，缅甸水产出口额为4.69亿美元。其中海产品主要出口中国、新加坡、泰国、韩国、孟加拉等国和中国台湾、中国香港等地区[6]，其出口至中国市场的份额最大。

---

[1] 2015年11月，行政首都由仰光迁到内比都。

[2]《缅甸国家概况》，载中国外交部官网，http://www.fmprc.gov.cn/web/gjhdq_676201/gj_676203/yz_676205/1206_676788/1206x0_676790/，最后访问日期：2018年5月9日。

[3]《缅甸国家经济政策公布 "核心信息" 解读 与您息息相关》，载金凤凰报，http://www.mmgpmedia.com/local-news/16276-%E7%BC%85%E7%94%B8%E5%9B%BD%E5%AE%B6%E7%BB%8F%E6%B5%8E%E6%94%BF%E7%AD%96%E5%85%AC%E5%B8%83%E2%80%9C%E6%A0%B8%E5%BF%83%E4%BF%A1%E6%81%AF%E2%80%9D%E8%A7%A3%E8%AF%BB%E4%B8%8E%E6%82%A8%E6%81%AF%E6%81%AF%E7%9B%B8%E5%85%B3，最后访问日期：2018年5月5日。

[4]《缅甸国家概况》，载中国外交部官网，http://www.fmprc.gov.cn/web/gjhdq_676201/gj_676203/yz_676205/1206_676788/1206x0_676790/，最后访问日期：2018年5月5日。

[5]《缅甸2017—2018财年国内生产总值预计增长率为6.8%》，载中国驻缅甸大使馆经济商务参赞处官网，http://mm.mofcom.gov.cn/article/jmxw/201804/20180402727354.shtml，最后访问日期：2018年5月5日。

[6]《缅甸招商引资与投资指（一）》，载老挝招商投资网，http://www.cnzsyz.com/yazhou/info/404576.html，最后访问日期：2018年5月5日。

2017—2018 财年是缅甸水产出口有史以来创汇最多的一年，全年出口水产 55 万吨，出口额达到了 7.11 亿美元[1]。

2. 海洋资源

缅甸海岸线漫长，内陆湖泊众多，渔业资源丰富。缅甸沿海有鱼虾 500 多种，具有经济价值的如石斑鱼、龙虾、黄鱼、带鱼、鳖鱼、比目鱼、绷鱼、虎虾、琵琶虾等约 105 种。缅甸水产档次高、品质优，适宜海水、淡水养殖，海水养殖主要养虾。缅甸还有丰富的油气资源。根据缅甸官方在 2014 年 1 月第二届海洋油气峰会上公布的数据，其海洋石油探明储量为 1.6 亿桶，天然气探明储量为约 6372 亿立方米。据已掌握的地质资料分析，缅甸共有 17 个大小不等的沉积盆地，这些盆地共划分为 104 个区块，其中海上 51 个，陆上 53 个。相对陆地来说，缅甸海上油气资源勘探程度更低，油气开发前景更好。由于现存的地震、地质等资料非常有限，目前对缅甸的地质特征和地质环境等认识仍不够充分，只是初步地划分了三个沉积盆地，即孟加拉湾的若开盆地、安达曼海的马达班（Moattama）盆地和德林达依盆地[2]。

---

[1]《缅甸水产出口破纪录》，载中国国际贸易促进委员会驻新加坡代表处官网，http://www.ccpit.org/Contents/Channel_4013/2018/0524/1007018/content_1007018.htm，最后访问日期：2018 年 5 月 5 日。

[2]《缅甸石油和天然气资源分布调查》，载国际燃气网，http://gas.in-en.com/html/gas-2518510.shtml，最后访问日期：2015 年 5 月 5 日。

二、海洋事务主管部门及其职能

（一）联邦议会

目前，缅甸最高立法机关是缅甸联邦议会（Pyidaungsu Hluttaw）[1]。联邦议会实行两院制，由上院民族院（Amyotha Hluttaw）和下院人民院（Pyithu Hluttaw）组成。两院议员任期一般为5年，每5年选举一次。但是，议会实际上仍在军方的掌握之中。在2008年通过的《缅甸联邦共和国宪法》中，第436条规定，缅甸联邦议会民族院和人民院各有1/4席位归军方所有，同时军方在省级议会拥有1/3席位。此外，由于修宪提案必须获得议会75%以上不含本数的赞成票方可通过，因此军方所持有的25%的法定席位确保了其对任何法律修改提案均拥有实际否决权[2]。

2008年《缅甸联邦共和国宪法》规定，无论是人民院还是民族院提交法律草案或者废除或修改某实施细则、条例、规章的决定时，如获两院通过视为联邦议会通过。若人民院和民族院对上述事项产生分歧，则由联邦议会会议讨论决定[3]。联邦议会作为缅甸最高立法机关，通过了一系列涉及其海洋权益的国内法，如《缅甸沿海和内陆水路运输服务许可证法》（The Myanmar Coastal and Inland Water Transport Service License Law）、《缅甸港口管理局法》（Myanma Port Authority Law）等。根据缅甸2008年《宪法》，联邦议会有权批准缔结或加入国际条约。联邦议会最近一次批准加入的与海洋相关的公约为2006年《海事劳工公约》（Maritime Labour Convention 2006）。

（二）行政执法机构

缅甸行政执法机构负责缅甸对外参加涉及海洋的条约，签订海洋协议以及联邦议会通过的海洋相关法律的执行。它们按照条约、法律制定相应

---

[1] 缅甸独立后最高立法机关名称经历过几次修改：议会（1948—1962年）、人民议会（1974—1988年）、国家恢复和法律秩序委员会（1988—2011年，1997年改名为国家和平与安全委员会）、联邦议会（2011年至今）。
[2] Vikram Nehra, "Myanar's Militarg Keeps Firm Grip on Democratic Transition", https://carnegieendowment.org/2015/06/02/zh-pub-60508, May 5, 2018.
[3] 参见2008年《缅甸联邦共和国宪法》第95条以及第97条。

的指令、政策，发布公告、通函等。缅甸主要负责海洋事务的行政部门为：外交部（Ministry of Foreign Affairs）、交通和通信部（Ministry of Transport and Communications）、国防部（Ministry of Defence）、畜牧、渔业和农村发展部（Ministry of Livestock, Fisheries and Rural Development）、电力与能源部（Ministry of Electricity and Energy）、内政部（Ministry of Home Affairs）。

1. 外交部

缅甸外交部是缅甸联邦政府负责国家外交政策和处理缅甸与世界各国关系的部门，它还负责缅甸在29个国家的大使馆和领事馆的正常运作。缅甸外交部下设政治司（Political Department）、东盟事务司（ASEAN Affairs Department）、礼宾司（Protocol Department）、国际组织和经济司（International Organizations and Economic Department）、领事和法律事务司（Consular and Legal Affairs Department）、规划行政主管司（Planning and Administrative Department）以及战略与政策研究司（Strategic Studies and Training Department）。其中领事和法律事务司曾负责起草缅甸于2015年向联合国大陆架界限委员会提交的大陆架划界案[1]，并且该司负责人曾作为代表出席缅甸与孟加拉国孟加拉湾划界案的审理[2]。缅甸负责海洋划界的部门是领事和法律事务司，其具体的执行部门可能是下属的边界处[3]（Boundary Division）。

2. 交通和通信部

交通和通信部成立于1992年1月29日，主要负责缅甸海洋、陆地、空中航行以及网络通信等事项[4]。在2008年《缅甸联邦共和国宪法》中，国家立法计划日程的第8项列明，交通、通信和建筑部门负责内水运输、水路维护，水资源以及河川资源的开发，海上运输，主要港口、灯塔、灯

---

[1] "The Republic of the Union of MyanmarContinental Shelf Submission", UN, http://www.un.org/depts/los/clcs_new/submissions_files/mmr08/Myanmar_Amended_Ex_Summary.pdf, May 5, 2018.

[2] "Dispute Concerning Delimitation of the Maritime BoundaryBetween Bangladesh and Myanmar in the Bay of Bengal Judgment", ITLOS, https://www.itlos.org/fileadmin/itlos/documents/cases/case_no_16/C16_Judgment_14_03_2012_rev.pdf, May 5, 2018.

[3] 缅甸政府部门中与边界事务相关的部门还有缅甸边境事务部（Ministry of Border Affairs），但该部门主要管理陆上边界划界事务以及边界的民族事务，不参与海洋划界事务。

[4] "Ministry of Transport and Communications (Myanmar)", Wikipedia, https://en.wikipedia.org/wiki/Ministry_of_Transport_and_Communications_(Myanmar), May 5, 2018.

塔船和照明计划，造船、船只修理和维护等。交通和通信部下属的与海洋事务相关的部门在其职权范围内展开相关工作，包括海事局、港口管理局等政府机构、国有企业和海洋院校。

海事局（Department of Marine Administration，DMA）成立于1930年。其主要负责的事项有：第一，维护海上安全；第二，保护海洋环境；第三，对港口国、船旗国以及沿海国控制监督，制定国际船舶和港口设施安保规则，对船舶进行登记和安检；第四，组织开展海事教育与培训，负责包括海员的认证和注册、监督缅甸海员招募和安置等在内的为海员服务的事项；第五，负责沿海和内陆水域船舶经营许可事项；第六，作为国际海事组织、东盟海事和亚洲海岸警卫局的联络部等[1]。

缅甸港口管理局（Myanma Port Authority，MPA）成立于1989年3月31日，其前身是仰光港口。港口管理局管理缅甸所有的海港，港口管理局的目标是在船只周转的最短时间内，向在缅甸港口停靠的所有船只提供装卸、储存货物，接收和运送货物等服务，为国家增加财政收入[2]。

缅甸气象与水文局（Department of Meteorology and Hydrology，DMH）的主要职能有：采取预防措施，尽量减少自然灾害的影响；提高空中、陆地、海运和内陆水运的安全性和舒适性；与世界气象组织、中国气象局、中国地震局等国际组织或国家有关部门开展国际合作等。其中与海洋有关的职能有：提供海上航线气象预报、港口气象预报、孟加拉湾气象预报，以及开展国际海洋气象合作[3]。此外，缅甸气象与水文局还积极参与缅甸海事大学的海洋气象学培训课程。

缅甸五星轮船公司（Myanma Five Star Line，MFSL）是缅甸交通和通信部下属的全资国有企业，成立于1959年。该公司成立的目标是配合缅甸的进出口运输。缅甸五星轮船公司还提供仰光至若开邦以及仰光至塔内塔利区等沿海岸线地区的客运和货运服务[4]。目前缅甸仅有五星轮船公司经营远洋运输业务。

内河航运公司（Inland Water Transport，IWT）是交通和通信部直属的国有运输企业之一，公司分为行政部、检验部、运输部、货物运输部、工

---

[1] "Functions", DMA, https://dma-mm.org/category/about-dma/functions/, May 5, 2018.
[2] "Mission & Vision", MPA, http://www.mpa.gov.mm/home/mission-vision, May 5, 2018.
[3] "About DMH", DMH, https://www.moezala.gov.mm/, May 5, 2018.
[4]《若开邦：经济状况》，载百度百科，https://baike.baidu.com/item/%E8%8B%A5%E5%BC%80%E9%82%A6/2390473?fr=aladdin，最后访问日期：2018年5月5日。

程部、海事部和财务部。其中海事部负责所有船员的管理，负责船舶的安全航行和机动、船舶修理、船队调查安排和上级有关部门规定的其他职责[1]。

缅甸造船厂（Myanma Shipyards，MS）成立于1974年。自成立以来该企业收到来自航运公司的1583艘船舶的订单，并成功交付了这些船只。[2] 2015年，缅甸造船厂和越南造船工业股份有限公司成立合资企业造船联营公司（Myanma Shipyards-AMECC Joint Venture Company Limited）。联营公司根据客户的需要，为各种类型的海运商业船只提供建造和维修服务。

缅甸海事大学（Myanmar Maritime University，MMU）成立于军政府时期——2002年2月，直属于缅甸交通和通信部。它根据缅甸国家和平与发展委员会[3]颁布的《缅甸海事大学法》[4]（Myanmar Maritime University Act）成立。缅甸海事大学的主要职能是：培养合格的海军建筑师、海洋工程师、轮机工程师、船舶电气系统和电子工程师、港口和口岸工程师、河流和沿海工程师及航海人员等。为了更高层次的海事教育和海事培训，缅甸海事大学根据国际海事大学和国际海事组织的公约，制定相应的课程和教学大纲[5]。该大学的毕业生大多就职于外国航运企业[6]。

缅甸商业海事学院（Myanmar Mercantile Maritime College，MMMC）也是直属于交通和通信部的海洋院校，其目标是为船员提供必要的海事和心理训练，培养合格的海事人才；监督海洋技术和海洋运输企业的发展和研究工作，力争成为世界顶尖的海事培训学校[7]。缅甸商业海事学院的人才培养围绕国际海事组织的相关规则及缅甸海事局航运通函和发布的通告[8]。

---

[1]"Marine Department"，IWT，http://www.iwt.gov.mm/en/marine-department，May 5，2018.

[2]"Introduction About Activities"，MSDA，http://ms-amecc.com/introduction-about-activities-a15.html，May 5，2018.

[3] 该机构于2011年3月30日解散。

[4] The State Peace and Development Council，"The Myanmar Maritime University Law"，The Online Burma/Myanmar Library，http://www.burmalibrary.org/docs15/2002-SPDC_Law2002-01-Myanmar_Maritime_University_Law-en.pdf，May 5，2018.

[5]"History"，MMU，https://www.mm-maritimeuni.org/en/history/，May 5，2018.

[6] 梁小芳：《缅甸海事大学有什么专业》，载东盟网，http://edu.asean168.com/a/20150313/3216.html，最后访问日期：2018年5月5日。

[7]"Mission and Vision"，MMMC，http://www.mmmc.edu.mm/mission-and-vision/，May 5，2018.

[8]"Rules and Regulations"，MMMC，http://www.mmmc.edu.mm/rules-and-regulations/，May 5，2018.

3. 国防部

国防部领导缅甸国家安全部队和国家武装部队（Tatmadaw）。其中缅甸武装部队下设缅甸海军（the Myanmar Navy），主要负责海洋安全和海洋利益维护。1988年以前，缅甸海军没有"蓝水作战能力"，在许多平息叛乱行动中所起的作用远不如陆军和空军。1988年后，缅甸在与泰国的河流边界以及与孟加拉国的海上边界发生争议，而泰、孟两国海上实力较强，因此缅甸军政府认为非常有必要加强海上和河流的防御和安全[1]。随后，国家法律和秩序恢复委员会推动了"海军现代化计划"，向外国购买了数艘巡逻舰和军舰，并建造了几艘快速攻击艇等。中国对该计划给予了大力支持。到1998年，缅甸海军开始具备"蓝水作战能力"[2]。为了确保缅甸海上石油和天然气矿藏以及安达曼海捕鱼水域的安全，缅甸政府正在努力加快海军现代化的步伐[3]。其中，缅甸海洋渔业执法主要依靠缅甸海军完成[4]。近年来，其海军的防御作用显著增强。截至2018年年底，缅甸海军现役人员大概有19000人。服役舰艇情况为：5艘护卫舰（frigate）、3艘轻巡洋舰（corvette）、40艘巡逻艇（patrol craft）、2艘反水雷舰艇（mine warfare vessel），但是航空母舰（aircraft carrier）、驱逐舰（destroyers）以及潜水艇（submarine）的数量为零[5]。

4. 畜牧、渔业和农村发展部

畜牧、渔业和农村发展部下设渔业部（the Department of Fisheries）

---

[1] Tim Mclaughlin, "The Evolving Role of the Navy", Myanmar Times, https://www.mmtimes.com/national-news/6684-the-evolving-role-of-myanmar-s-navy.html?__cf_chl_jschl_tk__=46a2f9e506fac07b22d185b14e6158cb9f043136-1579227248-0-AQfL0GLJtLjkbcwibhfsae4DE6XX7ZLvqXKZUlH3MxyzIs3vKBzN0EFPIuFW3rCX1majSxRZdFUIbezw14DzMHnjp18ngzkG1Zuj1wmBrI6yWu5cAx_4FepfGvB04C8LOBLQ3hkur22pSd1Ujno3vNVdSPEPUV7Pya9G7Kaz0-g_urvw-3cj8Mw4b14-d8_fBI65c-8pCGwGQfAmepIJzuOBhJE6m7gwQWRqRHgJDXB_DZWO-BUgd2xHfMS9-uCCx72kRFhkSVvEmBYqZKBmbOHl-iXzNN7eGIbaiHc-t-W5Q-QrhvcHouM1BNkopagqPhq-nubikwwXPSgEuWpt6u4, May 5, 2018.

[2] "Myanmar-Nary", Globalsecurity, https://www.globalsecurity.org/military/world/myanmar/navy.htm, May 5, 2018.

[3] Shahrgar Pasandideh, "Modernization of the Myanmar Navy", http://natoassociation.ca/modernization-of-the-myanmar-navy/, May 5, 2018.

[4] "Report Prepared for the Government of Myanmar on Monitoring, Control and Surveillance of the Fisheries within the Exclusive Economic Zone", FAO, http://www.fao.org/3/a-br466e.pdf, May 5, 2018.

[5] "Myanmar Military Strength", GFP, https://www.globalfirepower.com/country-military-strength-detail.asp?country_id=myanmar, May 5, 2018.

负责管理缅甸的海洋渔业事项。渔业部的执法依据主要是《缅甸海洋渔业法》(The Myanmar Marine Fisheries Law)、《涉外渔船捕鱼权法》(The Fishing Rights of Foreign Fishing Vessels Law)等渔业相关法律[1]。缅甸渔业协会(Myanmar Fisheries Federation Association)与渔业部紧密配合,共同致力于缅甸渔业行业的发展。该协会成立于1989年,是全国级别最高的非营利组织之一[2]。该协会的目标是改善其成员和广大渔业社区的社会经济条件,并提供有关政策、技术和重要渔业信息的资料给相关部门。协会通过与渔业部密切联系,代表其成员在地方、省和国家各级进行宣传,并积极参与他国渔业部门或渔业组织的活动。该协会在为渔业部献计献策,促进外国对缅甸渔业的投资方面起到了重要的作用[3]。

5. 电力与能源部

电力和能源部于2016年4月1日由能源部[4](the Ministry of Energy,MOE)与电力部[5](the Ministry of Electrical Power,MOEP)合并组成。电力与能源部下设机构中与海洋能源相关的部门有:石油和天然气企划局(Oil and Gas Planning Department,OGPD),缅甸石油和天然气公司(Myanmar Oil and Gas Enterprise,MOGE),缅甸石化公司(Myanmar Petrochemical Enterprise,MPE)和缅甸石油产品公司(Myanmar Petroleum Product Enterprise,MPPE)。

石油和天然气企划局负责就油气资源开发与国际组织和外国公司进行合作。在部属公司和企业中,石油和天然气公司主要负责上游石油和天然气行业[6]。该企业下设规划局、勘探和开发局、钻探局、生产局、工程局、管理局、物料计划局、海上石油和天然气局以及能源政策规划局等。石化公司主要负责下游石油和天然气行业。该企业的目标是利用节能技术在陆

---

[1] "Department of Fisheries", MOALI, https://www.moali.gov.mm/en/department-of-fisheries, May 5, 2018.

[2] "Myanmar Fisheries Federation Association", Cityguide, https://cityguide.com.mm/listing/myanmar-fisheries-federation-association/, May 5, 2018.

[3]《缅甸国家渔业协会专家团考察广东珠海渔业》,载缅华网,http://www.mhwmm.com/ch/NewsView.asp?ID=25930,最后访问日期:2018年5月5日。

[4] 缅甸能源部于1985年4月12日成立,下设部长办公室、能源规划局、缅甸石油和天然气企业、缅甸石化企业、缅甸石油产品企业和缅甸电力企业。

[5] 电力部的前身是缅甸电力企业。1997年11月16日,缅甸电力企业不再受能源部管辖,组成电力部。

[6]《真正的改革需要重塑缅甸的国有企业》,载果敢在线新闻网,http://www.miandianguogan.com/guoganzixun/2569.html,最后访问日期:2018年5月5日。

上和海上生产区块提高提炼石油和生产石化产品的能力。石油产品公司主要负责石油产品分销。该企业下设规划局、财政局、管理局、销售和分销局等[1]。

6. 内政部

内政部由联邦部长办公室（Union Minister Office）、缅甸警察部队（Myanmar Police Force）、综合行政部门（General Administration Department）、特别调查局（Bureau of Special Investigation）、监狱部门（Prison Department）、消防部门（Fire Service Department）等组成。其中，缅甸警察部队设立了若干专门部门，与海洋事务相关的是海事警察部队（Maritime Police force）和油田安全警察部队（Oil Field Security Police Force）[2]。

2012年，约4000名缅甸海军被抽调组建海事警察部队。海事警察部队的主要职责是防御海盗，打击海上恐怖主义，巡逻海上天然气、石油钻井平台，并就海上边界石油的钻探和巡逻安全事项与邻国合作，打击在海洋上买卖武器和人口贩运活动，检查所有船舶包括船只和摩托艇注册执照、经营许可证和宾客名单，以及协助外国船只开展打击犯罪行动等。油田安全警察部队主要负责对可能发生在油田范围内的犯罪采取预防措施，揭发犯罪行为，按照法律要求移送犯罪人员，在石油和天然气管道的安全方面进行巡逻，对在油田区域内非法采油和破坏管道的违法犯罪分子实施抓捕行为，以及协助能源资源的开采等。

---

[1] "Organization Chart of MOGE"，MOEE，http://www.moee.gov.mm/en/ignite/page/42，May 5，2018.

[2] "About Us"，MPF，http://myanmarpoliceforce.org/mm/index.php?option=com_content&view=featured&Itemid=435，May 5，2018.

三、国内海洋立法

（一）法律

在英属缅甸时期（1824—1948年），为规范殖民地的海洋秩序，维护英国特权，英国议会为缅甸颁布了一系列海洋方面的法律[1]。缅甸脱离英国宣布独立后，颁布了领海、渔业以及其他与海洋相关的法律。

1. 关于管辖海域的法

目前缅甸颁布划定管辖海域的国内法仅有1977年《领海及海域法》[2]和2008年《领海及海域法修正案》[3]。缅甸的海权意识觉醒较早，早在1968年11月，缅甸联邦革命委员会主席奈温将军就宣布了缅甸的领海边界，提出直线基线主张。1977年1月颁布的《领海及海域法》规定缅甸领海宽度为12海里，同时规定领海基线采取直线基线。缅甸宣布的基线总长约为826.4海里，平均每一条线段约长40海里，最长基线线段马达班湾（Gulf of Martaban）部分为222.3海里[4]。许多国家认为缅甸政府采用的基线明显偏离了缅甸海岸的一般方向的合适范围，与国际法相违背。1977年颁布的《领海及海域法》还规定了与《联合国海洋法公约》一致的无害通过制度。

对于专属经济区的范围和划分，1977年《领海及海域法》的第17条、第18条、第19条以及第20条规定了专属经济区，内容与《联合国海洋法公约》的规定相一致。该法规定专属经济区的宽度是从测算领海宽度的基线量起200海里。缅甸对专属经济区内的自然资源享有主权权利和其他管

---

[1] 例如，1865年2月14日颁布《承运人法案》、1908年12月18日颁布1908年《港口法案》、1923年5月1日颁布《缅甸商船法》、1925年9月21日颁布《缅甸海上货物运输法》、1937年4月1日颁布《缅甸灯塔法》等。

[2] "Territorial Sea and Maritime Zones Law, 1977, Pyithu Hluttaw Law No.3 of 9 April 1977", UN, http://www.un.org/depts/los/LEGISLATIONANDTREATIES/PDFFILES/MMR_1977_Law.pdf, May 5, 2018.

[3] The State Peace and Development Council, "The Law Amending the Territorial Sea and Maritime Zones Law", UN, http://www.un.org/depts/los/LEGISLATIONANDTREATIES/PDFFILES/DEPOSIT/mmr_mzn64_2008.pdf, May 5, 2018.

[4] "STRAIGHT BASELINES: BURMA", US Department of State, https://www.state.gov/wp-content/uploads/2019/10/LIS-14.pdf, May 5, 2018.

辖权，而其他国家享有航行、飞越自由等，但应遵守缅甸的法律和规章等。

对于大陆架，1977年《领海及海域法》规定，如果从测算领海基线起，自然的大陆架宽度不足200海里，则可扩展到200海里，该项规定也与《联合国海洋法公约》大陆架制度规定相一致。而对于外大陆架的划界，缅甸曾在2008年12月依据《联合国海洋法公约》第76条第8款[1]向联合国大陆架界限委员会提交了在孟加拉湾"拉卡希内（Rakhine）近海"以及称为"拉卡希内大陆架"的外大陆架划界案[2]。

缅甸提交大陆架划界案后，孟加拉国分别于2009年7月23日以及2012年9月30日发表了两次反对意见，认为委员会不应审议缅甸提出的划界案。孟加拉国在2009年第一次提交的书面意见中指出：首先，孟缅两国的海洋划界案悬而未决，而按照《大陆架界限委员会议事规则》（The Rules of Procedure of the Commission）规定，如果已存在陆上或海上争端，委员会不应审议争端任一当事国提出的"划界案"。其次，孟加拉国对缅甸在普雷帕里斯（Preparis）岛和可可（Co Co）岛以及牡蛎（Oyster）岛之间的海岸采取直线基线提出了反对意见，认为缅甸没能提交可信的形态、地质、构造方面的证据[3]。在2012年，孟加拉进一步提交书面意见指出：第一，孟缅两国的划界案尽管已经落下帷幕，但是国际海洋法法庭对孟缅外大陆架的划分只是指明一个划界的方向，并非是最终的划定结果；第二，缅甸提出的划界区域落在孟加拉国和印度争议区域内，而且根据《联合国海洋法公约》附件Ⅶ组成的仲裁庭正在就孟加拉与印度在该海域的争议进行仲裁[4]。

此外，斯里兰卡、印度和肯尼亚也发表了意见。斯里兰卡认为，缅甸提交的信息不足以让斯里兰卡作出正式的评判，主张自己的观点不构成

---

[1] 该段内容为：根据《联合国海洋法公约》第76条第8项，从测算领海宽度的基线量起二百海里以外大陆架界限的情报应由沿海国提交根据附件二在公平地区代表制基础上成立的大陆架界限委员会。委员会应就有关划定大陆架外部界限的事项向沿海国提出建议，沿海国在这些建议的基础上划定的大陆架界限应有确定性和拘束力。

[2] "Continental Shelf Submission of Union of Myanmar", UN, http://www.un.org/Depts/los/clcs_new/submissions_files/mmr08/mmr_es.pdf, May 5, 2018.

[3] The Permanent Mission of the Peoples Republic of Bangladesh to the United Nations, "No. PMBNY-UNCLOS/2009: Note Verbale", UN, http://www.un.org/depts/los/clcs_new/submissions_files/mmr08/clcs16_2008_mmr_bgd_e.pdf, May 5, 2018.

[4] The Permanent Mission of the Peoples Republic of Bangladesh to the United Nations, "No. PMBNY/67/UNCLOS/2012", UN, http://www.un.org/depts/los/clcs_new/submissions_files/mmr08/2012_09_30_BGD_NV_UN.pdf, May 5, 2018.

对缅甸的同意或默许。印度首先认可缅甸提交的外大陆架划界案的执行摘要中提到的该划界案不会影响缅印的海洋划界，因印缅双方已达成划界协议。其次，印度也认为缅甸对其援引谅解声明理由解释不清。最后，印度表示对缅甸提出的关于谅解声明的解释和适用不予评判，指出该谅解声明仅在斯里兰卡和缅甸之间适用[1]。肯尼亚则重点提到如果沿海国能证明该国存在特殊地形，并且按照《联合国海洋法公约》第76条大陆架的规定划分外大陆架会导致产生对其不公平的结果，那么可以使用谅解声明的公式划分外大陆架[2]。最终，委员会没有对缅甸提出的外大陆架划界案进行审议。

2. 渔业立法

缅甸于1990年4月25日颁布《缅甸海洋渔业法》。该法主要规定渔业从业人员申请执照的流程、纳税范围、渔船的注册流程、捕捞区的规定、负责人的权利义务以及争端解决方式等相关事项。该法第5条规定，领海基线与海岸之间的水域的捕鱼权仅能授予本国公民或法人；而领海基线以外的水域的捕鱼权只能授予本国公民、法人和缅外合资公司，但是应优先考虑国有经济组织与外国人的合资企业，其次考虑缅甸公民与外国人的合资企业。1993年10月28日，缅甸颁布《海洋渔业法修正案》（The Law Amending the Myanmar Marine Fisheries Law），该修正案加大了对违反规定的渔业从业者以及负责人的处罚力度。

3. 其他与海洋有关的立法

在英属殖民地时期，英国议会颁布了适用于缅甸的1908年《港口法案》、1923年《商船法》。独立后缅甸受英国影响，立法机关在英属殖民地时期的法律基础之上，颁布了《缅甸船舶登记法修正案》（The Law Amending the Myanmar Registration of Ships Act）、《缅甸港口管理局法》等与船舶、航运相关的系列法律。此外，2002年，国家和平和发展委员会颁布了《缅甸海事大学法》，设立缅甸海事大学[3]。该法规定了缅甸海事大学设立的目的是：促进缅甸海洋事业的现代化发展；培育尖端海洋人才；为

---

[1] The Permanent Mission of India to the United Nations, "No.NY/PM/443/2/2009", UN, http://www.un.org/depts/los/clcs_new/submissions_files/mmr08/clcs16_2008_ind_e.pdf, May 5, 2018.

[2] The Ministry of Foreign Affairs of the Republic of Kenya, "MFA. INT.8.15A/XXXI", UN, http://www.un.org/depts/los/clcs_new/submissions_files/mmr08/clcs16_2008_mmr_ken_e.pdf, May 5, 2018.

[3] The State Peace and Development Council, "The Myanmar Maritime University Law", The Online Burma/Myanmar Library, https://www.burmalibrary.org/docs15/2002-SPDC_Law2002-01-Myanmar_Maritime_University_Law-en.pdf, May 5, 2018.

海洋产业的长久发展制定方针和政策；开展必要的海洋研究等。

（二）部门规章

缅甸作为东盟的成员国之一，一直在东盟的相关框架内制定本国的海事和交通政策，旨在努力配合东盟内部交通和贸易自由化的实现。同时，缅甸作为世界上主要海事公约的签约国之一，已经将大部分国际海事组织、国际劳工组织框架下的公约纳入了本国的法律体系，其目的就在于确保国内船舶达到安全标准、提高缅甸籍船舶的安全记录、确保船员的适任能力、优化海运业人力资源及保护本国海运业的健康发展。作为缅甸最具代表性的海洋行政部门，海事局制定了一系列指令、政策、指示和通告等规范性文件[1]，通过部门规章规制上述领域的法律关系。这些规范性文件内容上主要体现为三个方面，即海洋污染防治、船员管理和航运安全。

第一，海洋污染防治有关的规范性文件。海事局根据1973年《国际防止船舶造成污染公约》的基本原则和精神制定了一系列涉及缅甸海洋污染的规范性文件，如《关于防止船舶石油污染的国家指南》等。

第二，船员管理类规范性文件。缅甸注册船员人数虽然较多，但驾驶轮机的高级船员较少。为提升本国海员的整体素质，增强其在国际海员市场上的竞争力，缅甸加入了1978年《海员培训、发证和值班标准国际公约》公约。海事局制定了一系列规范船员的文件来贯彻落实该公约，对海员身体素质、海员安全培训、海员资质及海员医疗证书等事项作出了具体规定，例如《确保完成对已通过批准的见习海员的船上培训计划》（Ensuring to Fulfill the Approved Onboard Training Program of Trainee Seafarers）等。

第三，航运安全类规范性文件。海事局根据1966年《国际载重线公约》和《国际海上人命安全公约》的基本原则制定了一系列涉及航运及航行安全的规范性文件。这些文件主要涉及船舶吨位测量、国际航行船舶载重线、船舶的消防安全系统、救生设备、标准钢质船舶结构、海运危险货物的安全运输以及固体散货的运输和装卸等内容，如《在国际水域航行的缅甸船舶吨位测量与计算的国家标准》（National Standard for Tonnage Measurement and Calculation of Myanmar Ships Engaged on International Waters）等。

---

[1]海事局的规范性文件信息参见附录34。

四、缔结和加入的国际海洋法条约

（一）《联合国海洋法公约》

缅甸未参加1958年"日内瓦海洋法四公约"[1]，其于1982年12月10日签署《联合国海洋法公约》，但和许多国家一样并未完成全部的批准和登记程序。直到《关于执行1982年12月10日〈联合国海洋法公约〉第十一部分的协定》生效，缅甸才于1996年5月21日批准加入《联合国海洋法公约》并同时加入了《关于执行公约第十一部分的协定》。缅甸加入时对上述公约和协定无任何声明事项。[2]

（二）缔结和加入的国际海事条约

缅甸于1951年加入国际海事组织，在国际海事组织框架下缅甸加入了众多国际海事条约。其中，与船舶管理有关的条约有：1966年《国际载重线公约》、《国际船舶吨位丈量公约》等；与海洋污染防治有关的条约有：1978年议定书修订的《防止船舶污染国际公约》、《防止船舶污染国际公约附件4：污水》和1973年《防止船舶污染国际公约附件3：以包装形式携带的有害物质》等；与海上航行安全有关的条约有：1974年《国际海上人命安全公约1978年议定书》和1972年《国际海上避碰规则》（Convention on the International Regulations for Preventing Collisions at Sea, 1972, COLREG）等；与海员管理有关的条约主要是1978年《海员培训、发证和值班标准国际公约》。[3]

（三）其他与海洋相关的条约

缅甸于1947年加入联合国粮食和农业组织，[4]在FAO框架下加入的条约主要有：《促进公海渔船遵守国际养护及管理措施的协定》（Agreement

---

[1] 这就意味着，缅甸与未加入《联合国海洋法公约》但加入"日内瓦海洋法四公约"的美国无统一的解决海洋争端的国际公约。
[2] "Table Recapitulating the Status of the Convention and of the Related Agreements", UN, http://www.un.org/depts/los/reference_files/status2018.pdf, May 5, 2018.
[3] 关于缅甸缔结和加入的其他海洋法条约情况，参见附录35。
[4] "MYANMAR AND FAO", FAO, http://www.fao.org/3/a-az495e.pdf, May 5, 2018.

to Promote Compliance with International Conservation and Management Measures by Fishing Vessels on the High Seas),《关于预防、制止和消除非法、不报告、不管制捕鱼港口国措施协议》(Agreement on Port State Measures to Prevent, Deter and Eliminate Illegal, Unreported and Unregulated Fishing)等。此外，缅甸还加入了《海床洋底及其底土安置核武器和其他大规模毁灭性武器条约》[Treaty on the Prohibition of the Emplacement of Nuclear Weapons and other Weapons of Mass Destruction on the Sea-Bed and the Ocean Floor and in the Subsoil thereof (London Version)]和2006年《海事劳工公约》(Maritime Labour Convention 2006)等。

五、海洋争端解决

（一）通过划界协议解决的海洋争端

由于缅甸南临安达曼海、西南濒临孟加拉湾的特殊地理位置，其与海湾沿岸的国家产生划界分歧不可避免。缅甸积极推进与泰国、印度等相邻国家的协商谈判以解决海洋划界争端，成效显著。1980年以来，缅甸与他国达成了三个划界协议[1]。

1. 缅甸泰国安达曼海一揽子划界协议

1980年7月25日，缅甸和泰国就两国在安达曼海的划界问题达成协议。协议于1982年4月21日生效，1982年5月25日在联合国登记。协议的主要内容包括：规定了缅甸和泰国的领海划界线、大陆架划界线以及专属经济区划界线。其中领海划界线为从坐标1延伸穿过坐标2、坐标3、坐标4并连接坐标5点形成的线；大陆架的划界线为从坐标5穿过坐标6、坐标7和坐标8到坐标9所连接的线段，并且如果后续泰国批准专属经济区，同样该条划界线也将是缅泰专属经济区的划界线（见第Ⅳ部分表1）。[2]

第Ⅳ部分 表1 泰国和缅甸在安达曼海的划界坐标[3]

坐标点	纬度（北）	经度（东）
1	09°32′15″	97°56′20″

---

[1] 这三个协议均可登录联合国官网查看。"Maritime Boundary Delimitation Agreements and Other Material"，http://www.un.org/Depts/los/LEGISLATIONANDTREATIES/STATEFILES/MMR.htm，May 5，2018.

[2] "Agreement between the Government of the Kingdom of Thailand and the Government of the Socialist Republic of the Union of Burma on the Delimitation of the Maritime Boundary between the two Countries in the Andaman Sea 25 July 1980"，UN，http://www.un.org/depts/los/LEGISLATIONANDTREATIES/PDFFILES/TREATIES/THA-MMR1980MB.PDF，May 5，2018.

[3] "Agreement between the Government of the Kingdom of Thailand and the Government of the Socialist Republic of the Union of Burma on the Delimitation of the Maritime Boundary between the two Countries in the Andaman Sea 25 July 1980"，UN，http://www.un.org/depts/los/LEGISLATIONANDTREATIES/PDFFILES/TREATIES/THA-MMR1980MB.PDF，May 5，2018.

续表

坐标点	纬度（北）	经度（东）
2	09°34′29″	97°52′10″
3	09°34′54″	97°51′12″
4	09°35′39″	97°45′29″
5	09°36′02″	97°43′29″
6	09°37′24″	97°37′36″
7	09°40′35″	97°26′36″
8	09°45′30″	96°29′35″
9	09°38′00″	95°35′25″

2. 缅甸印度就安达曼海、可可海峡和孟加拉湾达成的划界协议

缅甸与印度在安达曼海、可可海峡和孟加拉湾的划界争端是由于科科群岛特殊的地理位置引起的。科科群岛是安达曼群岛的一部分，而安达曼群岛是孟加拉湾和安达曼海的分界线，北部区域距缅甸仅有197公里（约35海里）。安达曼群岛历史上是英属印度的一部分，印度独立后该岛由印度继承。在印度独立前，由于科科群岛位置偏僻，不便管理，英国人把它们交给了缅甸政府。1882年，科科群岛正式成为英属缅甸的一部分。缅甸独立，由缅甸继承了科科群岛的主权。科科群岛距印度的北安达曼岛39.70公里（约7海里）。

1986年12月23日，缅甸与印度就安达曼海、可可海峡和孟加拉湾的划界问题达成协议。该协议于1987年9月14日生效，1987年10月21日在联合国登记。协议的主要内容有：第一，规定了缅甸和印度之间的安达曼海和可可海峡之间划界线为坐标点1连接至坐标点14的直线（见第Ⅳ部分 表2），超出坐标点1到缅甸、印度、泰国在安达曼海的三连点之间区域的海洋划界将于三国协商确定三连点后进行。第二，印度和缅甸之间孟加拉湾的海洋边界是连接坐标14至坐标16形成的直线（见第Ⅳ部分 表3），而超出孟加拉湾地理坐标点16以后的海洋边界的延伸将在随后完成。第三，第一条和第二条规定的要点地理坐标以及连接前述坐标的线段图示为该协定所附的1979年12月1日发布的印度图表41号（安达曼海）和1979年11月1日发布的印度图表36号（孟加拉湾）。第四，第一条和

第二条规定的地点在海上以及海床和大陆架上的实际位置应由经双方授权的水文测量师共同商定的方法确定。第五，两国对属于自己海洋边界以内的现有岛屿和任何可能出现的岛屿拥有主权。第六，根据《联合国海洋法公约》的有关规定，每个缔约国对各自的海域拥有主权、主权权利和管辖权。第七，因解释或实施本协定产生的任何争议，应由双方协商或谈判和平解决。第八，本协定应按照两国的宪法要求予以批准，将于两国交换批准书之日生效。

第Ⅳ部分 表2 缅甸与印度在安达曼海、可可海峡的划界经纬度坐标[1]

坐标点	纬度（北）	经度（东）
1	09°38′00″	95°35′25″
2	09°53′14″	95°28′00″
3	10°18′42″	95°16′02″
4	10°28′00″	95°15′58″
5	10°44′53″	95°22′00″
6	11°43′17″	95°26′00″
7	12°19′43″	95°30′00″
8	12°54′07″	95°41′00″
9	13°48′00″	95°02′00″
10	13°48′00″	93°50′00″
11	13°34′18″	93°40′59″
12	13°49′11″	93°08′05″
13	13°57′29″	92°54′50″
14	14°00′59″	92°50′02″

---

[1] "Agreement between the Socialist Republic of the Union of Burma and the Republic of India on the Delimitation of the Maritime Boundary in the Andaman Sea, in the Coco Channel and in the Bay of Bengal, 23 December 1986", UN, http://www.un.org/Depts/los/LEGISLATIONANDTREATIES/PDFFILES/TREATIES/MMR-IND1986MB.PDF，May 5，2018.

第Ⅳ部分 表3　缅甸与印度在孟加拉湾的划界经纬度坐标[1]

坐标点	纬度（北）	经度（东）
14	14°00′59″	92°50′02″
15	14°17′42″	92°24′17″
16	15°42′50″	90°14′01″

3. 缅甸与印度和泰国达成的安达曼海三连点协议

在英国殖民时期，英国政府仅对安达曼群岛以及科科群岛的主权作出分配，但并未对岛屿附近的海域进行划界。此外，印度的安达曼群岛位于安达曼海和孟加拉湾的交界处，其北部区域距缅甸的科科群岛仅为35海里，而泰国西部和北部与缅甸以及安达曼海接壤。由于历史原因以及安达曼海特殊的地理位置，安达曼海存在划界争议。印度与泰国两国于1978年6月22日已经达成了关于安达曼海海底界线划界的协定[2]。缅甸和泰国于1980年7月25日达成两国在安达曼海的划界协议。缅甸与印度于1986年12月23日达成安达曼海、可可海峡和孟加拉湾的划界协议，仅仅对部分海域进行了划界。这三份协议中均指出，涉及三国在安达曼海的三连点部分的划界由三国确定三连点后解决。

1993年10月27日，三国就确定在安达曼海的三连点问题达成协议。该协议于1982年4月12日生效，1995年8月18日在联合国登记。协议参照此前三国对该区域划界已达成的协议确定了分界点，等距离地选取一个与缅甸、印度和泰国最近各点距离相等的中间线为T点即三连点（见第Ⅳ部分表4），该T点载于1987年7月3日出版的英版海图（British Admiralty Chart）第830号。关于T点的实际位置的测量由三国政府授权的人员共同商定进行。

---

[1] "Agreement between the Government of the Union of Myanmar, the Government of the Republic of India and the Government of the Kingdom of Thailand on the Determination of the Trijunction Point between the Three Countries in the Andaman Sea 27 October 1993", UN, http://www.un.org/Depts/los/LEGISLATIONANDTREATIES/PDFFILES/TREATIES/MMR-IND-THA1993DT.PDF, May 5, 2018.

[2] "Agreement between the Government of the Kingdom of Thailand and the Government of the Republic of India on the Delimitation of Seabed Boundary between the Two Countries in the Andaman Sea 22 June 1978", UN, http://www.un.org/depts/los/LEGISLATIONANDTREATIES/PDFFILES/TREATIES/THA-IND1978SB.PDF, May 5, 2018.

第Ⅳ部分 表4　缅甸、印度和泰国在安达曼海的三连点坐标[1]

坐标点	纬度（北）	经度（东）
T	09°38′00″	95°35′25″

（二）通过司法方法解决的海洋争端

孟加拉国和缅甸孟加拉湾划界案是缅甸目前唯一通过司法方法解决的海洋争端。孟加拉国和缅甸对孟加拉湾划界问题存在争议，双方进行了长达30多年的艰苦谈判[2]，但未达成实质性解决方案。由于天然气、石油对两国经济的影响日益增大，两国都有解决划界争端，实现对争议区域进行资源开发的诉求。孟加拉国于2009年12月13日将孟加拉湾海洋划界问题诉诸国际海洋法法庭。国际海洋法法庭于2009年12月14日立案，并分别通知了缅甸、联合国秘书处和其他《联合国海洋法公约》的成员国。孟、缅两国的海洋划界问题主要涉及领海划界、专属经济区和200海里内大陆架的单一划界，以及200海里外大陆架的划界等三个方面的划界问题。国际海洋法法庭于2012年3月14日作出判决。

1. 领海划界

国际海洋法法庭在解决领海划界问题时适用的是《联合国海洋法公约》第15条的规定[3]。根据该规定，本案需要解决两个问题。第一，两国于1974年和2008年形成的会议纪要是否构成明示或默示的划界协议，如果会议纪要构成划界协议，那么双方的行为是否可以适用"禁止反言"；第二，在领海划界中，圣马丁岛是否构成《海洋法公约》第15条规定的"特殊情况"。

---

[1] "Agreement between the Government of the Union of Myanmar, the Government of the Republic of India and the Government of the Kingdom of Thailand on the determination of the Trijunction Point between the Three Countries in the Andaman Sea 27 October 1993", UN, http://www.un.org/Depts/los/LEGISLATIONANDTREATIES/PDFFILES/TREATIES/MMR-IND-THA1993DT.PDF, May 5, 2018.

[2] 缅甸以及孟加拉国就孟加拉湾划界问题在1974年到1986年间进行了8次对话，2008年到2010年间又进行了6次对话。

[3] 第15条规定了海岸相向或相邻国家间领海界限的划定：如果两国海岸彼此相向或相邻，两国中任何一国在彼此没有相反协议的情形下，均无权将其领海伸延至一条其每一点都同算两国中每一国领海宽度的基线上最近各点距离相等的中间线以外。但如因历史性所有权或其他特殊情况而有必要按照与上述规定不同的方法划定两国领海的界限，则不适用上述规定。

关于两国于 1974 年和 2008 年形成的会议纪要是否构成明示或默示的划界协议，以及双方的行为是否可以适用"禁止反言"（estoppel）问题，孟加拉国主张，两国的领海边界已经由双方于 1974 年会议纪要中确定并于 2008 年会议纪要中再次予以确认。孟加拉国认为，这两份会议纪要是一个正式谈判，两国已达成了具有法律约束力的协议，符合《海洋法公约》第 15 条所指"协议"内涵。而缅甸认为，签署 1974 年以及 2008 年的会议纪要的主体是"孟加拉代表团与缅甸代表团"，不构成划界协议的适格主体，并且缅甸在 1974 年会议纪要的开场白中就指出："这是对会议的记录，而不是一个有法律约束力的协议。"对于划界问题，缅甸指出 1974 年会议纪要仅仅提到对部分海域进行划分，这意味着剩下的区域要通过最后的协议来达成。纪要也记载了两个代表团同意形成一条界线来划分领海，并指出两国将继续就专属经济区和大陆架争端进行谈判的内容。法庭认为，会议纪要并不符合"协议"所必需的"具有履行义务或承诺的有拘束力特质"，加之缅甸签署会议纪要的代表并不具备《维也纳条约法公约》第 7 条第 1 款所规定的代表国家缔结条约的权利。综上，法庭认为 1974 年会议纪要与 2008 年会议纪要均不具有拘束力，不符合《海洋法公约》第 15 条中领海划界协议的要求。至于孟加拉国有关默示协议及禁止反言适用的主张，法庭认为其提供的证据不足以证明构成默示协议，禁止反言的构成要件不满足，因此驳回了该两项主张。[1]

根据《海洋法公约》第 15 条规定，领海划界还需要考虑划界区域是否存在历史性所有权或者其他特殊情况。本案中缅甸与孟加拉国的主要争议点在于，划界区域中的圣马丁岛是否构成"特殊情况"。缅甸认为，圣马丁岛处于独特位置，其只处于缅甸一边的沿岸区域而非两国的沿岸岛屿，并且该岛靠近缅孟陆地边界线，而该陆地分界线刚好是等距线的起点。如果赋予该岛屿效力，势必会造成分界线的严重扭曲。孟加拉国认为，圣马丁岛在孟加拉国主张的 12 海里范围内。该岛"面积约 8 平方公里，拥有约 7000 人的常住人口"。它是"孟加拉国海军和海岸警卫队的重要行动基地"。"岛上重要的经济活动"是捕鱼和接待游客。"该岛广泛种植、生产足够的食物以满足其居民的大部分需求"，因此对于圣马丁岛应当赋予领海的全部效力，不存在"特殊情况"。而且孟加拉国认为，圣马

---

〔1〕 本案裁决书，参见国际海洋法法庭官网，https://www.itlos.org/fileadmin/itlos/documents/cases/case_no_16/published/C16-J-14_mar_12.pdf，pp.56-125，最后访问日期：2018 年 5 月 5 日。

丁岛处于其12海里领海线以内，该岛距离孟加拉国与缅甸均约为6.5海里，因此赋予该岛以领海效力不会产生缅甸所称的歪曲效果，也不构成"特殊情况"。把圣马丁岛当作"特殊情况"来对待而排除等距离线划界方法的适用是不公平的。国际海洋法法庭支持了孟加拉国关于圣马丁岛效力的主张，认为圣马丁岛具备岛屿的全部构成要件，并在领海划界中赋予该岛完全效力，可以拥有12海里的领海。国际海洋法法庭也采纳了孟加拉国主张圣马丁岛到两国距离几乎一致的主张，认为圣马丁岛不构成缅甸所主张的"特殊情况"。国际海洋法法庭用等距离中间线划分了孟缅两国的领海。而有关等距离线基点的选择，则遵循了双方共同的意愿，在双方海岸的低潮线上选择了相应的基点。双方领海界线由8个点构成。

2. 专属经济区和200海里内大陆架的单一划界

对于专属经济区和200海里内大陆架的划界问题，缅甸和孟加拉国都同意对专属经济区和200海里内大陆架进行单一划界，但对确定这条单一划界线的具体方法存在争议。缅甸援引了国际法院审理的罗马尼亚诉乌克兰黑海海洋划界案，认为以等距离中间线为基础的"三步骤"划界方法是最佳的划界办法。孟加拉国则认为孟加拉湾北部存在凹陷，地质构成特殊，应适用角平分线方法（the angle-bisector method），并主张以215度方位角来确定本案的角平分线。国际海洋法法庭最终支持了缅甸的主张，认为《联合国海洋法公约》第74条第1款和第83条第1款规定专属经济区和大陆架的划分必须实现公平解决，但是该条并没有说明具体应当适用的划界方法。在本案中，以等距离中间线划界方法并沿用黑海案中确定的划界三步骤：先在双方各自的相关海岸上选择6个基点，确立临时等距离线；再对孟加拉凹陷海岸进行临时调整；最后对临时等距离线进行调整。最终，国际海洋法法庭对可能造成孟加拉湾海域截断效果的坐标11进行了调整，沿215度方位角方向延续单一划界线。

3. 200海里外大陆架的划界

关于200海里外大陆架划界问题，主要涉及三个争议。第一，国际海洋法法庭是否对200海里以外大陆架划界具有管辖权；第二，孟缅两国是否均对200海里外大陆架享有权利基础；第三，200海里外大陆架划界应适用的法律与划界方法。

关于国际海洋法法庭是否对200海里以外大陆架划界具有管辖权，缅甸认为在本案中，国际海洋法法庭对200海里外大陆架划界行使管辖权是不合适的，因为外大陆架的边界划分需要依照大陆架界限委员会的建议划定[1]。孟加拉国则认为，在大陆架分界问题上，《海洋法公约》已明确授权国际海洋法法庭依照第 76 条和第 83 条对两国之间的争议进行裁决。而《海洋法公约》对于 200 海里内大陆架的司法管辖权和 200 海里以外大陆架的司法管辖权并无区别，因此应依照《海洋法公约》第 83 条对整个大陆架进行界定，海洋法法庭绝对有权对 200 海里以外的大陆架行使管辖权。孟加拉国还认为，海洋法法庭如果需要等待大陆架界限委员会的建议才能作出裁决，则此案将会出现"管辖权黑洞"的情况。海洋法法庭依据《海洋法公约》的规定给出了解释：根据《海洋法公约》第 77 条第 1 款和第 2 款，沿海国在大陆架上全面地行使专属权利，并不区分 200 海里以内和 200 海里以外的大陆架；而公约第 83 条规定的大陆架划界并未区分 200 海里以内或以外，因此海洋法法庭有权据此对整个大陆架进行划界，并且海洋法法庭行使这一管辖权并不会与大陆架界限委员会的职能产生冲突。综上，海洋法法庭最后支持了孟加拉国主张，认为在单一大陆架情况下，其对于 200 海里以内大陆架划界和 200 海里以外大陆架划界均具有管辖权[2]。

关于孟缅两国是否均有权主张 200 海里外大陆架，孟加拉援引《海洋法公约》第 76 条第 1 款规定，认为己方在 200 海里外大陆架享有权利基础，而缅甸没有[3]。缅甸也认为只有自己有权主张 200 海里外大陆架。缅甸认为，"自然延伸"的认定必须依据科学技术标准，孟加拉国对"自然延伸"的解释是不正确的。海洋法法庭通过对《海洋法公约》第 76 条的解释以及援引大陆架界限委员会编制的《大陆架界限委员会科学与技术准则》第 2.2.6 条和第 2.2.8 条得出两项结论：第一，自然延伸原则不能作为大陆架划界的独立标准；第二，这一权利基础应当"由能满足公约第 76 条第 4 款的大陆边外缘决定"。据此，海洋法法庭认为两国均对 200 海里外的大陆架享有权利基础，且该权利基础彼此重叠，满足划界的前提条件。最后，海洋法法庭用等距离线法对 200 海里外大陆架进行

---

[1] 本案裁决书参见国际海洋法法庭官网，https://www.itlos.org/fileadmin/itlos/documents/cases/case_no_16/published/C16-J-14_mar_12.pdf，最后访问日期：2018 年 5 月 5 日。
[2] 黄瑶、廖雪霞：《国际海洋划界司法实践的新动向 2012 年孟加拉湾划界案评析》，载《法学》2012 年第 12 期，第 10 页。
[3] 孟加拉国认为，按照该条款规定，"自然延伸"指的是沿海国大陆块和 200 海里外海床之间需要存在的地质和地貌的连续性，而本国大陆架区域的地质和地貌构造满足自然延伸这一物理标准。

了划界[1]。

4. 灰色区域的划分

200海里以外大陆划界导致了本案中"灰色区域"的产生，即孟加拉国外大陆架上露水域与缅甸200海里专属经济区重叠。孟加拉国主张应对这一区域进行调整并坚持等距离线划分的方法，其认为不能因这一区域的存在而给予该区域的专属经济区优先于大陆架的地位，或者将该区域的水体权利给予缅甸而把大陆架权利赋予孟加拉。缅甸则认为，将这一区域的任何部分分配给孟加拉国都是对缅甸200海里内大陆架及专属经济区权利的损害。海洋法法庭认为，这一区域中仅存在大陆架权利的重叠，而不存在专属经济区权利的重叠，因此对这一区域并不存在划分专属经济区的问题。这样，双方可依据《海洋法公约》第56条、第58条、第78条及第79条的规定，各自行使权利并履行义务。这是国际司法机构首次对因划界所产生的"灰色区域"的状态及地位作出说明，但其对双方各自行使权利并履行义务的要求并不清晰。

对于缅甸与孟加拉国的孟加拉湾划界案，11位法官分别对判决发表了声明、个别意见和不同意见，从不同角度表达了与判决多数意见相左的观点和遗憾[2]。但是孟加拉湾案的解决仍然具有重大意义，该案的判决解决了孟缅30多年来的划界争议，缓和了两国关系。

---

[1] 本案裁决书，参见国际海洋法法庭官网，https://www.itlos.org/fileadmin/itlos/documents/cases/case_no_16/published/C16-J-14_mar_12.pdf，最后访问日期：2018年5月5日。

[2] 本案裁决书，参见国际海洋法法庭官网，https://www.itlos.org/fileadmin/itlos/documents/cases/case_no_16/published/C16-J-14_mar_12.pdf，最后访问日期：2018年5月5日。

六、国际海洋合作

（一）海洋研究合作

缅甸和马尔代夫、印度、斯里兰卡、孟加拉国、泰国、印度尼西亚、马来西亚等国共同发起孟加拉湾大型海洋生态系统项目（The Bay of Bengal Large Marine Ecosystem Project, BOBLME），该生态系统项目计划开始于1979年，于2005年由全球环境基金会通过，并于2009年实施，分政策、社会经济、生产、污染与生态系统卫生、渔产渔业等五个层面。该项目通过研究孟加拉湾生态系统特点，最终改善孟加拉湾的环境和渔业发展，帮助沿海人口改善生活。2013年11月23日，印度研究船Sagar Nidhi在孟加拉湾15°N、90°E位置投放浮标，标志着孟加拉湾海洋酸化（BOBOA）系泊浮标项目的正式启动。缅甸参与了该项目，该项目是印度洋北部第一个二氧化碳通量（CO_2 flux）和海洋酸化系泊项目。通过浮标的数据可以掌握孟加拉湾发生的季节性化学变化，并可追踪该区域的海洋生态系统变化的情况。该项目与孟加拉湾大型海洋生态系统项目[1]紧密合作，并得到了挪威发展合作署（Norwegian Agency for Development Cooperation），美国国家海洋和大气管理局（Nation Ocean and Atmospheric Administration，NOAA）的海洋酸化计划（Ocean Acidification Program），非洲—亚洲—大洋洲季风系统分析与预测研究锚定观测阵列（Research Moored Array for African-Asian-Australian Monsoon Analysis and Prediction，RAMA），NOAA太平洋海洋环境实验室（NOAA's Pacific Marine Environmental Laboratory），印度国家海洋信息服务中心（Indian National Centre for Ocean Information Services）和印度国家海洋技术研究所（National Institute of Ocean Technology）等机构的资金支持[2]。

缅甸气象与水文部积极与世界气象组织（World Meteorological Organization）、印度洋海啸警报中心（Indian Ocean Tsunami Warning Center）、日本海洋—

---

[1] "The Bay of Bengal Large Marine Ecosystem (BOBLME) Project"，Bay of Bengal LME，https://www.boblme.org/project_overview.html，May 5, 2018.
[2] "Bay of Bengal Ocean Acidification (BOBOA) Mooring (15°N，90°E)"，PMEL，https://www.pmel.noaa.gov/co2/story/BOBOA，May5，2018.

地球科学技术机构（Japan Agency for Marine-Earth Science and Technology）等国际组织或者国家机构进行海洋气象合作[1]。

除了开展多边海洋研究合作，缅甸还积极开展海洋双边合作。2018年1月17日至21日，中国"向阳红03"号科考船[2]在缅甸印度洋海域专属经济区进行科学考察。此次科考一方面提升缅甸自身在海洋科考、海洋科学方面能力的建设，为缅甸自身防灾救灾从海洋科学的角度提供了支撑；另一方面，合作科考对中国的气候安全和发展非常重要。[3]早在2012年，缅甸能源部就与中国国家海洋局第二海洋研究所开展合作，对缅甸近岸深水"AD-1"和"AD-8"区块进行海洋气象研究。两国在缅甸的石兑（Sittwe，亦称"实兑"）西海岸深水区开展针对油气资源的海洋环境调查和数值模拟研究。在孟加拉湾北部布放了两套深水锚系，以获取缅甸海域包括海流、温度、盐度、内波和潮位等在内的环境信息，对缅甸石兑附近海域的水动力特征有了基本的了解和认识[4]。此次合作也为后续缅中双方深海油气开发合作顺利进行提供了保障。

（二）海上油气合作

缅甸海岸线漫长，海洋资源非常丰富。但是由于其国内政局长期动荡且海洋勘探技术落后，大部分能源未开采。近几年缅甸政局逐渐稳定，西方对其制裁也逐渐减轻，缅甸开始引进外资开采其海上能源。目前缅甸共有51个海上油气区块，其中包括25个深海区块（见第Ⅳ部分 表5）和26个浅海区块（见第Ⅳ部分 表6），全部都属于合作开采区块，采用产品分成的合作模式[5]。到目前为止，缅甸已经与多家国际石油公司合作开发缅甸海上油气资源。

---

[1] "International Cooperation", DMH, https://www.moezala.gov.mm/international-cooperation, May 5, 2018.
[2] "向阳红03"号科考船由武船集团承建，是国家海洋局第三海洋研究所的第一艘科学考察船，也是海洋局系统最大、最先进的科考船，与发达国家新建和在建的综合考察船处于同等水平。参见万后德：《"向阳红03"武汉下水 建成后将成为我国海洋综合考察主力船》，载中国政府网，http://www.gov.cn/xinwen/2015-07/31/content_2907008.htm，最后访问日期：2018年5月5日。
[3]《中缅首次海上联合科考取得丰硕成果》，载凤凰网，http://news.ifeng.com/c/7fZyj8WjW4w，最后访问日期：2018年5月5日。
[4] 赵婧：《中国与东盟：海洋合作乘势而进》，载中国海洋在线，http://www.oceanol.com/zhuanti/201705/16/c64598.html，最后访问日期：2018年5月5日。
[5]《第四届缅甸海洋石油天然气峰会于1月4日召开》，载国际燃气网，http://gas.in-en.com/html/gas-2379414.shtml，最后访问日期：2018年5月5日。

第Ⅳ部分 表5 缅甸近海油气田以及深海油气田开发情况[1]

序号	区块名称	区块位置	公司名称	授予年份
1	MD-8	德林达依（Tanintharyi）盆地	泰国国家石油公司（PTTEP outh Asia Limited）	2013
2	MD-7	德林达依盆地	泰国国家石油公司	2014
3	MD-6	德林达依盆地	无中标或者没有授予公司	2014
4	MD-5	德林达依盆地	荷兰皇家壳牌集团（Royal Dutch/Shell Group of Companies）	2014
5	MD-4	德林达依盆地	意大利国家碳化氢公司（Ente Nazionale ldrocarburi，ENI）	2014
6	MD-3	马达班（Moattama）盆地	无中标公司	2014
7	MD-2	马达班盆地	意大利国家碳化氢公司	2014
8	MD-1	马达班盆地	无中标或者没有授予公司	2014
9	AD-9	若开（Rakhine）盆地	荷兰皇家壳牌集团	2014
10	AD-8	若开盆地	中国中石油国际有限公司（CNPC International Ltd.）	2007
11	AD-7	若开盆地	韩国大宇国际公司（Daewoo International Corporation）	2007
12	AD-6	若开盆地	中国中石油国际有限公司	2007
13	AD-5	若开盆地	英国天然气集团（BG Group），澳大利亚伍德赛德（Woodside）石油公司	2014
14	AD-4	若开盆地	英国天然气集团，澳大利亚伍德赛德石油公司	2014
15	AD-3	若开盆地	英国奥菲尔能源公司（Ophir Energy）	2014
16	AD-2	若开盆地	英国天然气集团，澳大利亚伍德赛德石油公司	2014
17	AD-16	若开盆地	无中标或者没有授予公司	2014

---

[1]"Oil and Gas Blocks"，Opendevelopment Myanmar，https://opendevelopmentmyanmar.net/profiles/oil-and-gas-blocks/，May 5，2018.

续表

序号	区块名称	区块位置	公司名称	授予年份
18	AD-15	若开盆地	无中标或者没有授予公司	2014
19	AD-14	若开盆地	无中标或者没有授予公司	2014
20	AD-10	若开盆地	挪威国家石油公司（Statoil ASA），美国康菲（ConocoPhillips）国际石油有限公司	2014
21	AD-11	若开盆地	荷兰皇家壳牌集团，日本三井集团（MOECO）	2014
22	AD-12	若开盆地	无中标或者没有授予公司	2014
23	AD-13	若开盆地	无中标或者没有授予公司	2014
24	AD-1	若开盆地	中国中石油国际有限公司	2007

第Ⅳ部分 表6 缅甸浅海油气田开发情况[1]

序号	区块名称	区块位置	公司名称	年份
1	A-2	若开盆地	无中标或者没有授予公司	2014
2	A-5	若开盆地	美国雪佛龙股份有限公司（Chevron Corporation），阿联酋皇家海军（Royal Marine）	2014
3	M-10	德林达依盆地	中国海洋石油有限公司（China National Offshore Oil Corporation）	2014
4	M-11	马达班盆地	泰国国家石油公司	2014
5	M-12	德林达依盆地	马来西亚国家石油公司（Petroliam Nasional Berhad）	2014
6	M-13	德林达依盆地	马来西亚国家石油公司	2014
7	M-15	德林达依盆地	加拿大远望集团公司（Canadian Foresight Group Ltd.），澳大利亚TRG,KMA公司	2014

---

[1] "Oil and Gas Blocks", Open Development Myanmar, https://opendevelopmentmyanmar.net/profiles/oil-and-gas-blocks/, May 5, 2018.

续表

序号	区块名称	区块位置	公司名称	年份
8	A-4	若开盆地	英国天然气集团，澳大利亚伍德赛德石油公司	2014
9	M-16	德林达依盆地	韩国韩缅发展公司（Korea-Myanmar Development Corporation）	2014
10	M-17	德林达依盆地	印度信实天然资源有限公司（Reliance Natural Resources Ltd）	2014
11	A-7	未知	澳大利亚伍德赛德石油公司，英国天然气集团	2014
12	M-18	德林达依盆地	印度信实天然资源有限公司	2014
13	M-4	马达班盆地	印度石油公司（Indian Oil Corporation），印度墨卡托有限公司（Mercator Limited）	2014
14	M-5	马达班盆地	法国道达尔公司（Total）	2014
15	M-6	马达班盆地	法国道达尔公司	2014
16	M-7	马达班盆地	澳大利亚洛克石油有限公司（ROC），澳大利亚 Tap Oil 有限公司	2014
17	M-9	马达班盆地	无中标或者没有授予公司	2014
18	M-14	德林达依盆地	马来西亚国家石油公司	2014
19	M-8	马达班盆地	荷兰 Berlanga Holding BV 公司	2014
20	YEB	德林达依盆地	印度石油公司，印度墨卡托有限公司	2014
21	YWB	德林达依盆地	法国道达尔公司	2014
22	M-3	马达班盆地	泰国国家石油公司	2004
23	A-3	若开盆地	韩国大宇国际公司，印度石油天然气股份有限公司（ONGC）	2004
24	A-1	若开盆地	韩国大宇国际公司，印度石油天然气股份有限公司	2000
25	M-2	马达班盆地	越南石油天然气公司（Vietnam Oil and Gas Corporation, ltd.）	2008

续表

序号	区块名称	区块位置	公司名称	年份
26	M-4	马达班盆地	印度石油公司，印度墨卡托有限公司	2014
27	A-6	若开盆地	缅甸 MPRLE & P 有限公司	2007
28	M-1	马达班盆地	新加坡 Rimbunan Petrogas 有限公司，新加坡 UNOG Pte. Ltd. 有限公司	2007

（三）渔业合作

缅甸海上水产品主要出口泰国、新加坡、科威特、马来西亚、沙特阿拉伯、日本、阿联酋、孟加拉及英国等国家。目前，缅甸与多国开展渔业合作[1]。缅甸与中国的渔业合作在 1955 年就以民间合作方式开展。2001 年 12 月 12 日至 15 日，时任国家主席江泽民访问缅甸，缅甸国家计划与经济发展部部长吴梭达与时任中国外经贸部部长石广生签署《中缅两国政府关于鼓励、促进和保护投资协定》与《中缅渔业合作协定》。协定的签署对推动中缅渔业合作、规范双方渔业行为具有重要意义。2013 年 12 月，时任中国农业部副部长牛盾率团访问缅甸，与缅甸畜牧水产及农村发展部部长吴翁敏举行工作会谈，会后双方签订了《中国农业部与缅甸畜牧水产及农村发展部关于渔业合作的协议书》[2]。在中缅双方签署渔业协定后，中国地方政府也积极推动与缅甸的渔业合作。在《中缅渔业合作协定》框架下，浙江省在缅甸建立了一个境外深水网箱基地[3]。截至 2016 年，福建省已有 8 家企业在包括缅甸在内的几个东南亚国家建立渔业养殖基地，养殖面积超 10 万亩，投资总额超 8.15 亿美元[4]。缅甸与中国进行渔业合作以

---

[1]《缅甸海域渔业资源呈下降趋势》，载食品商务网，http://news.21food.cn/35/2452487.html，最后访问日期：2018 年 5 月 5 日。

[2] 孙林、李书民主编：《2016 年中国渔业统计年鉴》，中国农业出版社 2016 年版，第 336—342 页。

[3]《浙江省渔业发展"十一五"规划》，载浙江省海洋与渔业局官网，http://www.zjoaf.gov.cn/zfxxgk/ghjh/yycygh/2007/06/12/ww092007061200031.shtml，最后访问日期：2018 年 5 月 5 日。

[4] 罗钦文：《海丝核心区或成新引擎》，载人民网，http://paper.people.com.cn/rmrbhwb/html/2015-04/10/content_1552288.htm，最后访问日期：2018 年 5 月 5 日。

来，中国成为缅甸最大的渔业产品出口地。

缅甸向中国出口的渔业产品主要通过位于缅甸掸邦西北部的木姐（Muse）口岸运往中国[1]。木姐多年来都是缅甸政府军与周边民族地方武装容易发生军事冲突的地方，冲突已经影响到中缅贸易的正常往来。据缅甸商务部贸易司统计数据，早在2016年，作为中缅最大的边境贸易口岸木姐口岸的贸易额持续下滑[2]。掸邦计划与经济部部长吴索纽伦分析指出木姐口岸贸易额下滑的原因：第一，2016年11月20日爆发的军事冲突对边贸造成严重冲击，木姐口岸每天的贸易额损失达1200万—1600万美元；第二，交通堵塞导致货物无法按时输送[3]。2018年5月12日凌晨4点左右，缅甸政府军与周边的民族地方武装在木姐再次发生冲突，临近木姐的中国姐告也能清楚地听到枪炮声，中缅边境的木姐边贸通道暂时中断。由此看来，木姐口岸的军事冲突是影响缅甸向中国出口包括渔业产品的重要因素，而该问题仍需中缅双方通过长期努力来解决。

（四）经济特区深水港项目

截至目前，缅甸设立了三个经济特区：土瓦经济特区、迪洛瓦经济特区和皎漂经济特区。在三个特区的经济发展规划中，均包括了深水港项目。土瓦经济特区设立在德林达依省东临安曼达海、西与泰国接壤的港口城市土瓦，特区内项目由缅甸、泰国以及日本共同投资开发[4]。土瓦经济特区项目内容包括土瓦深水港、船坞、工业区、石化厂、炼油厂、钢铁厂、发电厂、土瓦—曼谷公路、铁路及沿线铺设油气管道等。其中深水港项目将泰国、柬埔寨和越南与印度、中东、欧洲和非洲相连接，大大缩短了运

---

[1] "Over 6,000 Tonnes of Fisheries Products Exported to China in April"，Global New Light of Myanmar，http://www.globalnewlightofmyanmar.com/over-6000-tonnes-of-fisheries-products-exported-to-china-in-april/，May 5，2018.
[2] 《中缅边境木姐口岸贸易额持续下滑》，载中国商务部官网，http://www.mofcom.gov.cn/article/i/jyjl/j/201608/20160801382115.shtml，最后访问日期：2018年5月5日。
[3] 《本财年中缅边境木姐口岸的边贸额同比下降》，载中国商务部官网，http://www.mofcom.gov.cn/article/i/jyjl/j/201703/20170302525423.shtml，最后访问日期：2018年5月5日。
[4] 缅甸与泰国两国外交部长于2008年就土瓦经济特区项目签订了备忘录，2010年11月2日，泰国意泰发展公共有限公司（Italian-Thai Development Public）与缅甸交通部港务局签署《建设土瓦深水港、工业区及通往泰国公路、铁路项目框架协议》。泰方于2013年声称由于资金困难从该项目中撤出，2013年缅泰邀请日本参加该项目，2015年泰方又重新签订协议，日本也于同年加入到该项目中。

输时间，省去了从马六甲海峡绕行的时间。[1]

迪洛瓦经济特区位于仰光省丁茵—皎丹镇区，由日本和缅甸于2012年年底签署协议联合开发。特区宣称规划占地面积为2400公顷，包括深水港以及工业园区建设，计划吸引汽车、机械、电子零部件等企业入驻。日本政府在未来几年内预计将为迪洛瓦经济特区的基础设施建设投入高达126亿美元[2]。

皎漂经济特区位于缅甸若开邦的皎漂县（Kyaukpyu），该地处于孟加拉湾偏僻的西海岸，属热带雨林气候，天气炎热，雨量充沛。皎漂有通向缅甸全国的公路、民用航空和民用船码头，150年前其为英国殖民地时是英国皇家海军军港。皎漂半岛西邻印度洋，岛西北端至东部航道是优良的天然避风避浪港，自然水深24米左右，可航行、停泊25万—30万吨级远洋客货轮船。皎漂港建成后将是缅甸最大的远洋深水港，其北侧入口附近的马德岛将作为中缅油气管线起点码头。[3]

（五）替代性海洋合作项目

近年来马六甲海峡周边政局变化多端、海盗活动猖獗，导致海上边界石油运输不畅。中国决定借道缅甸陆地领土，修建中缅油气管道，使石油无须经过马六甲海峡即可运输到中国。中缅油气管道项目由中国、缅甸、韩国、印度四国六方投资建设，包括原油管道和天然气管道。中缅原油管道的起点位于缅甸西海岸的马德岛，天然气管道起点在皎漂港。原油管道设计年输油能力2200万吨，中方占股50.9%，缅方占股49.1%。天然气管道股比为：中方50.9%、缅方7.365%、韩国大宇国际25.041%、印度石油天然气公司8.347%、印度天然气管理有限公司4.1735%、韩国燃气4.1735%。该项目所运输的天然气来自韩国大宇等天然气管道外方公司在缅甸印度洋大陆架若开盆地共同开发的"A1""A3"海上气田。该项目所运输的原油则来自中东和非洲地区[4]。

---

[1]《缅甸将重启土瓦经济特区项目》，载中国商务部官网，http://www.mofcom.gov.cn/article/i/jyjl/j/201703/20170302529919.shtml，最后访问日期：2018年5月5日。

[2]《参加2017年东南亚商务访谈通知（部分三）》，载搜狐网，https://www.sohu.com/a/163387102_99918184，最后访问日期：2018年5月5日。

[3]《皎漂港》，载人民网，http://gx.people.com.cn/n/2014/0527/c363377-21295021.html，最后访问日期：2018年5月5日。

[4] 张国宝：《中缅油气管道十年磨一剑》，载搜狐网，http://m.sohu.com/a/272839980_240923，最后访问日期：2018年5月5日。

中缅油气管道建设计划在 2004 年提出，经过 6 年的谈判和磨合[1]，中缅油气管道合作协定终于敲定，随后开工建设。天然气管道在 2013 年 7 月正式投产并顺利通气，截至 2017 年 6 月已向中国供气约 140 亿立方米。原油管道于 2010 年 6 月开工建设，2017 年 5 月正式由缅甸向中国输油，输油量为每年 1300 万吨。管道投产后，每天将有 20 多万桶原油从马德岛港源源不断输送到中国，缅甸则每年都能收取原油过境费[2]。

中国 85% 的石油进口依靠海上运送，其中绝大多数需要经过马六甲海峡。中缅油气管道的正常运营为股东带来经济收益，而对中缅两国来说此次合作意义重大。中缅天然气管道投产后，立即为严重缺电的若开邦皎漂地区分输发电。4 个缅甸下载点全部投用，投产以来所供的 15.5 亿立方米天然气，大部分成为发电厂的资源供给，有效缓解了工业企业和居民紧张的用电局面。按照合作协议，中缅管道每年不仅为缅甸下载 20% 输量以内的天然气、200 万吨原油，而且可以为缅甸带来 1381 万美元的路权费和每吨 1 美元的原油过境费，还有国家税收、长达 30 年的投资分红、培训基金和社会经济援助等收益[3]。对中国来说，中缅油气管道成为继中亚油气管道、中俄原油管道和海上运输通道之后的第四大能源进口通道。

---

[1] 谈判初期，中缅两国的关注点不尽相同。对缅甸而言，主要是希望把近海开采的天然气卖出去，缅甸盛产天然气，但石油产量不高。有资料显示，缅甸天然气储量居世界第 10 位，已确定的天然气储量为 25400 亿立方米，已确知的原油储量为 32 亿桶。但对于中国而言，除了天然气，中国还希望建设一条石油管道，把从中东进口的原油经缅甸输送到国内。油、气两条管道同时铺设则更为经济。该项目还遭到地缘政治形势影响。中缅油气管道缅甸境内近 800 公里的距离需经过克钦独立军占领区、巴郎国家解放阵线、北掸邦军和南掸邦军四个地方势力所控制的区域，而在此前的数年时间里，这几个地区的战火已让中缅油气管道屡次被迫停工。2012 年 7 月，克钦独立军与缅甸政府军在与中国云南接壤的南渡、曼东、南坎等地区激烈交火，战斗中使用了大量包括地雷、重型武器在内的强杀伤力装备，中缅油气管道从曼德勒至木姐的施工不得不中止。2013 年年初，克钦独立军与缅甸政府军再次发生冲突，并有两枚炮弹落入中国境内，这一交火也直接导致中缅油气管道位于缅甸北部的施工被迫中止。此外，当地一些居民"自发组织"的机构也多次向缅甸政府提出反对意见，以环境和农田被破坏为由，要求停建中缅油气管道。
[2] 王静：《中缅原油管道始投产 系我国第四条原油进口通道》，载中华网，https://new.china.com/domestic/945/20170608/30679574.html，最后访问日期：2018 年 5 月 5 日。
[3] 《从中缅油气管道项目看持续发展》，载中国石油新闻中心，http://news.cnpc.com.cn/system/2017/05/26/001647952.shtml，最后访问日期：2018 年 5 月 5 日。

（六）海上安全合作

进入21世纪以来，出于对保卫主权和领土等传统安全问题的考虑，缅甸开始推动其海军实现现代化。2008年与孟加拉国在孟加拉湾就海上边界争端发生冲突之后，缅甸的不安全感达到了顶峰。尽管争端得到了友好解决，但应对这种海上威胁依然是缅甸海上战略考虑的重点。为了维护海上利益，缅甸近年来积极与他国以及区域组织进行海洋安全合作。

1. 与中国的海上联合演练

中国国家主席习近平于2017年5月16日在人民大会堂会见来华出席"一带一路"国际合作高峰论坛的缅甸国务资政昂山素季。双方表示愿相互理解、相互信任、扩大合作，造福两国人民。在中缅领导人结束会面后一周，中缅海军在莫塔马湾首次举行海上联合演练。此次演练，中方参演兵力为执行远航访问任务的导弹驱逐舰长春舰、导弹护卫舰荆州舰和综合补给舰巢湖舰；缅方参演兵力为导弹护卫舰"F11"舰和轻型护卫舰"771"舰，两舰均具有较强的反潜和对海作战能力，是缅海军现役的主力舰艇。

中方表示此次演练是中缅海军首次举行的海上联合演练，双方相互借鉴了通信指挥、编队运动、联合搜救等舰艇训练组织实施和非战争军事行动开展的有益经验，进一步提高了双方舰艇的协同配合能力，深化了中缅两国海军的互信与合作。缅甸海军参谋长莫昂表示，中国海军舰艇编队此次来访，对缅中两国非常重要。此次访问不仅加深了两国传统友谊还增进了解、促进合作，加强两国间的协同性，有利于维护地区安全稳定[1]。外媒认为，此次海上联合演练使海洋实力较弱的缅甸对中国增加了信任，这也是中国海洋扩张战略的一部分，是在中缅原油管道2017年4月投入运营后中缅海军应对潜在危险的一次必要的演习[2]。

2. 与印度的海洋安全合作

缅甸参加了印度发起的孟加拉湾多部门经济技术合作计划、印度洋海

---

[1] 严贵旺、方立华：《中缅海军首次举行海上联合演练，缅海军现役主力舰艇参加》，载澎湃网，https://www.thepaper.cn/newsDetail_forward_1691214，最后访问日期：2018年5月5日。

[2] Li Ruohan, "China Myanmar Conduct Naval Drills", Globaltimes, http://www.globaltimes.cn/content/1048013.shtml, May 5, 2018.

军研讨会和 MILAN 海军联合演习[1]。2017 年 9 月 6 日,莫迪总理率领的印度代表团与缅甸政府参赞昂山素季领导的缅甸代表团举行了双边会谈。此后,缅甸政府参赞和印度总理见证签署和交换各种文件,明确海上安全为双方合作领域之一。[2]

3. 东盟防长扩大会海上安全反恐联演

2010 年 10 月 12 日,首届东盟防长扩大会议(以下简称"东盟'10+8'防长会")在河内举行。东盟防长扩大会议的参与国家有东盟十国和澳大利亚、中国、印度、日本、新西兰、俄罗斯、韩国和美国。成员国外长同意在该机制下进行海上安全、反恐、人道主义援助、灾害搜救、维护和平行动和军事医学等五个领域的合作。2016 年 5 月 2 日至 12 日,东盟防长扩大会议海上安全与反恐联合演练在文莱、新加坡以及两国之间海域举行。本次参演总兵力 3000 余人,动用 18 艘舰艇、16 架直升机、2 架海上巡逻机以及数个特战小组。此次演练是东盟防长扩大会议框架下首次海上安全与反恐演练,主要进行联合护航、海上搜救、直升机互降、编队航行、警戒巡逻等科目演练。此次演练有利于各成员国军队相互学习借鉴,深化防务安全领域的务实合作以及提高东盟防长扩大会议国家反恐行动筹划部门与任务部队之间的行动协同能力[3]。虽然缅甸为参与国,但是本次演练没有实兵参演。

4.《亚洲反海盗及武装抢劫船舶区域合作协定》

《亚洲反海盗及武装抢劫船舶区域合作协定》是亚洲第一个关于加强反海盗和武装抢劫船舶合作的区域性政府间组织。该协议在 2004 年 11 月 11 日正式签订,并于 2006 年 9 月 4 日生效实施,而缅甸是协议缔约方之一。截至目前,共有 20 个缔约国[4]。根据该协定建立了亚洲反海盗及武装抢劫船舶区域合作协定信息共享中心(ReCAAP ISC),该信息共享中心于

---

[1] "Myanmar's Evolving Maritime Security Landscape", Nanyang Technological University, https://dr.ntu.edu.sg/handle/10220/44027, May 5, 2018.

[2] Nay Pyi Taw, "India-Myanmar Joint Statement Issued on the Occasion of the State Visit of Prime Minister of India to Myanmar", MEA (India), http://www.mea.gov.in/bilateral-documents.htm?dtl/28924/IndiaMyanmar+Joint+Statement+issued+on+the+occasion+of+the+State+Visit+of+Prime+Minister+of+India+to+Myanmar+September+57+2017, May 5, 2018.

[3] 黄海敏、薛飞、许江山、周玲娜:《文莱苏丹视察东盟防长扩大会海上安全反恐联演》,载新华网,http://www.xinhuanet.com/world/2016-05/05/c_128959939.htm,最后访问日期:2018 年 5 月 5 日。

[4] 这 20 个缔约国包括:澳大利亚、孟加拉国、文莱、柬埔寨、中国、丹麦、印度、日本、韩国、老挝、缅甸、荷兰、挪威、菲律宾、新加坡、斯里兰卡、泰国、英国、美国和越南。

2006年11月29日在新加坡正式成立，并于2007年1月30日被确定为政府间组织。该信息中心主要负责对接到的报告进行快速反应并为遇险船舶提供尽可能的帮助。亚洲反海盗及武装抢劫船舶区域合作协定信息共享中心也同包括国际海事组织和国际刑警组织（INTERPOL）等在内的国际组织合作，共同打击海盗及武装抢劫船舶[1]。

---

[1]《Recaap发布亚洲海盗和武装抢劫船报告》，载国际船舶网，http://www.eworldship.com/html/2016/ship_inside_and_outside_1211/122869.html，最后访问日期：2018年5月5日。

七、对中国海洋法主张的态度

（一）对中国南海主张的态度

缅甸外交部2016年7月12日发表的《缅甸对〈联合国海洋法公约〉附件七下作出的南海仲裁案声明》（Myanmar's Statement on the Award of the Arbitral Tribunal on the South China Sea under Annexure VII of UNCLOS）表明缅甸对菲律宾南海仲裁案持中立态度。缅甸在该份声明中呼吁并支持通过包括《联合国海洋法公约》在内的公认的国际法原则进行友好协商和谈判，促进和平解决争端。缅甸敦促各方对可能增加紧张局势的活动保持克制，并避免威胁或使用武力。在声明的最后，缅甸还表示将继续与东盟成员国以及中国合作，在共识的基础上全面有效地履行《南海各方行为宣言》，以及早日达成"南海各方行为准则"[1]。对于中国所主张的"九段线"，缅甸官方目前没有表态，但缅甸首屈一指的英文报纸《缅甸时报》发布了一篇报道名为"The Red Dragon Still Rules the Sea"，文中将中国"九段线"形容为"无耻的、臭名昭著（infamous）"，并且整篇文章对中国的南海主张极尽讽刺之能事[2]。

（二）对中国其他海洋主张的态度

对于中国东海争端，缅甸目前无任何表态。在中日东海争端中，对于大陆架的划界原则，中国主张按照《联合国海洋法公约》第76条第1款"自然延伸"原则划分，反对日本所主张的"等距离标准"。而缅甸在孟加拉湾划界案中对外大陆架的主张与中国在东海划界争端中的主张是相悖的，缅甸主张以第76条第4款"大陆边外缘"解释"自然延伸"，并且主张以等距离对领海划界。尽管中缅海洋主张存在着差异，但是究其本质还是为国家利益所趋。由于中缅两国地理位置的原因，两国仅在陆上接壤，

---

[1] "Myanmar's Statement on the Award of the Arbitral Tribunal on the South China Sea under Annexure VII of UNCLOS", President Office(Myanmar), http://www.president-office.gov.mm/en/?q=issues/foreign-policy/id-6479，May 5，2018.

[2] Roger Mitton, "The Red Dragon Still Rules the Sea", Myanmar Times, https://www.mmtimes.com/opinion/17391-the-red-dragon-still-rules-the-sea.html，May 5，2018.

因此中缅产生海洋划界争端的可能性几乎为零。而这种差异也并不会影响中缅在其他海洋领域的合作。

（三）在"一带一路"框架下与中国合作的态度

自从中国提出"一带一路"倡议后，缅甸积极参与中国举办的关于"一带一路"的各项活动。缅甸与中国政府签署了政府间"一带一路"合作谅解备忘录并与中国政府签署了经贸合作协议。中缅油气管道项目、皎漂经济特区的建设、中缅海军海上联合演练等都是缅甸积极参与中国倡议的"21世纪海上丝绸之路"的体现。缅甸执政党以及国内民众总体上对中国"一带一路"倡议持积极态度，但是仍有许多缅甸普通民众以及个别不了解"一带一路"的决策官员对该倡议持反对态度，也曾作出极端的行为[1]。

---

[1] 中缅密松电站项目因普通民众的反对而遭到破坏，该项目目前仍然处在被搁置的状态。中缅油气管道项目、皎漂经济特区建立之初也曾遭到缅甸当局的怀疑以及国内民众的反对。

附　录

附录1　越南各省基本信息表

名称	越南名称	首府	人口（人）	面积[1]（平方千米）	是否临海	所临海域
越南北部（越南语：Bắc Bộ Việt Nam）						
西北地区						
奠边省	Tỉnh Điện Biên	奠边府市	527300	9541.2	否	
和平省	Tỉnh Hoà Bình	和平市	808200	4608.7	否	
莱州省	Tỉnh Lai Châu	莱州市	440500	9068.8	否	
老街省	Tỉnh Lào Cai	老街市	656900	6383.9	否	
山罗省	Tỉnh Sơn La	山罗市	1195107	14174.4	否	
安沛省	Tỉnh Yên Bái	安沛市	771600	6886.3	否	
东北地区						
北江省	Tỉnh Bắc Giang	北江市	1624456	3849.7	否	
北乾省	Tỉnh Bắc Kạn	北乾市	330100	4859.4	否	
高平省	Tỉnh Cao Bằng	高平市	517900	6707.9	否	
河江省	Tỉnh Hà Giang	河江市	771200	7914.9	否	
谅山省	Tỉnh Lạng Sơn	谅山市	751200	8320.8	否	
富寿省	Tỉnh Phú Thọ	越池市	1351000	3533.4	否	
广宁省	Tỉnh Quảng Ninh	下龙市	1211300	6102.3	是	北部湾
太原省	Tỉnh Thái Nguyên	太原市	1.156.000	3.536.4	否	
宣光省	Tỉnh Tuyên Quang	宣光市	746700	5867.3	否	
红河三角洲						
北宁省	Tỉnh Bắc Ninh	北宁市	1214000	822.7	否	
河南省	Tỉnh Hà Nam	府里市	794300	860.5	否	
海阳省	Tỉnh Hải Dương	海阳市	2463890	1656.0	否	

[1] 数据来源于维基百科，https://zh.wikipedia.org/wiki/%E8%B6%8A%E5%8D%97%E5%9C%B0%E7%90%86%E5%8D%80%E5%8A%83，最后访问日期：2018年5月5日。

续表

名称	越南名称	首府	人口（人）	面积（平方千米）	是否临海	所临海域
兴安省	Tỉnh Hưng Yên	兴安市	1380000	926.0	否	
南定省	Tỉnh Nam Định	南定市	1839900	1652.6	是	北部湾
宁平省	Tỉnh Ninh Bình	宁平市	927000	1378.1	是	北部湾
太平省	Tỉnh Thái Bình	太平市	1788400	1570.5	是	北部湾
永福省	Tỉnh Vĩnh Phúc	永安市	1029400	1238.6	否	
河内市	Thủ đô Hà Nội		7588150	3328.9	否	
海防市	Thành phố Hải Phòng		2190788	1527.4	是	北部湾
中北沿海地区						
河静省	Tỉnh Hà Tĩnh	河静市	1242700	5997.3	是	北部湾
乂安省	Tỉnh Nghệ An	荣市	2978700	16493.7	是	北部湾
广平省	Tỉnh Quảng Bình	洞海市	863400	8065.3	是	北部湾
广治省	Tỉnh Quảng Trị	东河市	612500	4739.8	是	北部湾
清化省	Tỉnh Thanh Hoá	清化市	3712600	11130.2	是	北部湾
承天顺化省	Tỉnh Thừa Thiên – Huế	顺化市	1143572	5033.2	是	北部湾
越南南部（越南语：Nam Bộ Việt Nam）						
西原地区						
多乐省	Tỉnh Đắk Lắk	邦美蜀市	1827800	13125.4	否	
得农省	Tỉnh Đắk Nông	嘉义市社	533200	6515.6	否	
嘉莱省	Tỉnh Gia Lai	波来古市	1359900	15536.9	否	
昆嵩省	Tỉnh Kon Tum	昆嵩市	473300	9689.6	否	
林同省	Tỉnh Lâm Đồng	大叻市	1246200	9773.5	否	
中南沿海地区						
岘港市	Thành phố Đà Nẵng		1346876	1285.4	是	南中国海
广南省	Tỉnh Quảng Nam	三岐市	1505000	10438.4	是	南中国海
平定省	Tỉnh Bình Định	归仁市	1962266	6850.6	是	南中国海
庆和省	Tỉnh Khánh Hoà	芽庄市	1192500	5217.7	是	南中国海
宁顺省	Tỉnh Ninh Thuận	潘郎-塔占市	569000	3358.3	是	南中国海
富安省	Tỉnh Phú Yên	绥和市	883200	5060.5	是	南中国海

续表

名称	越南名称	首府	人口（人）	面积（平方千米）	是否临海	所临海域
广义省	Tỉnh Quảng Ngãi	广义市	1221600	5153.0	是	南中国海
平顺省	Tỉnh Bình Thuận	潘切市	1266288	7812.8	是	南中国海
东南地区						
巴地头顿省	Tỉnh Bà Rịa – Vũng Tàu	巴地市	1150200	1989.46	是	南中国海
平阳省	Tỉnh Bình Dương	土龙木市	1802500	2694.43	否	
平福省	Tỉnh Bình Phước	同帅市社	932000	6871.5	否	
同奈省	Tỉnh Đồng Nai	边和市	3039000	5907.2	否	
西宁省	Tỉnh Tây Ninh	西宁市	1112000	4032.6	否	
胡志明市	Thành phố Hồ Chí Minh		8164300	2095.5	是	南中国海
湄公河（九龙江）三角洲地区，又称为西南地区						
安江省	Tỉnh An Giang	龙川市	2155300	3536.7	否	
薄辽省	Tỉnh Bạc Liêu	薄辽市	876800	2526.0	是	南中国海
槟椥省	Tỉnh Bến Tre	槟椥市	1262000	2359.5	是	南中国海
金瓯省	Tỉnh Cà Mau	金瓯市	1219900	5294.9	是	南中国海 泰国湾
同塔省	Tỉnh Đồng Tháp	高岭市	1680300	3378.8	否	
后江省	Tỉnh Hậu Giang	渭清市	773800	1602.4	否	
坚江省	Tỉnh Kiên Giang	迪石市	1738800	6348.5	是	泰国湾
隆安省	Tỉnh Long An	新安市	1469900	4491.9	否	
朔庄省	Tỉnh Sóc Trăng	朔庄市	1308300	3311.6	是	南中国海
前江省	Tỉnh Tiền Giang	美湫市	1703400	2508.6	是	南中国海
茶荣省	Tỉnh Trà Vinh	茶荣市	1.012600	2341.2	是	南中国海
永隆省	Tỉnh Vĩnh Long	永隆市	1092730	1475	否	
芹苴市	Thành phố Cần Thơ		1603543	1409.0	否	

附录2 1971年南越大陆架声明坐标

Coordinates of South Vietnam's 6 June 1971 Continental Shelf Claim

坐标点	纬度（北）	纬度（东）	坐标点	纬度（北）	纬度（东）
1	8°9′	104°50′	18	10°03′	103°31′
2	8°33′	105°27′	19	10°22′	103°41′
3	9°00′	105°40′	20	10°29′	103°45′
4	9°25′	106°45′	21	10°31′	103°45′
5	10°09′	107°06′	22	10°31′	103°47′
6	10°32′	108°00′	23	10°30′	103°54′
7	11°00′	108°36′	24	10°30′	103°57′
8	11°00′	110°00′	25	10°29′	104°04′
9	7°05′	110°00′	26	10°24′	104°11′
10	5°20′	107°20′	27	10°28′	104°20′
11	7°03′	103°52′	28	10°28′	104°21′
12	7°34′	103°19′	29	10°14′	104°22′
13	7°42′	102°58′	30	10°23′	104°24′
14	8°31′	101°56′	31	10°00′	104°31′
15	9°36′	101°30′	32	8°36′	104°31′
16	10°09′	101°27′	33	8°26′	104°36′
17	10°09′	102°58′			

附录3　1977年《关于越南领海、毗连区、专属经济区和大陆架的声明》

Statement of the Territorial Sea, the Contiguous Zone, the Exclusive Economic Zone, and the Continental Shelf of Vietnam, 12 May 1977

The statement which is dated May 12, 1977, and has been approved by the Standing Committee of the SRV National Assembly, reads in full as follows:

The Government of the Socialist Republic of Vietnam, after approval by the Standing Committee of the National Assembly of the Socialist Republic of Vietnam, Declares that it has defined the territorial sea, the contiguous zone, the exclusive economic zone and the continental shelf of the Socialist Republic of Vietnam as follows:

1. The territorial sea of the Socialist Republic of Vietnam has a breadth of 12 nautical miles measured from a baseline which links the furthest seaward points of the coast and the outermost points of Vietnamese offshore islands, and which is the low-water line along the coast.

The waters on the landward side of the baseline constitute internal waters of the Socialist Republic of Vietnam.

The Socialist Republic of Vietnam exercises full and complete sovereignty over its territorial sea as well as the superjacent air space and the bed and subsoil of the territorial sea.

2. The contiguous zone of the Socialist Republic of Vietnam is a 12-nautical-mile maritime zone adjacent to and beyond the Vietnamese territorial sea, with which it forms a zone of 24 nautical miles from the baseline used to measure the breadth of the territorial sea.

The Government of the Socialist Republic of Vietnam exercises the necessary control in its contiguous zone in order to see to its security and custom and fiscal interests and to ensure respect for its sanitary, emigration and immigration regulations within the Vietnamese territory or territorial sea.

3. The exclusive economic zone of the Socialist Republic of Vietnam is adjacent to the Vietnamese territorial sea and forms with it a 200-nautical-mile zone from the baseline used to measure the breadth of Vietnam's territorial sea.

The Socialist Republic of Vietnam has sovereign rights for the purpose of exploring, exploiting, conserving and managing all natural resources, whether living or non-living, of the waters, the bed and subsoil of the exclusive economic zone of Vietnam; it has exclusive rights and jurisdiction with regard to the establishment and use of installations and structures, artificial islands; exclusive jurisdiction with regard to other activities for the economic exploration and exploitation of the exclusive economic zone; exclusive jurisdiction with regard to scientific research in the exclusive economic zone of Vietnam; the Socialist Republic of Vietnam has jurisdiction with regard to the preservation of the marine environment, and activities for pollution control and abatement in the exclusive economic zone of Vietnam.

4. The continental shelf of the Socialist Republic of Vietnam comprises the seabed and subsoil of the submarine areas that extend beyond the Vietnamese territorial sea throughout the natural prolongation of the Vietnamese land territory to the outer edge of the continental margin, or to a distance of 200 nautical miles from the baseline used to measure the breadth of the Vietnamese territorial sea where the outer edge of the continental margin does not extend up to that distance.

The Socialist Republic of Vietnam exercises sovereign rights over the Vietnamese continental shelf in the exploration, exploitation, preservation and management of all natural resources, consisting of mineral and other non-living resources, together with living organisms belonging to sedentary species thereon.

5. The islands and archipelagos, forming an integral part of the Vietnamese territory and beyond the Vietnamese territorial sea mentioned in Paragraph I, have their own territorial seas, contiguous zones, exclusive economic zones and continental shelves, determined in accordance with the provisions of Paragraphs 1, 2, 3 and 4 of this statement.

6. Proceeding from the principles of this statement, specific questions relating to the territorial sea, the contiguous zone, the exclusive economic zone, and the continental shelf of the Socialist Republic of Vietnam will be dealt with in detail in further regulations, in accordance with the principle of defending the sovereignty and interests of the Socialist Republic of Vietnam, and in keeping with international law and practices.

7. The Government of the Socialist Republic of Vietnam will settle with the countries concerned, through negotiations on the basis of mutual respect for independence and sovereignty, in accordance with international law and practices, the matters relating to the maritime zones and the continental shelf of each country.

Source: FBIS Daily Report: Asia and Pacific, 24 May 1 977.

附录4 1982年《关于越南领海基线的声明》

Statement of 12 November 1982 by the Government of the Socialist Republic of Viet Nam on the Territorial Sea Baseline of Viet Nam

In implementing the provisions of paragraph 1 of the statement on the territorial sea, the contiguous zone, the exclusive economic zone and the continental shelf issued by the Government of the Socialist Republic of Viet Nam on 12 May 1977 after being approved by the Standing Committee of the National Assembly of the Socialist Republic of Viet Nam, The Government of the Socialist Republic of Viet Nam makes the following statement on the baseline from which the breadth of the territorial sea of Viet Nam shall be measured:

(1) The baseline from which the territorial sea of the continental territory of Viet Nam shall be measured is constituted by straight lines connecting those points the co-ordinates of which are listed in the annex attached herewith.

(2) The territorial sea baseline of Viet Nam which starts from point O — the meeting point of the two baselines for measuring the breadth of the territorial sea of the Socialist Republic of Viet Nam and that of the People's Republic of Kampuchea, located in the sea on the line linking the Tho Chu Archipelago with Poulo Wai Island - and which ends at Con Co Island shall be drawn following the co-ordinates listed in the attached annex on the 1/100,000 scale charts published by the Vietnamese People's Navy prior to 1979.

(3) The Gulf of Bac Bo (Tonkin Gulf) is a gulf situated between the Socialist Republic of Viet Nam and the People's Republic of China; the maritime frontier in the gulf between Viet Nam and China is delineated according to the 26 June 1887 Convention of frontier boundary signed between France and the Qing Dynasty of China.

The part of the gulf appertaining to Viet Nam constitutes the historic waters and is subjected to the juridical régime of internal waters of the Socialist Republic of Viet Nam.

The baseline from Con Co Island to the mouth of the gulf will be defined following the settlement of the problem relating to the closing line of the gulf.

(4) The baseline for measuring the breadth of the territorial sea of the Hoang Sa and Truong Sa Archipelagos will be determined in a coming instrument in conformity with paragraph 5 of the 12 May 1977 statement of the Government of the Socialist Republic of Viet Nam.

(5) The sea as lying behind the baseline and facing the coast or the islands of Viet Nam constitutes the internal waters of the Socialist Republic of Viet Nam.

(6) The Government of the Socialist Republic of Viet Nam holds that all differences with countries concerned relating to different sea areas and the continental shelf will be settled through negotiations on the basis of mutual respect for each other's national independence and sovereignty in conformity with international law and practice.

HANOI, 12 November 1982

Annex

THE CO-ORDINATES OF THE POINTS ESTABLISHING THE STRAIGHT FROM WHICH THE BREADTH OF THE TERRITORIAL SEA OF VIET NAM IS MEASURED

(Attached to the 12 November 1982 Statement by the Government of the Socialist Republic of Viet Nam)

POINT	GEOGRAPHIC NAMES	LATITUDE North	LONGITUDE East
O	On the southwestern demarcation line of historic waters of the S.R.V. and the P.R. of Kampuchea		
A.1	At Hon Nhan Island, Tho Chu Archipelago, Kien Gian Province	09°15.0'	103°27.0'
A.2	At Hon Da Island southeast of Hon Khoai Island, Minh Hai Province	08°22.8'	104°52.4'
A.3	At Tai Lon Islet, Con Dao Islet in Con Dao-Vung Tau Special Sector	08°37.8'	106°37.5'
A.4	At Bong Lai Islet, Con Dao Islet	08°38'9'	106°40.3'
A.5	At Bay Canh Islet, Con Dao Islet	08°39.7'	106°42.1'
A.6	At Hon Hai Islet (Phu Qui group of Islands), Thuan Hai Province	09°58.0'	109°05.0'
A.7	At Hon Doi Islet, Thuan Hai Province	12°39.0'	109°28.0'
A.8	At Dai Lanh point, Phu Khanh Province	12°53.8'	109°27.2'
A.9	At Ong Can Islet, Phu Khanh Province	13°54.0'	109°21.0'
A.10	At Ly Son Islet, Nghia Binh Province	15°23.1'	109°09.0'
A.11	At Con Co Island, Binh Tri Thien Province	17°10.0'	107°20.6'

附录5 越南加入《联合国海洋法公约》时的声明

Declarations:

The Socialist Republic of Vietnam, by ratifying the 1982 UN Convention on the Law of the Sea, expresses its determination to join the international community in the establishment of an equitable legal order and in the promotion of maritime development and cooperation.

The National Assembly reaffirms the sovereignty of the Socialist Republic of Vietnam over its internal waters and territorial sea; the sovereign rights and jurisdiction in the contiguous zone, the exclusive economic zone and the continental shelf of Vietnam, based on the provisions of the Convention and principles of international law and calls on other countries to respect the above-said rights of Vietnam.

The National Assembly reiterates Vietnam's sovereignty over the Hoang Sa and Truong Sa archipelagoes and its position to settle those disputes relating to territorial claims as well as other disputes in the Eastern Sea through peaceful negotiations in the spirit of equality, mutual respect and understanding, and with due respect of international law, particularly the 1982 UN Convention on the Law of the Sea, and of the sovereign rights and jurisdiction of the coastal states over their respective continental shelves and exclusive economic zones; the concerned parties should, while exerting active efforts to promote negotiations for a fundamental and long-term solution, maintain stability on the basis of the status quo, refrain from any act that may further complicate the situation and from the use of force or threat of force.

The National Assembly emphasizes that it is necessary to identify between the settlement of dispute over the Hoang Sa and Truong Sa archipelagoes and the defense of the continental shelf and maritime zones falling under Vietnam's sovereignty, rights and jurisdiction, based on the principles and standards and specified in the 1982 UN Convention on the Law of the Sea.

The National Assembly entitles the National Assembly's Standing Committee and the Government to review all relevant national legislation to consider necessary amendments in conformity with the 1982 UN Convention on the Law of the Sea, and to safeguard the interest of Vietnam.

The National Assembly authorizes the Government to undertake effective measures for the management and defense of the continental shelf and maritime zones of Vietnam.

附录6 越南缔结和加入的国际条约

序号	公约名称	加入日期（年/月/日）	生效日期（年/月/日）
1	1982年《联合国海洋法公约》 United Nations Convention on the Law of the Sea, 1982	1982/12/10	1994/7/25
2	《关于执行1982年12月10日〈联合国海洋法公约〉第十一部分的协定》 Agreement Relating to the Implementation of Part XI of the United Nations Convention on the Law of the Sea of 10 December 1982	1994/11/16	2006/4/27

IMO框架下的海事公约

序号	公约的名称	公约生效时间（年/月/日）	签署/提交批准书/加入IMO的日期（年/月/日）	公约对越南生效时间（年/月/日）
1	1948年《国际海事组织公约》（1991年、1993年修订） Convention on International Maritime Organization, 1948 (Revised in 1991, 1993)	1948/3/17		1984
2	1965年《便利运输国际海上运输公约》 Convention on Facilitation in International Maritime Transport, 1965	1967/3/5	2006/1/23	2006/3/24
3	1966年《国际载重线公约》 Convention on Facilitation in International Maritime, 1966	1968/7/21	1990/12/18	1991/3/18
4	1969年《国际船舶吨位丈量公约》 International Convention on Tonnage Measurement of Ships, 1969	1982/7/18	1990/12/18	1991/3/18
5	1969年《国际油污损害民事责任公约》 International Convention on Civil Liability for Oil Pollution Damage, 1969	1996/5/30	2003/6/17	2004/6/17
6	1972年《国际海上避碰规则公约》 Convention on the International Regulation for Preventing Collisions at Sea, 1972	1977/7/15	1990/12/18	1990/12/18
7	1973年《国际防止船舶造成污染公约》（1978年修正案，附件一和二） International Convention for the Prevention of Pollution From Ships, 1973 amended 1978, Annexes I and II	1983/10/12	1991/5/29	1991/8/29

附　录

续表

序号	公约的名称	公约生效时间（年/月/日）	签署/提交批准书/加入IMO的日期（年/月/日）	公约对越南生效时间（年/月/日）
8	1974年《国际海上人命安全公约》 International Convention for Safety of Life at Sea, 1974	1980/5/25	1990/12/18	1991/3/18
9	《经1978年议定书修订的〈1973年国际防止船舶造成污染公约〉》 Protocol of 1997 to Amend the International Convention for the Prevention of Pollution from Ships of 1973	1981/5/1	1992/10/12	1993/12/1
10	《1974年国际海上人命安全公约1988年议定书》 Protocol of 1988 relating to the International Convention for the Safety of Life at Sea of 1974	2000/2/3	2002/5/27	2002/8/27
11	1976年《国际海事卫星组织公约》 Convention on the International Maritime Satellite Organization, 1976	1979/7/16	1998/4/15	1998/4/15
12	《1988年修订的〈1976年国际海事卫星组织公约〉》 1988 Revision of the Convention on the International Maritime Satellite Organization, 1976	2001/7/31	2001/5/1	
13	1978年《海员培训、发证和值班标准国际公约》 International Convention on Standards of Training, Certification and Watchkeeping for Seafarers, 1978	1984/4/28	1990/12/18	1991/3/18
14	1979年《国际海上搜寻救助公约》 International Convention on Maritime Search and Rescue, 1979	1985/6/22	2007/3/16	2007/4/15
15	1988年《制止危及海上航行安全非法行为公约》 Convention for the Suppression of Unlawful Acts against the Safety of Maritime Navigation, 1988	1992/3/1	2000/7/12	2002/10/10
16	2001年《国际燃油污染损害民事责任公约》 International Convention on Civil Liability for Bunker Oil Pollution Damage, 2001	2008/11/21	2010/6/18	2010/9/18
17	1988年《制止危及大陆架固定平台安全非法行为议定书》 Protocol for the Suppression of Unlawful Acts Against the Safety of Fixed Platforms Located on the Continental Shelf, 1988	1992/3/1	2002/7/12	2002/10/10[1]

〔1〕1-17行公约信息来源于越南海事管理局，http://webcache.googleusercontent.com/search?q=cache:GpvwBkvluloJ:www.vinamarine.gov.vn/Index.aspx%3Fpage%3Dlawtreaties%26tab%3Dduvn+&cd=2&hl=zh-CN&ct=clnk&gl=jp，最后访问日期：2018年6月5日。

附录7 《越南—泰国泰国湾海上边界协定》C点、K点坐标

界点	纬度（北）	经度（东）
C	07°48′00″.0000	103°02′30″.0000
K	08°46′54″.7754	102°12′11″.6542

附录 8　越南—印度尼西亚大陆架划界线界点坐标

界点	纬度（北）	经度（东）
P20	06°05′48″	105°49′12″
H	06°15′00″	106°12′00″
H1	06°15′00″	106°19′01″
A4	06°20′59.88″	106°39′37.67″
X1	06°50′15″	109°17′13″
P25	06°18′12″	109°38′36″

附录9 中越北部湾划界界点坐标

界点	纬度（北）	经度（东）
1	21°28′12.5″	108°06′04.3″
2	21°28′01.7″	108°06′01.6″
3	21°27′50.1″	108°05′57.7″
4	21°27′39.5″	108°05′51.5″
5	21°27′28.2″	108°05′39.9″
6	21°27′23.1″	108°05′38.8″
7	21°27′08.2″	108°05′43.7″
8	21°16′32″	108°08′05″
9	21°12′35″	108°12′31″
10	20°24′05″	108°22′45″
11	19°57′33″	107°55′47″
12	19°39′33″	107°31′40″
13	19°25′26″	107°21′00″
14	19°25′26″	107°12′43″
15	19°16′04″	107°11′23″
16	19°12′55″	107°09′34″
17	18°42′52″	107°09′34″
18	18°13′49″	107°34′00″
19	18°07′08″	107°37′34″
20	18°04′13″	107°39′09″
21	17°47′00″	107°58′00″

附录 10　中越北部湾共同渔区的范围

界点	纬度（北）	经度（东）
1	17°23′38″	107°34′43″
2	18°09′20″	108°20′18″
3	18°44′25″	107°41′51″
4	19°08′09″	107°41′51″
5	19°43′00″	108°20′30″
6	20°00′00″	108°42′32″
7	20°00′00″	107°57′42″
8	19°52′34″	107°57′42″
9	19°52′34″	107°29′00″
10	20°00′00″	107°29′00″
11	20°00′00″	107°07′41″
12	19°33′07″	106°37′17″
13	18°40′00″	106°37′17″
14	18°18′58″	106°53′08″
15	18°00′00″	107°01′55″
16	17°23′38″	107°34′43″

附录 11　法国总督关于"布雷维线"的信函

The Brevie Line, 31 January 1939

Directorate of Political Affairs
Number 867I API

Subject: Islands in the Gulf of Siam

Hanoi, 31 January 1939
The Governor General of Indochina
Grand Officer of the Legion d'Honneur

To the Governor of Cochin China
(I Bureau) in Saigon

I have the honor of informing you that I have just reexamined the question of the islands of the Gulf of Siam, the possession of which is disputed between Cambodia and Cochin China.

The situation of this group of islands, scattered along the Cambodian coast and some of which are so near the coast that land filling presently being carried out will seem to fuse them to the Cambodian coast in a relatively near future, logically and geographically requires that these islands be under the jurisdiction of the Administration of Cambodia.

I believe that it is impossible to let the present state of affairs continue as it is, which is forcing the inhabitants of these islands to refer, either at the price of a long crossing, or at the price of a long detour through Cambodian territory, to the Administration of Cochin China.

As a consequence, I have decided that all the islands located north of the line perpendicular to the coast starting from the border between Cambodia and Cochin China and making a 140 grad angle with the north meridian, in accordance with the attached chart, will be from now on administered by Cambodia. The Protectorate will, in particular, take over the police of these islands.

All the islands south of this line, including the islands of Phu-Quoc, will continue to be administered by Cochin China. It is understood that the demarcation line thus made will make a line around the north of the island Phu-Quoc, passing three kilometers from the extreme ends of the north shore of this island.

Administration and police powers on these islands will thus be clearly distributed between Cochin China and Cambodia, so that all the future disputes might be avoided.

It is understood that the above pertains only to the administration and policing of these islands, and that the issue of the islands' territorial jurisdiction remains entirely reserved.

You will please make provisions so that my decision is immediately put into effect.

Please notify me of the receipt of this letter.

Signed: BREVIE

Source: Reproduced in Chhak, 1966.

附录12 柬埔寨1972年7月1日大陆架声明

REPUBLIQUE KHMERE

N° 439-72/PRK

KRET

LE PRESIDENT DE LA REPUBLIQUE KHMERE

Vu la Constitution de la République Khmère;

Vu l'Ordonnance N° 1/71-CE du 18 Octobre 1971 régissant les questions relevant du domaine de la Loi;

Vu l'Ordonnance N° 17/72-CE du 12 Mars 1972 définissant le titre du Chef de l'Etat de la République Khmère;

Vu l'Ordonnance N° 2/72-PRK du 12 Mars 1972 conférant les pouvoirs du Chef du Gouvernement au Président de la République Khmère;

Vu le Kret N° 187/72-PRK du 21 Mars 1972 modifié par les textes subséquents portant nomination du Cabinet Ministériel;

Le Conseil des Ministres entendu;

ORDONNE:

ARTICLE PREMIER.— En application des clauses de la Convention de Genève du 29 Avril 1958 sur le Plateau Continental à laquelle la République Khmère a adhéré et du Traité Franco-Siamois du 23 Mars 1907 et le Procès-Verbal de délimitation de la frontière du 8 Février 1908, la limite extérieure du Plateau Continental de la République Khmère est fixée comme l'indique la carte N° 1972 de la Marine française à l'échelle 1/1.096.000 annexée au présent Kret avec les coordonnées de ses points repères suivantes:

La délimitation latérale Nord entre les zones du Plateau Continental relevant de la souveraineté respective de la République Khmère et de la Thaïlande est constituée par une ligne droite joignant le point frontière "A" sur la côte au plus haut sommet de l'île de Koh Kut "S" et se prolongeant jusqu'au point P, ces points A et P sont définis ci-après:

...2

	LONGITUDES EST GREENWICH	LATITUDES NORD
POINT A Ce point étant le point frontière sur la côte (Traité de Bangkok du 23 Mars 1907)...	102°54'81	11°38'88
POINT P Point équidistant de la base cambodgienne A — Ilôt Kusrovie et de la ligne de base thaïlandaise opposée.........	101°20'00	11°32'00

ARTICLE 2.— La délimitation de la ligne médiane (direction Nord-sud) est constituée par une ligne brisée partant du point P et passant successivement sur les points P_{ck1} - P_{ck2} - P_{ck3} - P_{ck4} - P_{ck5} - P_{ck6} - P_{ck7} - P_{ck8} - P_{ck9} - P_{ck10} - P_{ck11} - P_{ck12} - P_{ck13} et B point frontière avec le Sud-Vietnam ci-après définis et reportés sur la carte jointe en annexe :

	LONGITUDES EST GREENWICH	LATITUDES NORD
P_{ck1} .... Point équidistant d'une part de l'îlot cambodgien de Kusrovie et d'autre part des points thaïlandais suivants : îlot Koh Charn et point 8 Area 2 (Hin Bai).	101°13'00	10°59'00
P_{ck2}	101°29'00	10°16'50
P_{ck3}	101°36'00	9°05'00
P_{ck4}	101°57'50	8°31'00
P_{ck5}	102°59'50	7°42'00
P_{ck6}	103°21'00	7°34'00
P_{ck7}	104°08'00	9°01'00
P_{ck8}	104°01'00	9°18'00
P_{ck9}	104°08'50	9°38'50
P_{ck10}	104°16'50	9°56'00
P_{ck11}	104°15'00	10°01'00
P_{ck12}	104°10'50	10°05'00
P_{ck13}	104°09'00	10°12'00
B point frontière avec Sud-Vietnam ...	104°26'63	10°25'23

...3

ARTICLE 3.— La carte marine n°. 1972 de la Marine française - Edition 1949 à l'échelle 1/1.096.000° est jointe au présent Kret.

Toute référence au Kret implique en même temps une référence à la carte n°. 1972.

ARTICLE 4.— Toutes dispositions contraires au présent Kret sont purement et simplement abrogées.

ARTICLE 5.— Le Ministre des Affaires Etrangères et le Ministre de l'Industrie, des Ressources minières et des Pêches maritimes sont chargés, chacun en ce qui le concerne, de l'exécution du présent Kret./.

Fait à Phnom-Penh, le 1er Juillet 1972

Signé : **LON NOL**

Présenté à la signature du
PRESIDENT DE LA REPUBLIQUE KHMERE
par
LE MINISTRE DE L'INDUSTRIE, DES RESSOURCES
MINIERES ET DES PECHES MARITIMES,

Signé : **CHHANN SOKHUM**

POUR AMPLIATION,
LE SECRETAIRE GENERAL
DU GOUVERNEMENT,

Signé : **OUK SOUN**

DESTINATAIRES :
— Dircabinet du Président de la République Khmère
— Préconseil (SGG) - JOC.
— IGARK - IAPA.
— Tous Municipalités - Khêts et Anouckhêts.
— Tous Ministères - Trésor.
— Cab-DG-IG-Toutes Directions et Inspections-Sce P&M et tous bureaux relevant du MinIndustrie.
— Ex. Assemblée Constituante.
— Archives et Bibliothèque Nle.

POUR COPIE CONFORME
P.LE MINISTRE DE L'INDUSTRIE,
DES RESSOURCES MINIERES
ET DES PECHES MARITIMES,
LE DIRECTEUR DU SERVICE NATIONAL
DES MINES, DE LA GEOLOGIE ET DU
PETROLE,

SEAN PENGSE

Source：Schoeld, Clive Howard (1999), *Maritime Boundary Delimitation in the Gulf of Thailand*, Durham theses, Durham University. Available at Durham E-Theses Online: http://etheses.dur.ac.uk/4351/.

附录 13 《越南—柬埔寨历史性水域协定》
Agreement on Historic Waters of Vietnam and Kampuchea

7 July 1982

The Government of the Socialist Republic of Vietnam and the Government of the People's Republic of Kampuchea, DESIROUS of further consolidating and developing the special Vietnam-Kampuchea relations in the spirit of the Treaty of Peace, Friendship and Cooperation between the Socialist Republic of Vietnam and the People's Republic of Kampuchea signed on February 18, 1979.

CONSIDERING the reality that the maritime zone situated between the coast of Kien Giang Province, Phu Quoc Island, and the Tho Chu archipelago of the Socialist Republic of Vietnam on the one side, and the coast of Kampot Province and the Poulo Wai group of islands of the People's Republic of Kampuchea on the other, encompasses waters which by their special geographical conditions and their great importance for the national defence and the economy of both countries have long belonged to Vietnam and Kampuchea,

HAVE AGREED ON THE FOLLOWING:

Article 1

The waters located between the coast of Kien Giang Province, Phu Quoc Island, and the Tho Chu archipelago of the Socialist Republic of Vietnam on the one side, and the coast of Kampot Province and the Poulo Wai group of islands of the People's Republic of Kampuchea on the other, form the historical waters of the two countries placed under the juridical regime of their internal waters and are delimited (according to the Greenwich east longitude):

To the northwest by a straight line stretching from coordinates 09 degrees 54′2″ north latitude-102 degrees 55′2″ east longitude and coordinates 09 degrees 54′5″ north latitude-102 degrees 57′2″ east longitude of Poulo Wai Islands (Kampuchea) to coordinates 10 degrees 24′1″ north latitude-103 degrees 48′0″ east longitude and 10 degrees 25′6″ north latitude-103 degrees 49′2″ east longitude of the Koh Ses Island (Kampuchea) to coordinates 10 degrees 30′0″ north latitude-103 degrees 47′4″ east longitude of Koh Thmei Island (Kampuchea) to coordinates 10 degrees 32′4″ north latitude-103 degrees 48′2″ east longitude on the coast of Kampot Province (Kampuchea).

To the north by the coast of Kampot Province stretching from coordinates 1 0 degrees 32′4″ Lat. N.- 103 degrees 48′2″ Long. E. on the terminus of the land border between Vietnam and Kampuchea on the coast.

To the southeast by a line stretching from the terminus of the land border between Vietnam and Kampuchea on the coast to coordinates 10 degrees 04′42″ Lat. N.-104 degrees 02′3″ Long. E. from the An Yet point of Phu Quoc Island (Vietnam) and along the northern coast of this island to the Dat Do point situated at coordinates 10 degrees 02′8″ Lat. N.-103 degrees 59′1″ Long. E., and from there to coordinates 09 degrees 10′1″ Lat. N.-103 degrees 26′4″ Long. E. of Thu Chu Island (Vietnam) to coordinates 09 degrees 15′0″ Lat. N. - 103 degrees 27′0″ Long. E. of Hon Nhan Island in the Tho Chu archipelago (Vietnam).

To the southwest by a straight line stretching from coordinates 09 degrees 55′0″ Lat. N. -102 degrees 53′5″ Long. E. from Puolo Wai Islands (Kampuchea) to coordinates 09 degrees 15′0″ Lat. N.-103 degrees 27′0″ Long. E. of Hon Nhan Island in the Tho Chu archipelago (Vietnam).

Article 2

The two sides will hold at a suitable time negotiations in the spirit of equality, friendship, and respect for each other's independence, sovereignty, territorial integrity, and the legitimate interests of each side in order to delimit the maritime frontier between the two countries in the historical waters mentioned in Article 1.

Article 3

Pending the settlement of the maritime border between the two States in the historical waters mentioned in Article 1:

The meeting point 0 of the two baselines used for measuring the width of the territorial waters of each country situated on the high seas on the straight baseline linking the Tho Chu archipelago and Poulo Wai Islands will be determined by mutual agreement.

The two sides continue to regard the Brevie Line drawn in 1939 as the dividing line for the islands in this zone.

Patrolling and surveillance in these territorial waters will be jointly conducted by the two sides.

The local populations will continue to conduct their fishing operations and the catch of other sea products in this zone according to the habits that have existed so far.

The exploitation of natural resources in this zone will be decided by common agreement.

DONE in Ho Chi Minh City on the 7th of July 1982, in two languages, Vietnamese and Khmer, both being equally valid.

For the Government of the Socialist Republic of Vietnam: Nguyen Co Thach, Minister of Foreign Affairs of the Socialist Republic of Vietnam.

For the Government of the People's Republic of Kampuchea: Hun Sen, Minister of Foreign Affairs of the People's Republic of Kampuchea.

Source: Reproduced in Kittichaisaree, 1987.

附录14　马来西亚海洋法历史性文件

序号	法令名称	颁布年份	修订年份
1	《水法》 Waters Act[1]	1920[2]	1989年
2	《橡胶运输及包装控制法》 Rubber Shipping and Packing Control Ordinance[3]	1949（已废除）	

---

[1] 参见联合国粮农组织官网，http://extwprlegs1.fao.org/docs/texts/mal33533.doc，最后访问日期：2018年5月5日。

[2] 管辖区域：森美兰州，彭亨州，霹雳州，雪兰莪州，马六甲，槟城和联邦直辖区。

[3] 参见全球法规网，http://policy.mofcom.gov.cn/section/flaw!fetch.action?libcode=flaw&id=1B5A9FC7-1D54-462C-AA7E-E6592EB3B4E1，最后访问日期：2018年5月5日。

附录 15 马来西亚与联合国海洋法划分的海域有关的法案

海域	法　案	颁布日期 （年/月/日）	修订日期 （年/月/日）	制定机构
领海	《第 7 号紧急（基本权力）令》 Emergency (Essential Powers) Ordinance，No.7 of 1969 [P.U.(A)307A/1969][1]	1969/8/2		国家元首 Yang di-Pertuan Agong
	《领海法令》 Territorial Sea Act[2]	皇家批准日期： 2012/6/18 登报日期： 2012/6/22		国会
专属经济区	《专属经济区法》 Exclusive Economic Zone Act[3]	1984		国会
大陆架	《大陆架法》 Continental Shelf Act[4] 修正案： 《大陆架修正案》 Continental Shelf (Amendment) Act	1966/7/28 （第 57 号法案）	修正案生效日期： 2009/5/1（第 A1351 号法案）	国会 （在 1972/12/31 前）
领海基线	《海洋区域基线法》 Baselines Of Maritime Zones Act 2006 [Act 660]	皇家批准日期：2006/12/29 登报日期：2006/12/31		国会

---

[1] 参见联合国官网，http://www.un.org/Depts/los/LEGISLATIONANDTREATIES/PDFFILES/MYS_1969_Ordinance.pdf，最后登录时间：2018 年 5 月 5 日。

[2] 参见马来西亚政府公报，http://www.federalgazette.agc.gov.my/outputaktap/20120622_750_BI_Act%20750%20BI.pdf，最后登录时间：2018 年 5 月 5 日。

[3] 参见联合国粮农组织官网，http://extwprlegs1.fao.org/docs/pdf/mal3732.pdf，最后登录时间：2018 年 5 月 5 日。

[4] 参见马来西亚总检察长办公室官网，http://www.agc.gov.my/agcportal/uploads/files/Publications/LOM/EN/Act%2083%20-%20Continental%20Shelf%20Act%201966%20Revised%201972.pdf，最后登录时间：2018 年 5 月 5 日。

附录 16　马来西亚港口与航运相关法案

表 1　港口与航运相关法案表

序号	法案[1]	第一次制定日期（年/月/日）	修订日期（年/月/日）	制定机关
法案 527	1950 年《海上货物运输法》Carriage of Goods By Sea Act 1950	1950（编号：法案 13）	1994/12/12	
法案 243	1953 年《联邦灯塔税法案》Federation Light Dues Act 1953	1953（编号：法案 24）	1981/6/25 生效日期 1985/3/1，第 A601 号法案	
法案 140	1955 年《槟城港口委员会法案》Penang Port Commission Act 1955	1955（编号：法案 56）	修正案见附录 16	
法案 488	1963 年《港务局法案》Port Authorities Act 1963	1963（编号：法案 21）	1992/3/18	国会
编号	法案	皇家批准日期	登报日期	
法案 243	1981 年《民都鲁港务局年法案》Bintulu Port Authority Act 1981	1981/2/4	1981/2/5	议会提议，（国家元首）颁布
法案 422	1990 年《港口（私有化）法案》Ports (Privatization) Act 1990	1990/2/8	1990/2/22	国会
法案 515	《1994 年〈商船（石油污染）法〉2005 年修正案》Merchant Shipping（Oil Pollution）	1994/2/15	1994/2/24 号（修正案生效日期：2005/9/15）	国会
法案 630	2003 年《兰卡威国际游艇登记法》Akta Pendaftaran Kapal Layar Antarabangsa Langkawi 2003	2003/7/29	2003/8/7	国会
编号	条例	皇家批准日期	登报日期	
条例 70/1952	1952 年《商船条例》Merchant Shipping Ordinance 1952	2003/7/29	2003/8/7	

---

[1] 参见马来西亚交通部官网，http://www.mot.gov.my/my/maritim/akta-peraturan-pengangkutan-maritim，最后访问日期：2018 年 5 月 5 日。

表2 槟城港口委员会修正案

槟城港口委员会修正案 Penang Port Commission (Amendment)	生效日期 （年/月/日）
1976 编号：Act A338	1976/02/27
1984 编号：Act A582	1984/01/20
1987 编号：Act A673	1987/05/22
1993 编号：Act A855	1993/09/30
1995 编号：Act A936	1995/11/10
2004 编号：Act A1238	2005/01/14

附录 17　马来西亚渔业法律规范性文件

表 1　马来西亚渔业法案

法案[1]	编号	皇家批准日期（年/月/日）	登报日期（年/月/日）	部门	颁布/制定机关
1971年《渔民协会法》Akta Persatuan Nelayan 1971	44	1971/8/30	1971/9/2	渔业局	Seri Paduka Baginda Yang di-Pertuan Agong（国家元首）
1971年《马来西亚渔业发展管理局法案》Akta Lembaga KemajuanIkan Malaysia 1971	49	1971/9/27	1971/9/30	渔业发展管理局	Seri Paduka Baginda Yang di-Pertuan Agong（国家元首）
1985年《渔业法》Akta Perikanan 1985[2]	317	1985/5/22	1985/5/30	渔业局	Seri Paduka Baginda Yang di-Pertuan Agong（国家元首）

表 2　马来西亚渔业法案相关条例

序号	条例	编号
1	2002年《渔业条例（贝类养殖和养殖）》Peraturan-Peraturan Perikanan (Pemuliharaandan Kultur Kerang) 2002	P.U.(A)405/2002
2	1999年《渔业条例（濒危物种鱼类）》Peraturan-Peraturan Perikanan (Pengawalan Spesies Ikan Yang Terancam)1999	P.U.(A)409/1999
3	1996年《渔业条例（禁止捕捞石斑鱼）》Peraturan-Peraturan Perikanan (Larangan Cara Menangkap Anak Ikan Kerapu) 1996	P.U.(A)620/1996
4	1996年《渔业条例（季节捕捞石斑鱼）》Peraturan-Peraturan Perikanan (Musim Tertutup Menangkap Anak Ikan Kerapu)1996	P.U.(A)619/1996
5	1994年《渔业条例（禁止区）》Peraturan-Peraturan Perikanan (Kawasan Larangan) 1994	P.U.(A)402/1994

---

[1] 参见马来西亚农业部官网，http://www.moa.gov.my/perundangan，最后访问日期：2018年5月5日。

[2] 参见世界粮农组织官网，http://extwprlegs1.fao.org/docs/pdf/mal1869.pdf，最后访问日期：2018年5月5日。

续表

序号	条例	编号
6	1991年《渔业条例（禁区）（阿邦地区）》 Peraturan-Peraturan Perikanan(Kawasan Larangan)(RantauAbang) 1991	P.U.(A)277/1991
7	1990年《渔业法规（禁止进口鱼等）》 Peraturan-Peraturan Perikanan (LaranganImport, Dsb., Bagi Ikan) 1990	P.U.(A)441/1990
8	1990年《渔业条例（海洋养殖系统）》 Peraturan-Peraturan Perikanan (Sistem Kultur Laut) 1990	P.U.(A)131/1990
9	1985年《渔业条例（海事）（当地渔船执照）》 Peraturan-Peraturan Perikanan (Kelautan) (Pelesenan Vesel Penangkapan Ikan Tempatan) 1985	P.U.(A)567/1985
10	1983年《渔业条例（禁区）》 Peraturan-Peraturan Perikanan (Kawasan Larangan)	P.U.(A)424/198 P.U.(A)402/1994 废除
11	1980年《渔业条例（禁止捕鱼）》 Peraturan-Peraturan Perikanan (Larangan Cara Menangkap Ikan) 1980	P.U.(A)314/1980
12	1976年《渔业条例（海洋）（沙捞越）》 Peraturan-Peraturan Perikanan (Laut) (Sarawak) 1976	P.U.(A)401/1976
13	1976年《渔业条例（海洋）（沙捞越）》 Peraturan-Peraturan Perikanan (Laut) (Sarawak) 1976	P.U.(A)401/197 P.U.(A)216/2000 修改
14	1973年《渔业条例（禁止进口食人鱼等）》 Peraturan-Peraturan Perikanan (Melarang Pengimportan Dsb., "Piranhas") 1973	P.U.(A)355/197P. U.(A)441/1990 废除
15	1971年《渔业条例（防止捕鱼）》 Peraturan-Peraturan Perikanan (Pencegahan Cara Menangkap Ikan) 1971	P.U.(A)187/1971 Revokedby P.U.(A)314/1980 废除
16	1967年《渔业条例（海洋）》 Peraturan-PeraturanPerikanan (Laut)	P.U.(A)49/1967
17	1966年《渔业条例（禁止进口食人鱼等）》 Peraturan-Peraturan Perikanan (Melarang Pengimportan Dsb., "Piranhas") 1966	P.U.(A)331/1966P. U.(A)355/1973 废除
18	1964年《渔业条例（保护和文化）》 Peraturan-Peraturan Perikanan (Pemuliharaan Dan Kultur) 1964	L.N.428/1964 P.U.(A)405/2002 废除
19	1964年《渔业条例（吉兰丹和玻璃市）》 Peraturan-Peraturan Perikanan (Kelantan Dan Perlis) 1964	L.N.161/1964
20	1964年《渔业条例（柔佛州）（2号）》 .Peraturan-Peraturan Perikanan (Johor) (No.2) 1964	J.L.N.77/1964

续表

序号	条例	编号
21	1964年《渔业条例（柔佛州）》 Peraturan-Peraturan Perikanan (Johor) 1964	J.L.N76/1964
22	1963年《渔业条例（霹雳）(Fi)》 Peraturan-Peraturan Perikanan (Perak)(Fi) 1963	L.N.87/1963
23	1962年《禁止设置障碍渔具（霹雳）》 Prohibition of Set Barrier Fishing Gear (Perak) Rules 1962	L.N.221/1962
24	1958年《基隆（大陆架）条例》 Kilongs (Continental Shelf) Regulations 1958	G.N.S.37/1958 P.U.(A)401/1976 废除
25	1958年《基隆（沙捞越水域）条例》 Kilongs (Sarawak Waters) Regulations 1958	G.N.S.38/1958
26	1952年《渔业规则—吉兰丹政府宪报公告》 Fisheries Rules 1952-Kelantan Government Gazette Notification	1952年第276号
27	1952年《渔业规则》 Kaedah-Kaedah Perikanan 1952	J.L.N.51/1952
28	1947年《渔业（丁加奴州）[1]规则—马来亚联邦公报通知》 Fisheries (Terengganu) Rules 1947 - Malayan Union Gazette Notification	1947年第8381号
29	1939年《渔业规则》 Kaedah-Kaedah Perikanan 1939	F.M.S.300/1939
30	1938年《渔业规则》 Kaedah-Kaedah Perikanan 1938	F.M.S.5616/1938
31	1924年《渔业法令》 The Fisheries Ordinance 1924 Rules	S.S.2034/1924

表3　1971年《马来西亚渔业发展管理局法案》相关条例

序号	条例	编号
1	1986年《马来西亚渔业发展局规则（捕鱼场和纳闽岛）》 Kaedah-Kaedah Lembaga Kemajuan Ikan Malaysia (Kompleksdan Labuhan Perikanan) 1986	P.U.(A)79/1986
2	1973年《鱼类销售规则》 Peraturan-Peraturan Pemasaran Ikan 1973	P.U.(A)381/1973

---

[1] 登嘉楼州的旧称。

附录 18　马来西亚海事执法机构法

法案	皇家批准日期 （年/月/日）	登报日期 （年/月/日）	制定机关
2004年《马来西亚海事执法机构法》 Maritime Enforcement Agency Act (2004)	2004/6/25	2004/7/1	马来西亚国会
1972年《武装部队法》 Armed Forces Act 1972	1972/4/28	1972/5/4	马来西亚国会

---

〔1〕See VERJIC, http://www.vertic.org/media/National%20Legislation/Malaysia/MY_Maritime_Enfocement_Agency.pdf, May 5, 2018.

附录19　沙巴港口和码头局相关条例

法案[1]	附属法例/相关文件	实施日期（年/月/日）	制定机关
2002年《港口和码头法令》Enakmen Dan Peraturan Dermaga 2002		2002/11/9	州议会
2008年《港口和码头条例》Ports and Harbours Regulation (2008)	2008年《港口和码头（费用）条例》Ports and Harbours (Fees) Regulations 2008	2009/6/1	
	2008年《港口和码头（引航）条例》Ports and Harbours (Pilotage) Regulations 2008	2009/6/1	
	2008年《港口和码头（拖船）条例》Ports and Harbours (Towage) Regulations 2008	2009/6/1	
	2008年《港口和码头（搁置船舶）条例》Ports and Harbours (Laid-up Vessels) Regulations 2008	2009/6/1	
	2008年《港口和码头（复合罪行）条例》Ports and Harbours (Compounding of Offences) Regulations 2008	2009/6/1	
	2008年《港口和码头（政府码头）条例》Ports and Harbours (Government Wharves) Regulations 2008	2009/6/1	
	2008年《港口和码头（港口、码头和会费）条例》Ports and Harbours (Ports, Harbours and Dues) Regulations 2008	2009/6/1	
	2008年《港口和码头（沙巴特许小型船）条例》Ports and Harbours (Sabah Licensed Small Ships) Regulations 2008	2009/6/1	
1960年《商船条例（沙巴）》	1961年《商船（终止注册证书）条例》Merchant Shipping (Terminable Certificate of Registry) Regulations 1961	1961/4/1	根据1894年《商船法》第90条授予他的权力，总督在国务大臣的批准下，颁布该法
	1961年《商船（许可小船）条例》Merchant Shipping (Licensed Small Ships) Regulations 1961 (Am: G.N.S 6/96)	1961/4/1	总督会同行政局

[1] 参见马来西亚交通部官网，http://www.mot.gov.my/my/maritim/akta-peraturan-pengangkutan-maritim，最后访问日期：2018年5月5日。

续表

法案	附属法例/相关文件	实施日期（年/月/日）	制定机关
1960年《商船条例（沙巴）》	1961年《商船（沿海贸易船舶分类）规例》 Merchant Shipping (Classification of Coastal Trade Ships) Regulations 1961 (Am: G.N.S 7/96)	生效日期：1961/4/1	总督会同行政局
	1961年《商船（曼宁）条例》 Merchant Shipping (Manning) Regulations 1961	生效日期：1961/4/1	总督会同行政局
	1961年《商船（引航）条例》 Merchant Shipping (Pilotage) Regulations 1961 (Am: G.N.S 8/96)	生效日期：1961/4/1	总督会同行政局
	1961年《商船（运载牲畜）条例》 Merchant Shipping (Carriage of Livestock) Regulations 1961	生效日期：1961/4/1	总督会同行政局
	1961年《商船（表格）条例》 Merchant Shipping (Forms) Regulations 1961	无	总督会同行政局
	1961年《商船（费用）规例》 Merchant Shipping (Fees) Regulations 1961 (Am: G.N.S 11/96)	生效日期：1961/4/1	总督会同行政局
	1961年《商船（附属条例）条例》 Merchant Shipping (Applied Subsidiary Legislation) Regulations 1961	生效日期：1961/4/1	总督会同行政局
	1961年《商船（豁免）令》 Merchant Shipping (Exemption) Order 1961	无	总督
	1961年《商船（港口、码头和会费）条例》 Merchant Shipping (Ports, Harbours and Dues) Regulations 1961	1962/1/1	总督会同行政局
	1961年《商船（政府码头）条例》 Merchant Shipping (Government Wharves) Regulations 1961	1962/1/1	总督会同行政局
	1963年《商船（浮木和木筏）条例》 Merchant Shipping (Floating Logs and Timber Rafts) Regulations 1963	1962/1/1	总督会同行政局
	1984年《商船（搁置船舶）条例》 Merchant Shipping (Laid-up Vessels) Regulations 1984	1962/1/1	总督

附录20 沙捞越海洋渔业局相关条例

序号	法案和条例
1	1960年《商船条例（沙捞越）》 Merchant Shipping Ordinance 1960 (Sarawak)
2	1985年《渔业法（第317号法案）》 Perundangan-Akta Perikanan 1985 [Akta 317]
3	2009年《渔业条例（对欧盟出口的鱼品质量控制）》 Peraturan-Peraturan Perikanan (Kawalan Kualiti Ikan bagi Eksport ke Kesatuan Eropah) 2009
4	2008年《国际濒危物种贸易立法》 Perundangan-Akta Perdagangan Antarabangsa Mengenai Spesis Terancam 2008
5	《渔业法（牌照及船舶检验）》 Perundangan-Akta Perikanan [Tugas Pelesenan & Pemeriksaan Vesel]
6	2012年《渔业法修正案》（修订1985年《渔业法》） Perundangan-Akta Perikanan 1985 Pind 2012
7	1985年《AP复利率条例》 Perundangan-Kadar Kompaun AP 1985
8	《渔业条例（禁渔区1994年）》 Perundangan-Peraturan Perikanan [Kawasan Larangan 1994]
9	《渔业安排条例（季节捕捞石斑鱼1996年）》 Perundangan-Peraturan Perikanan [Musim Tertutup Menangkap Anak Ikan Kerapu 1996]
10	《渔业条例（进出口鱼类疾病控制2012年）》 Perundangan-Peraturan Perikanan [Pemantauan Kawalan Penyakit Ikan Bagi Eksport dan Import 2012]
11	《渔业条例（贝类养殖和保护2002年）》 Perundangan-Peraturan Perikanan [Pemulihan dan Kultur Kerang 2002]
12	1976年《海洋渔业条例》（2000年修订） Perundangan-Peraturan Perikanan Laut Sarawak 1976 (Pindaan 2000)
13	1976年《海洋渔业条例》 Perundangan-Peraturan Perikanan Laut Sarawak 1976
14	《渔业条例（海参保护区2010年）》 Perundangan-Peraturan-Peraturan Perikanan [Kawasan Perlindungan bagi Timun Laut 2010]

---

[1] 参见沙捞越海洋渔业局官网，https://jpls.dof.gov.my/sarawak.php/pages/view/565，最后访问日期：2018年5月5日。

附录 21 马来西亚批准《联合国海洋法公约》的声明

Declarations:

1.The Malaysian Government is not bound by any domestic legislation or by any declaration issued by other States upon signature or ratification of this Convention. Malaysia reserves the right to state its positions concerning all such legislations or declarations at the appropriate time, in particular the maritime claims of any other State having signed or ratified the Convention, where such claims are inconsistent with the relevant principles of international laws and the provisions of the Convention on the Law of the Sea and which are prejudicial to the sovereign rights and jurisdiction of Malaysia in its maritime areas.

2. The Malaysian Government understands that the provisions of article 301 prohibiting any threat or use of force against the territorial integrity of any State, or in other manner inconsistent with the principles of international law embodied in the Charter of the United Nations' apply in particular to the maritime areas under the sovereignty or jurisdiction of the coastal state.

3. The Malaysian Government also understands that the provisions of the Convention do not authorize other States to carry out military exercises or manoeuvres, in particular those involving the use of weapon or explosives in the exclusive economic zone without the consent of the coastal state.

4. In view of the inherent danger entailed in the passage of nuclear-powered vessels or vessels carrying nuclear material or other material of a similar nature and in view of the provision of article 22, paragraph 2, of the Convention on the Law of the Sea concerning the right of the coastal State to confine the passage of such vessels to sea lanes designated by the State within its territorial sea, as well as that of article 23 of the Convention, which requires such vessels to carry documents and observe special precautionary measures as specified by international agreements, the Malaysian Government, with all of the above in mind, requires the aforesaid vessels to obtain prior authorization of passage before entering the territorial sea of Malaysia until such time as the international agreements referred to in article 23 are concluded and Malaysia becomes a party thereto. Under all circumstances, the flag State of such vessels shall assume all responsibility for any loss or damage resulting from the passage of such vessels within the territorial sea of Malaysia.

5. The Malaysian Government also wishes to reiterate the statement relating to article 233 of the Convention in its application to the Straits of Malacca and Singapore which has been annexed to a letter dated 28th April 1982 transmitted to the President of UNCLOS III and as contained in Document A/CONF.62/L 145, UNCLOS III Off.Rec., vol. XVI, pp. 250-251.

6. The ratification of the Convention by the Malaysian Government shall not in any manner affect its rights and obligations under any agreements and treaties on maritime matters entered into to which the Malaysian Governrment is a party.

7. The Malaysian Government interprets article 74 and article 83 to the effect that in the absence of agreement on the delimitation of the exclusive economic zone or continental shelf or other maritime zones, for an equitable solution to be achieved, the boundary shall be the median line, namely a line every point of which is equidistant from the nearest points of the baselines from which the breadth of the territorial sea of Malaysia and of such other States is measured.

Malaysia is also of the view that in accordance with the provisions of the Convention, namely article 56 and article 76, if the maritime area is less or to a distance of 200 nautical miles from the baselines, the boundary for continental shelf and exclusive economic zone shall be on the same line (identical).

8. The Malaysian Government declares, without prejudice to article 303 of the Convention of the Law of the Sea, that any objects of an archeological and historical nature found within the maritime areas over which it exerts sovereignty or jurisdiction shall not be removed, without its prior notification and consent.

附录22　马来西亚石油相关立法表

法案/条例	编号	皇家批准日期（年/月/日）	颁布日期/登报日期（年/月/日）	制定机关
1966年《石油开采法》the Petroleum Mining Act 1966	第59号法令		1966年（1972年11月1日修订后变为第95号法令）	
1967年《石油所得税法》Petroleum (Income Tax) Act 1967	第45号法令		1967年（1995年修订后变为第543号法令）	国会两院
1974年《石油发展法》Petroleum Development Act	144	1974/7/30	1974/8/22	国会两院
1984年《石油（安全措施）法》the Petroleum (Safety Measures) Act 1984	第302号法令	1984/6/27	1984/6/28	国会两院

附录23 马来西亚批准加入的港口航运相关条约

序号	国际公约[1]	生效日期[2]（年/月/日）	签署/批准/加入接受/继承/同意受约束日期（年/月/日）	备注
1	2006年《海事劳工公约（国际劳工组织）》 Maritime Labour Convention 2006 (under the International Labour Organization)	2014/8/20	2013/8/20（批准）[3]	
2	2007年《内罗毕国际船舶残骸清除公约》 Nairobi International Convention of Removal of Wrecks, 2007	2014/4/14[4]	2013/11/28（加入）[5]	
3	2000年《有毒有害物质污染事故防备、反应与合作议定书》 The Protocol on Preparedness, Response and Co-operation To Pollution Incidents by Hazardous and Noxious Substances, 2000	2014/2/21[6]	2013/11/28（加入）[7]	
4	1966年《国际载重线公约（1988年修正）》 Protocol of 1988 relating to the International Convention on Load Lines (LL) 1966, as amended	2012/2/11	2011/11/11	
5	《经1988年议定书修订的1974年国际海上人命安全公约》 Protocol of 1988 relating to the International Convention for the Safety of Life at Sea 1974, as amended	2012/2/11	2011/11/11（加入）[8]	

---

[1] 参见马来西亚交通部，http://www.mot.gov.my/en/maritime/international-affairs/international-convention，最后访问日期：2018年5月5日。

[2] 该列数据来自马来西亚交通部网站。

[3] 参见国际劳工组织网，http://www.ilo.org/dyn/normlex/en/f?p=1000:11200:0::NO:11200:P11200_COUNTRY_ID:102960，最后访问日期：2018年5月5日。

[4] ECOLEX的数据为2015年4月14日。

[5] See ECOLEX, https://www.ecolex.org/details/treaty/nairobi-international-convention-on-the-removal-of-wrecks-tre-160031/?q=International+Convention+on+Civil+Liability+for+Bunker+Oil+Pollution+Damage&xdate_min=&xdate_max=, May 5, 2018.

[6] ECOLEX的数据为2014年2月28日。

[7] See ECOLEX, https://www.ecolex.org/details/treaty/protocol-on-preparedness-response-and-co-operation-to-pollution-incidents-by-hazardous-and-noxious-substances-tre-002482/?q=Protocol+on+Preparedness%2C+Response+and+Co-operation+to+pollution+Incidents+by+Hazardous+and+Noxious+Substances%2C+2000+, May 5, 2018.

[8] See ECOLEX, https://www.ecolex.org/details/treaty/protocol-of-1988-relating-to-the-international-convention-for-the-safety-of-life-at-sea-1974-tre-001015/?q=Protocol+of+1988+relating+to+the+International+Convention+on+Load+Lines&xdate_min=&xdate_max=, May 5, 2018.

续表

序号	国际公约	生效日期（年/月/日）	签署/批准/加入接受/继承/同意受约束日期（年/月/日）	备注
6	2004年《国际船舶压载水和沉积物控制和管理公约》 International Convention for the Control and Management of Ship's Ballast Water and Sediments, 2004	2011/9/27	2010/9/27（加入）[1]	
7	《国际控制船舶有害防污底系统公约》 International Convention on the Control of Harmful Anti-Fouling Systems on Ships	2010/12/27	2010/9/27（加入）[2]	
8	《经1978年议定书修订的1973年国际防止船舶造成污染公约》，附件VI：防止船舶造成大气污染；附件IV：防止船舶污水污染；附件III：防止海运包装形式有害物质污染 International Convention for the Prevention of Pollution from Ships, 1973, as modified by the Protocol of 1978 relating thereto (MARPOL), Annex VI: Prevention of Air Pollution from Ships, Annex IV: Prevention of Pollution by Sewage from Ships; Annex III: Prevention of Pollution from harmful substances in Packaged Form	1978议定书：1997/5/1 [3] 附件III、附件IV、附件VI：2010/12/27	1978议定书：1997/1/31（加入）[4] 附件III、附件IV：2010/9/27（接受/核准）[5]	

---

[1] See ECOLEX, https://www.ecolex.org/details/treaty/international-convention-for-the-control-and-management-of-ships-ballast-water-and-sediments-tre-001412/?q=International+Convention+for+the+Control+and+Management+of+Ship%E2%80%99s+Ballast+Water+and+Sediments%2C+2004&xdate_min=&xdate_max=, May 5, 2018.

[2] See ECOLEX, https://www.ecolex.org/details/treaty/international-convention-on-the-control-of-harmful-anti-fouling-systems-on-ships-tre-001394/?q=International+Convention+on+the+Control+of+Harmful+Anti-Fouling+Systems+on+Ships, May 5, 2018.

[3] See ECOLEX, https://www.ecolex.org/details/treaty/international-convention-for-the-prevention-of-pollution-from-ships-marpol-as-modified-by-the-protocol-of-1978-tre-000112/?q=International+Convention+for+the+Prevention+of+Pollution+from+Ships%2C+1973%2C+&xdate_min=&xdate_max=, May 5, 2018.

[4] See ECOLEX, https://www.ecolex.org/details/treaty/international-convention-for-the-prevention-of-pollution-from-ships-marpol-as-modified-by-the-protocol-of-1978-tre-000112/?q=International+Convention+for+the+Prevention+of+Pollution+from+Ships%2C+1973%2C+&xdate_min=&xdate_max=, May 5, 2018.

[5] See ECOLEX, https://www.ecolex.org/details/treaty/international-convention-for-the-prevention-of-pollution-from-ships-1973-annex-iii-hazardous-substances-carried-in-packaged-form-tre-000987/?q=International+Convention+for+the+Prevention+of+Pollution+from+Ships%2C+1973%2C+&xdate_min=&xdate_max=, May 5, 2018.

续表

序号	国际公约	生效日期（年/月/日）	签署/批准/加入接受/继承/同意受约束日期（年/月/日）	备注
9	2001年《国际油污损害民事责任公约》 The International Convention on Civil Liability for Bunker Oil Pollution Damage, 2001 (Bunkers Convention 2001)	2009/2/12	2008/11/12（加入）[1]	
10	《经1996年议定书修正的1976年海事赔偿责任限制国际公约（LLMC公约，1996年）》 The International Convention for the Limitation of Liability for Maritime Claims, 1976 as Amended by Protocol of 1996 (LLMC Convention 1996)	2009/2/10	2008/11/12（加入）[2]	
11	《1991年11月修正的国际海事组织公约（促进委员会的制度化）》 Amendments Adopted in November 1991 to the Convention of the International Maritime Organization (Institutionalization of the Facilitation Committee)	2008/12/7	2004/11/10[3]（接受）	
12	《关于设立国际油污损害赔偿基金国际公约（1992年）的议定书》 International Convention on the Establishment of an International Fund for Compensation for Oil Pollution Damage (FUND) Protocol 1992	2005/6/9	2004/6/9（加入）[4]	

---

[1] See ECOLEX, https://www.ecolex.org/details/treaty/international-convention-on-civil-liability-for-bunker-oil-pollution-damage-2001-tre-001377/?q=International+Convention+on+Civil+Liability+for+Bunker+Oil+Pollution+Damage&xdate_min=&xdate_max=, May 5, 2018.

[2] See ECOLEX, https://www.ecolex.org/details/treaty/protocol-of-1996-to-amend-the-convention-on-limitation-of-liability-for-maritime-claims-1976-tre-001248/?q=International+Convention+on+Civil+Liability+for+Bunker+Oil+Pollution+Damage&xdate_min=&xdate_max=, May 5, 2018.

[3] 参见联合国条约库，https://treaties.un.org/Pages/ViewDetails.aspx?src=TREATY&mtdsg_no=XII-1-g&chapter=12&clang=_en，最后访问日期：2018年5月5日。

[4] See ECOLEX, https://www.ecolex.org/details/treaty/protocol-of-1992-to-amend-the-international-convention-on-civil-liability-for-oil-pollution-damage-1969-tre-001177/?q=International+Convention+on+Civil+Liability+for+Oil+Pollution+Damage+&xdate_min=&xdate_max=, May 5, 2018.

附　录

续表

序号	国际公约	生效日期 （年/月/日）	签署/批准/加入接受/继承/同意受约束日期 （年/月/日）	备注
13	1992年《国际油污损害民事责任公约》 International Convention on Civil Liability for Oil Pollution Damage 1992	2005/6/9	2004/6/9（加入）[1]	
14	1990年《国际油污防备、反应与合作公约》 International Convention on Oil Pollution Preparedness, Response and Co-operation 1990	1997/7/30	1997/10/30	
15	《经1978年议定书修正的1973年国际防止船舶造成污染公约（MARPOL）的附件 I, II 和 V》 Protocol of 1978 relating to the International Convention for the Prevention of Pollution from Ships (MARPOL) 1973, as amended (Annexes I, II and V)	1997/5/1	1997/1/31	
16	1978年《海员培训、发证和值班标准国际公约》 International Convention on Standards of Training, Certification and Watchkeeping for Seafarers 1978, as amended	1992/4/30	1992/1/30[2]（加入）	
17	1976年《国际移动卫星组织公约》 Convention on the International Mobile Satellite Organization (INMARSAT) 1976, as amended	1986/6/12[3]		
18	《1969年国际船舶吨位丈量公约（吨位）》 International Convention on Tonnage Measurement of Ships (Tonnage) 1969	1984/7/24	1984/4/24（接受）	1969/6/23[4]

---

[1] See ECOLEX, https://www.ecolex.org/details/treaty/protocol-of-1992-to-amend-the-international-convention-on-the-establishment-of-an-international-fund-for-compensation-for-oil-pollution-damage-1971-tre-001176/?q=Establishment+of+an+International+Fund+for+Compensation+for+Oil+Pollution+Damage+%28FUND%29+Protocol+&xdate_min=&xdate_max=，May 5，2018.

[2] 参见联合国条约库，https://treaties.un.org/Pages/showDetails.aspx?objid=08000002800d6d42，最后访问日期：2018年5月5日。

[3] 参见国际海事卫星组织官网，http://www.imso.org/public/MemberStates，最后访问日期：2018年5月5日。

[4] 参见联合国条约库，https://treaties.un.org/pages/showDetails.aspx?objid=08000002800e0101，最后访问日期：2018年5月5日。

续表

序号	国际公约	生效日期（年/月/日）	签署/批准/加入接受/继承/同意受约束日期（年/月/日）	备注
19	《经1978年议定书修订的关于〈1974年国际海上人命安全公约〉的议定书》 Protocol of 1978 Relating to the International Convention for the Safety of Life at Sea 1974, as amended	1984/1/19	1983/10/19（加入）	
20	1974年《国际海上人命安全公约（SOLAS）》 International Convention for the Safety of Life at Sea (SOLAS) 1974, as amended	1984/1/19	1983/10/19（加入）[2]	
21	1972年《国际海上避碰规则公约（COLREG）》 Convention on the International Regulations for Preventing Collisions at Sea (COLREG) 1972, as amended	1980/12/23	1980/12/23[3]	
22	1948年《国际海事组织公约》 Convention on the International Maritime Organization 1948	1971/6/17	1971/6/17（接受）[4]	
23	1989年《控制危险废物越境转移及其处置巴塞尔公约》 The Basel Convention on the Control of the Transboundary Movement of Hazardous Wastes and their Disposal		1993/10/8[5]（加入）	

---

[1] See ECOLEX, https://www.ecolex.org/details/treaty/international-convention-for-the-safety-of-life-at-sea-solas-tre-000115/?q=International+Convention+for+the+Safety+of+Life+at+Sea, May 5, 2018.

[2] See ECOLEX, https://www.ecolex.org/details/treaty/convention-on-the-international-regulations-for-preventing-collisions-at-sea-tre-000108/?q=Convention+on+the+International+Regulations+for+Preventing+Collisions+at+Sea&xdate_min=&xdate_max=, May 5, 2018.

[3] See ECOLEX, https://www.ecolex.org/details/treaty/convention-on-the-international-regulations-for-preventing-collisions-at-sea-tre-000108/?q=Convention+on+the+International+Regulations+for+Preventing+Collisions+at+Sea&xdate_min=&xdate_max=, May 5, 2018.

[4] 参见联合国条约库，https://treaties.un.org/Pages/ViewDetails.aspx?src=TREATY&mtdsg_no=XXVII-3&chapter=27&clang=_en，最后访问日期：2018年5月5日。

附录 24　1979 年马来西亚地图的大陆架主张基点[1]

基点	经度（东）	纬度（北）	备注
52	109°38′.6	6°18′.2	此基点在印尼与越南疆界的东边界线接近沙捞越的西边界线
53	111°34′	7°027′.75	
54	112°30′.75	8°23′.75	
55	113°16′.25	8°44′.42	
56	113°39′	8°33′.92	
57	113°47′.75	8°24′.42	
58	113°52′.42	8°24′.43	
59	114°19′.83	8°23′.75	
60	114°29′.17	8°30′.25	
61	114°50′.12	8°28′.17	
62	115°10′.58	8°55′	
63	115°8′.75	8°49′.08′	
64	115°54′.08	8°19′.92	
65	116°03′.5	8°01′.5	
66	116°00′	7°40′	此乃条约界定的马来西亚和菲律宾之间疆界的西边起点

---

[1] 孙国祥：《南海之争的多元视角》，香港城市大学出版社 2017 年版，第 135 页。

附录 25 文莱公布的海域坐标

表 1 海域界限地理坐标

坐标点	纬度（北）	经度（东）
1	4°47.88′	113°58.70′
2	4°47.55′	114°11.58′
3	4°51.50′	114°22.60′
4	4°59.65′	114°32.25′
5	5°09.40′	114°44.85′
6	5°12.00′	114°53.24′
7	5°13.87′	114°55.20′

表 2 大陆架地理坐标

坐标点	纬度（北）	经度（东）
1	5°01.15′	113°44.87′
2	5°42.00′	114°24.24′
3	7°35.32′	111°05.50′
4	8°15.23′	111°56.27′
5	4°47.88′	113°58.70′
6	4°47.55′	114°11.58′
7	4°51.50′	114°22.60′
8	4°59.65′	114°32.25′
9	5°09.40′	114°44.85′
10	5°12.00′	114°53.24′
11	5°13.87′	114°55.20′

附录 26　文莱 1984 年《商船法案》及其附属条例

	名称	章节/通知年份	生效日期（年/月/日）	备注
	1984 年《商船法案》，通过 2002 年《商船法令》（S 27/2002）宣布废止 Merchant Shipping Act[1984 Ed.]-Repealed by Merchant Shipping Order, 2002 (S 27/2002) w.e.f.16-05-2002	CAP.145	1/1984	已废除
1	1984 年《商船（特殊限制客船）安全条例》 Merchant Shipping(Special Limits Passenger Ships) Safety Regulations，1984	S 24/1984	1984/09/01	
2	1984 年《商船（指定认证机构）条例》[由 S76/07 宣布撤销] Merchant Shipping (Appointment of Certifying Authority) Regulations, 1984 [Revoked by S76/07]	S 44/1984	1984/09/29	已撤销
3	1984 年《商船（费用）规则》 Merchant Shipping (Fees) Rules, 1984	S 46/1984	1984/09/29	
4	1984 年《商船（非公约船舶）安全条例》 Merchant Shipping (Non-Convention Ships) Safety Regulations，1984	S 28/1984	1984/09/01	
5	1984 年《商船（规定表格）条例》 Merchant Shipping (Prescribed Forms) Regulations, 1984	S 29/1984	1984/09/01	
6	1984 年《商船（防止海上碰撞）条例》[由 S75/07 宣布废除] Merchant Shipping (Prevention of Collision at Sea) Regulations, 1984 [Revoked by S 75/07]	S 26/1984	1984/09/01	已撤销
7	1984 年《商船（载重线）条例》[由 S74/07 宣布废除] Merchant Shipping (Load Line) Regulations，1984 [Revoked by S 74/07]	S 25/1984	1984/09/01	已撤销
8	1986 年《商船（惩戒程序）（液态天然气船舶）条例》 Merchant Shipping (Disciplinary Procedure)(LNG Ships) Regulations, 1986	S 24/1986	1986/12/03	

续表

	名称	章节/通知年份	生效日期（年/月/日）	备注
9	1986年《商船（港口及游艇）条例》[由S52/11宣布废除] Merchant Shipping (Harbour and Pleasure Craft) Regulations, 1986 [Repealed by S 52/11]	S 4/1986	1986/01/01	废除
10	1989年《商船（政府船只登记）条例》 Merchant Shipping (Registration of Government Ships) Regulations	S 6/1989	1988/10/01	
11	1988年《商船（造船许可证）条例》 Merchant Shipping (Licensing of Shipbuilders) Regulations	S 23/1988	1988/03/01	
12	1988年《商船（人员规模和运行限制）条例》 Merchant Shipping (Manning Scales and Plying Limits) Regulations	S 22/1988	1988/03/01	
13	1988年《商船（安全区）法令》 Merchant Shipping (Safety Zones) Order	S 11/1988	1988/03/01	已失效
14	1991年《商船（安全区）法令（修正）》 Merchant Shipping (Safety Zones) (Amendment) Order, 1991	S 27/1991	1991/09/01	已失效

注：（1）法案和法令用大写字母表示；
（2）编号1-14为附属条例；非现行有效的其他的法案或附属条例标注为已废除、已撤销或已失效；
（3）第一栏为法案、法令和附属条例的名称；
（4）第二栏为该法案、法令和附属条例等在文莱法律中的编号；
　　　A."CAP1"指在文莱法律中为第一章；
　　　B."S 26/2005"指在政府公报第Ⅱ部分公布的年份（2005），也指"附属法例第26章"；
（5）第三栏指生效的日期。

附录 27　文莱 2002 年《商船法令》及其附属条例

名称		章节/通知年份	生效日期（年/月/日）	备注
2002 年《商船法令》 Merchant Shipping Order，2002		S 27/2002	2002/05/16	已失效
修正案	2009 年《商船法令（修正）》 Merchant Shipping (Amendment) Order，2009	S 23/2009	2009/04/27	
	2017 年《文莱达鲁萨兰国海事和港务局法令》附表 4 Schedule 4 of Maritime and Port Authority of Brunei Darussalam Order，2017	S 22/2017	2017/09/28	
1	2007 年《商船（授权组织）条例》 Merchant Shipping（Authorised Organizations）Regulations，2007	S 76/2007	2007/12/31	
2	2007 年《商船（复合犯罪）条例》 Merchant Shipping (Compoundable Offences) Regulations，2007	S 19/2007	2007/04/28	
3	2007 年《商船（船员住宿）条例》 Merchant Shipping (Crew Accomodation) Regulations，2007	S 20/2007	2007/04/28	
4	2007 年《商船（船员协议、海员名单和解雇）条例》 Merchant Shipping (Crew Agreements, Lists of Crew and Discharge of Seamen) Regulations，2007	S 67/2007	2007/12/31	
5	2007 年《商船（解雇簿）条例》 Merchant Shipping (Discharge Books) Regulations，2007	S 73/2007	2007/12/31	
6	2007 年《商船（惩戒犯罪）条例》 Mechant Shipping (Disciplinary Offences) Regulations，2007	S 21/2007	2007/04/28	
7	2007 年《商船（载重线）条例》 Merchant Shipping (Load Line) Regulations，2007	S 74/2007	2007/12/31	
8	2007 年《商船（药店）条例》Merchant Shipping (Medical Stores) Regulations，2008	S 76/2008	2008/08/23	

续表

	名称	章节/通知年份	生效日期（年/月/日）	备注
9	2007年《商船（官方日志）条例》 Merchant Shipping (Official Log-Books) Regulations, 2007	S 72/2007	2007/12/31	
10	2007年《商船（防止海上碰撞）条例》 Merchant Shipping (Prevention of Collisions at Sea) Regulations, 2007	S 75/2007	2007/12/31	
11	2007年《商船（已故海员财产）条例》 Merchant Shipping (Property of Deceased Seamen) Regulations, 2007	S 71/2007	2007/12/31	
12	2007年《商船（规定和水域）条例》 Merchant Shipping（Provisions and Water）Regulations, 2007	S 70/2007	2007/12/31	
13	2007年《商船（船舶登记）条例》 Merchant Shipping (Registration of Ships) Regulations, 2006	S 62/2006	2006/05/18	已失效
	2009年《商船法令（修正）》第215条规定，依据旧法制定的任何附属法律应继续有效，直至其被修订、撤销或废止。 Merchant Shipping (Amendment) Order, 2009			
1	2009年《商船（船舶登记）条例（修正）》 Merchant Shipping (Registration of Ships)(Amendment) Regulations, 2009	S 23/2009	2009/04/27	
2	2007年《商船（遣返）条例》 Mechant Shipping (Repatriation) Regulations, 2007	S 23/2007	2007/04/28	
3	2007年《商船（出生于死亡申报）条例》 Merchant Shipping (Returns of Births and Deaths) Regulations, 2007	S 22/2007	2007/04/28	
4	2003年《商船（安全公约）条例》 Merchant Shipping (Safety Convention) Regulations, 2003	S 57/2003	2003/12/27	已失效
	2004年《商船（安全公约）条例（修正）》 Merchant Shipping (Safety Convention)(Amendment) Regulations, 2004	S 60/2004	2004/09/23	已失效
	2013年《商船（安全区）法令（修正）》 Merchant Shipping (Safety Zones)(Amendment) Order, 2013	S 70/2013	2013/10/23	

附 录

续表

	名称	章节/通知年份	生效日期（年/月/日）	备注
5	2007年《商船（海员安家费）条例》 Merchant Shipping (Seamen's Allotments) Regulations, 2007	S 69/2007	2007/12/31	
6	2007年《商船（海员工资和账户）条例》 Merchant Shipping (Seamen's Wages and Accounts) Regulations, 2007	S 68/2007	2007/12/31	
7	2002年《商船（培训、发证和值班标准）条例》 Merchant Shipping (Standards of Training, Certification and Watchkeeping) Regulations, 2002	S 54/2002	2002/08/01	已失效
	2004年《商船（培训、发证和值班标准）条例（修正）》 Merchant Shipping (Standards of Training, Certification and Watchkeeping)(Amendment) Regulations, 2004	S 67/2004	2002/08/01	
8	2006年《商船（吨位）条例》 Merchant Shipping (Tonnage) Regulations, 2006	S 61/2006	2006/05/18	
9	2011年《商船（渔船及游艇注册）条例》 Merchant Shipping (Registration of Fishing Vessels and Pleasure Craft) Regulations, 2011	S 52/2011	2012/03/16	已失效
	2016年《商船（渔船和游艇登记）（修正）条例》 Merchant Shipping (Registration of Fishing Vessels and Pleasure Craft)(Amendment) Regulations, 2016	S 80/2016	2016/12/24	
10	《文莱与越南海事协议》 Maritime Agreement between Brunei and VietNam	GN 533/2002		
11	《文莱和菲律宾商船协议》 Merchant Shipping Agreement between Brunei and Philippines	GN 505/2003		

注：（1）法案和法令用大写字母表示；
（2）编号1—13和1—11为附属条例；非现行有效的其他法案或附属条例标注为已废止、已撤销或已失效；
（3）第一栏为法案、法令和附属条例的名称；
（4）第二栏为该法案、法令和附属条例等在文莱法律中的编号；
　　A "CAP.1" 指在文莱法律中为第一章；
　　B "S 26/2005" 指在政府公报第Ⅱ部分公布的年份（2005），也指"附属法例第26章"；
（5）第三栏指生效的日期。

附录 28　文莱 1984 年《渔业法案》及其附属条例

名称		章节/通知年份	生效日期 （年/月/日）	备注
1984 年《渔业法案》，由 2009 年《渔业法令》第 66 条宣布废除 Fisheries Act [1984 Ed.] - Repealed by section 66 of Fisheries Order, 2009 (S 25/09) w.e.f 30-05-2009		CAP. 61	1973/03/05	1/1984
修正案	2002 年《渔业法案修正案》 Fisheries Act (Amendment) Order, 2002	S 20/2002	2002/04/25	
根据 2009 年《渔业法令》第 67（3）条的规定，根据 1984 年《渔业法案》制定的任何附属法律应继续有效 Under section 67(3) of the Fisheries Order, 2009, any subsidiary legislation made under the Fisheries Act shall continue in force:				
1	《渔业条例》 Fisheries Regulations	CAP. 61	1973/04/07	1/1984
	2009 年《渔业法令》第 68 条 section 68 of the Fisheries Order, 2009	S 25/2009	2009/05/30	
2	2002 年《渔业（养鱼场）条例》 Fisheries (Fish Culture Farms) Regulations, 2002	S 30/2002	2002/06/13	
3	2002 年《水陆渔业综合条例》 Fisheries (Fish Landing Complexes) Regulations，2002	S 31/2002	2002/06/13	
4	2002 年《鱼类加工场所条例》 Fisheries (Fish Processing Establishments) Regulations, 2002	S 28/2002	2002/06/13	已失效
	2004 年《鱼类加工场所条例修正案》 Fisheries (Fish Processing Establishments)(Amendment) Regulations, 2004	S 35/2004	2004/05/29	
5	2002 年《食人鱼条例》 Fisheries (Piranha) Regulations, 2002	S 29/2002	2002/06/13	

附　录

续表

名称		章节/通知年份	生效日期（年/月/日）	备注
2009年《渔业法令》 Fisheries Order, 2009		S 25/2009	2009/05/30	
修正案	2010年《渔业法令修正案》 Fisheries (Amendment) Order, 2010	S 81/2010	2010/09/15	
	2014年《渔业法令修正案》 Fisheries (Amendment) Order, 2014	S 50/2014	2014/08/25	

注：（1）编号1—5为附属条例：非现行有效的其他法案或附属条例备注为已废止；
　　（2）第一栏为法案、法令和附属条例的名称；
　　（3）第二栏为该法案、法令和附属条例等在文莱法律中的编号；
　　　　A."CAP.1"指在文莱法律中为第一章；
　　　　B."S 26/2005"指在政府公报第Ⅱ部分公布的年份（2005），也指"附属法例第26章"；
　　（4）第三栏指生效的日期。

附录29　文莱2005年《防止海洋污染法令》

编　号　名　称	章节/通知年份	生效日期（年/月/日）	备注
2005年《防止海洋污染法令》 Prevention of Pollution of the Sea Order, 2005	S 18/2005	2005/03/28	
1　2008年《防止海洋污染（授权组织）条例》 Prevention of Pollution of the Sea (Authorised Organisations) Regulations, 2008	S 124/2008		
2　2008年《防止海洋污染（复合犯罪）条例》 Prevention of Pollution of the Sea (Compoundable Offences) Regulations, 2008	S 125/2008		
3　2008年《防止海洋污染（垃圾）条例》 Prevention of Pollution of the Sea (Garbage) Regulations, 2008	S 123/2008		
4　2008年《防止海洋污染（散装有毒液体物质）条例》 Prevention of Pollution of the Sea (Noxious Liquid Substances in Bulk) Regulations, 2008	S 121/2008		
5　2008年《防止海洋污染（石油）条例》 Prevention of Pollution of the Sea (Oil) Regulations, 2008	S 93/2008		
6　2008年《防止海洋污染（污染事件报告）条例》 Prevention of Pollution of the Sea (Reporting of Pollution Incidents) Regulations, 2008	S 122/2008		

注：（1）法案和法令用大写字母表示；
　　（2）编号1—6为附属条例；
　　（3）第一栏为法案、法令和附属条例的名称；
　　（4）第二栏为该法案、法令和附属条例等在文莱法律中的编号；
　　　　"S 26/05"指在政府公报第Ⅱ部分公布的年份（2005），也指"附属法例第26章"；
　　（5）第三栏指生效的日期。

附录 30　1984 年《文莱皇家武装部队法案》

编号	名　称	章节/通知年份	生效日期（年/月/日）	备注
	1984 年《文莱皇家武装部队法案》 Royal Brunei Armed Forces Act [1984 Ed.]	CAP. 149	1984/01/01	1/1984
修正案	2006 年《文莱皇家武装部队法修正案》 Royal Brunei Armed Forces Act (Amendment) Order, 2006	S 2/2006	2006/01/10	
	《文莱皇家武装部队法修正案》 Royal Brunei Armed Forces Act (Amendment) Order, 2013	S 87/2013		
1	《文莱皇家武装部队条例》 Royal Brunei Armed Forces Regulations, 2013	S 88/2013		
2	1964 年《文莱马来军团条例》 Brunei Malay Regiment Regulations, 1964 [Repealed by S 88/13]	S 121/1964	1964/12/01	已废止
	1966 年《文莱皇家马来军团条例修正案》 Brunei Royal Malay Regiment (Amendment) Regulations	S 60/1966		
	1967 年《文莱皇家马来军团条例修正案》 Royal Brunei Malay Regiment (Amendment) Regulations	S 250/1967		
	1968 年《文莱皇家马来军团条例修正案》 Royal Brunei Malay Regiment (Amendment) Regulations	S 225/1968		
	1969 年《文莱皇家马来军团条例修正案》 Royal Brunei Malay Regiment (Amendment) Regulations	S 88/1969		
	1971 年《文莱皇家马来军团条例修正案》 Royal Brunei Malay Regiment (Amendment) Regulations, 1971	S 147/1971		
	1976《文莱皇家马来军团条例修正案》 Royal Brunei Malay Regiment (Amendment) Regulations, 1976	S 31/1976		

续表

编号	名称	章节/通知年份	生效日期（年/月/日）	备注
3	1966年《文莱皇家马来军团条例津贴和薪酬修正案》 Royal Brunei Malay Regiment (Revised Pay and Allowances) Regulations 1966	S 95/1966	1966/12/01	已废止
4	2006年《文莱皇家武装部队程序规则》 RBAF Rules of Procedure, 2006	S 4/2006	2006/01/12	
5	2004年《文莱皇家武装调查委员会规则》 RBAF (Board of Inquiry) Rules, 2004	S 52/2004	2004/09/18	
6	2006年《文莱皇家武装监禁和拘留规则》 RBAF (Imprisonment and Detention) Rules, 2006	S 3/2006	2006/01/12	
7	2004《文莱皇家武装监禁遗失或损坏财产调查条例》 RBAF (Investigation) (Lost or Damaged Property) Regulations, 2004	S 53/2004	2004/09/18	
8	1986年《文莱皇家武装（退休金）条例》 RBAF (Pensions) Regulations, 1986	S 17/1986	1986/12/20	
8	1989年《文莱皇家武装（退休金）条例修正案》 RBAF (Pensions) (Amendment) Regulations, 1989	S 46/1989	1988/01/01	
8	2012年《文莱皇家武装（退休金）条例修正案》 RBAF (Pensions) (Amendment) Regulations, 2012	S 82/2012	2011/08/01	
9	《关于文莱皇家武装（退休金）条例第三条第四款的指导办法》 Direction under Regulation 3（4）- Authority for grant of pensions etc	S 15/1986	1986/05/30	
10	《关于文莱皇家武装（退休金）条例第十九条第三款的指导办法》 Direction under regulation 19（3）- Derivative pension or gratuity	S 14/1986		
11	1998年《文莱皇家武装军事学员条例》 RBAF (Military Cadets) Regulations, 1998	S 27/1998	1998/09/24	

续表

编号	名　称	章节/通知年份	生效日期（年/月/日）	备注
12	2006年《文莱皇家武装部队简易程序审判权条例》 RBAF (Summary Jurisdiction) Regulations, 2006	S 7/2006	2006/01/28	
	2013年《文莱皇家武装（简易程序）管辖权条例修正案》 RBAF (Summary Jurisdiction) (Amendment) Regulations, 2013	S 41/2013	2008/08/30	

注：（1）法案和法令用大写字母表示；
（2）编号1-12为附属条例：非现行有效的法案或附属条例在备注中标明已废止；
（3）第一栏为法案、法令和附属条例的名称；
（4）第二栏为该法案、法令和附属条例等在文莱法律中的编号；
　　A."CAP.1"指在文莱法律中为第一章；
　　B."S 26/2005"指在政府公报第Ⅱ部分公布的年份（2005），也指"附属法例第26章"；
（5）第三栏指生效的日期。

附录31　文莱缔结和加入的国际海事组织公约和议定书清单

国际海事组织公约和议定书清单	签署/提交批准书/加入日期（年/月/日）	公约生效日期（年/月/日）	备注
《联合国海洋法公约》 United Nations Convention on the Law of the Sea	1984/12/05	1996/11/05	批准（无加入声明）
1969年《国际船舶吨位丈量公约》 International Convention on Tonnage Measurement, 1969[1]	1986/10/23	1987/01/23	加入[2]
《经修正的1974年国际海上人命安全公约》（1988年修正） International Convention for Safety of Life at Sea, 1974, as amended[3]	1992/09/29	1992/12/28	加入[4]
1978年《海员培训、发证和值班标准国际公约》 International Convention on Standards of Training, Certification and Watch keeping for Seafarers, 1978[5]	1986/10/23	1987/01/23	加入[6]
1973年《防止船舶造成污染国际公约》及1978年《议定书》 International Convention for the Prevention of Pollution from Ships, 1973 and the Protocol of 1978[7]	附件1，附件2 1986/10/23	1987/01/23	

---

[1] See European Commission, http://ec.europa.eu/eurostat/cache/metadata/Annexes/fish_fleet_esms_an1.pdf, May 5, 2018.

[2] 参见联合国条约库，https://treaties.un.org/pages/showDetails.aspx?objid=08000002800e0101，最后访问日期：2018年5月5日。

[3] See CENTEC, http://www.mar.ist.utl.pt/mventura/Projecto-Navios-I/IMO-Conventions%20（copies）/SOLAS.pdf, May 5, 2018.

[4] 参见联合国条约库，https://treaties.un.org/Pages/showDetails.aspx?objid=08000002800ec37f，最后访问日期：2018年5月5日。

[5] See Saturatore, http://www.saturatore.it/Diritto/STCW95.pdf, May 5, 2018.

[6] 参见联合国条约库，https://treaties.un.org/Pages/showDetails.aspx?objid=08000002800d6d42，最后访问日期：2018年5月5日。

[7] See PLAC, http://www.placng.org/new/laws/I28.pdf, May 5, 2018.

附　录

续表

国际海事组织公约和议定书清单	签署/提交批准书/加入日期（年/月/日）	公约生效日期（年/月/日）	备注
1972年《国际海上避碰规则》 Convention on International Regulations for Collision at Sea, 1972[1]	1987/02/05	1987/05/05	加入[2]
1966年《国际载重线公约》 International Convention on Load Lines, 1966[3]	1987/06/03	1987/06/06	加入[4]
《制止危害海上航行安全的非法行为公约》 Convention for the Suppression of Unlawful Acts against the Safety of Maritime Navigation[5]	2003/12/04	2004/03/03	批准
《制止危害大陆架固定平台安全的非法行为议定书》 Protocol for the Suppression of Unlawful Acts against the Safety of Fixed Platforms Located on the Continent Shelf[6]	2003/12/04	2004/03/03	批准
1969年《国际防止船舶造成污染公约》 International Convention on Civil Liability for Oil Pollution Damage, 1969[7]	1992/09/29	1992/12/28	于2003年1月31日退出
《1969年国际油污损害民事责任公约的1976年议定书》 Protocol (of 1976) to the International Convention on Civil Liability for Oil Pollution Damage, 1969[8]	1992/09/29	1992/12/28[9]	

---

[1] See ICS, http://www.ics.org.ir/Downloads/CLD/News/12.05.29%20-%20Convention%20on%20the%20international%20regulations%20for%20Preventing%20collisions%20at%20sea，%201972，%20as%20amended.pdf, May 5, 2018.

[2] 参见联合国条约库, https://treaties.un.org/Pages/showDetails.aspx?objid=08000002800ec37f, 最后访问日期：2018年5月5日。

[3] See UK Treaty On Line, http://treaties.fco.gov.uk/docs/pdf/1968/TS0058.pdf, May 5, 2018.

[4] 参见联合国条约库, https://treaties.un.org/pages/showDetails.aspx?objid=0800000280126bbe, 最后访问日期：2018年5月5日。

[5] See Oceans Beyond Piracy, http://oceansbeyondpiracy.org/sites/default/files/SUA_Convention_and_Protocol.pdf, May 5, 2018.

[6] See UNODC, https://www.unodc.org/pdf/crime/terrorism/Commonwealth_Chapter_10.pdf, May 5, 2018.

[7] See IOPCFOUNDS, https://www.iopcfunds.org/uploads/tx_iopcpublications/Text_of_Conventions_e.pdf, May 5, 2018.

[8] See CIL, https://cil.nus.edu.sg/wp-content/uploads/formidable/18/1976-Prot-Intl-Conv-Civil-Liability-for-Oil-Pollution-Damage.pdf, May 5, 2018.

[9] See ECOLEX, https://www.ecolex.org/details/treaty/protocol-to-the-international-convention-on-civil-liability-for-oil-pollution-damage-tre-000119/, May 5, 2018.

续表

国际海事组织公约和议定书清单	签署/提交批准书/加入日期（年/月/日）	公约生效日期（年/月/日）	备注
1971年《设立国际油污损害赔偿基金的公约》 International Convention on the Establishment of an international Fund for Compensation for Oil Pollution Damage, 1971[1]	1992/09/29	1992/12/28	于2003年1月31日退出
《经1978年议定书修正的〈1974年国际海上人命安全公约〉》 Protocol of 1978 Relating to The International Convention for the Safety of Life at Sea, 1974, As Amended[2]	1986/10/23	1987/01/23	
1976年《国际移动卫星组织公约》 Convention on the International Mobile Satellite Organization 1976	1993/10/04	1993/10/04	
《国际移动卫星组织1976年运营协议》 Operating Agreement on the International Mobile Satellite Organization 1976		1999/10/10 批准存放日期	
《国际移动卫星组织运营协议1998年修正案》 1998 Amendments of Operating Agreement on the International Mobile Satellite Organization		1999/10/10 批准存放日期	
《修正1969年国际油污损害民事责任公约的1992年议定书》 Protocol of 1992 to Amend The International Convention on Civil Liability for Oil Pollution Damage 1969[3]	2002/01/03	2003/01/03	加入[4]

---

[1] See IOPCFOUNDS, https://www.iopcfunds.org/fileadmin/IOPC_Upload/Downloads/English/71FC_e.pdf, May 5, 2018.
[2] See IMO, http://www.imo.org/en/KnowledgeCentre/ReferencesAndArchives/HistoryofMARPOL/Documents/MARPOL%20-%201978%20Protocol.pdf, May 5, 2018.
[3] See UK Treaty On Line, http://treaties.fco.gov.uk/docs/pdf/1996/TS0086.pdf, May 5, 2018.
[4] See ECOLEX, https://www.ecolex.org/details/treaty/protocol-of-1992-to-amend-the-international-convention-on-civil-liability-for-oil-pollution-damage-1969-tre-001177/, May 5, 2018.

续表

国际海事组织公约和议定书清单	签署／提交批准书／加入日期（年／月／日）	公约生效日期（年／月／日）	备注
《国际防止船舶造成污染公约》（有害物质） Regulations for the Prevention of Pollution by Harmful Substances Carried by Sea in Packaged Form[1]	2016/04/25	2016/07/25	
《国际防止船舶造成污染公约》（船舶垃圾） General Guidance for Prevention of Marine Pollution by Garbage[2]	2016/04/25	2016/07/25	

---

[1] See Ship Business, http://shipsbusiness.com/pollution-by-garbage.html, May 5, 2018.
[2] See Marpoltraining, http://www.marpoltraining.com/MMSKOREAN/MARPOL/Annex_III/index.htm, May 5, 2018.

附录32　文莱海事局公布的在政府宪报中公示的法令和条例

标题	生效日期 （年/月/日）	公报日期 （年/月/日）	通告编号
1982年《商船法》——1984年《商船（特殊限制客船）安全条例》 Merchant Shipping (MS) Enactment, 1982 - MS (Special Limits Passenger Ships) Safety Regulations, 1984	1984/08/27	1984/09/01	S24
1982年《商船法》——1984年《商船（非常规船舶）安全条例》 Merchant Shipping, 1982 - MS (Non-Conventional Ships) Safety Regulations, 1984	1984/08/27	1984/09/01	S28
1982年《商船法》——1984年《商船（费用）规定》 Merchant Shipping, 1982 - MS(Fees) Rules, 1984	1984/12/12	1984/12/31	S46
1982年《商船法》——1984年《商船法（规定表格）》 Merchant Shipping, 1982 - MS (Prescribed Forms), 1984	1984/08/30	1984/09/01	S29
1982年《商船法》——1984年《商船（港口和游艇）条例》 Merchant Shipping, 1982 - MS (Harbour and Pleasure Craft) Regulations, 1984[1]	1986/01/15	1986/06/28	S4
1988年《商船（安全区域）法令》 Merchant Shipping (Safety Zones) Order 1988	1988/03/01	1988/05/28	S11
1982年《商船法》——1988年《商船（造船商许可）条例》 Merchant Shipping Enactment, 1982 - MS (Licensing of Shipbuilders) Regulations, 1988	1988/03/01	1988/10/15	S23
1988年《商船（政府船只登记）条例》 Merchant Shipping (Registration of Government Ships) Regulations, 1988	1988/10/01	1989/02/04	S6
1989年《商船（检查费用）条例》 Merchant Shipping (Examination Fees), Regulation, 1989	1989/03/01	1989/03/18	S29

[1] 2011年《商船（渔船和游艇登记）条例》生效后，根据其第23条1984年《商船（港口和游艇）条例》被废止。参见文莱总检察长办公室官网，http://www.agc.gov.bn/AGC%20Site%20Pages/The%20Laws%20of%20Brunei%20-%20M.aspx，最后访问日期：2018年5月5日。
[2] 生效以后第27条的相关规定，1984年《商船法》被废除。参见文莱总检察长办公室官网，http://www.agc.gov.bn/AGC%20Site%20Pages/The%20Laws%20of%20Brunei%20-%20M.aspx，最后访问日期：2018年5月5日。

续表

标题	生效日期 (年/月/日)	公报日期 (年/月/日)	通告编号
1991年《商船（安全区域）法令》（修订） Merchant Shipping (Safety Zones)(Amendment) Order 1991	1991/09/01	1991/09/28	S27
2002年《商船法令》 Merchant Shipping Order, 2002[2]	2002/05/16	2002/06/10	S27
2002年《港口法（修订）》 Ports Act (Amendment) Order, 2002	2002/05/16	2002/06/01	S26
2002年《商船（培训、认证和监察准则）条例》 Merchant Shipping (Standards of Training, Certification and Watch keeping) Regulations, 2002	2002/08/01	2002/10/07	S54
2003年《商船（安全公约）条例》 Merchant Shipping (Safety Convention) Regulations, 2003	2003/12/01	2003/12/27	S57
2004年《商船（安全公约）条例（修订）》 Merchant Shipping (Safety Convention)(Amendment) Regulations, 2004	2004/08/18	2004/09/23	S60
2004年《商船（培训、认证和监察准则）条例（修订）》 Merchant Shipping (Standards of Training, Certification and Watch keeping)(Amendment) Regulations, 2004	2004/09/25	2004/10/12	S67
2005年《防止海洋污染法令》 Prevention of Pollution of the Sea Order, 2005	2005/03/28	2005/04/09	S18
2006年《商船（船舶登记）条例》 Merchant Shipping (Registration of Ships) Regulations, 2006	2006/05/11	2006/05/18	S62
2006年《商船（吨位）条例》 Merchant Shipping (Tonnage) Regulations, 2006	2006/05/11	2006/05/18	S61
2007年《商船（复合罪行）条例》 Merchant Shipping (Compoundable Offences) Regulations, 2007	2007/04/09	2007/04/28	S19
2007年《商船（船员住宿）条例》 Merchant Shipping (Crew Accommodation) Regulations, 2007	2007/04/09	2007/04/28	S20
2007年《商船（惩戒犯罪）条例》 Merchant Shipping (Disciplinary Offences) Regulations, 2007	2007/04/09	2007/04/28	S21
2007年《商船（出生和死亡申报表）条例》 Merchant Shipping (Returns of Births and Deaths) Regulations, 2007	2007/04/09	2007/04/28	S22

[1] 生效后根据第74条废除了1984年《商船（载重线）条例》。参见文莱总检察长办公室官网，http://www.agc.gov.bn/AGC%20Site%20Pages/The%20Laws%20of%20Brunei%20-%20M.aspx，最后访问日期：2018年5月5日。

续表

标题	生效日期 （年/月/日）	公报日期 （年/月/日）	通告编号
2007年《商船（遣返）条例》 Merchant Shipping (Repatriation) Regulations, 2007	2007/04/09	2007/04/28	S23
2007年《海事违法（船舶及固定平台）法令》 Maritime Offences (Ships and Fixed Platforms) Order, 2007	2007/12/17	2007/12/22	S61
2007年《商船（载重线）条例》 Merchant Shipping (Loadline) Regulations, 2007[1]	2007/12/22	2007/12/31	S74
2007年《商船（防止海上船舶碰撞）条例》 Merchant Shipping (Prevention of Collision at Sea) Regulations, 2007[1]	2007/12/22	2007/12/31	S75
2007年《商船（船员协议、船员名单和船员解雇）条例》 Merchant Shipping (Crew Agreements, Lists of Crew and Discharge of Seamen) Regulations, 2007	2007/12/22	2007/12/31	S67
2007年《商船（船员工资和账户）条例》 Merchant Shipping (Seaman's Wages and Account) Regulations, 2007	2007/12/22	2007/12/31	S68
2007年《商船（船员养家费）条例》 Merchant Shipping (Seaman's Allotment) Regulations, 2007	2007/12/22	2007/12/31	S69
2007年《商船（预防措施和水域）条例》 Merchant Shipping (Provisions and Wate Regulations, 2007	2007/12/22	2007/12/31	S70
2007年《商船（已故海员的财产）条例》 Merchant Shipping (Property of Deceased Seaman) Regulations, 2007	2007/12/22	2007/12/31	S71
2007年《商船（官方日志薄）条例》 Merchant Shipping (Official Log Books) Regulations, 2007	2007/12/22	2007/12/31	S72
2007年《商船（解雇薄）条例》 Merchant Shipping (Discharge Books) Regulations, 2007	2007/12/22	2007/12/31	S73
2007年《商船（授权组织）条例》 Merchant Shipping (Authorised Organisations) Regulations, 2007	2007/12/22	2007/12/31	S76
2008年《商船（石油污染的民事责任和赔偿）法令》 Merchant Shipping (Civil Liability and Compensation for Oil Pollution) Order, 2008	2008/04/17	2008/04/19	S54

---

[1] 生效后根据第75条废除了1984年《商船（防止海上碰撞）条例》。参见文莱总检察长办公室官网，http://www.agc.gov.bn/AGC%20Site%20Pages/The%20Laws%20of%20Brunei%20-%20M.aspx，最后访问日期：2018年5月5日。

续表

标题	生效日期 (年/月/日)	公报日期 (年/月/日)	通告编号
2008年《商船（石油污染的民事责任和赔偿）（强制保险）法令》 Merchant Shipping (Civil Liability and compensation For Oil Pollution)(Compulsory Insurance) Order 2008	2008/07/02	2008/07/28	S63
2008年《防止海洋（石油）污染条例》 Prevention of Pollution of the Sea (Oil) Regulations, 2008	2008/8/26	2008/09/09	S93
2008年《商船（药店）条例》 Merchant Shipping (Medical Stores) Regulations, 2008	2008/08/14	2008/08/23	S76
2013年《商船（安全区域）法令（修订）》 Merchant Shipping (Safety Zones)(Amendment) Order, 2013			S70
2008年《防止海洋污染（有毒液体物质）条例》 Prevention of Pollution of the Sea (Noxious Liquid Substances) Regulations, 2008	2008/12/11	2008/12/13	S121
2008年《防止海洋污染（报告污染事件）条例》 Prevention of Pollution of the Sea (Reporting of Pollution Incidents) Regulations, 2008	2008/12/11	2008/12/13	S122
2008年《防止海洋污染（垃圾）条例》 Prevention of Pollution of the Sea (Garbage) Regulations, 2008	2008/12/11	2008/12/13	S123
2008年《防止海洋污染（授权组织）条例》 Prevention of Pollution of the Sea (Authorised Organisations) Regulations, 2008	2008/12/11	2008/12/13	S124
2008年《防止海洋污染（复合罪行）条例》 Prevention of Pollution of the Sea (Compoundable Offences) Regulation, 2008	2008/12/11	2008/12/13	S125
2009年《商船法令（修订）》 Merchant Shipping (Amendment) Order, 2009	2009/04/27	2009/05/23	S23
2011年《商船（渔船和游艇登记）条例》 Merchant Shipping (Registration of Fishing Vessel and Pleasure Craft) Regulation, 2011	2011/09/15	2011/09/26	S52
2016年《商船（渔船和游艇登记）条例（修订）》 Merchant Shipping (Registration of Fishing Vessels and Pleasure Craft)(Amendment) Regulations, 2016	2016/12/19	2016/12/24	S80

附录33 "CA1""CA2"区块地理坐标

坐标点	纬度 (N)			经度 (E)		
	度	分	秒	度	分	秒
FB	5	46	42.0	114	19	50.0
FG1	5	38	22.0	114	11	30.0
FG2	5	36	44.5	114	11	30.0
FG3	5	35	7.0	114	9	52.0
FG4	5	32	57.0	114	9	52.0
FG5	5	30	47.0	114	7	42.0
FG6	5	29	42.0	114	7	42.0
FG7	5	29	42.0	114	7	9.0
FG8	5	29	9.5	114	7	9.0
FG9	5	29	9.5	114	6	37.0
FG10	5	28	37.0	114	6	37.0
FG11	5	28	37.0	114	6	4.0
FG12	5	28	5.0	114	6	4.0
FG13	5	28	5.5	114	2	16.5
FG14	5	25	22.0	114	2	16.0
GB	5	24	36.0	114	1	25.0
HB	6	8	52.5	113	18	45.0
BB	6	28	58.5	113	39	12.0
B	6	27	57.0	113	40	11.5

"CA1"区块地理坐标

坐标点	纬度 (N)			经度 (E)		
	度	分	秒	度	分	秒
AB	5	6	25.0	113	39	8.5
AG1	5	6	25.0	113	41	41.0
AG2	5	9	8.0	113	41	41.0
AG3	5	9	8.0	113	44	23.0
AG4	5	11	50.0	113	44	23.5
AG5	5	11	50.0	113	46	33.0
AG6	5	19	57.0	113	54	41.0
AG7	5	19	57.0	113	56	51.0
AG8	5	20	30.0	113	56	51.0
GB	5	24	36.0	114	1	25.0
HB	5	8	52.5	113	18	45.0
BB	5	48	2.0	112	57	33.5
B	5	46	40.0	112	58	29.0

"CA2"区块地理坐标

附录34　缅甸海事局其他法律文件

（一）指令

序号	颁布日期 （年/月/日）	文件名称
1	2017/12/12	《对船旗国、港口国和沿海国的业绩和评价的年度报告要求》 Requirement of Annual Report for Flag State, Port State and Coastal State Performance and Evaluation
2	2012/06/21	《海事培训机构和海事培训中心合格的教员和评估员的指导文件》 Instruction for Qualified Instructors and Assessors for Maritime Training Institutions and Maritime Training Centres
3	2008/01/31	《批准学校/机构和培训中心海事培训课程的指导文件》 Instruction for Institutes and Training Centers Desiring Approvol of Maritime Training Courses

（二）政策

序号	文件编号	文件名称
1	QOP-72-01(04)	《实施SOLAS第II-1和II-2章（施工）的政策》 Policy for the Implementation of SOLAS Chapter II-1 and II-2 (Construction)
2	QOP-72-01(08)	《根据MARPOL附则I给予豁免、例外和等同物的政策》 Policy for Implementation of Exemptions, Exceptions and Equivalents According to MARPOL Annex I
3	QOP-72-01(12)	《实施IMO建议的政策》 Policy for the Implementation of IMO Recommendation
4	QOP-72-01(14)	《实施有效期限的政策》 Policy for the Implementation of Duration of Validity
5	QOP-72-01(17)	《排油监控系统测试政策》 Policy for Testing of Oil Discharge Monitoring and Control System
6	QOP-72-01(18)	《关于固定式二氧化碳灭火系统维护和检查的政策》 Policy for the Maintenance and Inspections of Fixed Carbon Dioxide Fire-Extinguishing Systems
7	QOP-72-01(19)	《消耗臭氧层物质使用和终止制度政策》 Policy for Ozone Depleting Substances Usage and Termination Systems
8	QOP-72-01(20)	《转向器的维护和检查政策》 Policy for Maintenance and Inspections of Steering Gear

续表

序号	文件编号	文件名称
9	QOP-72-01(21)	《便携式氧气分析仪和便携式爆炸气体检测仪的政策》 Policy for Portable Oxygen Analyzer and Portable Explosive Gas Detector
10	QOP-72-01(22)	《更新调查指导政策》 Policy for Renewal Survey Guidance
11	QOP-72-0(23)	《改变旗帜和撤回旗帜的政策》 Policy for Changing the Flag and Withdrawing the Flag

（三）指示

序号	日期 （年/月/日）	文件名称
12	2018/01/25	《遵守 STS 运营计划的强制性要求》 Mandatory Requirement to Comply with the STS Operations Plan
13	2018/01/24	《报告涉及危险货物遗失或可能遗失的事件》 Reporting of Incidents Involving the Loss or likely Loss Overboard of Dangerous Goods
14	2018/01/24	《试点转移安排》 Pilot Transfer Arrangement
15	2018/01/23	《保持维护盘和散货船舱口盖维护记录》 Keeping Maintenance Pan and a Record of Maintenance of Bulk Carrier Hatch Covers
16	2018/01/22	《报告危险消息》 Reporting of Danger Message
17	2018/01/22	《授权救生艇筏、救生艇、发射装置和有载释放装置的服务提供者》 Authorization of Service Providers for Survival Craft, Rescue Boats, Launching Appliances and On-load Release Gear
18	2018/01/22	《船用设备批准类型》 Type Approval of Marine Equipment
19	2018/01/22	《使用 ECDIS、AIS、VDR 和 BNWAS 用于安全导航》 Use of ECDIS,AIS,VDR and BNWAS for Purpose of Safe Navigation
20	2018/01/19	《"安全运输危险货物配载计划的批准"和"批准安全运输危险货物配载计划的标准程序"》 "Approval for Stowage Plan for Safe Carriage of Dangerous Goods" & "Standard Procedure for Approval Stowage Plan for Safe Carriage of Dangerous Goods"
21	2018/01/19	《申请延期、减免、等同或免除》 Application for Extension,Dispensation,Equivalent or Exemption
22	2018/01/19	《从水中救援人员》 Recovery of Persons from the Water

续表

序号	日期 （年/月/日）	文件名称
23	2018/01/05	《封闭空间进入》 Enclosed Space Entry
24	2018/01/05	《GMDSS 的岸基维护》 Shore Based Maintenance of GMDSS
25	2017/10/27	《更新调查指南》 Guidelines for Renewal Survey
26	2017/10/26	《审计计划合规性核查》 Verification of Compliance for the Audit Scheme
27	2017/10/25	《第 4 条对符合变更的强制性要求——"SOLAS 公约"第 II-2 章的惰性气体系统》 Mandatory Requirement to Comply with Changes in Regulation 4-Inert Gas System of SOLAS Chapter II-2
28	2017/10/24	《根据 MSC.291（87）号决议对遵守"原油油船货油舱保护涂层性能标准"的强制性要求》 Mandatory Requirement to Comply with Performance Standard for Protective Coatings for Cargo Oil Tanks of Crude Oil Tankers According to Resolution MSC.291 (87)
29	2017/10/24	《根据 MSC.291（87）号决议对符合气体测量变化和气体检测变化的强制要求》 Mandatory Requirement to Comply with Changes in Gas Measurement and Detection according to Resolution MSC.291 (87)
30	2017/10/23	《根据 MSC.281（85）号决议对遵守 SOLAS II-1 章细分和稳定性破坏条例的强制性要求》 Mandatory Requirement to Comply with SOLAS Chapter II-1 Subdivision and Damage Stability Regulations According to Resolution MSC.281 (85)
31	2017/10/20	《根据 MEPC.236（65）号决议对 MARPOL 附则 I 条件评估方案的修订》 Amendment to Condition Assessment Scheme under MARPOL Annex I According to Resolution MEPC.236 (65)
32	2017/10/19	《根据 MEPC.272（69）号决议对 2008 年 NOX 技术规则的修订》 Amendment to the NOX Technical Code 2008 According to Resolution MEPC.272 (69)
33	2017/10/19	《根据 MEPC.271（69）号决议对 MARPOL 附则 VI 的修正》 Amendment to MARPOL Annex VI According to Resolution MEPC.271 (69)
34	2017/10/18	《S 管和方向舵套管在使用中最大磨损量的国家标准》 National Standard for Maximum Wear Down of Stern Tube and Rudder Bushes in Service

续表

序号	日期 （年/月/日）	文件名称
35	2017/10/18	《对厚度测量公司的认可》 Thickness Measurement Firm Approval
36	2017/10/13	《国家电池维护指南》 National Guidance for Battery Maintenance
37	2017/10/13	《厚度测量的测量师指南》 Surveyor Guidance for Thickness Measurement
38	2017/10/13	《允许减小船体结构厚度的国家标准》 National Standard for Allowable Thickness Diminution of Hull Structure
39	2017/10/12	《油箱校准公司批准》 Tank Calibration Firm Approval
40	2017/10/12	《使用中的锚固设备最大磨损量的国家标准》 National Standard for Maximum Wear Down of Anchoring Equipment in Service
41	2017/10/12	《车间绞车负荷试验指南》 Guidance for Winch Load Test in Shop
42	2017/09/04	《通过降落和自由降落下降的救生艇》 Lifeboats Lowered by Means of Falls and Free-fall Lifeboats
43	2017/09/04	《IOPP 调查更新的不适当》 De-harmonization of the IOPP Renewal Survey
44	2017/03/01	《从事国际航行的缅甸船舶机房值班员的安排》 Engine Room Watchkeeping Arrangements for Myanmar Vessels Engaged on International Voyage
45	2017/03/01	《未经处理的污水排放率的国家标准》 National Standard for the Determination of the Rate of Discharge of Untreated Sewage
46	2017/03/01	《放置港口接收设施的说明备忘录》 Memorandum of Instructions for Placing the Port Reception Facilities
47	2017/03/01	《关于污水处理厂的污水标准和实施性能测试的国家标准》 National Standard on Implementation of Effluent Standards and Performance Tests for Sewage Treatment Plants
48	2017/0301	《污水处理池容量计算的国家标准》 National Standard for Calculation of Sewage Holding Tank Capacity
49	2017/02/22	《禁止除油船和装有驳船的船只以外的任何船只在船只底盘腹部（散装货物）运输油类和棕榈油作为商品》 Prohibition Affair on Any Vessels to Carry Oil and Palm Oil as a Commodity in the Vehicle's Chassis Belly (in Bulk) Except Oil Vessels and Barges Loaded Vessels
50	2016/12/30	《向船长提供稳定性信息的强制性要求》 Mandatory Requirement to Supply Stability Information to Master

续表

序号	日期（年/月/日）	文件名称
51	2016/12/30	《油轮紧急拖曳安排的国家标准》 National Standard for Emergency Towing Arrangement for Tankers
52	2016/12/29	《国际证书》 International Certificate
53	2016/12/29	《调查清单（FG）的批准》 Approval of Survey Checklist (FG)
54	2016/12/29	《清单核准（沿海）》 Approval of Checklist (Coastal)
55	2016/12/29	《石油记录簿第I部分中对操作的记录——机器空间操作（所有船舶）》 National Guidance for the Recording of Operations in the Oil Record Book Part I-Machinery Space Operations (All Ships)
56	2016/12/28	《1982年6月1日及以前从事特定行业的油轮交付应用指南》 Guidance for the Application of Oil Tanker Deliver on or before 1st June 1982 Engaged on Specific Trades
57	2016/12/28	《防火测试程序国家标准》 National Standard for Fire Test Procedures
58	2016/12/28	《缅甸船舶噪声水平国家标准》 National Standard for Noise Levels on Board Myanmar Ships
59	2016/12/24	《防止疲劳》Fatigue Prevention
60	2016/12/24	《防止药物和酒精滥用》 Prevention of Drug and Alcohol Abuse
61	2016/12/24	《值班安排和应遵守的原则》 Watchkeeping Arrangements and Principles to be Observed
62	2016/12/21	《关于提供长度小于90米的海上和沿海船舶建造标准的国家指南》 National Guidance for the Provision of the Standard Construction of Seagoing and Coastal Vessels under 90 meters in Length
63	2016/11/28	《对"维护连续概要记录（CSR）的格式和指南"的修正》 Amendments to the Format and Guidelines for the Maintenanc of the Continuous Synopsis Record (CSR)
64	2016/11/28	《国家消防测试程序指南》 National Guidance for the Fire Test Procedure
65	2016/11/25	《关于提供船上噪声防护标准的国家指南》 National Guidance for the Provision of the Standard for Protection against Noise on Board
66	2015/12/30	《北极水域船舶的强制性稳定性要求》 Mandatory Stability Requirements for Ships Operating in Arctic Water

续表

序号	日期 （年／月／日）	文件名称
67	2015/12/30	《基于（国际海事危险货物）IMDG规则的岸基人员教学指导》 According to the (International Maritime Dangerous Goods) IMDG Code, the teaching instructions on Shore-based personnel
68	2015/12/29	《为在缅甸沿岸水域服务的船舶分配装载线路的国家要求》 National Requirements of Load Line Assigning for the Vessels Serviced on Myanmar Coastal Waters
69	2015/12/29	《符合替代设计和安排要求的强制性要求MSC.392（95）号决议》 Mandatory Requirement to Comply with the Requirement of Alternative Design and Arrangement the Resolution MSC.392 (95)
70	2015/12/29	《描述国际载重线上的IMO编号和从事航行的缅甸船舶的吨位证书的强制性要求》 Mandatory Requirement to Describe IMO Number on International Load Line and Tonnage Certificates for Myanmar Ships Engaged on Intentional Voyage
71	2015/12/28	《散装运输液化气体的船舶的构造和设备的国家标准》 National Standard for the Construction and Equipment of Ships Carrying Liquefied Gases in Bulk
72	2015/12/25	《散装运输危险化学品的船舶构造和设备的国家标准》 National Standard for the Construction and Equipment of Ships Carrying Dangerous Chemical in Bulk
73	2015/12/25	《整体稳定性国家标准》 National Standard for Intact Stability
74	2015/12/25	《防止石油污染的国家标准》 National Standard for the Prevention of Pollution by Oil
75	2015/12/18	《整体稳定性的国家指南》 National Guidance for Intact Stability
76	2015/12/11	《关于散装运输液化气体船舶结构和设备标准的法规的国家指南》 National Guidance for the Provision of the Standard of Construction and Equipment of the Ships Carrying Liquefied Gases in Bulk
77	2015/12/09	《设备测试公司的批准》 Approval of Equipment Test Firm
78	2015/12/01	《缅甸国际航行船舶海上设备型号核准》 Type Approval of Marine Equipment for Myanmar Vessels Engaged on International Voyage
79	2015/12/01	《关于防止船舶石油污染的国家指南》 National Guidance for the Prevention of Pollution by Oil from Ships
80	2015/12/01	《改变合格证书（CoC）和熟练证书（CoP）的设置问题》 The Issue of Changing Setting on the Certificate of Competency (CoC) and Certificate of Proficiency (CoP)

续表

序号	日期（年/月/日）	文件名称
81	2015/05/21	《改变任何正在转向并通过若开邦沿海水域和相关水域船舶安全状况（安全标准）的设置》 The Affair of Changing the Setting on Any Vessels Safety Status (Safety Standard) Which Are Steering and Passing through the Way on the Rakhine State's Coastal Waters and Associated Waters.
82	2014/12/30	《员工交易程序》 Staff Trading Procedure
83	2014/12/30	《基于MSC.290（87）号决议对遵守按目标制定的船舶建造标准的散货船和油船的强制要求》 Mandatory Requirement to Comply with Goal-based Ship Construction Standards for Bulk Carrier and Oil Tankers According to Resolution MSC.290 (87)
84	2014/12/30	《强制要求遵守NOX技术规范2008的要求》 Mandatory Requirement to Comply with the Requirements of NOX Technical Code 2008
85	2014/12/29	《国家对散货船和油船强化检验项目的要求》 National Requirement for the Enhanced Programme of Inspections during Surveys of Bulk Carriers and Oil Tankers
86	2014/12/26	《状况评估计划的国家要求》 National Requirement for Condition Assessment Scheme
87	2014/12/26	《国家对第13F条和第13G条以及与MARPOL 73/78附件I相关的修正案的要求》 National Requirement for Regulations 13F and 13G and Related Amendments to Annex I of MARPOL 73/78
88	2014/12/26	《国家对修改后有专用清洁压载舱的油船规格的要求》 National Standard of Revised Specifications for Oil Tankers with Dedicated Cleaned Ballast Tanks
89	2014/12/26	《对船上油污应急计划的强制要求》 Mandatory Requirement to Shipboard Oil Pollution Emergency Plan
90	2014/12/24	《对船上焚化炉的强制性要求》 Mandatory Requirement to Shipboard Incinerator
91	2014/12/24	《对豁免和等同于遵守SOLAS 74的强制性要求》 Mandatory Requirement for Exemptions and Equivalent to Comply with the SOLAS 74
92	2014/12/24	《对MARPOL附录VI记录簿的强制性要求》 Mandatory Requirement to MARPOL ANNEX VI Record Book
93	2014/12/23	《在散货船和油船检验期间加强检查计划的国家要求》 National Requirements for the Enhanced Programme of Inspections During Surveys of Bulk Carriers and Oil Tankers

续表

序号	日期 （年/月/日）	文件名称
94	2014/12/10	《为非公约国船舶提供测量员记录本的国家指南》 National Guidance for the Provision of Surveyors' Note Book for Non-convention Ships
95	2014/12/01	《船旗国工程师测量师培训》 Training for Flag State Engineer Surveyor
96	2014/12/01	《国家海事设备认证指南（IMO）》 National Guidance for the Provision of Approval of Marine Equipment (IMO)
97	2014/10/23	《船旗国为缅甸的货船上救生服的运输》 Carriage of Immersion Suits on Cargo Ships Flying the Myanmar Flag
98	2014/10/07	《货物装载和保护的安全操作（CSS）》 Safe Practice for Cargo Stowage and Securing (CSS)
99	2014/10/07	《船舶安全警报系统（SSAS）》 Ship Security Alert System (SSAS)
100	2014/10/01	《散装货物的安全运输》 Safe Carriage of Grain in Bulk
101	2014/09/03	《缅甸船舶在缅甸水域吨位测量和计算的国家标准》 National Standard for Tonnage Measurement and Calculation of Myanmar Ships Engaged on Myanmar Waters
102	2014/09/03	《在国际水域航行的缅甸船舶吨位测量与计算的国家标准》 National Standard for Tonnage Measurement and Calculation of Myanmar Ships Engaged on International Waters
103	2014/08/06	《国家关于指定挖泥船减少干舷的指南》 National Guidance for the Assignment of Reduced Freeboards for Dredgers
104	2014/08/06	《各类船舶专用海水压载舱防护涂层的国家指南》 National Guidance for the Protective Coatings of Dedicated Seawater Ballast Tanks in All Types of Ships
105	2014/07/29	《确保完成对已通过批准的见习海员的船上培训计划》 Ensuring to Fulfill the Approved Onboard Training Program of Trainee Seafarers
106	2014/04/01	《颁发适任证书（CoC）和合格证书（CoP）的程序说明》 Procedures Instructions for Issuing the Certificate of Competency (CoC) and the Certificate of Proficiency (CoP)
107	2014/02/03	《电子海图显示和信息系统（ECDIS）培训认证》 Certification for Electronic Charts Display and Information Systems (ECDIS) Training

续表

序号	日期 （年/月/日）	文件名称
108	2013/12/30	《关于非公约国船只标准规定的国家指南》 National Guidance for the Provision of Non-convention Vessel Standard
109	2013/12/23	《关于铝质船舶标准结构规定的国家指南》 National Guidance for the Provision of the Standard Construction for Aluminum Ships
110	2013/11/28	《将服务支付方式由外币转换为在专门从事船员集资业务的船员代表公司存储的缅甸货币"Kyats"》 The Issue of Changing the Way on Service Payment from Foreign Currency into Myanmar Currency "Kyats" Depositing by Sailors Representative Firms Which Are Specializing in Sailors Collection Services, and Job Placement Services
111	2013/09/17	《雨季期间所有沿海货物/陆地车辆在内陆水域内转向的问题》 The Issue of Steering within Inland Water of All the Coastal Cargo/Landing Vehicles During the Raining Season
112	2013/09/03	《为旧海洋测试系统下考试失败的参加者而开展的考试项目》 The Exam Program to Undertake in Order to Continue for Participants those who had Failed under the Arrangement of the Old System of Maritime Tests
113	2013/07/31	《MET 培训中心的批准和操作程序》 Approval and Operation Procedures for MET Training Centre

附录 35　缅甸缔结加入的海洋法公约

序号	公约名称	签字日期/公告日期（年/月/日）	加入日期（年/月/日）	生效日期
1	《联合国海洋法公约》 United Nations Convention on the Law of the Sea	1982/12/10	1996/5/21[1]	1996/6/20[2]
2	《关于执行 1982 年 12 月 10 日联合国海洋法公约第十一部分的协定》 Agreement relating to the Implementation of Part XI of the United Nations Convention on the Law of the Sea of 10 December 1982	1982/11/16	1996/5/21	1996/6/28[3]
3	《国际海事组织公约》 Convention on the International Maritime Organization		1951/7/6	1958/5/17[4]
4	《1974 年国际海上人命安全公约 1978 年议定书》 Protocol of 1978 relating to the International Convention for the Safety of Life at Sea, 1974	1987/11/11		1988/2/11[5]
5	1972 年《国际海上避碰规则》 Convention on the International Regulations for Preventing Collisions at Sea, 1972	1987/11/11		1987/11/11
6	《1978 年议定书修订的〈防止船舶污染国际公约〉》 International Convention for the Prevention of Pollution from Ships as modified by the Protocol of 1978		1988/8/4	1988/5/4
7	《防止船舶污染国际公约》附件四：污水 International Convention for the Prevention of Pollution from Ships-Annex IV: Sewage		2016/7/5	2016/4/5[7]

[1] 日期参见联合国官网，http://www.un.org/depts/los/reference_files/status2018.pdf，最后访问日期：2018 年 5 月 5 日。

[2] See ECOLEX, https://www.ecolex.org/details/treaty/united-nations-convention-on-the-law-of-the-sea-tre-000753/?q=myanmar&type=treaty&xsubjects=Sea&xcountry=Myanmar&xdate_min=&xdate_max=&tr_field_of_application=Global, May 5, 2018.

[3] 参见联合国条约库，https://treaties.un.org/pages/ViewDetails.aspx?src=TREATY&mtdsg_no=XXI-6-a&chapter=21&lang=en，最后访问日期：2018 年 5 月 5 日。

[4] See ECOLEX, https://www.ecolex.org/details/treaty/convention-on-the-international-maritime-organization-tre-000498/?q=myanmar&type=treaty&xsubjects=Sea&xcountry=Myanmar&xdate_min=&xdate_max=&tr_field_of_application=Global, May 5, 2018.

[5] 参见联合国条约库，https://treaties.un.org/Pages/showDetails.aspx?objid=08000002800ec37f，最后访问日期：2018 年 5 月 5 日。

[6] See ECOLEX, https://www.ecolex.org/details/treaty/international-convention-for-the-prevention-of-pollution-from-ships-annex-iv-sewage-tre-000988/?q=myanmar&type=treaty&xsubjects=Sea&xcountry=Myanmar&xdate_min=&xdate_max=&tr_field_of_application=Global, May 16, 2018.

续表

序号	公约名称	签字日期/公告日期（年/月/日）	加入日期（年/月/日）	生效日期
8	1973年《防止船舶污染国际公约》附件三：以包装形式携带的有害物质 International Convention for the Prevention of Pollution from Ships, 1973-Annex III: Hazardous Substances Carried in Packaged Form		2016/4/5	2016/7/5[1]
9	《防止船舶污染国际公约》附件五：垃圾排放 International Convention for the Prevention of Pollution from Ships (MARPOL)-Annex V Optional: Garbage		2016/4/5	2016/7/5[2]
10	1990年《国际油污防备、反应和合作公约》 International Convention on Oil Pollution Preparedness, Response and Co-operation		2016/12/15	2016/3/15[3]
11	2001年《国际燃油污染损害民事责任公约》 International Convention on Civil Liability for Bunker Oil Pollution Damage, 2001 (BUNKER)		2018/1/19[4]	
12	1966年《国际载重线公约》 International Convention on Load Lines, 1966[5]	1987/11/11		1988/2/11[6]
13	《国际船舶吨位丈量公约》 International Convention on Tonnage Measurement of Ships[7]	1988/5/4		1988/8/4[8]

---

[1] See Ecolex, https://www.ecolex.org/details/treaty/international-convention-for-the-prevention-of-pollution-from-ships-1973-annex-iii-hazardous-substances-carried-in-packaged-form-tre-000987/?q=myanmar&type=treaty&xsubjects=Sea&xcountry=Myanmar&xdate_min=&xdate_max=, May 5, 2018.

[2] See Ecolex, https://www.ecolex.org/details/treaty/international-convention-for-the-prevention-of-pollution-from-ships-marpol-annex-v-optional-garbage-tre-000989/?q=MYANMAR&type=treaty&xsubjects=Sea&xdate_min=&xdate_max=&tr_field_of_application=Global, May 5, 2018.

[3] See Ecolex, https://www.ecolex.org/details/treaty/international-convention-on-oil-pollution-preparedness-response-and-co-operation-tre-001109/?q=MYANMAR&type=treaty&xsubjects=Sea&xdate_min=&xdate_max=&tr_field_of_application=Global, May 5, 2018.

[4] See http://www.ics.org.ir/Downloads/CLD/News/BUNKERS.1-Circ.80%20-%20International%20Convention%20On%20Civil%20Liability%20For%20Bunker%20Oil%20Pollution%20Damage,%202001%20(Accession%20by%20Myanmar%20and...).pdf, May 5, 2018.

[5] See http://treaties.fco.gov.uk/docs/pdf/1968/TS0058.pdf, May 5, 2018.

[6] 参见联合国条约库, https://treaties.un.org/pages/showDetails.aspx?objid=0800000280126bbe, 最后访问日期：2018年5月5日。

[7] See Ecolex, http://ec.europa.eu/eurostat/cache/metadata/Annexes/fish_fleet_esms_an1.pdf, May 5, 2018.

[8] 参见联合国条约库, https://treaties.un.org/pages/showDetails.aspx?objid=08000002800e0101www.ilo.org/global/about-the-ilo/newsroom/news/WCMS.../index.htm, 最后访问日期：2018年5月5日。

续表

序号	公约名称	签字日期/公告日期（年/月/日）	加入日期（年/月/日）	生效日期
14	1988年《制止危及海上航行安全的非法行为公约》 1988 Convention on the Suppression of Unlawful Acts Endangering Maritime Navigation Safety (SUA 1988)[1]		2003/9/9	
15	《促进公海渔船遵守国际养护及管理措施的协定》 Agreement to Promote Compliance with International Conservation and Management Measures by Fishing Vessels on the High Seas	1994/9/8 交存 2003/8/1 登记		2003/4/24[2]
16	《关于预防、制止和消除非法、不报告、不管制捕鱼港口国措施协议》Agreement on Port State Measures to Prevent, Deter and Eliminate Illegal, Unreported and Unregulated Fishing		2010/11/22	2016/6/5[3]
17	《海床洋底及其底土安置核武器和其他大规模毁灭性武器条约》 Treaty on the Prohibition of the Emplacement of Nuclear Weapons and other Weapons of Mass Destruction on the Sea-Bed and the Ocean Floor and in the Subsoil thereof (London Version)	1971/2/11		1972/5/18[4]
18	1978年《海员培训、发证和值班标准国际公约》 International Convention on Standards of Training, Certification and Watchkeeping for Seafarers, 1978[5]	1988/5/4		1988/8/4[6]
19	2006年《海事劳工公约》Maritime Labour Convention 2006[7]			2017/5/25[8]

---

[1] See Oceansbeyondpiracy, http://oceansbeyondpiracy.org/sites/default/files/SUA_Convention_and_Protocol.pdf, May 5, 2018.

[2] 参见联合国条约库, https://treaties.un.org/pages/showDetails.aspx?objid=080000028007be1a, 最后访问日期：2018年5月5日。

[3] 参见联合国粮农组织官网, http://www.fao.org/documents/card/en/c/915655b8-e31c-479c-bf07-30cba21ea4b0/, 最后访问日期：2018年5月5日。

[4] See Exolex, https://www.ecolex.org/details/treaty/treaty-on-the-prohibition-of-the-emplacement-of-nuclear-weapons-and-other-weapons-of-mass-destruction-on-the-sea-bed-and-the-ocean-floor-and-in-the-subsoil-thereof-london-version-tre-000416/?q=MYANMAR&type=treaty&xsubjects=Sea&xdate_min=&xdate_max=&tr_field_of_application=Global, May 5, 2018.

[5] See Saturatore, http://www.saturatore.it/Diritto/STCW95.pdf, May 5, 2018.

[6] 参见联合国条约库, https://treaties.un.org/Pages/showDetails.aspx?objid=08000002800d6d42, 最后访问日期：2018年5月5日。

[7] 参见国际劳工组织官网, http://www.ilo.org/wcmsp5/groups/public/@ed_norm/@normes/documents/normativeinstrument/wcms_090250.pd/f, 最后访问日期：2018年5月5日。

[8] 参见国际劳工组织官网, www.ilo.org/global/about-the-ilo/newsroom/news/WCMS.../index.htm, 最后访问日期：2018年5月5日。

参考文献

一、中文文献

1. 傅莹、吴士存:《南海局势及南沙群岛争议:历史回顾与现实思考》,载《中国新闻周刊》2016年5月11日。

2. 顾强:《越南各阶层对"一带一路"的认知与态度及其应对策略研究——对越南进行的实证调研分析》,载《世界经济与政治论坛》2016年第5期。

3. 刘复国、吴士存:《2013年度南海地区形势评估报告》,中国南海研究院2014年。

4. 罗国强、郭薇:《南海共同开发案例研究》,载《南洋问题研究》2012年第2期。

5. 孙国祥:《南海之争的多元视角》,香港城市大学出版社2017年版。

6. 邵建平:《如何推进南海共同开发:东南亚国家经验的视角》,载《当代亚太》2011年第6期。

7. 唐翀、李志斐:《马六甲海峡安全问题与中国的政策选择》,载《东南亚南亚研究》2012年第3期。

8. 王四海、孙秀文:《俄越油气合作问题探析》,载《欧亚经济》2014年第4期。

9. 杨光海:《东盟国家及组织对南海仲裁案的反应及政策走向》,载《和平与发展》2016年版第5期。

10. 赵伟:《南(中国)海周边国家协议解决海域划界争端的实践及其对中国的启示》,载《中国海洋法学评论》2013年第1期。

11. 陈慧青:《中国与〈海洋法公约〉:历史回顾与经验教训》,载《武大国际法评论》2017年第3期。

12. 陈淑兴:《遥感和GIS支持下的海岸带资源综合管理》,载《科技信息》2008年第20期。

13. 方丽:《精锐部队马来西亚特种作战部队(上)——皇家马来西亚海军特种部队》,载《轻兵器》2015年第22期。

14. 郭剑、喻常森:《菲律宾与马来西亚关于沙巴的主权纠纷》,载《南洋问题研究》2015 年第 2 期。

15. 何学武、李令华：《我国及周边海洋国家领海基点和基线的基本状况》，载《中国海洋大学学报（社会科学版）》2008 年第 3 期。

16. 胡念祖：《海洋政策：理论与实务研究》，台湾五南图书出版股份有限公司 1997 年版。

17. 刘畅：《印度尼西亚海洋划界问题：现状，特点与展望》，载《东南亚研究》2015 年第 05 期。

18. 李辉、张学刚：《印尼与马来西亚安巴拉特领海争端概况》，载《国际资料信息》2005 年第 5 期。

19. 刘恩松：《领海的无害通过制度》，载《政工学刊》1997 年第 5 期。

20. 刘能冶、王晓明：《新加坡、马来西亚岛屿主权纠纷案述评》，载《中国审判》2009 年第 11 期。

21. 廖雪霞：《南海周边国家海洋划界协议研究》，载《国际法研究》2015 年第 6 期。

22. 邵建平：《如何推进南海共同开发？——东南亚国家经验的视角》，载《当代亚太》2011 年第 6 期。

23. 孙国祥：《南海之争的多元视角》，香港城市大学出版社 2017 年版。

24. 吴士存：《南沙争端的起源与发展》，中国经济出版社 2010 年版。

25. 王红梅、朱振海：《海洋地理信息系统国内外研究进展》，载《遥感技术与应用》1999 年第 3 期。

26. 王秀梅：《白礁岛、中岩礁和南礁案的国际法解读》，载《东南亚研究》2009 年第 1 期。

27. 王安涛：《中国—马来西亚海洋科技合作回顾》，载《中国海洋报》2010 年第 1227 期 A1—A2 版。

28. 肖红：《文莱和马来西亚争端的起源与发展》，载《青春岁月》2016 年第 9 期。

29. 肖建文：《国际机制与马来西亚海权的建构及维护》，暨南大学 2010 年硕士学位论文。

30. 熊良敏：《马来西亚诉新加坡围海造地案》，载《中国海洋法学评论》2005 年第 1 期。

31. 于昕：《马六甲海峡法律环境初探》，载《中国海洋大学学报（社会科学版）》2010 年第 3 期。

32. 赵婧：《中马海洋合作：环南中国海的互利典范》，载《中国海洋报》2017 年第 2060 期 A1 版。

33. 赵伟：《南（中国）海周边国家协议解决海域划界争端的实践及其对中国的启示》，载《中国海洋法学评论》2013 年第 1 期。

34. 边子光：《各国海域执法制度》，台北秀威咨讯科技股份有限公司 2012 年。

35. 鞠海龙：《文莱海洋安全政策与实践》，载《世界经济与政治论坛》2011 年第 5 期。

36. 康霖：《文莱南海政策评析》，载《新东方》2014 年第 4 期。

37. 李志文：《我国在南海争议区域内海上维权执法探析》，载《政法论丛》2015 年第 3 期。

38. 骆永昆：《马来西亚的南海政策及其走向》，载《国际资料信息》2011 年第 10 期。

39. 骆永昆：《文莱的南海政策》，载《国际资料信息》2012 年第 9 期。

40. 聂德宁：《中国与文莱经贸关系发展的现状及前景》，载《南洋问题研究》2008 年第 4 期。

41. 吴士存：《纵论南沙争端》，海南出版社，2005 年版。

42. 商务部国际贸易经济合作研究院、中国驻文莱大使馆经济商务参赞处、商务部对外投资和经济合作司：《对外投资合作国别（地区）指南：文莱》，商务部微信公众号 2017 年 12 月，推送时间：2017 年 12 月 28 日。

43. 姚元园：《文莱油气产业发展现状与转型评析——基于石油公司竞争力的分析视角》，载《东南亚纵横》2013 年第 5 期。

44. 范宏伟、肖君拥：《缅甸新宪法 (2008) 与缅甸民主宪政前景》，载《太平洋学报》2008 年第 8 期。

45. 黄瑶、廖雪霞：《国际海洋划界司法实践的新动向 2012 年孟加拉湾划界案评析》，载《法学》2012 年第 12 期。

46. 黄莺：《缅甸民族宗教概况》，载《国际资料信息》2003 年第 8 期。

47. 商务部国际贸易经济合作研究院、中国驻缅甸大使馆经济商务参赞处、商务部对外投资和经济合作司：《对外投资合作国别（地区）指南：缅甸》，商务部微信公众号 2017 年 12 月。

二、外文文献

1. R.Amer, *Conflict Management and Dispute Settlement in East Asia*.

Routledge, 2016.

2. W.G.Burchett, *The China-Cambodia-Vietnam Triangle*, Vanguard books, 1981.

3. S.Chhak, Norodom (prince) Sihanouk, P.Reuter, *Les frontieres du Cambodge*, Dalloz, 1966.

4. N.Chanda, *Brother Enemy: The War after the War*, New York, 1986.

5. D.J.Dzurek, "Boundary and Resource Disputes in the South China Sea", *Ocean YB*, 1985, 5.

6. S.P.Heder, "The Kampuchean-Vietnamese Conflict", in D.W.P.Elliott ed., *The Third Indochina Cm4lict, Boulder, Colorado*: Westview Press, pp. 21-67.

7. K.Kittichaisaree, "The Law of the Sea and Maritime Boundary Delimitation in South East Asia", *VRÜ Verfassung und Recht in Übersee*, 1990, 23(3).

8. J.R.V.Prescott, C.H.Schofield, Undelimited Maritime Boundaries of the Asian Rim in the Pacific Ocean, *Ibru*, 2001.

9. J.R.V.Prescott, et al, *Maritime Jurisdiction in Southeast Asia: a Commentary and Map*, Honolulu, Hawaii: East-West Environment and Policy Institute, 1981.

10. N.H.Thao, "Joint development in the Gulf of Thailand", *IBRU Boundary and Security Bulletin*, 1999

11. N.H.Thao, "Vietnam's First Maritime Boundary Agreement", *Boundary and Security Bulletin*, 1997, 5(3).

12. Fabio Spadi, Pulau Ligitan, Pulau Sipadan, "New Parameters for the Concept of Dependency in the Maritime Environment? The ICJ Judgment of 17 December 2002", *International Journal of Marine and Coastal Law*, 2003(2).

13. International Arbitral Awards, "Case Concerning Land Reclamation by Singapore in and Around the Straits of Johor (Malaysia v. Singapore)", International Arbitral Awards, 2007.

14. Melda Malek, "Why It Is Timely, Three Decades on, for States to Take Stock of the UNCLOS 1982", Maritime Institute of Malaysia，2012.

15. Brunei Darussalam Defence Department, "Brunei Darussalam Defence White Paper 2004: Defending the Nation's Sovereignty".

16. Brunei Darussalam Defence Department, "Shaping the Force Today:

Brunei Darussalam Defence White Paper Update 2007".

17. R.Haller-Trost, "The Brunei-Malaysia Dispute over Territorial and Maritime Claims in International Law", *Ibru*, 1994.

18. Jürgen Schwarz, Wilfried A. Herrmann, Hanns-Frank Seller, eds., *Maritime strategies in Asia*, White Lotus Press, 2002.

19. Jianming Shen, "International Law Rules and Historical Evidences Supporting China's Title to the South China Sea Islands." *Hastings Int'l & Comp. L. Rev. 21*, 1997.

三、数据库和网站

（一）中文数据库和网站

1. 中华人民共和国中央人民政府，网址：http://www.gov.cn。

2. 中华人民共和国外交部，网址：http://www.fmprc.gov.cn。

3. 中华人民共和国农业部，网址：http://www.moa.gov.cn。

4. 中华人民共和国驻印度共和国大使馆，网址：http://www.fmprc.gov.cn。

5. 中华人民共和国国家海洋局，网址：http://www.soa.gov.cn。

6. 中国海洋石油集团有限公司，网址：http://www.cnooc.com.cn/。

7. 中国社会科学网，网址：http://www.un.org。

8. 中国人大网，网址：http://www.npc.gov.cn。

9. 中华人民共和国国史网，网址：http://www.hprc.org.cn/。

10. 广西水产科学研究院，网址：http://www.gxfishery.com.cn。

11. 中国南海网，网址：http://www.thesouthchinasea.org.cn。

12. 中共中央文献研究室，网址：https://www.wxyjs.org.cn/。

13. 中国军网，网址：http://www.81.cn/。

14. 新华网，网址：http://www.xinhuanet.com。

15. 人民网，网址：http://paper.people.com.cn/。

16. 黄海水产研究所，网址：http://www.ysfri.ac.cn/。

17. 浙江工商大学国际法研究所，http://www.gjfyjs.com。

18. 广西地情网，网址：http://www.gxdqw.com。

19. 凤凰网，网址：http://news.ifeng.com/。

20. 观察者网，网址：http://www.guancha.cn/。

21. 环球网，网址：http://mil.huanqiu.com/。

22. 环球网评论，网址：http://opinion.huanqiu.com/。

23. 联合早报网，网址：http://www.zaobao.com。

24. 南方周末，网址：http://www.infzm.com。

25. 南博网，网址：http://www.caexpo.com。

26. 网易新闻，网址：http://news.163.com/。

27. 搜狐网，网址：http://www.sohu.com/。

28. 铁血网，网址：http://bbs.tiexue.net/。

29. 新浪网，网址：http://news.sina.com.cn/。

30. 新浪军事，网址：http://mil.news.sina.com.cn/。

31. 央视网，网址：http://news.cntv.cn/。

32. 中国新闻网，网址：http://www.chinanews.com/。

33. 中华人民共和国国家海洋局第一海洋研究所，网址：http://www.fio.org.cn/。

34. 中华人民共和国国家海洋局第二海洋研究所，网址：http://www.sio.org.cn/。

35. 中国矿冶工程学会网，网址：http://www.cimme.org.tw/。

36. 中华网，网址：http://military.china.com/important/。

37. 中国日报中文网，网址：http://world.chinadaily.com.cn/。

38. 北京晚报，网址：http://www.takefoto.cn/。

39. 石油圈，网址：http://www.oilsns.com/。

40. 国防科技信息网：http://www.dsti.net/。

41. 国务院国资委，网址：http://www.sasac.gov.cn/。

42. 瑞投资网，网址：http://m.65singapore.com/view-22294.html。

43. 透视大马网，网址：https://www.themalaysianinsight.com/。

44. 外交家网，网址：https://thediplomat.com/。

45. 新浪看点，网址：https://k.sina.cn/。

46. 环球视野，网址：http://www.globalview.cn/。

47. 星洲网，网址：http://www.sinchew.com.my/。

48. 中国海洋经济信息网，网址：http://www.cme.gov.cn。

49. 中华人民共和国商务部，网址：http://www.mofcom.gov.cn。

50. 中华人民共和国驻文莱达鲁萨兰国大使馆，网址：http://www.fmprc.gov.cn/ce/cebn/chn。

51. 中华人民共和国驻文莱达鲁萨兰国大使馆经济商务参赞处，网址：

http://bn.mofcom.gov.cn。

52. 中国—东盟中心，网址：http://www.asean-china-center.org。

53. BP 在中国，网址：https://www.bp.com/zh_cn/china/reports-and-publications/_bp_2017-_.html。

54. 传送门，网址：http://chuansong.me。

55. 东南网，网址：http://www.fjsen.com。

56. 东南亚研究网，网址：http://sea.cssn.cn/gggk/wl/。

57. 国际船舶网，网址：http://www.eworldship.com。

58. 海洋石油工程股份有限公司，网址：http://www.cnoocengineering.com。

59. 科学网，网址：http://news.sciencenet.cn。

60. 南海问题，网址：http://www.mfa.gov.cn。

61. 南海研究论坛，网址：http://www.nhjd.net。

62. 南沙今晚海外网，网址：http://www.jwbos.com。

63. 界面，网址：http://www.jiemian.com。

64. 群岛在线，网址：http://www.nansha.org.cn。

65. 求是理论网，网址：http://www.qstheory.cn。

66. 台湾"中山大学"海洋事务研究所，网址：http://ima.nsysu.edu.tw。

67. 西部网，网址：http://news.cnwest.com。

68. 信达安旅游保险，网址：http://www.xinanda.net。

69. 新浪新闻，网址：http://news.sina.com.cn。

70. 正点国际，网址：http://www.qqfx.com.cn。

71. 战略网，网址：http://www.chinaiiss.com。

72. 中国社会科学网，网址：http://www.cssn.cn。

73. 中国贸易促进网，网址：http://www.smetrade.org.cn。

74. 资讯中心，网址：http://www.cnooc.com.cn。

75. 360 个人图书馆，网址：http://www.360doc.com。

76. 中华人民共和国驻缅甸联邦共和国大使馆经济商务参赞处，网址：http://mm.mofcom.gov.cn/。

77. 中国国际贸易促进委员会驻新加坡代表处，网址：http://www.ccpit.org/singapore/index.htm?ChannelID=4007。

78. 浙江省海洋与渔业局，网址：http://www.zjoaf.gov.cn。

79. 中国海洋在线，网址：http://www.oceanol.com。

80. 中国石油新闻中心，网址：http://news.cnpc.com.cn。

81. 中国招商引资信息，网址：http://www.cnzsyz.com

82. 果敢在线新闻网，网址：http://www.miandianguogan.com

（二）外文数据库和网站

83. 联合国，网址：http://www.un.org/。

84. 联合国条约库，网址：https://treaties.un.org/。

85. 联合国粮农组织，网址：http://www.fao.org/。

86. 国际海事组织，网址：http://www.imo.org。

87. 亚太水产养殖中心网络，网址：https://enaca.org/。

88. 亚太港口服务组织，网址：http://www.apecpsn.org。

89. 东南亚渔业发展中心，网址：http://www.seafdec.org/。

90. 中西太平洋渔业委员会，网址：https://www.wcpfc.int/。

91. 美国国务院，网址：https://www.state.gov。

92. 美国中央情报局，网址：https://www.cia.gov。

93. 越南社会主义共和国中央政府，网址：http://cn.news.chinhphu.vn。

94. 越南社会主义共和国国防部，网址：http://www.mod.gov.vn。

95. 越南社会主义共和国外交部，网址：http://www.mofa.gov.vn。

96. 越南社会主义共和国公安部，网址：http://www.mps.gov.vn。

97. 越南社会主义共和国司法部，网址：http://www.moj.gov.vn。

98. 越南社会主义共和国科技部，网址：https://www.most.gov.vn/。

99. 越南社会主义共和国科学技术研究院，网址：http://www.vast.ac.vn。

100. 越南社会主义共和国交通运输部，网址：http://mt.gov.vn。

101. 越南社会主义共和国资源与环境部，网址：http://www.monre.gov.vn/。

102. 越南社会主义共和国地质管理局，网址：http://dgmv.gov.vn。

103. 越南社会主义共和国测绘局，网址：http://www.dosm.gov.vn。

104. 越南社会主义共和国海事大学，网址：http://eng.vimaru.edu.vn。

105. 越南社会主义共和国海岸警卫队，网址：http://canhsatbien.vn。

106. 越南社会主义共和国广宁省农业和农村发展部，网址：http://www.quangninh.gov.vn。

107. 越南社会主义共和国渔业总局，网址：https://tongcucthuysan.gov.vn。

108. 越南社会主义共和国石油学院，网址：https://www.vpi.pvn.vn。

109. 越南法律文件库，网址：http://vbpl.vn。

110. 越南之声，网址：http://english.vov.vn/。

111. 越南东海研究网，网址：http://nghiencuubiendong.vn。

112. 北方海事安全保证公司官网，网址：http://vms-north.vn/。

113. 南方海事安全保证公司官网，网址：http://www.vms-south.vn。

114. 全民国防杂志，网址：http://tapchiqptd.vn/。

115. 越南人民报，网址：http://cn.nhandan.com.vn/。

116. 越南人民军报，网址：http://cn.qdnd.vn/。

117. 新加坡总理办公室，网址：http://www.pmo.gov.sg/。

118. 日本防卫省防卫研究所，网址：http://www.nids.mod.go.jp。

119. 文莱外交与贸易部，网址：http://www.mofat.gov.bn/。

120. 印度外交部官网，网址：http://www.mea.gov.in。

121. 印度石油和天然气公司，网址：https://www.ongcindia.com。

122. 俄罗斯天然气工业股份公司，网址：http://www.gazprom.com/。

123. 共产主义杂志，网址：http://cn.tapchicongsan.org.vn/。

124. 柬埔寨星洲日报，网址：http://www.camsinchew.com。

125. 日本时报，网址：https://www.japantimes.co.jp/。

126. 越南共产党电子报，网址：http://cn.dangcongsan.vn/。

127. 越南人民报，网址：http://cn.nhandan.org.vn。

128. 亚洲时报，网址：http://www.atimes.com。

129. 国际海洋法法庭，网址：https://www.itlos.org/。

130. 国际海事卫星组织，网址：http://www.imso.org/。

131. 国际地球科学信息网络中心，网址：http://sedac.ciesin.columbia.edu/。

132. 国际劳工组织网，网址：http://www.ilo.org/。

133. 国际商会，网址：http://www.icc-ccs.org/。

134. 亚洲渔业协会，网址：https://www.asianfisheriessociety.org/。

135. 东南亚渔业发展中心，网址：http://www.seafdec.org/。

136. 珊瑚三角倡议网，网址：http://www.coraltriangleinitiative.org/。

137. 合作机制网，网址：http://www.cm-soms.com/。

138. 马来西亚联邦皇家海军，网址：http://www.navy.mil.my/。

139. 马来西亚联邦海事执法机构，网址：https://www.mmea.gov.my/。

140. 马来西亚联邦海事局，网址：http://www.marine.gov.my/。

141. 马来西亚联邦投资发展局总部，网址：http://www.mida.gov.my/。

142. 马来西亚联邦交通部，网址：http://www.mot.gov.my/my/。

143. 马来西亚联邦海事研究院，网址：http://www.mima.gov.my/。

144. 马来西亚联邦外交部，网址：http://www.fmprc.gov.cn/。

145. 马来西亚联邦财政部，网址：http://www.treasury.gov.my/。

146. 马来西亚联邦农业和农基工业部，网址：http://www.moa.gov.my/。

147. 马来西亚联邦海事强制执行事务局，网址：http://www.bhepmm.gov.my/。

148. 马来西亚联邦海军水文局，网址：https://hydro.gov.my/。

149. 马来西亚联邦测绘局，网址：https://www.jupem.gov.my/。

150. 马来西亚联邦国家石油公司，网址：http://www.petronas.com.my/。

151. 马来西亚联邦渔业局，网址：https://www.dof.gov.my/。

152. 马六甲皇京港，网址：http://melakagateway.my/。

153. 沙巴州基础设施发展部，网址：http://www.kpi.sabah.gov.my/。

154. 沙巴港口和码头局，网址：http://www.sabah.gov.my/。

155. 沙巴州农业和食品工业部，网址：http://ww2.sabah.gov.my/。

156. 沙巴渔业局，网址：http://www.fishdept.sabah.gov.my/。

157. 沙巴渔业和渔民推进公司，网址：http://ww2.sabah.gov.my/。

158. 沙捞越基础设施发展和交通部，网址：http://www.midt.sarawak.gov.my/。

159. 沙捞越农业部，网址：http://www.doa.sarawak.gov.my/。

160. 沙捞越海洋渔业局，网址：https://jpls.dof.gov.my/。

161. 新加坡国防部，网址：http://www.mindef.gov.sg/。

162. 澳大利亚国防部，网址：http://www.defence.gov.au/。

163. 越南东海研究，网址：http://nghiencuubiendong.vn/en/。

164. 越南通讯社，网址：https://zh.vietnamplus.vn/。

165. 行动党网，网址：https://dapmalaysia.org/。

166. 大韩民国驻文莱达鲁萨兰国大使馆，网址：http://overseas.mofa.go.kr/bn-ko/index.do。

167. 文莱交通部官网，网址：http://www.mincom.gov.bn/pages/brief%20history.aspx。

168. 文莱港口局，网址：http://mincom.gov.bn/ports/Theme/Home.aspx。

169. 文莱国防部，网址：http://www.mindef.gov.bn/Theme/Home.aspx。

170. 文莱海事局，网址：http://mincom.gov.bn/marine/Site%20Pages/Marine%20Site%20Content/About%20Us/Brief%20History.aspx。

171. 文莱海事与港务局，网址：http://www.mpa.gov.bn/Theme/Home.

aspx。

172. 文莱皇家海军，网址：https://www2.mindef.gov.bn/navy/。

173. 文莱皇家警察署，网址：http://www.police.gov.bn/Pages/home.aspx。

174. 文莱能源和工业部，网址：http://www.ei.gov.bn/SitePages/Home.aspx。

175. 文莱信息局，网址：http://www.information.gov.bn/Theme/Home.aspx。

176. 文莱渔业局，网址：http://www.fisheries.gov.bn/Theme/Home.aspx。

177. 文莱总检察长办公室，网址：http://www.agc.gov.bn/Theme/Home.aspx。

178. 东盟船东协会，网址：http://www.fasa.org.sg。

179. 孟加拉湾大型海洋生态系统，网址：http://www.boblme.org。

180. 缅甸电力与能源部，网址：http://www.moee.gov.mm。

181. 缅甸港口管理局，网址：http://www.mpa.gov.mm。

182. 缅甸海事大学，网址：https://www.mm-maritimeuni.org。

183. 缅甸海事局，网址：https://dma.gov.mm。

184. 缅甸警察部队，网址：http://myanmarpoliceforce.org。

185. 缅甸内政部，网址：http://myanmarmoha.org。

186. 缅甸气象与水文局，网址：https://www.moezala.gov.mm。

187. 缅甸商业海事学院，网址：http://www.mmmc.edu.mm。

188. 缅甸畜牧、渔业和农村发展部，网址：https://www.moali.gov.mm。

189. 缅甸造船厂，网址：http://ms-amecc.com。

190. 缅甸总统办公室，网址：http://www.president-office.gov.mm。

191. 内河航运公司，网址：http://www.iwt.gov.mm/en。

192. 太平洋海洋环境实验室，网址：https://www.pmel.noaa.gov。

193. 国际燃气网，网址：http://gas.in-en.com。

194. 缅甸时报，网址：https://www.mmtimes.com。

195. Cyber pioneer，https://www.mindef.gov.sg/.

196. Durham University，https://www.dur.ac.uk.

197. English.vov，http://english.vov.vn/.

198. Etheses，http://etheses.dur.ac.uk/.

199. GPB，https://geoboundaries.files.wordpress.com/.

200. Opportunities，http://www.opportunities-abroad.no.

201. Petrovietnam，http://english.pvn.vn.

202. ReCAAP，http://www.recaap.org/.

203. Tuoitrenews，https://tuoitrenews.vn.

204. USNI News，https://news.usni.org.

205. Vietnamlaw，http://vietnamlawmagazine.vn.

206. Vietnamnet，http://english.vietnamnet.vn/.

207. Vietnamlawmagazine，http://vietnamlawmagazine.vn.

208. Wikipedia，https://zh.wikipedia.org.

209. ICJ，http://www.icj-cij.org/.

210. Astroawani，http://english.astroawani.com/.

211. BBC，http://www.bbc.com/.

212. Borneo Post Online，http://www.theborneopost.com/.

213. Durham University，https://www.dur.ac.uk/.

214. EAI，http://www.eai.nus.edu.sg/.

215. ECOLEX，https://www.ecolex.org/.

216. Federration of American scientists，https://fas.org/.

217. Marineregions，http://www.marineregions.org/.

218. Om Miljøstyrelsen，https://www2.mst.dk/.

219. PEMSEA，http://pemsea.org/.

220. ECOLEX，https://www.ecolex.org.

221. European Commission，http://ec.europa.eu/.

222. Global Security，https://www.globalsecurity.org.

223. ICS，http://www.ics.org.ir.

224. IMO，http://www.imo.org.

225. IOPCFOUNDS，https://www.iopcfunds.org.

226. PLAC，http://www.placng.org.

227. RPOA-IUU，http://www.rpoaiuu.org/.

228. The BT Archive，https://www.btarchive.org.

229. UNODC，https://www.unodc.org.

230. UK Treaty On Line，http://treaties.fco.gov.uk.

231. Asia News Network，http://annx.asianews.network.

232. CENTEC，http://www.centec.tecnico.ulisboa.pt/500.aspx?aspxerrorpath=/index.aspx.

233. CIL，https://cil.nus.edu.sg.

234. Marpoltraining,http://www.marpoltraining.com.

235. Rigzone,https://www.rigzone.com.

236. Ship Business,http://shipsbusiness.com.

237. The Scoop,https://thescoop.co.

238. Upstream,http://www.upstreamonline.com.

239. www.Saturatore.it：http://www.saturatore.it.

240. Burmalibrary,http://www.burmalibrary.org.

241. Carnegieendowment,https://carnegieendowment.org/2015/06/02/zh-pub-60508.

242. Cityguide,https://cityguide.com.mm/listing/myanmar-fisheries-federation-association.

243. Globalsecurity,https://www.globalsecurity.org/military/world/myanmar/navy.htm.

244. Marineregions,http://www.marineregions.org/documents/map-1.pdf.

245. Opendevelopmentmyanmar,https://opendevelopmentmyanmar.net.

后　　记

　　自2013年习近平总书记提出"一带一路"倡议以来，从顶层设计到运营项目落实，"一带一路"在建设中前进、在发展中完善、在合作中成长。由于沿线国家情况的复杂性、敏感性，对沿线国家情况进行深入详细的摸底无疑具有非常重要的意义。国内学界、政府和实务部门也已经从投资和营商环境等角度推出丛书和系列调研报告等出版物。本书则是结合西南政法大学国际公法教研室在海洋法方面的师资团队优势和本人既有的研究基础，选取海洋法律体系作为切入点进行研究，首先从东盟国家中的越南、马来西亚、文莱和缅甸开始。

　　这个摸底的研究过程并不轻松。本书研究的四个国家有着各自的官方语言，有不同的国体政体，海洋法律体系的历史演进过程各不相同，立法与实践也迥然相异。缅甸不尽如人意的行政公开状况、2018年年初的马来西亚政局动荡导致的政府网站关闭、文莱"小国寡民"的国情都给研究带来了重重困难。本书写作过程坚持使用公开的可验证资料，主要使用英文研究资料，结合咨询缅甸、越南等国家学者得到的文献写成此书。由于公开出版物的内在要求，本书在出版过程中隐去了研究成果的部分内容。

　　感谢西南政法大学国际法学院2016级硕士研究生王韶晶（女）、梁婕（女），2017级硕士研究生徐鑫（女）、郭兆宇，2018级硕士研究生刘佳妮（女）和2019级硕士研究生武义翔、董心怡（女）和何文华（女）。他们在课题研究期间核对了几千条信息和数据。本书的问世离不开他们认真负责的付出。此外，还要感谢知识产权出版社的庞从容老师促成本书付梓。

　　"一带一路"沿线国家和地区众多，各国的海洋法律体系也复杂多变。印度洋国家、波斯湾国家、地中海国家等沿线国家海洋法律体系的"摸底"工作难度也不会小。但是，正如扎克伯格在哈佛大学2017年毕业典礼上说的那样，没有人从一开始就知道如何做，需要的只是开始！

全小莲
2019年8月1日